初學編

甲金文論著選讀、甲骨選片

姜可瑜 編著

山東大學出版社

中山大學古文字研究室容、商二老，曾憲通、陳煒湛諸老師及部分弟子合影（1980 年）

1984 年 9 月，在西安華清池畔與柯昌濟先生合影

1980 年，委培生姜可瑜、姚炳祺、李玉潔、李圃、李崇智等與容、商二老合影(地點在二樓容老客廳)

1999 年 6 月 17 日，在煙臺東山海域與陳煒湛老師(左四)等合影

1984 年 9 月，在西安與曾憲通老師（左一）、孫稚雛老師（右一）合影

1984 年 8 月，在西安與孫稚雛老師合影

1987 年 12 月 29 日，與容師母——麥凌霄女士攝於宿舍陽臺

1980 年，委培生李玉潔、姚炳琪、姜可瑜（前排左二）、李崇智、李圃等在中山大學與商老合影

1987年12月29日,在中山大學拜謁商老

1987年12月29日,與姚炳祺學兄(中)合影

1984 年 9 月，在西安華清池畔與羅隨祖師弟合影

1987 年 12 月 27 日，在深圳大學校園與殷煥先先生合影

1987年7月6日，山東省古文字研究會籌備會七個委員合影(左起:姜寶昌、徐鴻修、王恩田、殷焕先、林樂騰、藍野、姜可瑜)

1987年9月10日，山東省古文字研究會成立合影，前排左一爲姜可瑜

1993 年 11 月 25 日，在殷焕先先生學術思想討論會上致辭

與王恩田學兄參觀古文字書法展

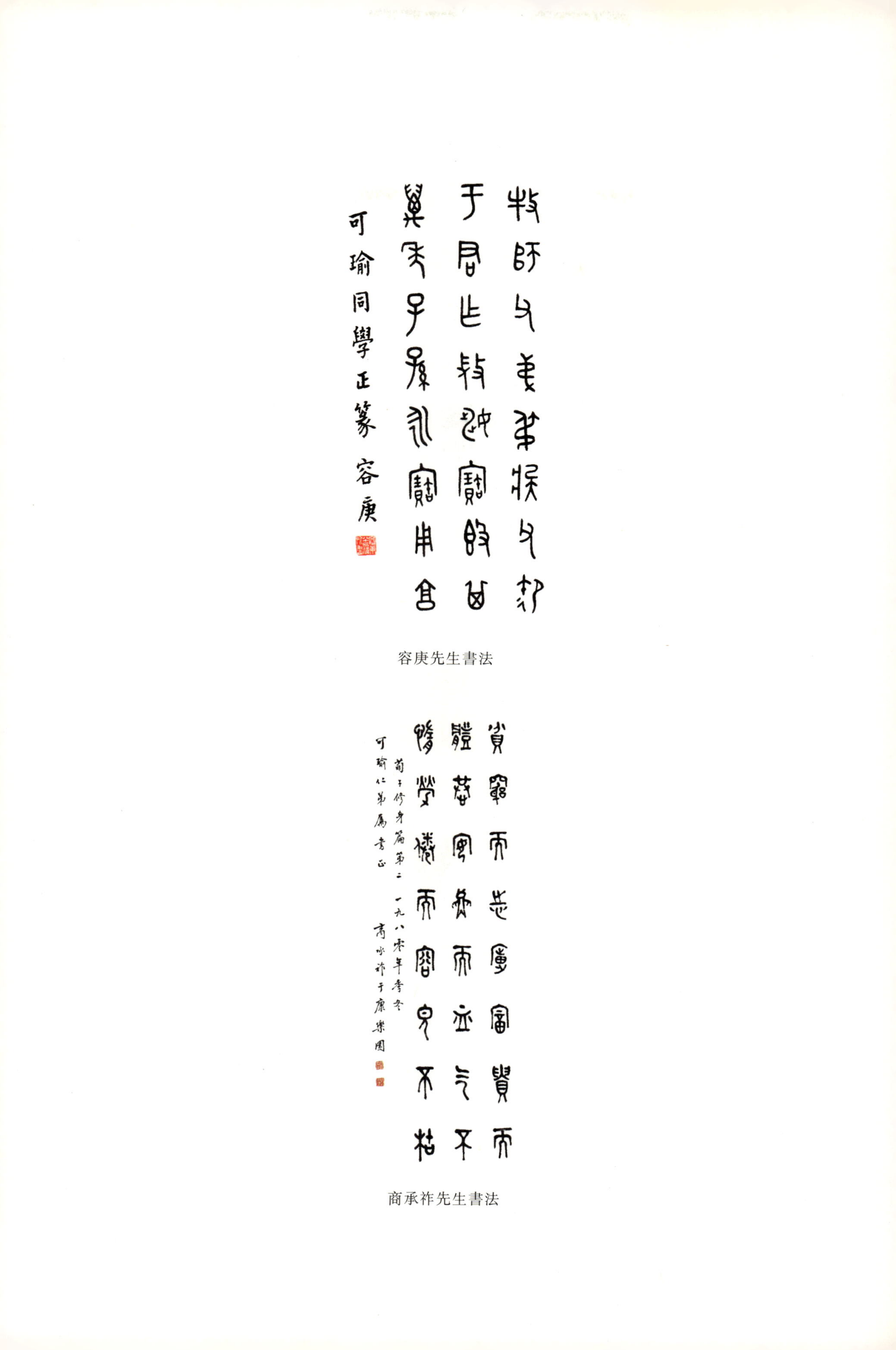

可瑜同學正篆 容庚

容庚先生書法

貧窮而志廣富貴而體恭安燕而血氣不惰勞勌而容貌不枯

荀子修身篇第二 一九八零年季冬

可瑜仁弟屬書正

商承祚于康樂園

商承祚先生書法

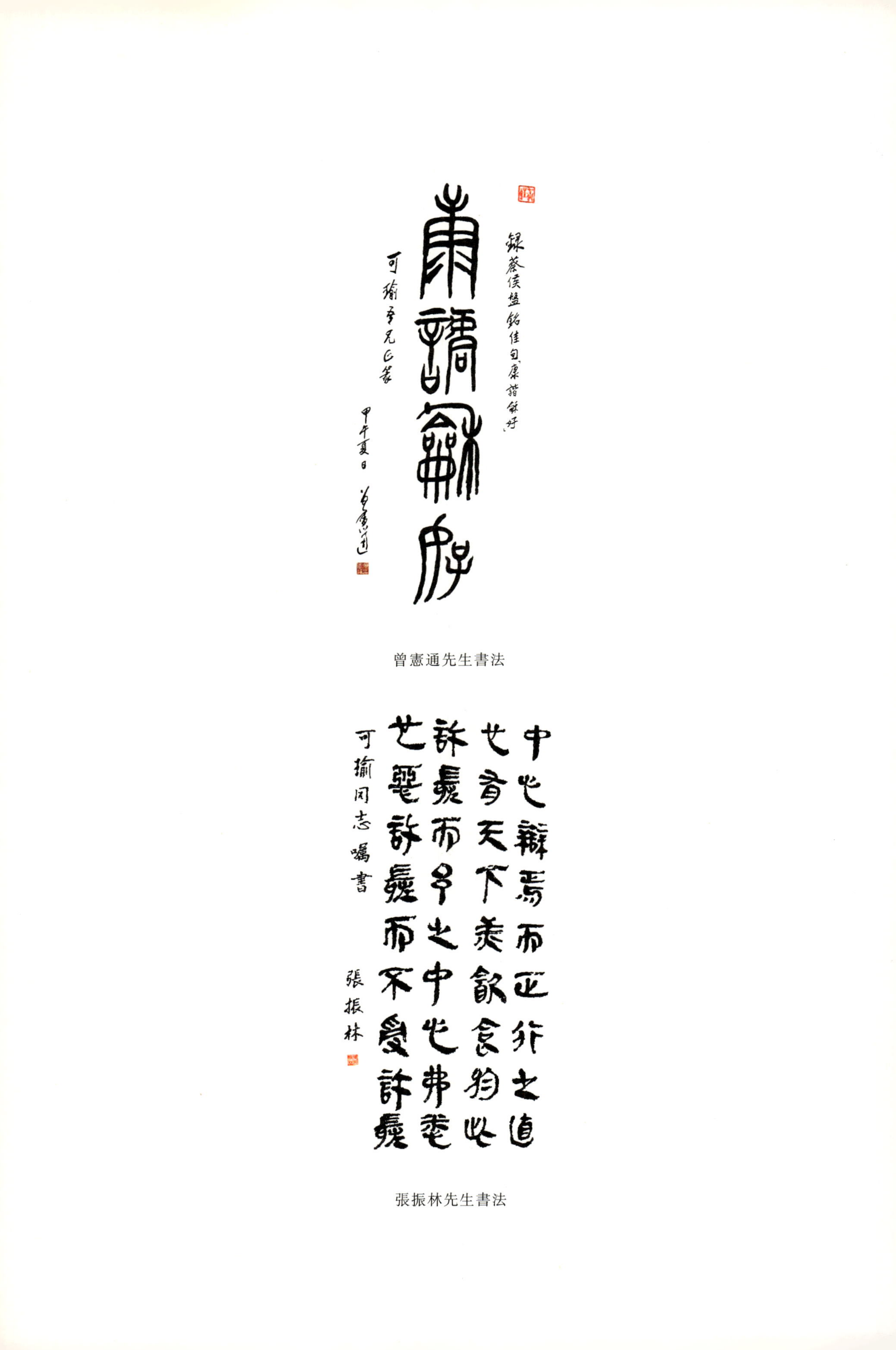

曾憲通先生書法

張振林先生書法

陳煒湛先生書法

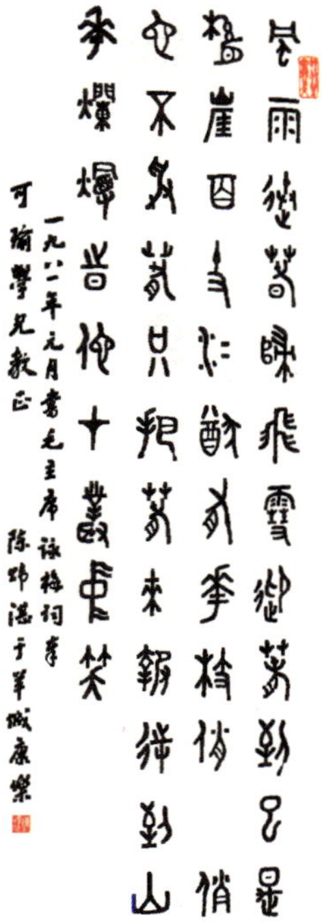

陳煒湛先生書法

包備伍先生書法

殷煥先先生書法

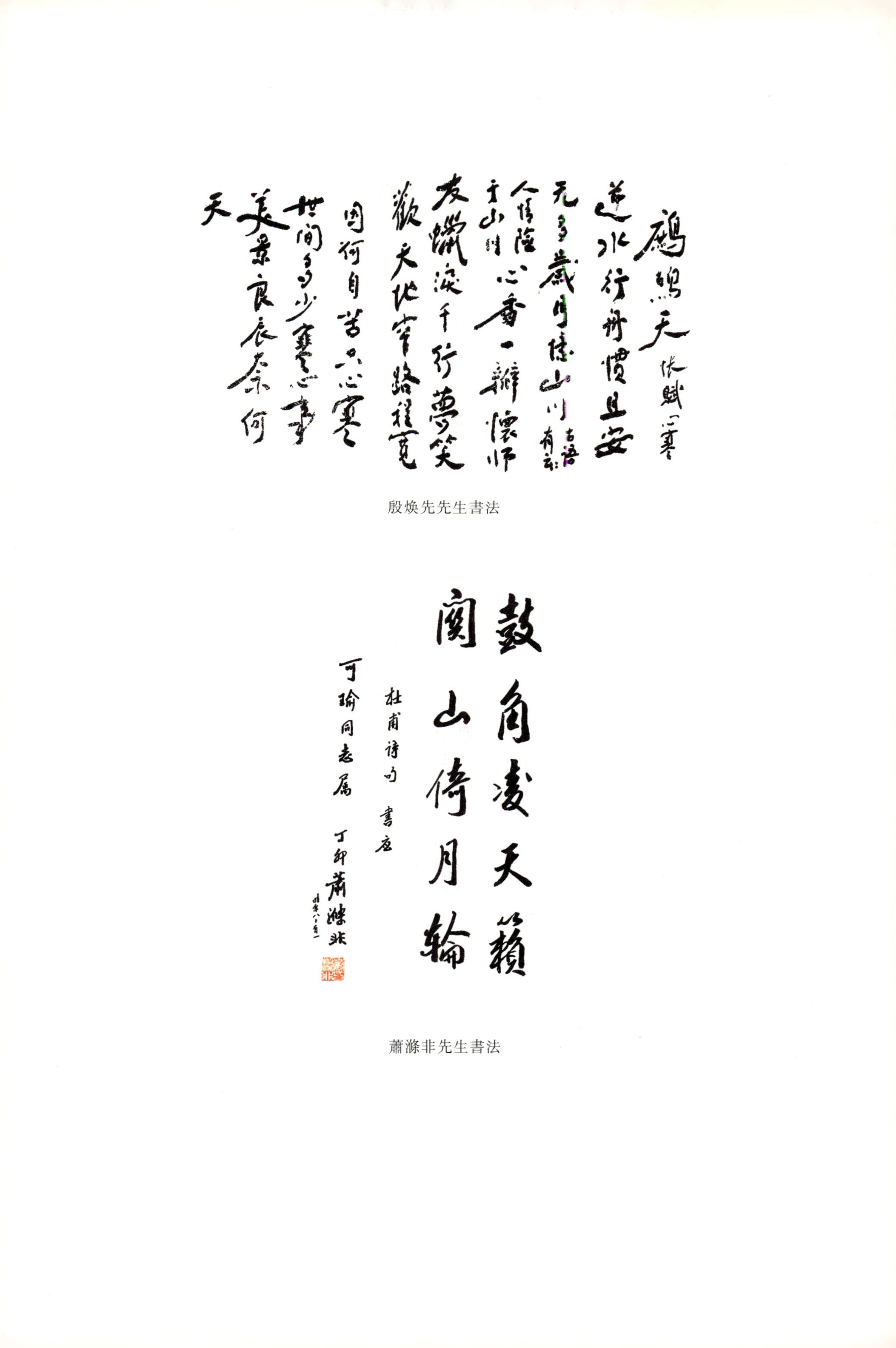

殷焕先先生書法

鼓角凌天籟
關山倚月輪

杜甫詩句 書應
可瑜同志屬
丁卯 蕭滌非

蕭滌非先生書法

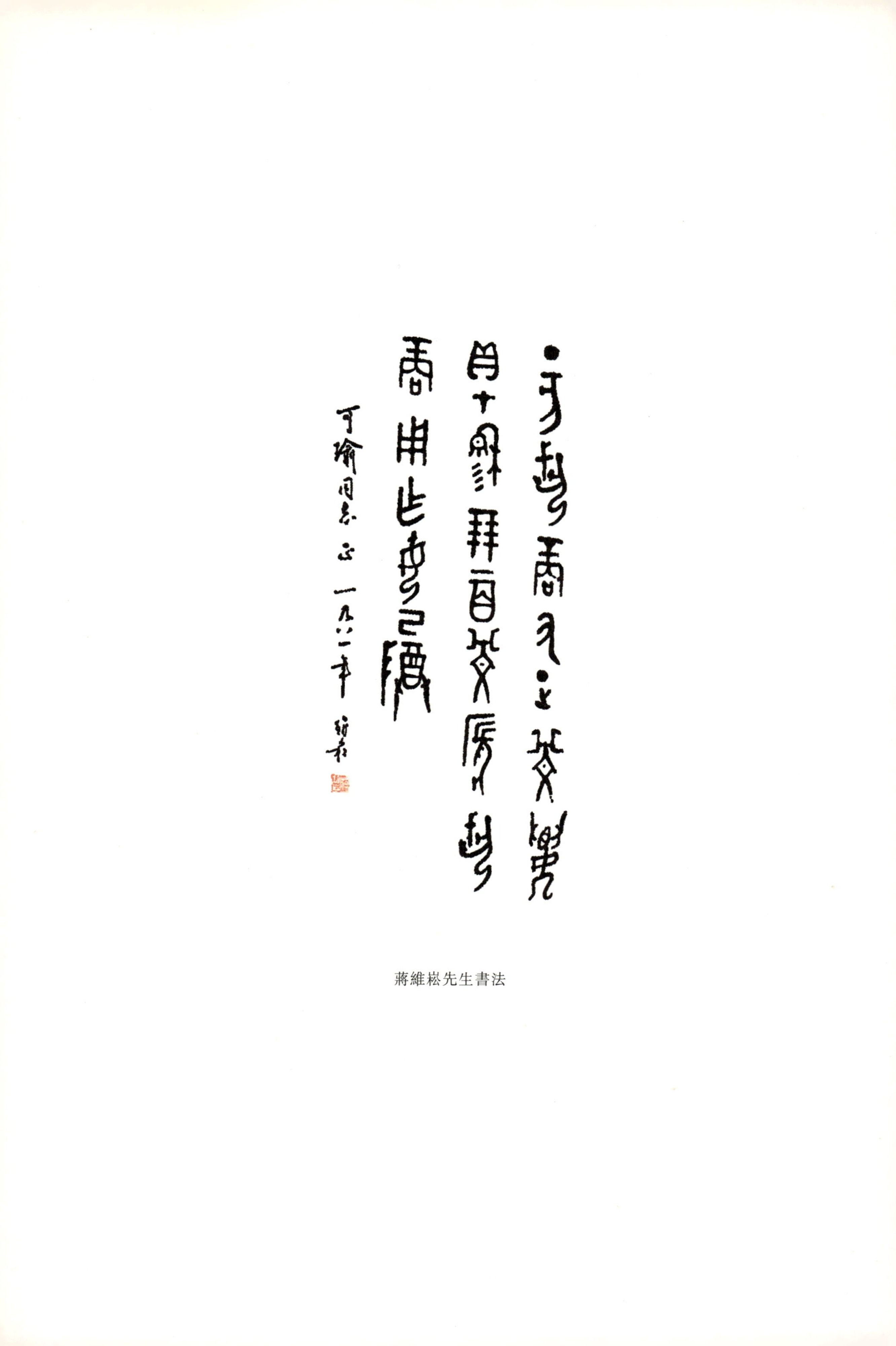

蔣維崧先生書法

前　言

1957年夏，我畢業於山東大學中文系。留校後，分配到古漢語教研室當助教。“文革”之後的1978年下半年，我收到國家教委頒發的申請表：國家教委委托中山大學容（庚）、商（承祚）二老辦一個古文字學進修班，以培養一批教師。我懷着喜憂參半的心情，趕忙填了表格。喜的是，難得有此機會；憂的是，不知能否合格入選？

不料，1979年下半年，忽然接到通知，讓我到中山大學古文字學進修班報到。

中山大學，我的第二母校！

在中大，除了聽課和復習功課外，其餘的時間，就是從古文字學資料室借閱資料，並在閱讀過程中，把一些我認爲有裨甲金文初學者的資料，進行摘録。一年光景，竟摘録並謄清20萬字。

我當時的認識是：甲骨文、金文，尤其是甲骨文，仍是一個巨大的學術寶庫和迷宫，而藏家、注釋家之蜂起，百花競秀，正是學術繁榮之盛况。所以，我的摘録，不拘一家，而是博採衆家。

同時，我在瀏覽過程中，也發現了一個异軍突起之現象，即作爲詩人、作家、戲劇家及社會活動家的郭沫若，在1928年潛赴日本之後，數年間的蟄居生涯，竟使他成爲一個卓越的甲骨文研究家。他，一不購求甲骨，二不拓布甲骨，而是從劉（鶚）、羅（振玉）、王（國維）、林（泰輔）諸家傳世甲骨資料中選輯其中之精粹，根據自己的框架，去進行編輯和通釋，於1933年出版了《卜辭通纂》。接着，又根據同一個原則，從劉體智所藏28000多片甲骨中，遴選約2000片，於1937年在日本出版了《殷契粹編》。

我認爲，郭氏此二書，乃是有裨甲骨文初學者的最佳教材讀本。我遂選取各個方面的内容，精心摹寫220多片，並打算在返校後，把這兩種資料合編成一個初學者的教材，並不斷完善之。

但不料返校後，由於我揭發了幾樁學術醜聞，得罪了幾個學術權威及其幫派，遂受到各種壓迫甚至陷害。後來，雖然由於我堅持鬥争，終於伸張部分正義，却已耗去八年時間，消耗了很大精力。職稱評定也至少推遲了六年。因此，這些資料也就壓在了箱底，直到三十四年後的今日，才得以整理面世！時光如水，人生幾何？可悲亦復可嘆也。

離開中大前，我逐一向容、商二老告别。容老説，我們年紀大了，以後的古文字學方面的工作，就需要你們年輕的人來做。商老看了我的稿子，並特地題寫了兩個書名：《甲金文論著選讀》《甲骨選片》。

臨走前,我們七個委培生懇請容、商二老賜字,以作永久之紀念。

我們拿到了二老的墨寶,高興地説:“來中山大學,這是我們最大的收穫。”

目前,在山東,同時保有容、商二老墨寶的,可能只我一人!

回到山東,我做了兩件事:一是創建了“山東省古文字研究會”,會長是恩師殷焕先,副會長是王恩田(省博物館),我是副會長兼秘書長。我們舉辦了幾届年會,並出版了一個刊物《山東古文字研究》。二是我在山大開了五年的“甲骨文基礎”選修課。

在中山大學,使我受益非淺的是:我受到一種與時俱進的、富於革命鋒芒的治學精神的熏陶和鼓舞。他們倡導的是:用最先進的觀點、方法和手段,去研究我國最古老而又年輕的古文字學。不能食古不化、抱殘守缺、故步自封,他們批評章太炎搞了一個《文始》,把古文字學的研究退回到許慎時代;搞了一個《新方言》,把方言的研究退回到揚雄時代。

這讓我的思想也得到了“解放”和升華。我撰文批評郭沫若《釋祖妣》中的錯誤,批評夏鼐的《茹毛飲血》等,也都有着中山大學學風的影子。

關於《附録》的説明:

(一)附録部分,共收録七篇文字,均爲離開中山大學後的資料。前四篇,爲姜可瑜所撰,後三篇均與日本島邦男博士有關。

(二)特向讀者介紹一下島邦男(1908～1977)先生。在1957～1966這十年當中,在日本,一個名不見經傳的普通的大學教師島邦男先生却成就了一番豐功偉業!

島邦男先生,他對中國的甲骨文情有獨鐘,可説已到了痴迷的程度。他認爲:想研究甲骨文,首先必須掌握甲骨文的全部資料。爲此,他下决心全面而系統地整理現存15萬片甲骨文的所有資料,以搭建研究甲骨文的基礎工程。

他,一無助手,二無團隊,三無强大的經濟實力,就憑他單槍匹馬,像苦行僧似地夜以繼日地摹録甲骨文字。而且,每個字均根據用法與時期,分類排列。這些文字卡片,竟裝滿了他書房的2000個卡片箱;就這樣,十年辛苦,自詡是“心血耗盡”,但他終於以一人之力完成了這部網羅甲骨文全部資料的巨大工程——《殷墟卜辭綜類》。

雖然非常遺憾的是,他完成此部巨著不久,即發現身患胃癌。此後,他也未再能在甲骨學方面有重大開拓。但是,他的《殷墟卜辭綜類》,却給全世界的甲骨文研究者以及中國上古文化史的研究者,提供了研究甲骨學的基本資料,開拓了無限廣闊的研究門路!我們,所有的晚輩後學,均受其賜。

島邦男先生是偉大的甲骨學研究家和漢學家,是推動甲骨學向前發展的里程碑式的人物!讓我們記住他,衷心地悼念他,並用他的偉大品格來自勉自勵,以促進中國甲骨學的新輝煌。

姜可瑜

2014年10月1日國慶節

目　録

甲金文論著選讀

甲骨選片

附録七篇

甲金文論著選讀

一九八一年元月

商承祚題

殷虚書契考釋·序

羅振玉

宣統壬子冬，予既編印《殷虚書契》，欲繼是而爲考釋。人事乖午，因循不克就者歲將再周，感莊生吾生有涯之言，乃發憤鍵户者四十餘日，遂成考釋六萬餘言。既竟，爰書其端曰：予讀《詩》、《書》及周秦之間諸子、《太史公書》，其記述殷事者蓋寥寥焉；孔子學二代之禮而曰杞宋不足徵，殷商文獻之無徵二千餘年前則已然矣。吾儕生三千年後乃欲根據遺文補苴往籍，譬若觀海，茫無津涯。予從事稍久，乃知兹事實有三難：史公最録商事，本諸《詩》、《書》，旁攬《系本》，顧考父所校僅存五篇，書序所録亡者過半，《系本》一書今又久佚，欲稽前古，津逮莫由，其難一也；卜辭文至簡質，篇恒十餘言，短者半之，又字多假借，誼益難知，其難二也；古文因物賦形，繁簡任意，一字异文每至數十，書寫之法時有凌獵，或數語之中倒寫者一二，兩字之名合書者七八，體例未明，易生炫惑，其難三也。今欲祛此三難，勉希一得，乃先考索文字以爲之階，由許書以溯金文，由金文以窺書契，窮其蕃變，漸得指歸，可識之文遂幾五百。循是考求典制、稽文證舊聞，途徑漸啓，扃鐍爲開。稽其所得，則有六端：一曰帝系。商自武湯逮於受辛，史公所録爲世三十，見於卜辭者二十有三。史稱大丁未立，而卜辭所載祀禮儼同於帝王。又大乙、羊甲、卜丙，卜壬，校以前史，並與此异。而庚丁之作康祖丁，武乙之稱武祖乙，文丁之稱文武丁，則言商系者之所未知，此足資考訂者一也。二曰京邑。商之遷都前八後五，盤庚以前具見書序，而小辛以降衆説多違。洹水故墟舊稱亶甲，今证之卜辭則是徙於武乙去於帝乙。又史稱盤庚以後商改稱殷，而遍搜卜辭既不見殷字，又屢言入商。田游所至曰往曰出，商獨言入，可知文丁帝乙之世國尚號商，《書》曰"戎殷"乃稱邑而非稱國，此可資考訂者二也。三曰祀禮。商之祀禮夐异周京，名稱實繁，義多難曉。人鬼之祭亦用柴尞，牢鬯之數一依卜定，王賓之語爲《洛誥》所基，騂牡之薦非鎬京始創，此可資考訂者三也。四曰卜法。商人卜祀十干之日，各依祖名，其有爽者則依爽名。又大事貞龜，餘事骨卜，凡斯异例，先儒未聞，此可資考訂者四也。五曰官制。卿事之名同於《雅》、《頌》，大史之職亦載《春官》，爰及近臣，並符周制。乃知姬旦六典，多本殷商，此可資考訂者五也。六曰文字。召公之名是爽非奭，烏鳴之字從鷄非烏，隹鳥不分，子巳殊用，牝牡等字牛羊任安，牢牧諸文亦同斯例。又藉知大小二篆同乎古文，古文之真間存今隸，如此之類未遑僂數，此可資考訂者六也。予爰始操翰，訖於觀成，或一日而辨數文，或數夕而通半義，譬如冥行長夜，乍覩晨曦，既得微行，又蹈荆棘，積思若痗，雷霆不聞，操觚在手，寝饋或廢，以兹下學之資，勉幾上達之業，而既竭吾才，時亦弋獲。意或天啓其衷,初非吾力能至,但探賾索隱,疑藴尚多,覆簣爲山,前修莫竟,繼是有作,不敢告勞,有生之年,期畢此志,訂譌補闕,俟諸後賢,它山攻錯,跂予望之。宣統甲寅十二月十八日上虞羅振玉書於日本京都東山僑舍。

(羅振玉:《殷虚書契考釋三種》,中華書局 2006 年版。標點爲整理者所加)

殷虛書契考釋·跋

王國維

余爲商遺先生書《殷虛書契考釋》竟,作而嘆曰:三代以後言古文者未嘗有是書也。夫先生之於書契文字,其搜集流通之功,蓋不在考釋下。即以考釋言,其有功於經史諸學者,頗不讓於小學。以小學言,其有功於篆文者,亦不讓於古文。然考釋之根柢在文字,書契之文字爲古文,故姑就古文言之。我朝學術所以超絶前代者,小學而已。順康之間,崑山顧亭林先生實創爲《説文》音韻之學,《説文》之學至金壇段氏而洞其奥,古韻之學經江、戴諸氏至高郵王氏、栖霞郝氏而窮其用,使世無所謂古文者,謂小學至此觀止焉可矣。古文之學,萌芽於乾嘉之際,其時大師宿儒,或殂謝,或篤老,未遑從事斯業,儀徵之書亦弟祖述宋人,略加銓次而已。而俗儒鄙夫不通字例未習舊藝者,輒以古文所托者高、知之者鮮,利荆棘之未開,喜鬼魅之易畫,遂乃肆其私臆無所忌憚,至莊述祖、龔自珍、陳慶鏞之徒而古文之厄極矣。近惟瑞安孫氏頗守矩矱,吴縣吴氏獨具懸解,顧未有創通條例、開拓閫奥如段君之於《説文》,戴、段、王、郝諸君之於聲音訓詁者。余嘗恨以段君之邃於文字而不及多見古文,以吴君之才識不後於段君,而累於一官,不獲如段君之優遊壽考以竟其學,遂使我朝古文之學不能與《説文》、古韻方駕,豈不惜哉!先生早歲即治文字故訓,繼乃博綜群籍、多識古器,其才與識固段、吴二君之儔,至於從容問學、厭飫墳典,則吴君之所有志而未逮者也。而此書契文字者,又段吴二君之所不及見也。物既需人,人亦需物。書契之出適當先生之世,天其欲昌我朝古文之學使與《説文》、古韻匹抑,又可知也。余從先生游久,時時得聞緒論,比草此書,又承寫官之乏,頗得窺知大體揚榷細目。竊嘆先生此書銓釋文字,恒得之於天人之表而根源脈絡一一可尋,其擇思也至審而收效也至宏,蓋於此事自有神詣。至於分别部目創立義例,使後之治古文者於此得其指歸,而治《説文》之學者亦不能不探源於此。竊謂我朝三百年之小學,開之者顧先生而成之者先生也。昔顧先生音學書成,山陽張力臣爲之校寫。余今者亦得寫先生之書,作字拙劣,何敢方力臣。而先生之書足以彌縫舊闕、津逮來學者,固不在顧書下也。宣統甲寅十二月祀竈日海寧王國維。

(羅振玉:《殷虛書契考釋三種》,中華書局 2006 年版。標點爲整理者所加)

肅霜滌場説(《觀堂集林》卷第一《藝林一》)

王國維

《詩・豳風》:"九月肅霜,十月滌場。"傳:"肅,縮也。霜降而收縮萬物。滌,埽也,場工畢入也。"案:此二句乃與"一之日觱發,二之日栗烈"同例,而不與"七月流火,九月授衣"同例。肅霜、滌場,皆互爲雙聲,乃古之聯緜字,不容分别釋之。肅霜,猶言肅爽;滌場,猶言滌蕩也。《春秋左氏傳・定三年》:"有兩肅爽馬",正義:"爽或作霜,賈逵云:色如霜紈。馬融説:肅爽,雁也,其羽如練,高首而修頸,馬似之",是肅爽,白馬也。《楚辭・大招》"曼鷫鷞只",釋文:"鷞一作鷞。《説文》:鷫鷞,西方神鳥也。東方發明,南方焦朋,西方鷫鷞,北方幽昌,中央鳳皇。西方之色白,則鷫鷞亦白鳥也。"《西京雜記》"司馬相如取鷫鷞裘爲卓文君貰酒",鷫鷞裘亦當謂白裘也。《中山經》:"沅澧之風交瀟湘之淵。"《水經・湘水》注:"瀟,水清深也。"《湘中記》曰:"湘川清照五六丈,下見底石如樗蒲矢,五色鮮明,白沙如霜雪,赤崖若朝霞,是納瀟湘之名矣。"案:瀟字,《説文》本作"潚",潚湘亦以水之清白得名矣。故馬有肅爽,鳥有鷫鷞,裘有鷫鷞,水有潚湘,皆以清白得稱,則《詩》之"肅霜"亦即《大招》"天白顥顥"、《九辨》"天高氣清"之意,不當如毛傳之説也。滌場即滌蕩,與肅霜皆爲雙聲字。《禮記・郊特牲》"臭味未成,滌蕩其聲","蕩"亦作"盪",《説文》:"盪,滌器也。"既滌盪則必清肅,必廣大,故又有廣大之義。漢《郊祀歌》"天門開,詄蕩蕩",如淳曰:"詄讀如迭,'詄蕩'即'滌蕩'之轉語。"廣大則必條達,故又轉而爲條暢,爲條鬯。《樂記》"感條暢之氣",《白虎通》説秬鬯曰:"芬香條鬯以通神靈。"鄭君箋《詩》注《禮》皆本之條暢,條鬯亦滌蕩之轉語也。廣大者必卓絶,故又有卓异之義。《廣雅》"俶儻,卓异也",司馬相如《封禪文》"俶儻窮變",《史記・太史公自序》"扶義俶儻",《漢書・司馬遷報任少卿書》"惟俶儻非常之人稱焉",其字《文選》作"倜儻",俶儻、倜儻亦滌蕩之轉語也。廣大則有動作之餘地,故又有放蕩之義。《穀梁・文十一年》"兄弟三人,佚宕中國",釋文:"佚,大結反。"《説文》:"趹,趹踼也。"江淹《恨賦》"趹宕文史",佚宕、趹踼、趹宕亦皆滌蕩之轉語也。《詩》之滌場則肅清之義,"九月肅霜"謂九月之氣清高顥白而已,至十月則萬物摇落無餘矣,與"觱發"、"栗烈"由風寒而進於氣寒者遣詞正同。癸亥之歲,余再來京師,離南方之卑濕,樂北土之爽塏,九、十月之交,天高日晶,木葉盡脱,因會得肅霜、滌場二語之妙,因爲之説云。

(王國維:《觀堂集林》,中華書局 2004 年版。標點爲整理者所加)

釋旬(《觀堂集林》卷第六《藝林六》)

王國維

卜辭有[illegible][illegible]諸字,亦不下數百見。案:使夷敦云"金十[illegible]",𠨘敖敦蓋云:"金十[illegible]",考《説文》鈞之古文作銞,是[illegible][illegible]即銞字,[illegible]即旬字矣。卜辭又有"[illegible]之二日"語(見《鐵雲藏龜》第六葉),亦可证[illegible][illegible]即旬字。余遍搜卜辭,凡云"貞旬亡𡆥"者亦不下數百見,皆以癸日卜,知殷人蓋以自甲至癸爲一旬而於此旬之末卜下旬之吉凶。云"旬亡𡆥者",猶《易》言"旬无咎"矣。日自甲至癸而一遍,故旬之義引申爲遍,《釋詁》云"宣、旬,遍也",《説文》訓裹之勹,實即此字。後世不識,乃讀若包,殊不知勹乃旬之初字,軥字从車从勹,亦會意兼形聲也。

(王國維:《觀堂集林》,中華書局 2004 年版。標點爲整理者所加)

釋牡(《觀堂集林》卷第六《藝林六》)

王國維

《説文》:“牡,畜父也。从牛土聲。”案:牡,古音在尤部,與土聲遠隔。卜辭牡字皆從⊥,⊥,古士字。孔子曰“推十合一爲士”,⊥字正丨(古文十字)、一之合矣。古音士在之部,牡在尤部,之、尤二部音最相近。牡從士聲,形聲兼會意也。士者,男子之稱,古多以士女連言。牡從士與牝從匕同。匕者,比也,比於牡也。

(王國維:《觀堂集林》,中華書局2004年版。標點爲整理者所加)

殷卜辭中所見先公先王考(《觀堂集林》卷第九《史林一》)(節録)

王國維

甲寅歲莫,上虞羅叔言參事撰《殷虚書契考釋》,始於卜辭中發見"王亥"之名,嗣余讀《山海經》、《竹書紀年》,乃知王亥爲殷之先公,並與《世本・作篇》之胲、《帝系篇》之核、《楚辭・天問》之該、《吕氏春秋》之王氷、《史記・殷本紀》及《三代世表》之振、《漢書・古今人表》之垓,實係一人。甞以此語參事及日本内藤博士(虎次郎),參事復博搜甲骨中之紀王亥事者,得七、八條,載之《殷虚書契後編》。博士亦采余説,旁加考證,作《王亥》一篇,載諸《藝文雜誌》,並謂自契以降諸先公之名,苟後此尚得於卜辭中發見之,則有裨於古史學者當尤鉅。余感博士言,乃復就卜辭有所攻究。復於王亥之外得王恒一人。案:《楚辭・天問》云"該秉季德,厥父是臧",又云"恒秉季德"。王亥即該,則王恒即恒,而卜辭之季之即冥(羅參事説),至是始得其證矣。又觀卜辭中數十見之田字,從甲在口中(十,古甲字)。及通觀諸卜辭,而知田即上甲微。於是參事前疑卜辭之⿷匚乙、⿷匚丙、⿷匚丁(即乙、丙、丁三字之在〔或〕中者,與田字甲在口中同意)即報乙、報丙、報丁者,至是亦得其徵矣。又卜辭自上甲以降皆稱曰"示",則參事謂卜辭之示壬、示癸即主壬、主癸,亦信而有徵。又觀卜辭,王恒之祀與王亥同,太丁之祀與太乙、太甲同,孝己之祀與祖庚同,知商人兄弟,無論長幼與已立未立,其名號典禮蓋無差别。於是卜辭中人物,其名與禮皆類先王而史無其人者,與夫"父甲"、"兄乙"等名稱之浩繁求諸帝系而不可通者,至是亦理順冰釋,而《世本》、《史記》之爲實録,且得於今日證之。又卜辭人名中有夒字,疑即帝嚳之名。又有"土"字,或亦相土之略。此二事雖未能遽定,然容有可證明之日。由是有商一代先公先王之名,不見於卜辭者殆鮮。乃爲此考以質諸博士及參事,並使世人知殷虚遺物之有裨於經史二學者有如斯也。丁巳二月。

報丁 報丙 報乙

自上甲至湯,《史記・殷本紀》、《三代世表》、《漢書・古今人表》有報丁、報丙、報乙、主壬、主癸五世,蓋皆出於《世本》。案:卜辭有⿷匚乙、⿷匚丙、⿷匚丁三人,其文曰:"乙丑卜□貞王賓⿷匚乙祭"(下闕,見《書契後編》卷上第八葉,又斷片二),又曰"丙申卜旅貞王賓⿷匚丙□亡𡆥"(同上),又曰"丁亥卜貞王賓⿷匚丁肜日亡□"(同上)。其乙、丙、丁三字皆在〔或〕中,又稱之曰"王賓",與他先王同。羅參事疑即報乙、報丙、報丁,而苦無以證之。余案:參事説是也。卜辭又有一條曰“丁酉⿰酉彡⿰糸⿱糸糸（中闕）⿹コ丙三⿹コ丁三示（中闕）大丁十大（下闕）”（見《後編》卷上第八葉），此文殘闕，然“示”字下所闕，當爲“壬”字，又自報丁經示壬、示癸、大乙而後及大丁、大甲，則其下又當闕“示癸”、“大乙”諸字。又所謂“⿹コ丙三⿹コ丁三、大丁十”者當謂牲牢之數，據此則⿹コ丙、⿹コ丁在大丁之前，又在示壬、示癸之前，非報丙、報丁奚屬矣。⿹コ丙、⿹コ丁既爲報丙、報丁，則⿷匚乙亦當即報乙。惟卜辭⿹コ丙、⿹コ丁之後即繼以示字，蓋謂示壬。殆以⿷匚乙、⿴囗丙、⿹コ丁爲次，與《史記》諸書不合，然何必《史記》諸書是而卜辭非乎？又報乙、報丙、報丁稱報者，殆亦取“報上甲微”之報以爲義，自是後世追號，非殷人本稱。當時但稱⿷匚乙、⿹コ丙、⿹コ丁而已。上甲之甲字在口中，報乙、報丙、報丁之乙、丙、丁三字在〔或〕中，自是一例。意壇墠或郊宗石室之制，殷人已有行之者與？

羊甲

卜辭有“羊甲”，無“陽甲”。羅参事证以古“樂陽”作“樂羊”，“歐陽”作“歐羊”，謂“羊甲”即“陽甲”。今案：卜辭有“曰南庚曰羊甲”六字（《前編》卷上第四十二葉），羊甲在南庚之次，則其即陽甲審矣。

（王國維：《觀堂集林》，中華書局2004年版。標點爲整理者所加）

殷卜辭中所見先公先王續考
(《觀堂集林》卷第九《史林一》)(節錄)

王國維

丁巳二月,余作《殷卜辭中所見先公先王考》。時所據者,《鐵雲藏龜》及《殷虚書契前後編》諸書耳。逾月得見英倫哈同氏《戬壽堂所藏殷虚文字》拓本凡八百紙,又逾月,上虞羅叔言參事以養疴來海上,行裝中有新拓之書契文字約千紙,余盡得見之。二家拓本中足以補證余前説者頗多,乃複寫爲一編,以質世之治古文及古史者。閏二月下旬,海寧王國維。

上甲　報乙　報丙　報丁　主壬　主癸

前考據《書契後編》上第八葉一條,證⿷匚丙、⿷匚丁即報丙、報丁。又據此知卜辭以報丙、報丁爲次,與《史記·殷本紀》及《三代世表》不同。比觀哈氏拓本中有一片,有田、⿷匚乙、示癸等字,而彼片有⿷匚丙、⿷匚丁等字,疑本一骨折爲二者。乃以二拓本合之,其斷痕若合符節,文辭亦連續可誦,凡殷先公先王自上甲,至於大甲其名皆在焉。其文三行,左行,其辭曰"乙未𨢊𢆶品田十⿷匚乙三⿷匚丙三⿷匚丁三示壬三示癸三大丁十大甲十(下闕)"。此中曰"十"、曰"三"者,蓋謂牲牢之數。上甲、大丁、大甲十而其餘皆三者,以上甲爲先公之首,大丁、大甲又先王而非先公,故殊其數也。示癸、大丁之間無大乙者,大乙爲大祖,先公先王或均合食於大祖故也。據此一文之中,先公之名具在,不獨田即上甲,⿷匚乙、⿷匚丙、⿷匚丁即報乙、報丙、報丁,示壬、示癸即主壬、主癸,胥得確證,且足證上甲以後諸先公之次當爲報乙、報丙、報丁、主壬、主癸,而《史記》以報丁、報乙、報丙爲次,乃違事實。又據此次序,則首甲,次乙,次丙,次丁,而終於壬、癸,與十日之次全同。疑商人以日爲名號,乃成湯以後之事,其先世諸公生卒之日,至湯有天下後定祀典名號時已不可知,乃即用十日之次序以追名之,故先公之次乃適與十日之次同,否則不應如此巧合也。兹摹二骨之形狀及文字如左。

(王國維:《觀堂集林》,中華書局 2004 年版。標點爲整理者所加)

古文字學導論·自叙

唐　蘭

這本書在很短的時期内居然寫成了。蒙馬叔平、沈兼士兩先生的好意，都答應替我做序，我自己已不想寫序文了，但因還有些話須交代，所以重提起筆來做這照例的題目。

這書本是唐氏《古文字學七書》裏的一種，七書的名稱是：

一、《古文字學導論》

二、《殷虚甲骨文字研究》

三、《殷周古器文字研究》

四、《六國文字研究》

五、《秦漢篆研究》

六、《名始》

七、《説文解字箋正》

著者最先是治《説文》的，曾做過《説文注》四卷，未完成，稿本今陷在遼寧。其後治金文，又後治甲骨文，又後十餘年，始决采甲骨、金文、六國文字及秦篆來作《名始》，用以代《説文》。又後兩年，稿已略具，但自己覺得是失敗的。因爲把許多不同時代的材料，驟然合併，易致混亂；每一系文字没有經過嚴密整理，驟然論述，難免錯誤。因又改變方針，先將每一系文字單獨研究，等獲到結果後，再合併起來，組成全部的歷史，就是《名始》。因爲《名始》裏面所用的系統和方法，大都是前人所没有知道的，所以想把《名始》裏的體例，寫出一部《古文字學導論》來放在最前。又因爲《名始》裏不能完全舉出《説文》的得失，所以想另寫一部《説文解字箋正》來擱在最後。這是擬做七書的緣起。書的命名和編次，不無受了《音學五書》的影響，所以稱古文字學的緣故，是著者還想在這部分研究告一段落後，能有暇去研究近代文字。

著者原意，是把《古文字學導論》當《名始》的序例，但現在却提前發表了，這又是一次的變更計劃，是最近兩年内的經驗所促成的。

前年的暑假，著者想用全力把殷虚文字徹底整理一下，經過兩個多月，稍有一些頭緒，但到開學以後，忙於編講義和上課，就只好擱下了。寒假裏只略整理劉鶚、王襄所藏的甲骨材料，就匆匆過去。十數年來，在甲骨文字裏的發見，不好算少，然竟没有寫定的時間。因前人所稱已認識的文字，不過一千，中間有一部分是不足信的，根據我個人的方法，所識的字，幾可增加一倍，但要寫定一個系統，却異常困難。把一個確實可信的字所根據的材料搜集一起，附上解釋，往往要費兩三天的工夫，要全部寫定，至少也得有三四年的閒歲月，一個以教課爲生涯的人，打那兒去找這種福氣呢！再則，材料也真不易收集。明義士、劉晦之所藏，雖見了一部分，但没有全；中央研究院發掘所得，除了已發表的小部分外，深扃固鐍，局外人無從得見，而等他們的總發表，又遥遥無期；這幾部很豐富的收藏，不能完全寓目，驟然寫定，也總是遺憾。於是，在上年的暑假，我又放棄了全部寫定的計劃，决定先寫出一部分，百餘字，名爲《殷虚文字記》，以後繼續寫的，自二記以至十記，最後再把來合成一個整部的《殷虚文字研究》。原來的龐大的計劃，現在已縮無可再縮了。

但寫了一部分後，我就感覺到要能先寫一本導論，比這個工作，還切合現時的需要。以前，我只打算到怎樣去完成我的工作，工作完成以後寫出來的導論，當然要比現在所寫的好，但這工作要做多少年，到底能完成不能，都是我自己所不能解答的問題，那末，與其工作若干年還不能完成而寫出一部較好的，還不如現在先寫出來而慢慢地修改。因此，在秋季後，我就開始寫這本書，而把《殷虚文字記》移至今年秋後再寫定。

我所以要先寫這本書的原因，在引言裏已叙述過。古文字研究本是文字學裏最重要的一部分，但過去的文字學者對古文字無深切的研究，研究古文字的人又多不懂得文字學，結果，文字學和古文字研究是分開的，文字學既因語言音韻學的獨立而奄奄待盡，古文字的研究也因没有理論和方法，是非漫無標準，而不能進步。這一層隔閡，多少年來，我就想設法打通的。要實現這個企圖，就得把我所持的理論，和所用的方法，寫了出來，和學者們共同討論，使古文字的研究，能成爲科學。

近年來，考古學、古史學、語言音韻學等科，均有顯著的進步，這些學科和古文字俱有密切的關係，所以古文字的解釋，漸漸成爲時尚。但古文字研究方面，若干年中，並没有顯著的進展。專門的研究者除采用吴大澂、孫詒讓、羅振玉、王國維諸成説外，只有坐待着一兩字的意外發見。有一位學者曾屢次告訴我："認識古文字，用不到半年工夫，但除此以外，無事可做。"這是此中的真實情形。

古文字的不可識和不可解釋的太多了，專門的研究者既不能饜足一般人的欲望，别人自然要來越俎代庖了。於是有的人冥思默索，獨標懸解，有的人附會穿鑿，自詡能事。因爲這裏本没有是非的標準，所以人人得自立其説。漸至毫無常識的人，也來著書立説以自躋於學者之列。而有些庸俗的學者，缺乏選擇的能力，一字的解説，兼采數説，莫衷一是，同一的偏旁，此從甲説，彼從乙説，而自爲矛盾，使一般的讀者，目眩五色，不知所從。這些研究中間固然也有很好的發明，却被這種混亂情形所掩蔽了。

有些學者瞧見這種混亂的狀態，看穿了猜謎式方法的底藴，就看低了古文字研究的價值。有些輕視，或是出於誤解，但古文字研究的本身，確有可被輕視的地方，這是應該自覺的。許多有志於研究古文字的人，他們企求把古文字認識或瞭解，單是前人成説是不够的，而近來的新説，又是無所適從，他們勢必趨於拘守成説或恣意放言的兩條路上，這種情形，又是急需矯正的。所以，我不得不把這本書趕緊寫出來，以期建立起是非的標準，並開闢出研究這一學科的新途徑。

因爲這樣，在本書裏，不免要批評到許多學者的錯誤。這裏面很多是筆者所敬服的前輩和密切的朋友。就如羅振玉先生，他對於著者的學業，曾有不少的鼓勵，他的一生著述和搜集材料的盡力，在學術史上佔有重要的地位，甲骨學可以説他是手創的，但他那種考釋文字的方法是著者所不能完全同意的。著者雖已盡力避免指摘别人的地方，但有些説話是不客氣的，在這裏，我真誠地向諸位表示歉意。

同時，還要請學者們原諒，因爲我所提到的只是不得不明的是非，並不是有意蹈文人相輕的惡習。雖則是非有時不易明，自我過强的學者架不住“非也”二字，可以立刻反唇相譏。郭沫若氏曾告訴我：“昔人有一字之師，今人有一語之敵。”不過，治學問而至不敢明是非，還成什麽學問。學問本只是求真理，我們找出自己過去的不是，指摘别人的不是，同樣，也願意别人指摘我們的不是。

我這本書，很願意有人指摘其中的錯誤，但有一事得預先聲明：我所叙述的例證中，深明音韻學的人也許要指出若干條，在音韻學上是講不通的。著者音韻學的知識極淺，不免有錯誤的地方。但在另一方面，著者没有給音韻學裏許多規律所束縛，或更能適合於上古音的研究，正和研究古文字而不爲“六書”説所束縛一樣。一般的研究古音，最早的只是周代的音，但從古文字的研究，却可追尋出更早的音。“壴”和“喜”今音迥異，依我的聲化象意字規律，則“喜”字當從口壴聲，卜辭□(⿰壴堇)字今作囏，□字今作⿱壴貝，就是一個很好的證據。“壴”、“鼓”和“鼓”，今音有别，依我的字形通借規律，“攴”和“支”是可以通用的(卜辭有鼓鼓兩體，支殳亦通用。但舊以□爲鼓，則誤，皀壴有别)，又依聲化象意字規律，“鼓”和“鼓”都得從壴聲。“鼓”、“鼓”都象擊鼓，“壴”字實象鼓形，那末，“壴”字本當讀若“鼓”，因爲這是較近擊鼓的聲音(例如：磬爲擊磬音)。卜辭有一習語，曰：“㞢(有)希(祟)，其㞢(有)來□。”嚮來莫得其解，“希”字舊或誤釋做“求”，郭沫若依孫詒讓釋做“希”而改讀做“祟”，確是一個很好的發見，但□字郭氏釋爲“鼜”却和羅振玉所釋的“⿰亻亘”一樣，並没有確實的理由。卜辭的□字，有時寫作□和□，我在最初治甲骨文字時，就釋做“⿰女壴”(嬉)、“⿰亻壴”(僖)、“⿰壴卩”三字，因同從壴聲，所以可通假。但卜辭的意義還不能明白。在前年整理時，才發現卜辭常見的“亾來⿰壴堇”(見《前編》三卷廿四葉五片，五卷四十葉六及七片，四一葉一及二片，《後編》上卷三十葉三及四片，《戩壽堂殷虚文字》二六葉十一及十二片等)和“其㞢來⿰女壴”對文，“⿰女壴”、“⿰亻壴”、“⿰壴堇”同從壴聲，故得通假。卜辭凡用“其㞢來⿰女壴”一語時，下文每言邦國的變故，郭氏説“鼓字必與希字相貫，而含咎咎之意”，所見甚是。《大誥》説“寧王遺我大寶龜，紹天明即命，曰：有大艱於西土”，可以説明卜辭的“㞢來⿰女壴”，當讀爲“有來艱”，是無疑的。《説文》：“囏，籀文艱，從喜，”、“囏”字何以從喜，前人都不能解，現在根據卜辭，就可知“囏”本作“⿰壴堇”，從壴聲，壴讀如鼓，故“囏”字音轉爲“艱”，後來就改從艮聲。[“壴”讀如“鼓”，能轉爲“艱”音，例如“古”本作□，從口，毌聲，□(毌)本象盾形，今借“干”爲“毌”；説詳本書下編四十葉和六十七葉。“古”、“鼓”音同，“干”、“艱”音近，所以變化的例同。關於此一點曾和魏建功氏討論甚久，附此誌謝。]“壴”、“喜”、“鼓”、“囏”，由現有的古音韻系統看起來，是很有區别，但在古文字裏却顯然是同源的(鼓、鼓、喜、⿱壴貝、⿰亻壴、⿰壴卩、⿰女壴、⿰壴堇，並從壴聲。⿰女壴或作嬉，從喜聲，卜辭僅一見)。現有的古音韻系統是由周以後古書裏的用韻，和《説文》裏的諧聲湊合起來的，要拿來做上古音的準繩是不够的。所以，我們在整理古文字時，只須求合於自然的系統，而現有的古音韻系統，應暫摒諸思慮之外。只有這樣，才能找出上古音上的新問題來。如謂不然，而以削足適履爲謹守繩墨，這就非著者所能知了。

這本書原來打算在《名始》做成後寫的，那至少須在十年以後，現在寫了出來，未免太早。從去年九、十月之間開始寫起，迄今年七月初完成，中間，我曾到南方去旅行一次，又生一回病，擱筆約有三月，實際寫了六個多月。這六月餘的時光，又要教書，又要寫别的講義，只有一部分的工夫，來寫這書，所以這書的寫成又未免太快。因此，本書裏的條例不能十分精密，舉的例證也有未恰當的，錯誤和疏忽自更難免，文筆也多生澀，這都是著者應向讀者致歉的。

我希望在這本書再版以前，把書裏的錯誤全找出來，可以逐漸修訂。如有可能的話，在再版時，還想附上一個索引。

二十四年七月十二日午夜寫竟
秀水唐蘭

追　記

因爲種種原因，本書來不及等待馬、沈二先生的序文，也不想附插圖，就發行了。這次本只印了二百部，所以假如有再版的機會，我是很想馬、沈二先生能撥冗指正的。

在自序裏，關於"嬉"字應讀爲"艱"的一點裏，漏了一些證據，恰是最重要的證據。卜辭習見的"亡來艱"，有時作"亡來嬉"(《戩》二六・二片，《戩》三五・十二片，《簠人》一〇六片及一〇七片)，郭沫若先生來簡反對此説，今得此鐵证，自信推論不誣。

十二月十二日唐蘭

（唐蘭：《古文字學導論》，國立北京大學出版部1935年初版）

一個古文字學者所應當研究的基本學科（節錄）

唐　蘭

研究古文字者，往往不注意書本裏的材料，這是很錯誤的。地下材料，文字多的像甲骨和銅器，都有文體的限制，所用的文字老是這一套，所以有些文字，幾可説永不會被發見的，這種缺點，只有書本上的材料才能彌補。没有這部分材料，就不能做有系統的研究。

不但這樣，地下發現的文字，大家公認爲已認識的只有一部分，其餘未認識的文字，有些人在胡猜亂想，有的人對之瞠目，但假如注意了書本上的材料，有些字是很容易解決的。例如：甲骨的役字，舊以爲《説文》所無，不知這是“役”字的重文。金文的㫗和覃，舊所不識，近出的《古文聲系》在簟字下説：“竹席，從[illegible]，象文之形，”其實《説文》“簟”從“覃”聲，“覃”又從“㫗”，本很明白，既認得“簟”字，“覃”和“㫗”也就應該認識了。古璽的[illegible]字，舊時也不識，《汗簡》止部有[illegible]字，釋做“光”，這無疑的是六國時的别體。那末，單就辨識文字的一層，也就應該注重到書本上的材料了。

搜集書本上的材料，是一件復雜、瑣碎，而又繁難的工作。除了《説文》以外，重要的書，像《爾雅》、《方言》、《釋名》、《廣雅》、《玉篇》、《經典釋文》、玄應和慧琳《一切經音義》、《廣韻》，以及日本人所著的《萬象名義》、《字鏡》等，都包含着很重要的材料；即稍次要的書，像《小爾雅》、《急就篇》、《五經文字》、《九經字樣》，以及《華嚴經音義》、《三部經音義》等，也都有用處。學者第一步的工夫，就得博覽這許多書，以便擷取那裏邊的材料。

有一部分的古書是久已亡佚了，但還可以搜輯佚文，而且還有研究的價值，像《倉頡篇》（或“三倉”）《聲類》、《通俗文》、《埤倉》、《字林》、《韻集》一類，有些有幾個輯本而體例不善，有些雖有輯本而不全。在學者用功的期間，輯佚的工作，也是值得做的。

……

我們要研究古文字，决不能單靠幾種字彙，而不去研究古器物銘學。因爲這種研究，不是容易的，有時窮年累月，才能做三兩篇考釋；而編輯字彙的人是利在速成的（那樣廣大的範圍，不求速成，就永遠做不成），不暇把銘辭詳細研究，所以除了沿襲舊説外，不能有很多的訂正或發明；并且，還有些疏忽，例如把[illegible]兩字誤合作[illegible]字，[illegible]字誤分作雨雷兩字之類，也是難免。所以，即便是很好的字彙，也只可以做參考，一個研究文字學者，同時必得研究古器物銘學。

自然，在研究古器物銘學的時候，又得明瞭許多相輔的學科。每一個器物的時代、地域、名稱、用途、形製、質料、圖案、書法等，對於研究銘文時都有關係，那末考古學、古器物學、古代藝術，都是不能不知道的。一個器物銘辭裏面的有關於歷史、文化、氏族、地理、年曆等部分，當然是研究的重要對象，這是古史學、社會史、文化史、古地理學或古曆學的範圍。

至於基本的學科，第一，當然要數古文字學，因爲不認識古文字，固是無從研究，認識錯誤了，也是枉拋心力。其次，古代文法、修辭學、古音韻也是極重要的，因爲僅認識了文字，不一定能讀通一篇銘辭。

或許有人説，在古器物銘學上要用這許多工夫，是太麻煩了，這種麻煩有些是古文字學所不必需的。但是，怕麻煩，不是學者所應有的。爲怕麻煩而不去研究古器物銘學，或研究得不盡力的人，在古文字的研究裏，也一定不肯下苦工，這種人的研究，是不會得到巨大的收獲的。

（唐蘭：《古文字學導論》下編，國立北京大學出版部 1935 年初版）

研究古文字的戒律

唐　蘭

一個人做學問,總要能有所不爲,才能有所爲,前面幾章裏我提出了許多當爲的事情,在這章裏所要講的,是不當爲的事情。

古文字在目前,是一般人所急於想懂得的,但因過去的研究成績,不能饜一般人的欲望,所以現在研究古文字的人特別的多。不過除了守師承,宗舊説的學者外,都是片段的研究,没有用整部古文字做對象的。

在學者們片段的研究中,固然有許多精確的發見,但最大的弊病,是没有一定的理論和方法,因之也没有是非的標準。在同一的題目上,各自做了解説,各人都以爲自己是對的,在局外的人當然辨不清誰是對的。這種現象所引起學術上的損失是很大的。第一,許多别的學術,像古史學、古社會學等的研究,處處和古文字有關,因此就不能進步。第二,許多學者的自尊心加强,只要自己説的話,總是對的,不願接受批評和忠告,因之,阻礙其個人學業的進步。第三,猜謎式的風氣既盛,有些人對於這種研究就灰心起來,以爲是没有出路的,有些人借此幌子,以賣狗肉,因之,弄成極大的混亂,初學者無路可從,而阻礙這種研究的進步。

筆者想在這種現象裏,闢一條出路,所以替研究古文字的人,設了下面的六條戒律:

(一)戒硬充内行。凡學有專門。有一等人專喜玩票式的來干一下,學不到三兩個月就自謂全知全能,便可著書立説。又有一等人,自己喜歡涉獵,一無專長,但最不佩服專家,常想用十天半月東翻西檢的工夫做一兩篇論文來壓倒一切的專家。這種做學問,决不會有所成就。

(二)戒廢棄根本。在前面我已經講過研究古文字必須有種種基礎知識,并且還要不斷地研究,尤其要緊的是文字學和古器物銘學。有些人除了認識若干文字,記誦一些前人的陳説外,便束書不觀,這是不會有進步的。

(三)戒任意猜測。有些人没有認清文字的筆畫,有些人没有根據精確的材料,有些人不講求方法,有些人不顧歷史,他們先有了主觀的見解,隨便找些材料來附會,這種研究一定要失敗的。

(四)戒苟且浮躁。有些人拿住問題,就要明白。因爲不能完全明白,就不惜穿鑿附會。因爲穿鑿得似乎可通,就自覺新奇可喜。因新奇可喜,就照樣去解决别的問題。久而久之,就構成一個系統,外面望去,雖似七寶樓台,實在却是空中樓閣。最初,有些假設,連自己也不敢相信,後來成了系統,就居之不疑。這種研究是愈學愈糊涂。

（五）戒偏守固執。有些人從一個問題的討論，牽涉到别的問題。因而發生些見解，這種見解本不一定可靠，但他們却守住了不再容納别説。有些人死守住前人成説，有些人回護自己舊説的短處。這種成見，可以阻止學問的進步。

（六）戒駁雜糾纏。有些人用一種方法，不能徹底，有時精密，有時疏闊，這是駁雜。有些人缺乏系統知識，常覺無處入手，研究一個問題時，常兼采各種説法，連自己也没明瞭。這是糾纏。這種雖是較小的毛病，也應該力求擺脱。

凡研究一種學問，第一要有誠意。我想真要研究古文字學的人，一定會接受這種戒律的。

（唐蘭：《古文字學導論》下編，國立北京大學出版部 1935 年初版）

甲骨文字釋林·序

于省吾

截至現在爲止，已發現的甲骨文字，其不重復者總數四千五百個左右，其中已被確認的字還不到三分之一，不認識的字中雖有不少屬於冷僻不常用者，但在常用字中之不認識者，所占的比重還是相當大的。而且，已識之字仍有不少被研契諸家誤解其義訓、通假者。所以説目前在甲骨文字的考釋方面，較諸羅、王時代雖然有所發展，但進度有限。

我從事古文字研究已四十餘年，雖然很少間斷，但用力多而成功少。專就甲骨文字來説，我所新識的字，和對已識之字在音讀、義訓方面糾正舊説之誤而提出新解，總共還不到三百。如釋三爲气、釋[illegible]爲敗、釋[illegible]爲[illegible]、釋[illegible]爲喪，均屬新識之字；又如釋奚爲以手提携奚奴之髮辮、釋戉爲刃尾迴曲之透孔斧鉞、釋孚爲戰争俘獲兒童、釋⊞象首甲之形，均屬對已識之字的造字本義作出新的解釋；再如釋啓爲前軍、釋齒爲舛啎、釋㞢正爲禳禜、釋其爲該，則均屬對已識之字的義訓及通假提出新的見解。就所釋之對象而言：或有關天文，如釋[illegible]爲虹、釋云爲雲、釋[illegible]爲靁、釋大[illegible][illegible]爲大驟風；或有關地理，如釋膏魚爲高魚或高梧、釋兕羊爲汪芒、釋兊爲沇、釋四單爲四臺；或有關世系，如釋王亥女（母）爲王亥之配偶、釋羌甲訛爲沃甲、釋小王爲孝己、釋中宗祖丁及中宗祖乙之中爲仲；或有關社會活動，如釋[illegible]爲協力耕作、釋遷爲驛傳、釋雉衆爲夷衆、釋寇爲打鬼；凡此種種，不煩一一詳列。今將解放前我所寫的甲骨文字考釋，大加删訂，和解放以後所寫的甲骨文字考釋，匯集在一起，共一百九十篇，名之爲《甲骨文字釋林》。至於其中的釋一至十之紀數字、釋具有部分表音的獨體象形字、釋古文字中附劃因聲指事字的一例等篇，並非專釋一字一詞，而是根據甲骨文字的某些構形進行綜合性的解釋，就文字起源和造字方法提出了一些新的看法。

甲骨文的研究是多方面的，但文字考釋是一項基礎工作。要使文字考釋有較快的進展，方法問題很重要。過去在古文字考釋的方法上，長期存在着唯物辯證法和唯心主義形而上學的鬥争。古文字是客觀存在的，有形可識，有音可讀，有義可尋。其形、音、義之間是相互聯繫的。而且，任何古文字都不是孤立存在的。我們研究古文字，既應注意每一字本身的形、音、義三方面的相互關係，又應注意每一個字和同時代其他字的横的關係，以及它們在不同時代的發生、發展和變化的縱的關係。只要深入具體地全面分析這幾種關係，是可以得出符合客觀的認識的。有的人完全不懂得這種唯物辯證的認識方法，説什麽“挐討三千年上之殘餘文字，若射覆然”，其影響所及，使古文字考釋工作陷入唯心主義不可知論的泥淖。還應當看到，留存至今的某些古文字的音與義或一時不可確知，然其字形則爲確切不移的客觀存在。因而字形是我們實事求是地進行研究的唯一基礎。有的人却説：

"考釋文字,舍義以就形者,必多窒礙不通,而屈形以就義者,往往犁然有當。"這種方法完全是本末倒置,必然導致主觀,望文生義,削足適履地改易客觀存在的字形以遷就一己之見。這和真正科學的方法,是完全背道而馳的。在這方面,清代考據學家的成果,仍有很多是值得我們參考和吸取的。清代考據學盡管有很大的局限性,但它的無徵不信、實事求是的精神,是應該加以肯定的。總之,我們今天考釋古文字,首先應努力掌握馬列主義的唯物辯證法,而且還要注意吸收前人的優秀成果,才能使古文字的考釋工作有較快的進展。

關於古文字資料在研究古代歷史上的地位問題,我過去一再强調要以地下發掘的文字資料爲主,以古典文獻爲輔。象甲骨文這樣保存在地下的文字資料,是三千多年來原封不動的。而古典文獻則有許多人爲的演繹説法和轉輾傳訛之處。例如:有關商代的世系,《史記·殷本紀》作上甲微、報丁、報乙、報丙,而甲骨文則作上甲、匚乙、匚丙、匚丁,顯然《史記》所記是錯誤的,應以甲骨文爲準。又如《殷本紀》的沃甲、沃丁,當爲羌甲、羌丁之訛,也賴甲骨文的發現,才真相大白(詳《釋羌甲》)。當然,我們同時也要用古典文獻來補充地下發掘的文字資料的不足,特别還需要用地下發掘的實物資料,來補充文字資料的不足,把這幾方面辯證地結合起來,交驗互足,才能使我國古代史的研究不斷取得新的成果。

研究古文字的主要目的,是爲探討古代史,尤其是探討古代的階級和階級鬥争史服務的。而且,中國古文字中的某些象形字和會意字,往往形象地反映了古代社會活動的實際情况,可見文字的本身也是很珍貴的史料。在本書中,我利用甲骨文字的構形和甲骨文的記事,對我國成文歷史的開始,對我國古代社會的經濟基礎和上層建築,都進行了一些研究。而特别值得注意的是,其中所反映出來的商代統治階級對於人民的踐踏和刑殺,在這裏有必要概括地闡述一下這一問題。

一、人身的蹂躪。甲骨文有㚏(鬱)字,中從夯作,勹乃俯伏之伏的本字(詳《釋勹𠔁匍》),夯象一人踐踏在俯伏于地的另一人的脊背之上(詳《釋㚏》)。甲骨文有䆀字,其所從之尼作或,均象一人坐於另一人的脊背之上(詳《釋尼》)。甲骨文中還有字(乙·三八四三),則象一人騎在另一人的頭上。以上都是對於人民身體蹂躪的寫真。

二、捆縛。甲骨文羌字作,係字作(詳《釋係》),均象用繩索縛人之頸。甲骨文訊字作或,右旁乃象人跪形而反縛雙手。至於甲骨文字也作,則象反縛奚奴而以斧鉞砍其頭。

三、械具和囹圄。甲骨文𡴘(執)字作或,象兩腕同械之形(殷虛出土的陶俑,女奴械兩腕于胸前,男奴械兩腕于背後)。而𡴘字的异構或作形,象以手扼其人之頸;或作形,象既械其腕而復縛其頸;或作形,象持樸鞭打其人之背;或作形,象拘其人之首於籠内(以上均詳《釋𡴘》)。此外,甲骨文還有圉(圉)字,象監禁囚徒於囹圄之中,這裏就不詳説了。

四、肉刑。甲骨文有劓字,作或,象以刀割鼻。甲骨文有䤵字,作,象以戈割耳(譯《釋䤵》)。甲骨文還有字,頗多异構,象持鋸(古稱鋸爲錡,詳馬瑞辰《毛詩傳箋通釋·破斧》)斷人之右足,商器簋文有字(録遺·一三三),象手持鋸形,可資參証。

五、火刑。甲骨文有字(前六·二一·五),象焚燒係索於頸之人於火上。甲骨文有巫妝(鄴初下三八·六),又有烄字作(甲·四二二),象焚巫於火上,即暴巫以乞雨。甲骨文中還有烄燃女奴隸以乞雨之貞，例如："叀𡛼烄"（簠雜·六七），"於甲烄凡"（鄴三下四八·三，凡字他辭也作奿），"叀妌烄出雨"（乙·一二二八），是其證。

六、陷人以祭。甲骨文[oracle-bone glyph]字也作[oracle-bone glyph]、[oracle-bone glyph]、[oracle-bone glyph]等形，都應釋爲臽，即陷的初文。其字从人（或从女）從凵（凵乃坑坎之坎的本字），象陷人於坑坎之中（詳《釋[oracle-bone glyph]》），甲骨文的"其作豊（禮）于伊臽"（粹五四〇）、"甲辰至戊臽人"（後下一六·一一）均指陷人以祭。甲骨文還有[oracle-bone glyph]字（藏五九·三），象陷人於坑坎之中而又持錘杵以舂之。

七、砍頭以祭。砍頭即《書·吕刑》"大辟"之刑。伐字甲骨文作[oracle-bone glyph]，商器㔫戈作[oracle-bone glyph]，均象以戈斷人之頸。甲骨文還有[oracle-bone glyph]字（京津·三一〇二），象以斧鉞砍頭之形。此字商代金文常見，例如父辛觚作[oracle-bone glyph]，作父丁尊作[oracle-bone glyph]，鼎文作[oracle-bone glyph]，無須備列。

八、攺與乇。甲骨文常見用人牲以祭，其殺戮之方法，以攺與乇最爲殘暴。攺字典籍通作施或施，乃剖腹刳腸，爲後世凌遲之刑的起源。甲骨文有"攺百羌"以祭的例子（詳《釋攺》）。乇字也作[oracle-bone glyph]或[oracle-bone glyph]，典籍通作矺，與磔同，乃裂其肢體而殺之。甲骨文有"[oracle-bone glyph]十人又五"和"[oracle-bone glyph]羌"以祭的記載（詳《釋乇[oracle-bone glyph][oracle-bone glyph]》）。

綜括上述各條，從甲骨文中所反映的商代統治階級對於人民群衆的踐踏和刑殺，極殘暴之能事。就蹂躪人身方面來看，既踐踏于人的脊背而又安坐于其上，踐踏安坐之不足，還要騎在人民頭上；就捆縛方面來看，爲了防止俘虜或罪犯的逃亡，既縛其頸部牽之以行，而在刑訊或屠殺他們的時候，還施之以反縛；就帶械者來看，不僅械其兩腕，有時還扼其項、縛其頸、擊其背、籠其首、置諸图圄之中；就肉刑方面來看，有的施之以斷鼻的劓刑，有的施之以鋸去右足的刖刑，而在軍事上或割取左耳以獻功；就火刑方面來看，既焚係累的俘虜於火上，又暴巫或燃燒女奴隸以乞雨；就陷人以祭方面來看，既活埋於坑坎之中，有的還執錘杵以舂擊之；就砍頭以祭方面來看，以鈎兵斷首固屬常見，用斧鉞砍頭也是慣例；就攺、乇人牲方面來看，攺爲剖腹刳腸，乇（磔）爲割裂肢體，其殘酷已達於極點。

總起來説，商代統治階級對待被壓迫階級的踐踏和刑殺，無所不用其極。特别是甲骨文中有關用人牲以祭的占卜，觸目皆是。其每次祭祀用人牲的數量，由一個或幾個，以至於幾十幾百，甚至上千。這樣揮戈揚斧、殺氣騰騰、血淋淋的慘酷情景實屬駭人聽聞，較之所謂人間地獄，有過之而無不及。這就充分暴露了自商代中葉以來歷世商王，尤其是武丁，踐踏和刑殺了那麽多的人民群衆，妄圖乞福於鬼神，以保持他們腐化奢淫的生活，其殘虐凶狠已達到何等地步！然而典籍中却説什麽高宗（武丁）"不敢荒寧，嘉靖殷邦，至於小大，無時或怨"（《書·無逸》），"神明"而"睿廣"（《國語·楚語》），"修政行德，天下咸驩"（《史記·殷本紀》）。這都是肆意妄加頌揚，完全違反了歷史事實。我們研究古代歷史要想達到"古爲今用"，就必須把被顛倒的歷史重新顛倒過來。

本書中華書局在去年已列入出版規劃，因爲無人謄寫，延遲至今年，才由同學林澐從事繕寫，由同學姚孝遂和陳世輝相助校對。但整理倉猝，荒誤之處在所難免。希望讀者多加指正，至爲盼矚。

1978 年 9 月夙興叟于省吾時年八十又二

（于省吾：《甲骨文字釋林》，中華書局 1979 年版）

古代文字學的方法論(節錄)

李旦丘

科學的方法,是研究學問的必需的利器,同時也是批評研究成果的不可缺少的標準。没有正確的方法,則其研究的結果,不問可知。對於研究的方法没有理解,則其批評必爲漫無標準的妄論無疑。這種情形,不單是在一般的自然科學和歷史科學的範圍内是如此,即在中國古代文字學的領域内亦然。

例如對葉玉森之批評,就令人有無所適從之感。稱之譽之者,謂"夫自契學萌芽以來,作者已衆,要未能度越羅王。若是書者(指《殷契鉤沉》——丘按),冥搜孤索,時又勝之"(劉節著《甲骨書録解題》)。而非之毁之者,則謂"繼孫氏之後,研究甲骨文字的人,是羅振玉和王國維,羅氏創始的功績是不可没的,但對於文字的認識還是好用推測,開後來葉玉森輩妄説文字的惡例"(唐蘭著《古文字學導論》)。毁譽懸殊,標準安在?

無論是象形文字,表意文字或標音文字,我們都可以普遍的使用一種方法去研究它,這種方法就是比較的研究法。中國的古文,由甲骨文而金文,由金文而小篆,大概經過了千有餘年的演變,但是,這三個時代的文字當中,仍不乏相同或近似的字形。金文中倘有一字,其字形與小篆相同或近似,則研究者實有根據小篆去認識它的可能。又將金文和甲骨文拿來作比較研究的時候,情形亦同。最長於使用此法以推究古代文字的演變的,要算是孫仲容。(舉雨字和山字爲例,見《名原》上第十八葉和第十九葉——編者按)

比較研究法是研究古代文字的最便當的方法,可是,有一點是須要注意的,就是形同而字异的文字。例如甲骨文中之[illegible]與金文小篆中之[illegible],字形雖同,然[illegible]字在甲骨文中多作巳字用,用[illegible]字在金文小篆中則作爲子字用。在比較研究的時候,要不注意到這一點,便很容易犯錯誤。所以葉玉森説:"予所疏解,多以卜辭證卜辭,不敢背前人以經證經之例,必不得已始援引金文經訓以濟其窮。"(《殷虚書契前編集釋序》)葉氏所云,不爲無見。

象形文字本來是從圖形發展出來的。甚至於可以説象形文字自身就是一種頗帶有美術的性質的繪畫。例如甲骨文的鹿字作[illegible],象字作[illegible],神態宛然。我們知道,當我們鑒賞藝術品的時候,我們使用的意識是直觀,由於直觀而得到被鑒賞的對象的印象,然後才根據這印象去把握對象的本質。這雖是鑒賞美術品的時候的情形,其實也就是認識象形文字的方法。對於象形文字,除了根據着由直觀而得到的印象去研究它而外,並無其他的方法。在這一方面,葉玉森的成就,是不應抹殺的。例如《甲骨文編》所收的"雪、暈"二字,便是葉氏的收穫。(雪見《説契》第一葉,暈見《殷契鉤沉》第一葉——編者按)

這種方法,因爲是直觀的,所以不會有十分的科學的確實性。例如犬字,此字給我們的印象,是巨口細腰,和一條翹起來的長尾巴,這和我們日常由犬的實物所得到的印象正同,於是我們便釋此字爲犬。因爲犬是習見的,而大家對於犬的印象又大略一致,所以我們對於此字的考釋,並無异議。不過,間有神經异於常人的人物,他偏不肯承認你的說法,那你也把他没有辦法。徐澄宇便是這種异常人物之一。他說:"□……不知何形,而釋者皆以爲犬,然安知非狐,非狼,非猫,非鼠耶?"(《甲骨文字理惑》第八葉)

這種直觀的方法,還有一層困難,就是古代的事物,有存於古而亡於今者,有習見於古而罕見於今者,凡屬於這一類事物的象形字,都不易研究,或者絶對無法研究。因爲我們對於這種事物的印象太稀薄了,或者根本上就没有印象,所以,當我們見到這一類事物的象形字的時候,簡直不知道它是什麽東西,或者不能確定的知道。例如□字,郭鼎堂釋兕,葉玉森釋駮,董作賓釋麟。所釋各异,誰是誰非,我想除了起古人於地下,恐怕没法加以判斷了。

至於研究標音文字的方法……我們須要去分析它的構成要素。换言之,就是分析偏旁。……這種分析的工作,不是直觀所能勝任的,只有悟性才能够擔當得起來。悟性的作用是推理,這和那種根據着印象去研究的方法,完全屬於兩個範疇。最初確立下這種方法的是孫仲容,而最善於使用這種方法的也是孫仲容。(下舉二字爲例:敄和遹。見《名原》上第二十七葉——編者)

這真可以説是典型的例子。對於複合的文字,當然以采取這種方法爲宜。不過,當着分析偏旁的時候,有兩點須要留心。第一,不可把偏旁認錯。……第二,古代文字,變化不居,繁簡隨意。例如□(木)□(禾)二字,形雖互异然而往往混同(孫仲容説,見《名原》上第十五葉)。你如果看見某字從□,你便以爲是從禾,那你所考釋的結果,仍然不能正確。所以分析偏旁的方法,貴在靈活的運用。一味刻板的分析,也不見得有什麽是處。唐蘭的分析,便犯了這種毛病。他在他所著的《古文字學導論》中,將甲骨文中的□字認作斤,而將從□之字,是認爲從斤。今且舉兩三個例在下面,加以檢討,就可證明刻板的分析之無濟於事。

□(斱)(原注《前編》一卷四七葉六片。舊不識,今疑即析字。)

按《前編》一卷四七葉六片爲卜祭祀之辭,文曰:貞㞢(侑)於□。由卜辭之辭例言之,則□應爲殷人之祖先或前世名臣或名山大川之名,今唐釋字爲斱,已覺不安,又謂斱爲析,更無文字學上之根據。

□(斾)(原注《佚存》八五八片。舊不識,按此字不見字書,未詳。)

斾字太奇。我相信讀者當中不會有認識此字的人,我甚且相信考釋此字的唐氏自身就不認識此字。這樣的考釋,等於没有考釋。

□(炘)(原注《佚存》七〇八片。舊不識此字,《説文》遺漏,古書習見,或作焮。)

釋□爲炘,尤爲乖謬。□爲山之象形。在甲骨文中,絶對没有把□當作火字用的例子。唐氏既把偏旁認錯了,其分析的結果,也就不用説了。

總之,對於由兩個或兩個以上要素構成的形聲字,我們是應該去從事於偏旁的分析的,然而我們也應該記着,刻板的分析文字,正與妄説文字相去不遠。

表意文字的性質,實是介在於象形文字和標音文字二者之間的東西。例如□字,便和標音文字一樣,是由兩個要素構成的,我們可以去分析它的偏旁。可以説它是從月(在甲骨文中月夕不分)從口之字。因此,我們得釋(ㅂ爲名。但是,像二(上)二(下)一類的字,請問你用什麽方法去分析它的偏旁呢?所以,對於上下一類的表意文字所能采取的方法,便完全與象形文字相同,仍然只有用直觀去把握它,根據着印象去理會它的意之所在。我們在前面已經説過,這種研究方法是缺乏科學的確實性的。然而對於一部分的表意文字和象形文字,我們又只能采用此法去研究,於是便不免有許多妄説產生出來。在這一點上面,葉玉森不能不負一部分的責任。例如𣊫字,從日從三人,分明還是衆字,而葉氏偏要釋爲昆(《殷契鈎沉》第三葉)。葉氏所釋,實難免妄説文字之譏。

不過,話又得説回來。葉玉森在這方面所犯的錯誤,固應非難,然而他在另一方面的成就,也應承認。倘若一概抹殺,以是爲非,不但非持平之論,且足以阻礙學術的進步。

用上述的方法去研究古代文字,固然是最合理的。但是,其結果之正確與否,我們還得來審查一下。那末,審查的方法又應該怎樣呢?我想,除了盡量搜集材料,把一切使用得有那個字的甲骨上或彝器上的文句臚列起來,看它通與不通。要是文從字順,便十中八九是可靠的。要是滯礙難通,便是錯誤的證明。例如㇆字,有釋爲氏者,有釋爲以者,到底哪一種考釋是正確的呢?我們不妨把用有㇆字的辭例臚列起來看一看。

貞㇆牛五十(《殷虚書契》前編第一卷第二九葉第一片)

貞王㇆其十牛(《殷虚書契》前編第二卷第二九葉第一片)

牛弗其㇆(《鐵雲藏龜》第一七八葉第三片)

貞王勿令㠯𠂤衆伐𠮷方(《殷虚書契》後編上第一六葉第七片)

若釋㇆爲氏,則每逢祭祀,便要氏牛十匹或五十匹之多,當時既無鐵路,也無公路,要弄這麽多外國牛來祭菩薩,恐怕不易辦到。至於第三句的“牛弗其氏”,簡直莫明其土地堂了。第四句的𠂤字若釋爲氏,更是不通。如果你釋㇆爲以,當作用字講,便文從字順了。㇆(以)牛五十,即用牛五十。王㇆(以)其十牛,即王用其十牛。牛弗其㇆(以),即弗其用牛。至於第四句,乃是殷王不令㠯(人名)以衆人伐𠮷方(國名)之意。

經過這樣一番審查之後,誰是誰非,你自然會得到一個結論。

陳夢家在《考古》第六期第一九五葉中,釋攺(施的本字)的時候,便是使用的這個方法,而我在行將出版的拙著《殷契摭佚》中,亦研究到這一個字,當我寫稿的時候,並未看見陳氏的文字,然而結果完全暝合。此足證明正確的方法可以使人達到正確的結論。我因爲要提倡這種方法,故不憚煩贅,把陳氏臚列的辭例鈔録於此,以供研究古文字學者之參考。

卜辭之攺爲殺牲:

丁酉卜其攺牛十妣丁。(《菁》九,二)

翌丁未枫,攺一牛。(《後》上二八,四)

貞攺牛。(《戩》二四,二)

攺牛。(《後》下二三,五)

貞□攺牛。(《後》上二八,五)

亦用爲施殺人類之施:

甲子卜𣪘貞勿攺羌百,十三月。(《鐵》一七六,二)

□羌……攺𡳿國。(《鐵》七六,一)

貞攸倡於□……(《拾》十一，十三)

翌攸氏廿。(《林》二，一八，一〇)

串亦攸人。(《煎》七，三一，三)

陳氏在此地，果把甲骨文中用有攸字的辭例，差不多都引用盡了的。——本來，搜集材料，當然是多多益善——陳氏釋攸爲攸，於上舉諸辭，均暢通不悖。是攸决爲攸字無疑。這種臚列辭例的方法，不單是不武斷，而且是避免武斷的不二法門。

當着培根(Fracis Bacon)在建設他的科學的方法論的時候，他首先就主張打倒偶像。因爲偶像的存在，足以妨礙學術的進步。假如偶像的主張，人們不敢反對，偶像的錯誤，人們不敢糾正，在這種情形之下，試問尚有何科學研究之可言。

對於學術界的先驅者，後來的人固然應該表示敬意，然而敬之必以其道。一味的盲從，這不單是侮辱了學術，并且使先驅者們苦心慘淡建立起來的學術的基礎，也不能得其應得的發展。

在中國今日的考古學界，崇拜偶像之風，不幸而盛極一時。羅王的學説，簡直變成了天經地義。假使你偶爾提出羅王的違誤之處，你便得當心羅王弟子的譁議，攻擊你企圖另立系統。

王静安在學術上的貢獻，雖已爲海内外所承認，然而偉大的人物，並不是絶對没有錯誤。後來的學者，倘若發現了他的錯誤而加以糾正，這不僅没有侮辱他，反而使其建立的基礎，得以發揚光大。這才是尊之之道。

尊崇王静安的心理，還可以理解。至於羅振玉，也有人神而聖之的。羅氏除了在販賣古董之餘，乘便搜集了不少的材料而外，我就不知道他在學術上到底有多大的貢獻。他所考釋的甲骨文字，遺失最多。例如山字，顯然是山的象形，而他偏釋爲火。王静安以次學者，多承其誤，而未見有加以糾正者。在卜辭中把山字當火字用的地方，一處都没有(請參看拙著《鐵雲藏龜零拾》第四〇葉)。又如利字，羅釋利，然而甲骨上的卜辭，無一不在證明羅釋之誤。今按利字實從木從刀之字。在甲骨文字中，木未二字通用，故許書所收制(制)字，即此字之後起字(在行將出版之拙著《殷契摭佚》有關於此字之詳細的檢討)。除郭鼎堂曾對此字提出异議而外，亦未有敢加以糾正者。其他羅氏妄説文字之處，多至不勝枚舉。是偶像之貽誤後學，實非淺鮮。摧之毁之，不見得就是大逆不道。羅氏弟子及其再傳弟子，何必倖倖。且羅王弟子之在中國學術界者，早已高據要津。不是大學教授，便是研究機關的研究人員，其有成就與否，人所盡知，縱然有人非其師父，也不見得對於弟子們就會發生什麽不利的影響。因爲青出於藍而勝於藍的例子，不是没有。不過，反轉來説，也是一樣。先生偉大，學生不一定偉大。所以，又何必口口聲聲叫静安師静安師來提高自己的地位，或以受知於静安先生一類的話來壯自己的威風。捧自己先生是好的，愛自己的先生也是好的。可是，千萬不要忘記西哲的一句名言，即：

我愛我師，但我更愛真理！

(原載《學術》第3輯，上海學術社1940年4月)

釋　气

于省吾

甲骨文三字習見。商承祚同志釋爲三(類編一·六),容庚同志疑彡字(燕釋一九七甲),甲骨文編列入彡字。郭沫若同志謂:"三字習見,舊均釋三。案釋三無義,且中畫特短,字亦非三。餘謂當是川之古文,從川之侃字,𣪘狄鐘作𠈌,兮仲鐘作𠈌,三畫均直而横作,蓋古川字如是,後嫌與三字易混,乃曲筆而縱書之也。川雨者蓋謂大雨,言雨至如川也。"(通考三八〇)按:釋三、釋彡、釋川,既背於形,復乖於義。

甲骨文之三即今气字,俗作乞。説文:"气,雲氣也。"石鼓文迄字從气作气,其三畫均邪作,爲説文所本。气字,周初器天亡簋作三,矢令𣪘作三,猶存初形。東周器齊侯壺作𠀀、气。晚周行氣玉銘有氣字,從气作气,晚周陶文有眊字,從气作气(匋文録附二四)。此例晚周古文常見,不備引。就東周以來之气字加以推考,以其與三字易混,故一變作𠀀;取其左右對稱,故再變作气。

甲骨文之三即气字,已如上述。气字之用法有三:一爲气求之气,二爲迄至之迄,三爲終止之訖。气訓气求,典籍常見。气字孳乳爲迄或訖,二字典籍每互用無別。《爾雅·釋詁》:"迄,至也。"又:"訖,止也。"《詩·生民》之"以迄於今",毛傳:"迄,至也。"《書·泰誓》之"民訖自若是多盤",孔疏:"訖,盡也。"訖之訓止訓盡,與終義相因。

一、甲骨文之气訓气求。例如:"貞,今日其口雨。王固曰,𠤕(疑),兹气雨。之日允雨。三月。"(前七·三六·二)按"今日其雨"之"其"應讀作"該"(詳《釋其》)。今日該雨,則信否尚未可知也,故以疑爲言。下言兹气雨,但气雨亦未知其能否降雨?是日允雨而後驗也。"气酘𠥼自上甲衣至於多毓。"(粹八五)"气令伐𢀛。"(戬一二·九)"气來於𡴆。"(佚八五五)以上各條气字均應訓气求。

二、甲骨文之气訓至。例如:"王固曰:'㞢(有)希,其㞢來嬉(囏)。气至五日丁酉,允㞢來嬉。'"(菁一)"王固曰,㞢希,其有來嬉。气至九日辛卯,允㞢來嬉自北。"(菁二)"甲辰卜,亘貞,今三月,光乎來。王固曰,其乎來,气至隹乙。旬㞢二日乙卯,允㞢來自光。"(通别二·二)按气至五日丁酉,即迄至五日丁酉;气至九日辛卯,即迄至九日辛卯;气至隹乙,即迄至惟乙。甲骨文又稱:"丙寅气壬申,㞢戊𡿺,气丁酉,气辛㞢。"(粹一二五〇)郭沫若同志謂:"此例頗特异,爲自來所未見。"按气通迄,丙寅迄壬申,即由丙寅至壬申,迄丁酉,即至丁酉。此辭雖殘,然文例固一貫也。

三、甲骨文之气訓終。例如:"之日气㞢來嬉。"(前七·三一·三)气讀訖訓終。言是日終有來囏也。甲骨文又稱:"貞,隹我气㞢不若。"(明二三二二)"丙戌,𢎕隹我气㞢不若。"

(明二三二四)若訓爲順利。以上兩段是貞問我歸終有無順利之義。此外,周初器天亡毁,有"不(丕,語詞)克三衣(讀殷)王祀"之語。陳夢家引余説釋三爲气,並謂"可有兩種解釋":一爲"終其天命",一爲"繼續殷王的祭祀"(《西周銅器斷代·一》)。按陳氏前一解釋得之。气應讀訖訓終。《書·多士》言"殷命終于帝",邢侯簋言"帝無終命于有周"。上述兩語,以反正爲義。而"殷命終于帝"與"丕克訖殷王祀",可以互相驗证。

總之,甲骨文气字作三,自東周以來,爲了易於辨别,故一變作⺕,再變作气。但其横畫皆平,中畫皆短,其嬗演之迹,固相銜也。气訓气求、迄至、訖終,驗之於文義詞例,無不吻合。

(于省吾:《甲骨文字釋林》上卷,中華書局 1979 年版)

釋羌甲

于省吾

近人考商代世系，説之紛歧，莫甚於羌甲、沃甲、陽甲之争執。羅振玉釋羌爲羊，以爲羊甲即《史記》之陽甲（《增考上・四》）；王國維、董作賓均從之。按羌、羊、陽音之可通，固無可疑，然於卜辭世次實不可解。卜辭既以祖辛、羌甲、祖丁相次，祖丁爲陽甲之父，則羌甲無以當陽甲，《卜辭通纂》已辨之。郭沫若同志以羌與沃音不可通，故釋羌爲茍，謂茍乃狗之象形文，以茍與沃爲通假。然[illegible]、[illegible]之爲羗，已無可移易。按由商迄漢千餘年中，文字音與形之衍變至劇，地下發掘資料與地上文獻資料同記一事、一物、一名，往往不能完全吻合。苟探究其原因，非音之轉則形之訛也。羌與沃音既不可通，當是形訛。凡文字之形訛者，只能據地下資料而改地上文獻，不可執於已訛之文獻而改地下文獻以牽合之。故甲骨文之羌甲《殷本紀》作沃甲者，沃乃羌字之形訛也。《説文》有渓與芺而無沃，段注謂渓"隸作沃"。清代學者之考《説文》者，亦均謂渓今作沃。按《書序》之沃丁亦作渓丁。玄應《一切經音義・十一》，謂"沃，古文渓同"，是其證。因此可知，羌甲之羌，先訛作芺，後人又改作渓或沃，灼然明矣。此外，甲骨文有"羌丁"（前五・八・五），即《史記・殷本紀》之"沃丁"，羌之訛沃，與羌甲訛爲沃甲同例。

（于省吾：《甲骨文字釋林》上卷，中華書局 1979 年版）

甲骨叕存·序

孫海波

甲骨刻辭者,殷商一代卜貞之辭也。殷人尚鬼,其俗重卜,甲之廣可盈尺,用之於卜者以百數,刻貞辭焉,占其譣否,故一甲之辭,多至數百字。自商之亡,去今數千祀,古代史籍存者絶稀,後人因感於文獻不足,始資以考古,卜辭所以見重於世者以此。然甲骨爲物,其質脆弱,沉薶既久,掘采不慎,易致損折。以故近年出土之卜辭雖多,什九皆殘泐之片,求完好無缺者,稀若星鳳。夫欲據卜辭以訂正古史,必當綜合比較,觀其會通,而後考證之功始有所施。乃若殘泐之版,片辭只字,董理殊難,此所以叕合卜辭視著録爲尤要焉。乙亥、丙子之間,余方從事於契學,時秀水唐氏立庵亦有《契合編》之輯,嘗囑余共取卜辭一版而折成數片者,爲之叕合。草稿未定而時事日艱,唐氏乃南游粤滇,此事遂廢,意當世之士,必有爲之者而未遇也。曾君毅公研治契學有年矣。戊寅春,自魯來平,獲與訂交,各出所業,互相印可,款曲盡歡。未幾,君復返魯,别三年不復相見。然余先後讀君所著《地名通檢》、《續編校記》諸書,未嘗不爲之神往也。比得君書,復以新著之《甲骨叕存》囑序。斯編叕合已折之卜辭七十餘事,諸家所藏,搜采略備,是唐氏與余謀輯之數年而未成者,君今竟獨力成之,讀之而心喜可知矣。自甲骨出土以來,迄今方四十年,上虞羅氏爲之甄録,海寧王氏爲之考釋,於是學者景從,蔚成風氣。及丁丑之變作,師友星散,創獲新著,闃然無聞。莊周云:“逃空虚者,聞人足音,跫然而喜矣。”余悲夫老成之凋零,而自感學殖日荒,展讀君書,又烏能已於言乎! 庚辰六月,孫海波敬題。

(《喆厂叢刊》之一,標點爲整理者所加)

甲骨叕存·自序

曾毅公

丙子之夏，明子宜師 J. M. Menzies. 返國，良師遽別，請繼以爲學之道，師乃詔毅曰："甲骨出土洹濱，今且三十餘載。鐵雲、籀廎啓其先河，俑廬、静庵發其枕秘，功等鑿空，絶學斯顯，時賢碩彦，率有名篇，契學昌明，於焉略備，起例發凡，固彬彬乎其盛矣！分條鑽索，尚有待於將來，若子商之譜系、人地之考證、甲骨之斷代、卜法之推究、詞類之比勘、殘片之綴合，凡此犖犖其尤著者。苟能勤事勘研，會通比較，則殷商文獻其有補乎？余雖從事斯業，積稿盈篋，然增益修補，殺青有待[按：師有《商帝系世族譜》、《卜辭彙考》諸作，甲骨斷代於戊辰（民國十七年）前已有發明，殘片叕合《齊大季刊》第二期曾發表一分]，其有意乎？當共勉之。"毅獲教之餘，數年來未敢或忘，然賦性愚闇，且慚末學，雖有造述，未能自信，獨學寡偶，請益無從。既憂患之頻頻，且感室家之多累，時作時輟，所業幾廢，是則内怍於心，而尤慚乎明教者也。今叕存排比，將次完成，謹記師説，用志緣起云爾。時民國二十八年歲次己卯冬十一月，曾毅公識。

（《喆厂叢刊》之一，標點爲整理者所加）

殷虚書契考釋(節録)

羅振玉

帝王弟二

曰羊甲　卷一弟四十二葉　弟四十三葉　卷一弟四十一葉　弟四十二葉　弟四十三葉　同上　弟四十二葉　同上

即羊字(説見文字篇)。羊甲即《史記》之陽甲，羊陽古通。《漢書・古今人表》有樂陽，師古注即樂羊。《漢綏民校尉碑》"治歐羊尚書"，歐羊即歐陽。皆其例矣。

地名弟四

地名之見於卜辭者百九十有三，其類十有六：曰王在某，曰後于某，曰至于某，曰往于某，曰出于某，曰步于某，曰入于某，曰田于某，曰狩于某，曰驅于某，曰舟于某，曰在某次，曰于某，曰伐某，曰征某，曰某方，其字或可識或不可識，然以上下文與例考之，確知其爲地名也。其稱王在某者八十有一。

曰旁　卷二第三葉。

曰樂　書契菁華　書契後編

曰反　卷二第四葉

文字弟五

曰行　卷四第十一葉　卷一第四十葉

象四達之衢，人所行也。石鼓文或增人作，其義甚明。由而變爲，形已稍失。許書作則形義全不可見，於是許君乃釋行爲人之步趨，謂其字从彳从亍，失彌甚矣。古從行之字或省其右作，或省其左作，許君誤認爲二字者，蓋由字形傳寫失其初狀使然矣。父辛觶亦作，與卜辭合。訓宫中道之字正從此。許君謂從囗象宫垣道上之形，不知囗但象宫垣而象道路者乃在囗内之字也。

曰祖　卷一第九葉　同上　第二十葉　第十二葉

《説文解字》："祖，从示，且聲。"此與古金文均不从示，惟齊子仲姜鎛始作。

曰貍　卷一第三十二葉　卷六第三十九葉　卷七第三葉

《周禮・大宗伯》："以貍沉祭山林川澤。"此字象掘地及泉，實牛於中，當爲貍之本字。貍爲借字，或又從犬。卜辭云："貞三犬尞五犬五豖卯四牛"卷七第三葉，貍牛曰，貍犬曰，實一字也。

曰妣　卷一第三十一葉　第三十二葉　同上　同上　第三十三葉

《説文解字》："妣，籀文作。"卜辭多作，與古金文同，多不从女惟義妣鬲召中鬲從女作妣，與許書籀文合。吴中丞説古妣字與父相比，右爲𠤎，左爲𠤎。予案考妣之匕引申而爲匕箸字，匕必有偶，猶父之與母相匕矣。

曰象 [古文字]卷三弟三十一葉 [古文字]卷四第四十四葉 [古文字]同上

《説文解字》："象，長鼻牙南越大獸，三年一乳。象耳牙四足之形。"今觀篆文，但見長鼻及足尾，不見耳牙之狀。卜辭亦但象長鼻。蓋象之尤异於他畜者其鼻矣。又象爲南越大獸，此後世事，古代則黄河南北亦有之。爲字從手牽象説見下，則象爲尋常服御之物。今殷墟遺物有鏤象牙禮器，又有象齒甚多非伸出口外之二長牙。乃口中之齒。卜用之骨有絶大者，殆亦象骨。又卜辭卜田獵有獲象之語。知古者中原有象，至殷世尚盛也。

曰爲 [古文字]卷五第三十頁 [古文字]同上

《説文解字》："爲，母猴也。其爲禽好爪，爪，母猴象也。下腹爲母猴形。王育曰：'爪，象形也。'古文作[古文字]，象兩母猴相對形。"案爲字古金文及石鼓文並作[古文字]，从爪从象，絶不見母猴之狀。卜辭作手牽象形，知金文及石鼓從[古文字]者乃[古文字]之變形，非訓覆手之爪字也。意古者役象以助勞，其事或尚在服牛乘馬以前，微此文幾不能知之矣。

錢先生《汗簡》跋云："《説文》九千餘字，古文居其大半。其引據經典皆用古文説，間有標出古文籀文者乃古籀之别體，非古文只此數字也。"又云"後人妄指《説文》爲秦篆，别求所謂古文而古文亡矣"云云。段先生説詳見所注《説文解字叙》篇中。兩先生所言雖不能無得失，然其精思卓識不可及也矣。

今得卜辭乃益徵信。至許書所出之古文僅據壁中書，所出之籀文乃據《史籀篇》，一爲晚周文字，一則亡佚過半之書，其不能悉合於商周間文字之舊固其宜矣。至於篆文，本出古籀，故與卜辭合者頗多。然商周文字至許君時已千餘年，固不能無後世詭更之失；而許書之傳至今又二千年，又不無傳寫校改之譌。故今之學者但據許書以求古文之真，何异執人之云仍以求其高、曾之謦欬與？然今日得以考求古文之真，固非由許書以上溯古金文，由古金文以上窺卜辭不可得而幾也。由是言之，則雖謂古文之真因許書而獲存焉可矣。

（羅振玉：《殷虚書契考釋三種》，中華書局 2006 年版。標點爲整理者所加）

中國古文字學史略(《中國文字學·前論》)

唐　蘭

中國人研究文字，據現在所知，是周朝開始的。《爾雅》據説是周公作的，所記草木鳥獸蟲魚的名稱，很多是新造的形聲字，倒很像是西周前期的，《釋詁》、《釋言》、《釋訓》等篇，就一定是秦漢間人所增加的了。《史籀篇》舊説是周宣王時太史籀，王國維以爲周秦間的西土文字，現存的"商鞅量"在秦孝公時，跟小篆很接近，《説文》所引的籀文則和春秋時銅器和石鼓文較接近，我把石鼓定在秦靈公三年(紀元前四二二)，較"商鞅量"早七八十年，《史籀篇》的成書，最晚也得在戰國初期。

《左傳》裏有三處解釋文字："止戈爲武"，"反正爲乏"，"皿蟲爲蠱"，假使這些記載是可靠的話，春秋時已有這種風氣了。六國時人對於文字是很注意的，《周易》的《彖傳》等，有許多解釋，是訓詁學的藍本。《周禮·保氏》有六書的名目，《韓非·五蠹》説：

> 倉頡之作書也，自環者謂之私，背私謂之公。

倉頡作書的傳説，那時正在流行，這都是文字學最初的雛形。六國時文字雜亂太甚，也就産生了"書同文"的理想。

秦始皇統一了天下，也統一了文字，李斯作《倉頡篇》，趙高作《爰歷篇》，胡毋敬作《博學篇》，顯然要用此宣傳小篆，作字體的範本。漢初人把三篇并合了，仍舊叫做《倉頡篇》，摹仿這一類字書的有《凡將篇》、《元尚篇》、《急就篇》、《訓纂篇》等，只有《急就篇》，一直到現在還保存着。

這種字書都是爲小孩子諷讀而編的，所以叫做小學。西漢時爲小學召集過兩次大會，一次是宣帝時徵齊人來正《倉頡篇》的俗讀，張敞從他們學了，傳到杜林，作了《倉頡故》和《倉頡訓纂》，漢人認爲他是小學的創始者。第二次是平帝時徵爰禮等百餘人説文字未央廷中，以禮爲小學元士，揚雄采作《訓纂篇》。此外，揚雄還注過《方言》十三篇，是近於《爾雅》，而又注明各地方不同的語言的一部字書。

這時候，最重要的一件事，是古文經的重新發現。古文經的來源，有兩類：一類是傳世的古書，如《周易》、《毛詩》、《左氏傳》等；一類是孔子宅壁中拆出來的舊本，如《古文尚書》、《禮古經》、《古文論語》等。流傳到劉向父子校中秘書，才發現它們的可貴。劉歆因而創立他的古文經學。從文字形體來看，這都是六國晚年的鈔本，而且往往是重鈔的，所以免不了有錯誤。杜林據説寶藏過一卷漆書《古文尚書》，他的弟子衛宏曾做過一本詔定《古文官書》，是辨别古今字體的書。

那時今文經學家喜歡解釋文字，不過都很可笑，如"馬頭人爲長"、"人持十爲斗"、"士力于乙者爲地”、“八推十爲木”之類，在《春秋》緯裏所存最多，都是根據已經變爲簡易的通行的隸書來説的。他們甚至於以爲秦朝的隸書就是倉頡所造的，他們以爲文字是“父子相傳”，不應當有改易，所以他們不相信古文字，當然更不相信古文經。

古文經學家建立了一個文字學系統，就是“六書”，在《周禮》裏本來只是一個總名，現在給分别出來了。六書有三種説法，最初見於《漢書·藝文志》，那顯然是抄襲劉歆的《七略》的。又見於鄭衆《周禮注》和許慎《説文解字叙》，鄭、許都是劉歆的再傳或再再傳的弟子，所以可以認爲劉歆一家之學。不過，我很懷疑，這説法未必是劉歆獨創的。秦漢之際有一本書叫《八體六技》，八體固然是秦書八體，六技決不是王莽時的六書，分析古文奇字等名稱的六書，而應是象事象形的六書。六技或許是六文之誤，六朝人常説到“八體六文”，六文就是六書。劉歆的説法，可能是抄這本書的。

根據古文經，《史籀篇》、《倉頡篇》，以及别的古書裏的材料，和“六書”系統，許慎寫成中國文字學裏唯一的經典：《説文解字》。他的主要動機是要澄清那時一班俗儒鄙夫的謬説，雖則他生在那個環境裏，未能免俗，像“一貫三爲王”、“推十合一爲士”、“甲象人頭”、“乙象人頸”説字的方法，比之那班今文經學家是不相上下的。他認爲文字是有條例的，先有“文”，“文”是“象形”、“指事”，原始的文字，而“字”是由孳乳而産生的“會意”、“形聲”等新文字。他用五百四十部來貫串一萬多個文字，用篆書爲主體來解釋文字，因爲他想這樣可以得到造字時的本義。

“五經無雙許叔重”，是賈逵的弟子，當時就負盛名，馬融很敬重他。他的書據後序是和帝永元十二年（西元一〇〇）寫成的，到安帝建光元年（西元一二一）才獻上，不到一百年，他的書就流行了，鄭玄注《周禮》、《禮記》，應劭作《風俗通》，都引用過，連雄才大略的曹操下的命令裏也引用過《説文》。

《説文》由目前看來，錯誤很多，但是它曾支配了中國文字學一千八百年。北齊顔之推説：

> 客有難主人曰：“今之經典，子皆謂非，《説文》所言，子皆云是，然則許慎勝孔子乎？”主人撫掌大笑應之曰：“今之經典，皆孔子手迹耶？”客曰：“今之《説文》，皆許慎手迹乎？”答曰：“許慎檢以六文，貫以部分，使不得誤，誤則覺之。孔子存其義而不論其文也。……大抵服其爲書隱括有條例，剖析窮根源，鄭玄注書，往往引其爲证，若不信其説，則冥冥不知，一點一畫，有何意焉。”——《顔氏家訓·書证篇》

清儒段玉裁説：

> 自有《説文》以來，世世不廢，而不融會其全書者僅同耳食，强爲注解者，往往眯目而道白黑。其他《字林》、《字苑》、《字統》，今皆不傳，《玉篇》雖在，亦非原書，要之，無此等書無妨也，無《説文解字》，則倉、籀造字之精意，周、孔傳經之大恉，薶缊不傳於終古矣。——《説文注》

這種稱譽也不算太過分。這本書無論如何是研究古代文字的一個鑰匙，即使在將來文字學上，也還是有重要價值的。

從後漢到晉是小學最發展的時期。接着《倉頡篇》、《訓纂篇》，後漢賈魴作《滂喜篇》，晉人合稱《三倉》，樊光、李巡、犍爲舍人、孫炎等都有《爾雅注》。魏張揖作《埤倉》和《廣雅》，晉郭璞作《方言注》、《三倉注》、《爾雅注》，這是“《倉》、《雅》學”的極盛時期，後來就衰落了。

聲韻學起得最遲,漢末劉熙作《釋名》,是聲訓的第一本書,後來有韋昭的《辨釋名》。魏孫炎作《爾雅音義》,開始采用反語(即反切)。這是中國語言學裏最大的發明。接着李登作《聲類》,是第一本韻書,晋吕静作《韻集》,後世的韻書,是從《韻集》的系統來的。

文字學以許慎《説文》和晋吕忱的《字林》合稱。《字林》已亡佚,據《封氏聞見記》,《字林》也是五百四十部,可是字數多了。據《説文序》,連重文有一萬零五百十六字,《字林》却有了一萬二千八百二十四字。據《魏書·江式傳》説"文得正隸,不差篆意",可見《字林》是用隸書寫的。唐時人《説文》和《字林》總是同時習的,所以現在《説文》裏,常有《字林》混在裏面。

俗文字在文字學史上應該有重要的地位,但過去没有人注意過,這是重古輕今的毛病。顔之推説:

> 《通俗文》,世間題云"河南服虔字子慎造"。虔既是漢人,其書乃引蘇林、張揖,蘇、張皆是魏人。且鄭玄以前,全不解反語,《通俗》反音甚爲近俗。阮孝緒又云:李虔所造。河北此書,家藏一本,遂無作李虔者。晋《中經簿》及《七志》並無其目,竟不得知誰制。然其文義允愜,實是高才。殷仲堪《常用字訓》亦引服虔《俗説》,今復無此書,未知即是《通俗文》,爲當有異。近代或有服虔乎?不能明也。——《顔氏家訓·書证篇》

學者文人所注意的是《倉》、《雅》之學,這些從經史百家裏搜集來的文字,大都是漢以前古字的詁訓,不能代表近世新興的語言。漢以後,基於事實的需要,許多人就去搜集代表新語言的文字,《通俗文》是這一類書裏最早發現的。據顔氏的推論,當然不是服虔做的,可是殷仲堪既引過服虔《俗説》,可見這種字書在殷氏前(西元四〇〇年以前)已經出現了。顔氏説"文義允愜,實是高才",又説"河北此書,家藏一本",可以看出這本書的精善和流行的廣遠。後來如王義《小學篇》、葛洪《要用字苑》、何承天《纂文》、阮孝緒《文字集略》,一直到敦煌所出唐人著的《俗務要名林》、《碎金》之類,都屬於這個系統,可惜不受人重視,所以大部分材料都已散失湮滅了。

六朝是文字學衰頽,也是文字混亂的時期。北方在後魏時有陽承慶《字統》二十卷,一萬三千七百三十四字,大概是解釋字形的。南朝在陳時有顧野王的《玉篇》三十卷,一萬六千九百一十七字,雖則依傍《説文》的系統,却集録《倉》、《雅》派的訓詁,這是最早的一部字典,也是最好的一部。可惜現在所傳是孫强增加字本,又是略出本,注文大部删去,日本所存原本,不過十分之一二。隋諸葛穎有《桂苑珠叢》一百卷,周武後時有《字海》一百卷,或許是《玉篇》的一系。

聲韻學在六朝時不斷地發展,到隋朝陸法言作《切韻》,成爲這一派韻書的經典,和文字學早就分家了。唐人因六朝文字混亂,又有一種整齊畫一的運動,這是字樣之學。顔師古作《字様》,杜延業作《群書新定字様》,顔元孫作《干禄字書》,歐陽融作《經典分毫正字》,唐玄宗開元二十三年(西元七三五)作《開元文字音義》,自序説:

> 古文字唯《説文》、《字林》最有品式,因備所遺缺,首定隸書,次存篆字,凡三百二十部,合爲三十卷。

林罕説"隸體自此始定"。中國文字史上第一次同文字是秦時的小篆,結果失敗了。這第二次定隸書(即現在所謂楷書),却成功了。楷書到現在還行用,已經經過一千二百年了。後來張參作《五經文字》,唐玄度作《九經字樣》,宋張有作《復古篇》,一直到近世的《字學舉隅》,都屬於這個系統。

唐時普通人已不會寫篆字,李陽冰中興篆籀,是由書法得來的。他"刊定《説文》,修正筆法",作三十卷,常自發新説,在晚唐時,這個刊正本很流行。他的侄子李騰集《説文》目録五百餘字刊石,名爲《説文字原》。五代時蜀林罕據李陽冰重訂本作集解,又取偏旁五百四十一字,作《説文字原偏旁小説》。郭忠恕説:"林氏虚誕。"郭氏自己也寫過一本《説文字源》,夢瑛寫的《字原》,錯誤也不少。南唐二徐都研究《説文》,徐鍇作《説文繫傳》,很攻擊李陽冰,徐鉉後來歸宋,和句中正等校定《説文》,今世流行的就只有二徐本的《説文》了。

宋時二王的《説文》學,論實是訓詁學。王安石用空想來解釋一切文字,這本是普通人容易犯的毛病,不過他讀書多,附會巧,好像言之成理,而且他在政治上的地位極高,所以《字説》二十卷曾風行一時。唐耜作《字説解》一百二十卷,陸佃、羅願等都是信仰新説的。但是駡他的人很多,所以終於失傳。同時王聖美(子韶)創右文説,以爲形聲字的聲符大抵兼有意義,却是訓詁學裏一個很重要的法則。

宋代是文字學中興的時期,主要進步有二:

一、古文字材料的搜集和研究。

二、文字構成的理論和六書的研究。

古文字材料的搜集,遠在漢時已經開始,不過那時還只有抄寫的一法,所以許叔重《説文叙》盡管説到鼎彝而没有徵引過一個字。只有古文經,被文字學家許叔重引用到《説文》裏,又被書法家邯鄲淳的弟子輩寫入三體石經。後來大批的汲冢古文,可惜没有保存下來。

一直到唐朝,書法家或經學家所謂古文。主要的還只是流傳下來的鈔本古文經和三體石經。經過六朝的大混亂時期,有僞造的隸古定《尚書》,好奇的人杜撰的古文雜體,也有寫錯的,也有認錯了、以訛傳訛的(例如把行字古文衍誤認爲道),還有許多是從後世字書韻書裏找較特殊的字體,把楷書變爲篆形的,這些材料都匯集到五代時郭忠恕的《汗簡》裏,宋真宗時,夏竦集《古文四聲韻》,還只是這些材料。

由於宋時金石學的發達,隸書的研究、古文字的研究都開始了。皇祐以後,像楊南仲、章友直、劉原父、蔡君謨、歐陽永叔等都好鐘鼎文字,而以楊氏最有名。到元祐壬申(西元一〇九二),吕大臨作《考古圖》,同時又做了《考古圖釋文》(清代學者誤以爲趙九成作),這是古文字學裏的第一本書。他綜合出若干辨識古文字的原則,如:"筆畫多寡,偏旁位置左右上下不一。"他説從小篆考古文,只能得三四,其餘有的從義類推得,有的省,有的繁,有的是反文,有的知道偏旁寫法而不知道音義,由這樣,又可考其六七。他用這種方法認識了幾百個字,給古文字學開了一條道路。後來王楚作《鐘鼎篆韻》,薛尚功作《廣鐘鼎篆韻》,元時楊鉤作《增廣鐘鼎篆韻》,字數陸續有增加。

自從漢人建立了六書理論後,除了許叔重就没有人用過。鄭樵第一個撇開《説文》系統,專用六書來研究一切文字,這是文字學上一個大進步。他寫了《象類書》十一卷,以獨體爲文,合體爲字,立三百三十母爲形之主,八百七十子爲聲之主,合千二百文成無窮文字。他批評《説文》"句"、"半"等部,以爲只是聲旁,不能作形旁,所以把五百四十部歸併成三百三十部，這是以子之矛攻子之盾的方法。另外，他又做過一部《六書證篇》，却又只有二百七十六部，不知异同如何。這兩種書都失傳，他的學説只存在《通志・六書略》裏面。清代《説文》學者因爲他批評許慎，都不願意稱道他，但未嘗不受他影響。我們如其重新估計一下，他所作的六書分類，瑣屑拘泥，界畫不清，固然是失敗的，但不是無意義的。漢儒的六書理論，本是演繹的，没有明確的界説，經他歸納過一次後，這種學説的弱點，就完全暴露出來了。

六書學在《説文》以外，開闢了一個新的門徑。元時有楊桓的《六書統》、《六書泝源》，戴侗的《六書故》，周伯琦的《六書正譌》，元明之間，有趙撝謙的《六書本義》，明時有魏校的《六書精蘊》、楊慎的《六書索隱》等。楊桓和戴侗都想利用古文字材料。楊桓把六書分成六門，子目瑣屑而重複，他大膽的嘗試用古文大篆來替代小篆，但是那時的材料不够，知識更不够，勉强拼凑成一個系統，當然靠不住。後來魏校繼承他這個系統，更加蕪雜。他們兩人是清代學者常常攻擊的。戴侗的書分九類，只用數目字，和天、地、人、動、植、工事等來分類，立四百七十九個目，其中一百八十八個是文，四十五個是疑文，二百四十五個是字。文是獨立的原始字。所以，照他的説法，一切文字，可以攝入二百多個指事象形的文或疑文的項下，綱領清楚，系統完密，遠在鄭樵、楊桓之上。他於《説文》在徐本外，兼採唐本蜀本，清代校《説文》的人所不能廢。但他用金文作证，用新意來解説文字，如"鼓"象擊鼓，"壴"字才象鼓形之類，清代學者就不敢采用，一直到清末，象徐灝的《説文段注箋》等書才稱引。其實，他對於文字的見解，是許慎以後，唯一的值得在文字學史上推舉的。

明朝是文字學最衰頽的時候，連一本始一終亥的《説文》都没有刻過。明末趙宧光作《説文長箋》，只根據李燾的《説文五音韻譜》，清初顧炎武批評趙宧光淺陋，可是他也没有看見過《説文》。一直到明清之交，汲古閣毛氏根據宋本重刊(據段玉裁説，毛斧季五次校改本，自署是順治癸巳，那是順治十年，西元一六五三年)，學者才看見徐鉉本《説文》。乾隆四十七年(西元一七八二)，汪啓淑才刻徐鍇的《説文繫傳》。

跟着漢學的復興，清代《説文》學有了從來所没有的昌盛，小學比任何一種經學發達，而在小學裏，《説文》又特别比其他字書發達。王鳴盛説：

> 《説文》爲天下第一種書，讀遍天下書，不讀《説文》，猶不讀也。但能通《説文》，餘書皆未讀，不可謂非通儒也。——《説文解字正義序》

這種過分的崇拜，使學者囿於一家之説，從整個文字學史來看，並没有很大的進步。段玉裁《説文注》有些新見解，是第一個以《説文》學者享有盛名的，受抨擊也最多。桂馥的《説文義證》，搜集例子，確很豐富，可惜刊行較遲。嚴可均的《説文校議》，對於"偏旁移動，只是一字"和"省不省只是一字"，用整理古文字的眼光來懷疑《説文》本書的體例，在許學裏算是最杰出的。王筠的《説文釋例》，要替古人作例是不容易做好的事，只有把《説文》的缺點揭露出來。不過他肯把他研究的方法和盤托出，對初學者不失爲一本有興趣的書。至於朱駿聲的《説文通訓定聲》，只是訓詁學上一本有用的書而已。有些《説文》學者專做些辨字正俗的工作，只要《説文》不載的字就是俗字，一定要在《説文》裏找出本字，這種尚古癖，在我們看來，是没有什麼價值的。

古文字在明以後倒還有人搜集，如李登的《摭古遺文》、朱時望的《金石韻府》、清汪立名的《鐘鼎字源》、閔齊伋的《六書通》之類，但除了古印外，没有新材料，轉輾稗販，真僞雜糅，都是不足道的。到乾隆十四年（西元一七四九）《西清古鑑》刻成後，鐘鼎文字才重被人注意，到現在雖然不過二百年，已經有了最遽速的進步，使以前的文獻成爲無足重輕了。隸書首先被人注意，如顧藹吉的《隸辨》。其次是漢印，有袁日省的《漢印分韻》等。其次是金文，嚴可均作《説文翼》，輯鐘鼎文字，依《説文》次序編輯，可惜没有刊行。莊述祖的《説文古籀疏证》想建設一個新系統來代替《説文》，但是從不可靠的材料，主觀的看法，今文經學家的没有條理的玄想，要造一個空中樓閣，把一切文字推源於甲子，這是不可能的。

從阮元作《積古齋鐘鼎款識》，并且刻入《皇清經解》以後，款識學盛行一時，成爲漢學的一部分。陳慶鏞、龔自珍之徒，穿鑿附會，荒謬不經，徐同柏、許瀚等算是較平實的。一直到同治、光緒時，古器物的發現愈多，如：古璽、封泥、陶器、貨布等都有大批的材料，吴大澂作《字説》外，收集鐘鼎文字和這些新材料作《説文古籀補》，這也是劃時代的一本著作。後來丁佛言的《説文古籀補補》，强運開的《説文古籀三補》，却只是依樣葫蘆而已。

光緒二十六年（西元一九〇〇），殷虚卜辭的發現，在文字學上又揭開了一個新的時代。孫詒讓從研究金文作《古籀拾遺》、《古籀餘論》，研究甲骨作《契文舉例》，綜合起來作《名原》，是這個時代的前驅。羅振玉作《殷虚書契考釋》，建立了殷虚文字這一個學科，他認爲金文、古璽、陶器、貨布等材料，應當分開來搜集整理，二十年來，他的兒子羅福頤以及他的門人後學，已編了不少的材料書和字彙。林義光作《文源》十二卷，用六書分類，很瑣碎。日本人中島竦作《書契淵源》，以金文爲主，只寫了關於人身的一部分，因爲方法是演繹的，免不了穿鑿附會的地方。

因爲金石學的發展，清代學者也研究碑誌的别字，楊守敬又做過《楷法溯源》。行草書則自《草書韻會》、《草字彙》之類外，還没有好的字彙。關於俗文字，自翟灝作《通俗編》以後，也有幾十家，有些著作，都擴展到方言一方面。

由中國文字學的歷史來看，《説文》、《字林》以後，可以分成五大派：一、俗文字學；二、字樣學；三、《説文》學；四、古文字學；五、六書學。前兩派屬於近代文字學，後三派屬於古文字學，在文字學裏都是不可少的。清代學者只復興了《説文》學和古文字學，可是其他的，尤其是宋元人的六書學，還没有重建。搜集新材料，用新方法來研究文字發生構成的理論，古今形體演變的規律，正是方來學者的責任。

（唐蘭：《中國文字學》，上海開明書店 1949 年版）

六書説批判(《中國文字學・文字的構成》)

唐　蘭

六書是戰國末年的文字學理論,一直到西漢末年以後,才有詳細的叙述,那是劉歆的《七略》,後來班固采録於《漢書・藝文志》的:

古者八歲入小學,故《周官・保氏》掌養國子,教之六書,謂:象形,象事,象意,象聲,轉注,假借,造字之本也。

其次是鄭衆的《周禮・保氏注》,鄭衆是鄭興的兒子,鄭興是劉歆的弟子,但是六書的次序名稱都和劉歆不同:

六書:象形,會意,轉注,處事,假借,諧聲也。

再後是許慎《説文序》,這是條例最詳細的。許慎是賈逵弟子,賈逵的父親賈徽是劉歆弟子,所以這個説法,還是本諸劉歆,不過又經過修正了:

《周禮》八歲入小學,保氏教國子先以六書:一曰指事,指事者,視而可識,察而見意,上下是也。二曰象形,象形者,畫成其物,隨體詰詘,日月是也。三曰形聲,形聲者,以事爲名,取譬相成,江河是也。四曰會意,會意者,比類合誼,以見指撝,武信是也。五曰轉注,轉注者,建類一首,同意相受,考老是也。六曰假借,假借者,本無其字,依聲託事,令長是也。

三家説法的异同是非,清代學者討論得很多,是永遠不能解决的聚訟。如其我們用歷史家的客觀的眼光來看,就另是一樣了。劉歆或班固是首先對六書加以解釋的(即使還另有所本)。照他們的説法,六書是造字之本,也就是造字的六種方法。象形、象意、象聲三種,本已包括了一個字的形、音、義三方面,不過他們把圖畫實物的文字和少數記號文字分開,所以多出了一種象事。至於轉注和假借,實在只是運用文字來表達無窮的語言,跟産生新文字的方法,他們混合在一起,就和詩有六始,把風雅頌跟比興賦混在一起是一樣的。

鄭衆和許慎,無疑地都是修正劉説的。《後漢書・鄭興傳》:

世言左氏者多祖興,而賈逵自傳其父業,故有鄭、賈之學。

《周禮》和《左傳》都屬古學,所以這兩個六書説的不同,顯然就是鄭學和賈學的不同。關於名稱的修正,兩家比較接近,他們都只保留象形的一個"象"字,而把其餘的三個改去了。除了會意,兩家所改相同外,一個是處事和諧聲,一個是指事和形聲。關於次序,却很不同。鄭氏似乎把象形、轉注、假借作爲三種造文字的方法,除了象形同時就是文字外,還有會意、處事、諧聲三種文字。學者都説鄭氏次序是錯的,只有葉大慶《考古質疑》説:

古人制字,皆有名義,或象形而會意,或假借而諧聲,或轉注而處事。

用這個説法。許氏的意思，大概依照發生的前後來排列的。《説文序》又説：

> 倉頡之初作書，蓋依類象形，故謂之文，其後形聲相益，即謂之字。字者，言孳乳而浸多也。

他顯然把“依類象形”，跟“形聲相益”來劃一個界限，一曰指事，二曰象形，都是“文”；三曰形聲，四曰會意，都是“字”。再加上了轉注和假借兩樣方法，把六書分成三類。後來徐鍇所謂“六書三耦”，我們可以説就是許叔重的原意。

許叔重雖則分别出文跟字的前後，可是意義還欠明瞭。他説：“其後形聲相益，即謂之字。”是説倉頡自己呢？還是説倉頡之後呢？如果我們懂得漢人説話的心理，就會知道“其後”兩字，實際是説後世，“形聲相益，即謂之字”，決不是倉頡自己益的。因爲漢朝人一説到“字”，在他們心目中就是後起的，所以鄭玄説：“古曰名，今曰字。”但是許氏《序》裏，“文”跟“字”的界限，並不處處謹嚴，後人容易誤會，所以常有人根據他的説法，説形聲會意，都是倉頡造的。更常有人誤解六書是倉頡造字的六種法則，就是造字的最原始法則。像江聲的《六書説》就以爲六書是“不始於周，而始於造字之初”。陳澧《書江艮庭徵君六書説後》説：

> 戴東原謂指事、象形、形聲、會意，四者爲字之體，轉注、假借，二者爲字之用，段懋堂謂宋以後言六書者不知轉注假借所以包括詁訓之全，乃謂六書爲倉頡造字六法。如江氏之説，則轉注誠造字之法，而非詁訓。又假借如本有正字，而經典相承用假借字者則用字之法，若西字來字本無正字，假借鳥栖來麥之字，安得謂非造字之法乎？則謂六書爲造字六法，又可譏乎？

這種過分的推之於古的辦法，其實並不是許氏的本意。

從班固、鄭衆指出了六書的名目後，到許慎才建立了義例，這是一個很重要的發展。有了義例，六書説才能成立。而且，從許慎到現在一千八百多年，人們所研究的六書，至多只能作小部分的修正，大體上没有變動。

因爲許氏給與六書的界説過於簡單而不能確定，所舉的例，每一條又只有兩個字，所以後來人的解釋，人各一詞。六書之學，簡直可以汗馬牛，充棟宇。在這裏，我們不想作詳細的討論。我現在想指出的，只是許氏的義例的本身問題。

首先是指事，許氏舉的例是“上下”，他的本意是很清楚的。指事文字原來是記號，是抽象的，不是實物的圖畫。這些記號可能在文字未興以前，早就有了，在文字發生時，同時作爲文字的一部分，所以許氏的意思，它們是在象形文字以前的。圖畫跟記號，究竟哪一樣在前，我們且不去討論。由我們現在看來，這種記號引用到文字裏，它們所取的也是圖畫文字的形式，所以依然是圖畫文字的一類，也就是象形文字。我們看見“一”字，就讀出數目的“一”，和看見“虎”字就讀出“虎”字是一樣的。所以我們無需單爲抽象的象形文字獨立一類。

在會意下，許氏所舉的例是“武信”，“止戈爲武”，見於《左傳》，“人言爲信”，見於《穀梁》，似乎是很有根據的。但從現在的眼光看，這種説法都是錯誤的。古文字只有象意，没有會意。象意字是從圖畫是可以看出它的意義的。“武”字從戈從止，止是足形，我們決不能把它當做停止的意義，因爲停止的意義，在圖畫裏是没有的。“武”字在古文字裏本是表示有人荷戈行走，從戈形的圖畫，可以生出“威武”的意義，從足形的圖畫裏，又可以看出

"步武"的意義，可是總不會有"止戈"的意義，至於"信"字，只能是從言人聲的一個形聲字。

"比類合誼，以見指撝"，這種會意字，在秦以前的古文字裏，簡直就没有看見過。戰國末年，就當時所見錯誤的字形而作的杜撰的解釋，漸漸的多起來，如："自營爲私，背私爲公"，"一貫三爲王"，"推十合一爲士"，"刀守井爲荆"，以至於人藏禾中爲秃等，從古文字學來看，没有一條是對的。許氏把"會意"放在"形聲"後，顯然，他認爲這種方法是後起的，只是他看不見更好的古文字材料，對許多迂曲荒謬的解釋，也只有接受，就是這樣，《説文》裏的會意字，也還不很多。

不過，理論有時也會影響到事實，像兩男夾一女的"嬲"字，在《三倉》和嵇康《絶交書》裏已發現了。"追來爲歸"，"小大爲尖"，"四方木爲楞"，"大長爲套"等等，新的會意字陸續製造出來，可是要比形聲字，數量依舊極微細。這種新字，雖然只是兩個字義的會合，用的只是些記號，和圖畫文字不一樣，也總還是象意字的一種變型。

轉注是問題最多的一個名目，許氏説："建類一首，同意相受"，舉的例是"考老"，《説文》訓"考"是"老也"，訓"老"是"考也"，所以"同意相受"是容易解釋的。"建類一首"，却很麻煩。裴務齊的"考字左回，老字右轉"，固然是笑話，有些人把釋詁來解釋轉注，忽略了字形，以爲建類一首不是部首(雖然考字在老部)，恐怕也不是許氏的本意。有人以爲"考"跟"老"只有聲音的關係，有人以爲"考"跟"老"只是互訓的關係。總之，這條的界説不清楚，例子也不好，所以愈討論愈糊涂。

"假借"照理説是很容易講明白的，許叔重所謂"本無其字，依聲託事"，解釋得很好。可惜他把例舉錯了。他所舉"令長"二字，只是意義的"引申"，决不是聲音的"假借"。像"隹"字爲鳥形的借爲發語辭，"其"字爲箕形的借爲代名詞，這才是真正的假借。

許氏六書説，在義例上已有很多的漏洞，在實用時，界限更難清晰。許慎自己在《説文解字》所收的一萬多字裏，就没有徹底去分過類，一直到宋代，鄭樵才替他做了這工作，《六書略》説：

> 六書無傳，唯藉《説文》，然許氏惟得象形諧聲二書以成書，牽於會意，復爲假借所擾，故所得者亦不能守焉。

其實《説文》裏有清晰的界限的，只有形聲一類，可是有一部分"亦聲"的例子，依舊和會意有些牽纏。

鄭樵《六書略》用許慎的理論，作許氏的諍臣，以子之矛，攻子之盾，確有許多創獲，在文字學史上是值得推許的。可惜他還是給許氏的義例縛住了，没有看見它本身的缺點，因此，在不容易分類時，只好用"聲兼意"一類遷就的辦法，一個文字就同時可兼兩書了。鄭書分類很龐雜，由六書來説，他的分類是：

象形
　形兼聲
　形兼意
指事
　事兼聲
　事兼形
　事兼意

會意
轉注
諧聲
　聲兼意
假借

實際上是十二類。其實，用這個方法，除去轉注假借外，每一類還都可以兼其餘的三類，如：

象形	兼事	兼意	兼聲
指事	兼形	兼意	兼聲
會意	兼形	兼事	兼聲
諧聲	兼形	兼事	兼意

不過形兼事和事兼形之類，似乎是一樣的，所以鄭氏没有這樣分。

這種分類，和六書説的基本思想不合。假使象形是原始文字，就不應該兼聲，諧聲文字又本來就兼了形，形兼聲在理論上就講不通。凡是分類，需要精密而無例外，要是分爲四類，而每一類依舊得牽纏其餘三類，這種類就大可以不必分。可是由於六書本身的缺點，這種分類法從宋朝到現在，大家都還沿用着。不過分的方法不盡一樣，有時一個字還可以兼三書四書，像朱駿聲的《説文通訓定聲》多分出七類，就有一類是會意形聲兼象形，王筠的《説文釋例》多分出十三類，有一類是指事兼形意事聲。有些人又把形兼事跟事兼形之類都分開，有一位自作聰明的學者，竟把六書仿八卦，成爲齊齊整整的六六三十六類了。

（唐蘭：《中國文字學》，上海開明書店 1949 年版）

三書(《中國文字學·文字的構成》)

唐　蘭

如果研究文字學的目的,只在佞古,我們當然不可以輕易去議論"六書",江艮庭輩所謂始於造字之初的"六書"。但是六書説能給我們什麽?第一,它從來就没有過明確的界説,各人可有各人的説法。其次,每個文字如用六書來分類,常常不能斷定它應屬那一類。單以這兩點説,我們就不能只信仰六書而不去找别的解釋。據我們所知,六書只是秦漢間人對於文字構造的一種看法,那時所看見的古文字材料,最早只是春秋以後,現在所看見的商周文字,却要早上一千年,而且古器物文字材料的豐富,是過去任何時期所没有的,爲什麽我們不去自己尋找更合適更精密的理論,而一定要沿襲秦漢時人留下來的舊工具呢?

我在《古文字學導論》裏建立了一個新的系統,三書説:

一、象形文字,

二、象意文字,

三、形聲文字。

象形、象意是上古期的圖畫文字,形聲文字是近古期的聲符文字,這三類可以包括盡一切中國文字。雖則因爲我們的歷史太長,文字的來源很多已不清楚,寫法也日趨單簡,有些簡直像是記號,但總還不是記號文字。至於純粹拼音的聲符文字,在最近期内恐怕還不能成爲主要的文字。

象形文字畫出一個物體,或一些慣用的記號,叫人一見就能認識這是什麽。畫出一只虎的形象,就是"虎"字,象的形狀,就是"象"字,一畫二畫就是"一二",方形圓形就是"□○"。凡是象形文字:

一、一定是獨體字,

二、一定是名字,

三、一定在本名以外,不含别的意義。

例如古"人"字象側面的人形,一望而知它所代表的就是語言裏的"人",所以是象形字。古"大"字雖則象正面的人形,但是語言裏的"大",和人形無關。我們可以推想,古"大"字是象大人的意義,因爲小孩子總是頭大,身體的比例小,而大人則身體的比例大了,頭反覺得小了,所以,大人的"大",是由小子之"小",比例得來的。由大人的"大",又引申做一般的"大",這個字已包含了人形以外的意義,那就只是象意字。凡是象形文字,名和實一定符合,所以我又把它們叫做"名"。

象意文字是圖畫文字的主要部分。在上古時期,還没有發生任何形聲字之前,完全用圖畫文字時，除了少數象形文字，就完全是象意文字了。象意文字有時是單體的，有時是複體的。單體象意文字有些近似象形文字，不過象意字注重的是一個圖形裏的特點，例如古"尸"字象人蹲踞，就只注重蹲踞的一點，"身"字象人大腹，就只注重大腹的一點，此外可以不管，這是象形字和單體象意字的分别。複體象意文字有些近似形聲文字，不過象意字的特點是圖畫，只要認得它原是圖畫文字，從字面就可以想出意義來，就是象意文字。即使它們後來已歸入形聲文字的群裏，我們也依然叫做象意文字（當然有些文字絶對不會誤認爲形聲的）。象形和象意同是上古期的圖畫文字，不過象意文字，不能一見就明瞭，而是要人去想的。有些象意字，只由於習慣的用法，解釋起來相當地困難。例如"莫"，是古暮字，象太陽在叢莽中，爲什麽一定是黄昏時候，而不是早上呢？可是古人就用這幅圖畫來代替這個語言，這就是"約定俗成"。上古的象意字，相當於近古的形聲字，數目是很多的，"物相雜謂之文"，所以我又把它們叫做"文"。

形聲字的特點是有了聲符，比較容易區别。不過有些聲化的象意字，雖然也併在形聲字的範圍裏，就它原是圖畫文字的一點，我們依舊把它列入象意字。有些形聲字因爲聲音的變化，已經很難認出它諧什麽聲，例如："梓"字從辛聲（《説文》從宰省聲，其實宰字也從辛聲。又"亲"字從辛聲，"亲"跟"梓"是一聲之轉），"好"字從子聲（卜辭用爲殷人子姓的子，可見本讀爲子），雖然由目前的聲韻學看來不很像，可是從字形方面，不能找出解釋，也依然是形聲字。真正的形聲字都是近古期的新文字，是用聲符的方法大批産生的。《説文》説"形聲相益，即謂之字，字者言孳乳而浸多"，所以我們就把形聲叫做"字"。

象形，象意，形聲，叫做三書，足以範圍一切中國文字，不歸於形，必歸於意，不歸於意，必歸於聲。形意聲是文字的三方面，我們用三書來分類，就不容許再有混淆不清的地方。假使單從名稱上看，我們的三書有些近於劉歆、班固，不過没有要象事，因爲這只是象形的一小部分。也没有用象聲，而采用許慎的形聲，因爲純粹的象聲文字，事實上是没有的。如其象實物的聲，例如"烏"這個語言，象烏鴉的噪聲，可是寫出來的"烏"字只是象形字。假使這個語言是圖畫所畫不出來的，就只好用假借的方法，找一個聲音相同的文字來替代它，這倒是"象聲"，但又是"本無其字，依聲託事"了。所以一稱"象聲"，便無文字。除非後人在這個假借字上加上偏旁，纔可以變爲新文字，可是只要一加偏旁，又是形聲字了。

在實際上，我們的象形，不是一般的所謂象形，我們的象意，更不是一般的所謂會意。以前所謂六書，不能範圍一切文字，因之，要有兼兩書兼三書的字，名爲六書，至少要分十多類，分法也各人不同。現在，三書可以包括一切中國文字，只要把每一類的界限、特徵弄清楚了，不論誰去分析，都可以有同樣的結果。

（唐蘭：《中國文字學》，上海開明書店 1949 年版）

金文詁林·序

周法高

《金文詁林》，以容庚增訂三版《金文編》爲據，而羅列諸家之説於每字之下（容書體例，照《説文》次序編排，分卷一至十四，共一千八百九十四文，重一萬三千九百五十文，圖形文字列爲附録上，不識之字列爲附録下，今仍之。實則附録之字，亦有可改入正編者；正編之字，亦有誤釋者，今不改其次序，但於當字下註明）。書名仿丁福保《説文詁林》，而體例微異：丁書剪貼原書，加以影印，此書則因説字各條多采自殷周銅器銘文考釋，與説字之書迥異，故不得不摘鈔，加以容書及晚近大陸出版物中簡體字頗多，今於抄寫時皆一一改爲正楷，以求一致（容書所列金文，則仍據以影印），其異一也。《説文》收字近萬，異體甚少，金文則收字才四千，出現數萬次，今據《金文編》，每條下列舉原銘文句，約一萬八千條，《金文編》未收者，復列舉於每字下，約得二萬條（據《金文編》末所附《金文編采用彝器目録》，所收凡三一六五器，今皆一一編號，一器往往相當於羅振玉《三代吉金文存》數器。例如《三代吉金文存》卷一頁二七子璋鐘一，四五字，頁二八又二，四五字，頁二九又三，四六字，頁二九至三十又四，四四字，頁三十至三一又五，四四字，頁三一又六，二二字，在金文編皆列入 41，子璋鐘下，注云"二二字至四五字，代一·二七"。又《金文編》不收宋人著録之器，今據《兩周金文辭大系釋》，收入《金文編》所未收者數十器，逐字編成索引，附於每字之後），其用與《殷周金文索引》無殊，其異二也。丁書彙聚群言，不著己見，是書因付印匆促，未遑詳考，然亦間加按語（余舊著《金文零釋》十萬言，泰半采入本書，又新加按語若干條，張日昇君加按語八萬言，林潔明君加按語三萬言，徐芷儀君草《金文編刊誤》萬五千言），其異三也。是書末附采用彝器目録及釋文，以便參稽，丁書則無此必要，其異四也。

是書肇始於一九六七年秋，由余指導研究生張日昇、徐芷儀二君著《金文編考證》，列舉《金文編》各條所據器銘文句，歷時八月而成初稿，蔡俊明、黄秋月二君從旁協助。書成後，徐君又重抄一過。張君於《考證》成書後，閲讀金文諸書，以便收入《詁林》，爲時三載，草札記八萬言，蔡君司繕寫及攝影，黄秋月君司校對及剪貼，黄福寶、謝志平二君司繕寫，林潔明君於一九七一年研究所卒業後繼續《金文詁林》之校閲工作，草札記三萬言，黄秋月、謝志平二君五六年來，始終協助繕寫剪貼，余司策劃、監督、搜集、選材，大學當局按年撥款，前後七年，始終其事，卒底於成，此全書編纂之經過也（是書編纂歷時七年，實未嘗以全力爲之，此期間印行專書《漢字古今音彙》、《周氏上古音韻表》、《説文通訓定聲目録周氏音三種》，論文《西周年代考》、《吴梅村詩叢考》，及其他若干篇，見於《中文大學中國文化研究所學報》中）。

自丁福保編《説文詁林》，吾友李孝定教授成《甲骨文字集釋》，學者稱便，余復主編《金文詁林》，以容庚增訂三版《金文編》爲據，容氏於殷周金文功力極深。近聞又有增訂，惜尚未見，他日當據以訂補。《金文編附録》，共一千一百九十九文，重九百八十五文，余復邀李孝定教授草《金文編附録集釋》，收入《金文詁林》中，藉光篇幅，然《金文詁林》收集諸家之説，但供學人檢查之用，尚未能與於著作之林也，他日當編爲《金文辭典》，條分縷析，綱舉目張，其與語學之研究，庶幾稍有裨益乎。

一九七四年六月二十四日農曆五月初五日周法高序於香港中文大學中國語言學研究中心。

（周法高主編，張日昇等編纂：《金文詁林》第 1 册，香港中文大學出版社 1974 年版）

鐵雲藏龜之餘·序

羅振玉

予之知有貞卜文字也，因亡友劉君鐵雲。劉君所藏，予既爲之編輯爲《鐵雲藏龜》，逾十年，予始考訂其文字爲《殷商貞卜文字考》，時君則以事流西陲死矣。又二年，選予所蓄，手自拓墨以成《殷虚書契》八卷。又二年，成《考釋》一卷，則距君之死且數年矣。居恒輒嘆：殷虚遺寶，由君得傳於斯世，而君竟不及見予書之成也。欲揭君流傳之功以告當世，乃搜篋得君曩日詒予之墨本，選《藏龜》所未載者，得數十紙爲《鐵雲藏龜之餘》，以旌君之績，以慰君於九泉。嗚呼！君遂將藉此書留姓名於人間矣，豈不哀哉！乙卯春正月，上虞羅振玉記於日本寓居之殷禮在斯堂。

（共十七頁，收四十片）

（羅振玉：《鐵雲藏龜之餘》，上虞羅振常蟫隱廬1931年石印本。標點爲整理者所加）

甲骨文斷代研究例(節錄)

董作賓

這可以説是今後研究甲骨文字的一個方案。

安陽殷虚出土的甲骨文字,拓印考釋,研究討論,已有三十年的歷史了,三十年的研究,在中國古史學文字學上,確也有不少的貢獻;但是實在説起來,研究的方法,仍只是混亂的,籠統的,東摭西拾,支離破碎,找不到正當的途徑;致使這真實而難能可貴的史料,降而爲斷爛朝報,故紙堆中的廢物;這其間最大的毛病,就在不能精密的鑒别,把每一塊甲骨上所記的史實,還他個原有的時代。每一種學問,都要經了由粗疏而趨於精密的過程,甲骨文字的研究,當然也不能例外。即如這斷代研究的問題,也經過長時期的演進。

第一,是甲骨文字所包涵的時期的延展。最早的收藏家劉鐵雲,他開始從"祖乙,祖辛,母庚,以天干爲名"認爲是殷人的遺物(《鐵雲藏龜・自序》);嗣後,經過羅叔言先生的考定,乃知殷虚甲骨文字所包涵的時期爲武乙、文丁、帝乙三世,謂殷虚建都,"徙於武乙,去於帝乙"(《殷虚書契考釋自序》);王静安先生又謂"盤庚以後,帝乙以前,皆宅殷虚"(《古史新证》第五章《殷》);是甲骨文字所包涵的時期,由武乙而向上延展以至盤庚之世。近年來因迭次的發掘,坑位的分布及出土情形的觀察,隨時給予吾人以新的啓示,知殷虚非因水患而遷徙,實緣亡國而廢棄;器用文物的窖藏,宗廟宫室的基址,都還有踪迹可尋;而許多晚期卜辭,亦决非僅止於帝乙之世;至此,而《竹書紀年》所稱"自盤庚徙殷,至紂之滅,二百七(?)十三年,更不徙都"之語,乃完全可以徵信。由羅氏説,甲骨文字所包涵的時期,來自武乙,去於帝乙,中經文丁一世,多不過三四十年,而今兹所知,時期的延展,乃逾七倍,姑以今本《竹書紀年》爲準,殷人年祀已有二百五十三年之久;三四十年間,文物制度,變易尚可云少,籠統研究,大體不至甚差,若二百餘年的一切史料羼雜錯亂,混爲一談,則研究結果,與事實相去,真不可以道里計了。甲骨文字所包涵的時期的前後延展,實爲斷代研究的出發點,而斷代研究的需要,亦應運而生。

第二,是斷代研究的標準逐漸成立。這在王静安先生作《殷卜辭中所見先公先王考》時,已引出以稱謂定時代的端緒。王先生因父甲、父庚、父辛的稱謂而定爲"武丁時所卜";因兄己兄庚的稱謂,而定爲"祖甲時所卜"(俱見原考"祖某,父某,兄某"條,《觀堂集林》第九);可惜他不曾利用稱謂的不同,擴而充之,以定其他卜辭的時代;但他能把殷虚的時期,向前延展到盤庚之世,也正是憑藉着這些材料。卜辭中常見的卜下貞上的一字,以前都以爲是貞卜的事項,自從大龜四版出世,乃成立了"貞人"之説(詳見拙著《大龜四版考釋》時代考,《安陽發掘報告》第三期,葉 437~440),同時因肩胛骨臼刻辭的研究,又證明了許多貞人是武丁時代記事的史官（見拙著《帚矛説》，將刊入《安陽發掘報告》第四期），於是我們知道貞人即史，從同時的史官，定同一的時代，在斷代研究上，添了一個最確實而有力的憑證。五次的發掘，因坑位及出土的甲骨文字的差别，於是更有從文法、詞句、書體、字形等方面區分時期的標準。在《大龜四版考釋》文中，我曾舉出斷代研究的八事：一，坑層；二，同出器物；三，貞卜事類；四，所祀帝王；五，貞人；六，文體；七，用字；八，書法。現在斷代研究的標準，除了同出器物，須待分頭研究之後，才可以拿來比較之外，就甲骨文字的本身説，擬定了下列的十個標準：

一、世系；二、稱謂；三、貞人；四、坑位；五、方國；

六、人物；七、事類；八、文法；九、字形；十、書體。

裏面一二兩項，同於前擬的第四；三同於五；四同於一；五、六、七由三分化；八同於六；九同於七；十同於八。

斷代研究的旨趣與標準，已略如上述，而此時所謂斷代，也只是初步工作，自盤庚以至帝辛，擬先分爲五期：

第一期：武丁及其以前（盤庚、小辛、小乙）；

第二期：祖庚、祖甲；

第三期：廩辛、康丁；

第四期：武乙、文丁；

第五期：帝乙、帝辛。

斷代研究，本應以每一帝王爲一代，如稱兄甲（陽甲）、母己（祖丁配妣己），可定爲盤庚至小乙時卜辭；稱父丁（武丁）、兄己（祖己），可定爲祖庚時卜辭；稱父己（祖己）、兄辛（廩辛），可定爲康丁時卜辭之類。自然，不但各個帝王應有區分，就是每一帝王，仍有他時期早晚的不同，如武丁在位有五十九年之久，差不多相當於由祖庚以至康丁的四世，在五十九年間的史實，也當然有個先後；關於這些精密的分劃，皆有待於將來。現在，只是粗略的分爲五期，先樹立起來這五個時期的檔架，等待架上各期的史檔填滿了之後，再做進一步的工作；那時，更可以從卜旬、甲子、曆法諸方面，去細分每一個帝王的時代了。

以下，便本着五個時期的劃分，就十種標準，一一舉例論述之。

一、世　系

斷代研究的第一步工作，即是定殷人的世系，世系定了，然後才有分劃時期的可言。在卜辭中，有很明白的刻在一塊甲骨上的殷人祖先的世次，一世一世的排比着；同時，又有許多先公先王，見於卜祀之典。

……

殷人於祀典中的各種稱謂，都是很嚴格的，主祭者（當時的帝王）之兄稱兄，父稱父，母稱母，祖稱祖（詳下節“稱謂”）；這十示中的祖丁被稱爲祖，至早也不能過於武丁之世；武丁稱小乙爲父乙；陽甲、盤庚、小辛爲父甲、父庚、父辛（後上 25）；稱祖丁爲祖，祖辛爲曾祖，祖乙爲高祖。於前六示，除了上甲之外，都冠以大字，重了一個名丁的，更冠以中字。這様的劃一整齊，決非偶然的，也決非逐漸的，這是有意的排比與定名。殷人於祖先稱謂，是可以隨時更定的，如小乙，在卜辭中也稱父乙，也稱祖乙，也稱小祖乙，也稱後祖乙，更後才定名小乙，祖宗稱謂可以隨時不同，所以我說武丁時重修祀典，整齊劃一，更定了許多神主的名謚，這是很可能的事。後人稱武丁之世，“禮廢而復起”，這重修祀典，也算其中的一件事實罷。

……

王静安先生作《殷卜辭中所見先公先王考》及《續考》(《觀堂集林》卷九)考定夋、季、王亥、王恒、上甲、大乙、唐、陽甲諸人，皆極精確，惟因所見卜辭尚少，猶有不能考定者。

……

羅叔言先生以卜辭中𠀤即羊，羊甲即陽甲，謂“羊陽古通，《漢書・古今人表》有樂陽，師古注即樂羊”。按字作𠀤，當爲羌，羌在殷爲西方民族之一(説詳拙作《獲白麟解》，《安陽發掘報告》第二期，葉331～333)，羌爲羊人合字，乃牧羊人之意，音當同於羊，非即羊字。

……

所祀先公先王，止於文丁，可知最後主祀者爲帝乙、帝辛。《尚書・多士》稱“自湯至於帝乙，罔不明德恤祀”，觀於文丁以上各先祖祀典之隆重，可見一斑。《牧誓》稱商王受“昏棄厥肆祀弗答”，實則帝辛時卜祀之辭，也還不在少數。

世次、世系，爲斷代研究之基礎，世數既有定序，其他分期之標準，便可得而言了。

二、稱　謂

殷人祭祀，於近親屬的稱謂，一以致祭之時王爲主，兄稱兄某，父稱父某，母稱母某，祖父、祖母以上，則稱祖某、妣某；輩次較遠則稱名謚；如此以主祭之王本身關係定稱謂，秩然有序，絲毫不紊。由各種稱謂，定此卜辭應在某王時代，這是斷代研究的絶好標準。

……

殷人祀典，是在隨時改革的，雖然盤庚以後，不過二百餘年，而祀典已有許多的不同，如彡日、𧟌日、翌日之祭，皆不常見於前四期，賁與沉、䕶之典，獨第一期爲多；所祀先祖，亦時有不同，自上甲至於多后的衣祭，第一期無之，而第一期所祀王亥以上各祖妣，如妣乙、夋、兕、土等，後四期亦皆少見；諸如此類，將來斷代研究的結果，定多創獲。……

以妣配食，大概是始於第二期祖甲之世，祖與妣之間，必有“爽”字，羅氏釋赫，葉氏釋夾，皆以爲即合祀配食之意。如曰“祖辛爽妣壬”，“羌甲爽妣庚”(見王簠室藏拓本，兩辭有行爲貞人，故定爲祖甲時)之類，實開祖妣合祀的先例。到了第五期帝乙之世，祖妣合祀之典大盛，於是我們乃能據以考知某祖的配爲某妣。

三、貞　人

貞人説的成立，爲斷代研究的主要動機，由許多貞人定每一卜辭的時代，更由所祀先祖等的稱謂，而定此許多貞人是屬於某帝王的時代，這樣，我們就可以指出某貞人是某王的史官。如果我們把同在一版上的貞人，聯絡起來，他們就可以成爲一個團體；不過這并不足以包括所有的貞人，因爲在這些殘龜斷骨之中，見到他們互爲聯絡的機會，實在太少了，所以有許多貞人，還不能用此方法去定他們的時代。又貞人的書名，到武乙時代（第四期）已完全没有了，有時貞卜之人就是帝王的自身，憑貞人以定時期的方法，也至此而窮。所以以貞人爲標準，只是一種，無貞人的卜辭，便須從字句、書體、文法、坑位等等方面定其時期了。

在《大龜四版考釋》一文中，曾確定了貞上一字是人名，叫他作“貞人”，如大龜四版之一，有貞人㱿與賓：

（135）丙寅卜，㱿貞：翌丁卯㞢於丁。　版1.辭15

（136）丁巳卜，賓貞：㞢於丁，一牛。六月。　版1.辭14

這兩辭所卜之事，乃是㱿同賓去貞問的，辭中記載的“㞢於丁”就是他們所貞之事，所以叫他們“貞人”。在肩胛骨臼的刻辭中，又發現了這問卜的貞人，也就是當時記事的史官。這可以説是一件極有趣味的發現，三千多年以後的我們，可以看見三千年前的史官所親手書寫的文字，并且可以指出這是某人某人的作品，而欣賞他們每個人的書體與作風，豈不是一大幸事！這發現在骨臼的刻辭上。

由刻辭的史官、字體、所在的骨版上的貞人等，均可证這種刻辭是第一期武丁的時代。這是一時的風氣，武丁的史官們，想出了廢物利用之法，把骨版窠臼之處，拿來用作記事的簡册。骨版的窠臼，本是圓形，中間少窪，因爲平面放置骨版時要穩定的緣故，他們便鋸去了一半，留下一半，恰似那上下弦的月光，這半月形的骨臼，雖然微窪，却甚光滑，所以當時史官就拿他作記載一樁事體之用，這事體便是“帚矛”。在每一個記載之下，很明白的簽着記事的史官的名字。例如：

（137）帚井示五矛。　亘。　龜1.18.2（龜，即《龜甲獸骨文字》簡稱，下並同）

（138）乙未，帚妹示矛。　𢦏。　戬35.8

這兩辭均刻在肩胛骨臼的内面，很明白的表現這不是卜辭，因爲第一他没有卜、貞的字樣，第二他不能鑽灼，没有兆璺。這是一種純粹的記事文字，記載的是頒發各處兵器“矛”的日子、件數，和經手記事的人——史官。上兩辭的亘，𢦏，便是簽名的史官。可以注意的，就是亘、𢦏兩位也同時是武丁時代的貞人（詳下節）。關於骨臼刻辭的整理，别詳拙著的《帚矛説》，這裏只舉出骨臼上記事的史官。

骨臼上記事的史官，有下列各人：

岳，岳丙，㚇，小㚇，[illegible]，𠂤，㱿，亘，賓，㱿，[illegible]，𢦏，永，犬，𢆶，箙

這十六位，可以確定他們是武丁時代（詳《帚矛説》）執筆記事的史官，可是十六位中却有九位同時也作了武丁時的貞人，這九位是：

𠂤，㱿，亘，賓，㱿，[illegible]，𢦏，永，箙

所以説貞人就是史官，在這裏是可以證明的了。他們既能在骨臼上記事、刻辭、簽名；那末骨版或龜版上的卜辭，有他們書名貞問的，也當然可以是他們所寫的了。

我們現在既已知道了殷虚所包涵的時代，是始自盤庚，至於帝辛，那末依今本《竹書紀年》推算，也應有二百五十餘年。現在依年數比例，可以略知各帝王時期的長短與貞人的多寡。盤庚遷殷，經過了小辛、小乙，這三世不過二三十年，這時也許因爲播遷伊始，百端待舉，貞卜之事尚少，卜辭也不易分析，姑且存而不論。武丁，是中興的令主，據各種記載，都説他在位有五十九年之久，所以他這時的卜辭也最多，據我觀察，幾占全量三分之一；貞

人也特别的多，可以成爲一個集團。這是第一期。第二期，祖庚祖甲，兄終弟及，繼位多在暮年，合計兩世，不過四十四年，這一期的卜辭，數量不過占十之一二，貞人也多不見同版，失其聯絡（自然是太破碎了之故），所以確知的貞人也較少。第三期，廩辛、康丁之世，年祀更短，不過十餘年，但是卜辭發現於一坑之内（大連坑，第三次所發掘），又找到些他們同版的關係，所以也可以成爲一個小小的團體。其餘有些貞人，一時不能確定時代的，只有於字形、文法、事類、坑位各標準中，一一求之了。第四、五期爲不録貞人及王親卜貞的時期，皆詳於次。

殷人卜貞的方法，大概是太卜灼兆，太史問事、記辭，所以卜同貞是截然兩事。在第一期武丁的時候，已有王親臨貞的事實，如

(155)辛未卜，王貞：今辛未大風，不隹囚。　前8.14

(156)丁丑卜，王貞：命冉族於盅，古朕事。　接前卜辭。前8.14.2

(157)丁丑卜，王貞：余勿衣，占，余戠。　同上爲一版

……

第五期，王不但親貞，并且親卜。這大概都在帝乙帝辛之世。有時王不親卜貞了，但也很少記貞人的。爲王所親臨卜貞之事，以田、遊、征伐爲多……

……

在第五期，仍以不録貞人爲原則，故無貞人者爲多，王親卜貞者次之，録貞人者爲例外，不過百分之一二而已。

四、坑　位

由出土的坑位，定甲骨文字的時期，只有我們親手發掘的材料是可能的。在民國十七年秋季試掘殷虚時，我就感覺到三個區域中出土文字的不同，如第三區村中無"不台[illegible]"之文，及"戋字的特見"（詳《新獲卜辭寫本後記》，《安陽發掘報告》第一册，葉188～190），當時就疑心這些是一個時代特别的字句。以至第二、三、四、五次的發掘，都隨時給我們不少新的啓示，使我們注意到每坑文字的特色。不過這以前的觀點所以不同的，其間還有重大的原因：第一，是初次發掘，乃至二次、三次，根本上我們認定了這遺墟是經過大水湮没的，當然，甲骨要隨水漂泊淤積，他的分佈及相互的關係，也是凌亂無序了。第二，我們起初認爲殷虚時期，僅止於武乙至帝乙的三世，時間甚短，没有分劃的必要。因此，前三次發掘及研究，都不甚注力到時期的分劃上。自大龜四版出世，貞人説成立，分劃時期，乃得一有力的證明；又因四、五次發掘，集中一地，發現宗廟、宫室的基址；版築、陶復的遺蹟；使我們完全打消了帝乙因水患而遷都的假説，而時期延展，亦上至盤庚，下訖帝辛之世。同時，這五次的發掘經驗又明白的告訴我們：

1. 甲骨文字在地下的情形，一部分是有意的儲藏，所以有許多是排列成層；有許多是聚積在一個地窖之内；他們的時期每每前後銜接。

2. 有些是當時就丢棄了的，隨時把甲骨改作别的器物，以致鋸去了文字的半邊。

3. 有些是當時卜用過了，如同廢紙，初學的人，便拿來練習書契。

4. 一部分被後來（或當在殷代亡國的時候）擾亂了，羼雜堆積於糞土垃圾之中。

由第五次發掘的結果，可以知道這殷墟的構成，實在包涵一幕亡國的慘劇，"毁其宗廟，遷其重器"，滅國的恒例，殷人未必能幸而獲免。箕子朝周，過故都而有麥秀黍離的悲歌，也正爲空室丘墟，舉目而生亡國之痛罷。這樣地決定了殷墟的成因，不由於水災而由於毁廢，關係却大極了。因爲如此，那每一片甲骨文字的所在，都有它的原因；那此版與彼版同出一地，都有他相互的關係，這是增多了坑位和甲骨相關的重要。因爲如此，甲骨文字時期的包涵乃延展至於帝辛，有二百五十餘年之久，經過如此的長期，各坑出土的甲骨文字，時期上就不能毫無分别了。

五、方　國

殷代武功極盛的時代，要推武丁，所以在武丁的時代，所征伐的方國也特别的多，其次各時期與各國的關係也都有不同。例如盂方，在武乙時候還常常到那裏去田獵，村中出土多"王田于盂"的卜辭，到了殷之末葉，他却叛變了，所以就命"多侯與多伯征盂方"(3.2.0259)。羌方是早被征服了的民族，武丁時有"師獲羌"(後上30.4)的記載，祖甲以來，他們常供祭祀的樂舞，後來也不服從了，所以在廩辛康丁時有"于父甲求𢦏羌方"(3.2.1649)之辭，是禱於祖甲在天之靈，要他降災罰於羌方。武乙之世，羌方又來賓了，卜辭有"王于宗門逆羌"(2.2.0562)的記載。人方在武乙、文丁時，還是屬國，替他祈福，村中出土龜版有"惟人方受又"之辭，到帝辛時却叛變了，有勞帝辛的親征(詳乙條)。苦(𠂤，從葉説釋苦)方、土方，在武丁時爲西北的强敵，祖庚、祖甲以後，彼此和好，再也不起戰争了。從方國的關係上，也可以看出每一時期的特异之點。固然這種分類的研究，由方國以至當時的地理，此刻還不能精細去作。

六、人　物

殷虚卜辭所包涵的時期，如果能詳密的分劃，不但方國的關係每代不同，就是各時期的人物如史官、諸侯、臣僚，也都有所隸屬。這同分期研究是互爲因果的，能分時期，則各代的人物，自然成一個團體；反之，由人物的相互關係，也可以證明他們的時代。"方國"同"人物"兩項，本是全部卜辭整理就緒之後才可以專門研究的問題，這裏一面把人物作爲斷定時期的標準，一面也就是專類分期研究的一種嘗試，所以材料的不完全，方法的不周密，也在所不計了。

七、事　類

由貞卜事類可以分時期的，無如祭祀，每一時代的祭法和所祭的祖先神祇，都有不同，如父、祖、母、妣的稱謂；如"六旬"、"四方"的祀典；將來都可逐一列舉，分期研究。其次如征伐(已略見方國章)，如卜旬(將詳文法章)，如帚矛的記載(别詳《帚矛説》)，皆可爲分期研究的標準。

……

殷虚時期,上自盤庚之遷,下至帝辛之亡,已成爲不易之論。證據就在第五期的文字自成一個系統,這類文字因他們見於祀武祖乙、文武丁的卜辭,如干支字等,可定爲帝乙以後之書體。這類晚期的文字,見於卜辭的特别之多,决不是帝乙半世(如果是帝乙遷了都)所能有的,若并帝辛計之,依今本《紀年》,帝辛在位五十三年,爲武丁以後享國最久的一人,就可以有這許多卜辭了。反之,若無帝辛時物,而帝乙又曾徙都,則晚期的卜辭如彼之多,便無所歸屬了。

……

區别何者爲帝辛時的田游卜辭,有下之五個標準:

1. 詞句　常見的特别的詞句爲"往來亾𢦏","旬亾𡆥","在某貞","兹御","王步于某亾𢦏","王𠧞(乩)曰吉"等。

2. 字形　干支字皆屬第五期形體,𢦏,𡆥的特見,月作D,日作口,王作王等。

3. 書法　字小而工整謹飭,甲骨都然,無大字及散漫錯綜者。

4. 貞人　除泳、黄兩人外,多爲王親貞或王親卜貞,或不録貞人者。

5. 坑位　僅見於第一區,朱姓十四畝地,及何姓七畝地西北隅,爲吾人第一、第四次所發掘。羅氏所得,即出自十四畝地者。

根據上列五個標準,就可以斷定帝辛時卜田遊之辭了。

八、文　法

卜辭爲專門記載貞卜之辭,故叙述只求明晰,文法極爲單簡,然由文法的隨時變易上,也可爲劃定時期的標準。

……

殷代自盤庚遷殷,至紂之滅,二百餘年間有一種始終不斷、繼續貞卜之事,就是貞旬。於本旬之末日,貞問下旬的吉凶,這是始終不易之法。而每一時期貞旬之辭又各有不同,文法上亦多變化,爲比較文法的絶好材料。兹分期舉例爲证。

1. 第一期　第一期貞旬,均列貞人名字,故時期易定。貞旬有繫月不繫月的兩種,如:

(394)癸亥卜,永貞:旬亡囚。　3.2.0258

(395)癸丑卜,㱿貞:旬亡囚。五月。　大龜四版之4辭88

在第一期,有於貞旬之後,繫以一旬間大事者,見於《菁華》前六版所載(其餘如《前編》卷七所載文法,書體相同者,皆是此類卜辭)如前人物章所舉辭(234),方國章所舉辭(174),一個是附記丁丑日祭中丁之事,一個是附記丁酉日沚國報告邊防之事,皆繫於貞旬之後。這是武丁時記載貞旬的一種習慣。

2. 第二期　第二期貞旬文法極簡單,略如辭(394)、(395),由貞人可以定他的時期。如:

(396)癸亥卜,出貞:旬亡囚。　1.221

(397)癸未卜,行貞:旬亡囚。在八月。　1.679

出,行,皆祖甲時貞人,可知祖甲時貞旬之法 ,一仍第一期之舊,所異者貞人而已。

3. 第三期　第三期貞旬文法，同一、二期，亦甚單簡。

(398)癸卯卜，彭貞：旬旁囚。　3.2.0290

(399)癸亥卜，狀貞：旬亡囚。　3.2.0360

同時也有省去貞人的，如上辭(399)同版上有一辭，即省貞人。

(400)癸酉卜貞：旬亡囚。　3.2.0360

這已開第四期不録貞人的先例了。

4. 第四期　第四期貞旬更簡單，只用六個字，不惟省去了貞人，并且又省去了卜字。這也是應有的現象，貞旬本是例行公事，日子久了自然會生厭，所以要減到最少的字數。

(401)癸卯貞：旬亡囚。　寫223

(402)癸亥貞：旬亡囚。　寫149

這實在也省無可省了，干支字記日的又不能減，貞是問事，旬是所問的事，亡囚是吉語，皆不能減。這一期的卜辭無貞人，專靠着字形，坑位，同出的卜辭的時期而定的。

5. 第五期　殷虚文字到了晚期，確有一種整頓振作的氣象，就形式來説，篇段的排列，比較的整齊而有規律了，文的書體，也細密而工楷了；就内容説，許多事項王必躬親爲之，如貞旬一事，第四期如彼敷衍，到了第五期，不是王親卜親貞，也須冠以王字，可見事無巨細，王都能隨處留意；在外巡遊、征伐，也要注出年、月、所在地，同重要事體；有時也注出貞人。計第五期卜旬之辭，文法不同者，有下之七例：

(403)癸巳，王卜，在麥貞：旬亡戾。王乩曰吉。　前2.16

(404)癸卯，王卜貞：旬亡戾。王乩曰大吉。甲辰肜大甲。　後上19.4

(405)癸未卜貞：王旬亡戾。　卜.509

(406)癸卯卜貞：王旬亡戾。　在二月。在上𩕳。　前2.14

(407)癸未卜，在上𩕳貞：王旬亡戾。在□月。　王廿司。　前2.14

(408)癸巳卜貞：王旬亡戾。　在二月，在齊次，隹王來征人方。　前2.15.3

(409)癸酉卜，在攸，泳貞：王旬亡戾。王來征人方。　前2.16

第五期貞旬之辭，除了以字形判定之外，每辭必有王字，也是一個標準，不曰“王卜貞”，便曰“王旬亡戾”。又在貞旬之後繫以年、月、地名、事項，可見對於貞旬的重視，不似第四期的支吾了事了。

九、字　形

殷虚文字，經過了二百餘年的長期，許多字都有他由簡而繁的演變過程，這在分期整理完竣之後，自然可以找出一個系統來。

甲子表，自然有些是爲的檢查六十甲子之方便而作的，有如現世的月份牌子，但也有許多只供習字之用，而所列甲子並不完全。這種表因爲干支字排列在一起，很可以看出每一時期的甲子書法，他們自然成爲一個結集，决不羼雜錯亂，如第五期的甲子表，便和第一期的迥然不同，由此我們可以確定了每一時期的甲子字形，而拿他斷定時代。這在甲骨文字斷代研究上占着重要的地位，因爲干支字是差不多每版必有的，如果能作一下精密的分畫，區别出各時期字形的特點(自然要除了少數的前後同一並無變化的字)，可以説是再好没有的標準。同時,更就其他關係,如貞人,帝王,稱謂等找到可以確知時代的干支字,排比對照,更足以互證甲子表的時代。

……

殷虚文字,在二百餘年之間,形體的演進變化,是很有可觀的,如果能依各種斷代標準,逐一加以整理,很可以找出文字變化的綫索和系統來,這在文字學上,將有極大的貢獻。

……

殷代文字變易,實由簡單趨於繁複。附形、附聲,皆不外文字孳乳公例。兹舉四字,以見一斑。

1. 冓　冓字早期在武丁時作[古文字],象構木爲棟樑之形,本義爲木相結構。引申之爲相遇,爲遇。如"其冓雨"(前 3.18.3 雨作[古文字],武丁時),至祖甲以後,乃加止爲[古文字](後上 14.7),因冓爲動,加止形以示走而相冓。以後又加[古文字]形爲遘(前 2.30.6),以示相遘必於行道。自此以後,冓皆作遘了。(附形以足義之例。——編者)

……

文字演變,在乎幾微,有時一筆一畫之細,偶然增加,便師弟相傳,約定俗成,永遠不會復原了。這種現象,在殷虚文字中甚多,舉其、來、雨、王諸字爲例。

……

3. 雨　雨字在武丁祖甲之世,皆作[古文字](後上 33.9 武丁時,前 3.19.2 祖甲時),上象雲,下象雨滴。武乙前後,已參差其雨滴作[古文字],重雲作[古文字](前 4.42.6),帝乙以後則作[古文字],與小篆之雨,金文之[古文字](楚公鐘)皆相近了。

4. 王　王字變化有三,因所見最多,頗可據爲斷定時代標準。明義士牧師曾注意及此,嘗爲我言[古文字]、[古文字]、王三體時代之次,其説甚是,特記於此,以示不掠人美。[古文字]爲武丁至祖庚時書體,祖甲以後加横畫於上作[古文字],此體直寫至武乙之世。文丁時,鋭意復古,干支字多復第一期之舊,王字亦復作[古文字]。但書法却有不同,武丁時[古文字]字凡四畫,文丁時却爲五畫,即分中二畫爲三畫,形亦小异,一作[古文字],一作[古文字]。又文丁時辭,頗易與武丁時相混,如字體,如祀"父乙",但仍可以區别之點有三:第一,出土地完全在村中,與出土武丁卜辭之村北地,相去里許。第二,此期絶無貞人。第三,字之書體如干支之類,雖有復古者,亦有仍沿襲變體,始終未改之字,自與武丁時有别。這裏應當有這樣一段故事,即自祖甲以來,至於康丁,文風漸漸凋敝(這是從第三期卜辭中可以看出的),文丁能够起四代之衰運,於文字書體,力求復古,所以才謚之曰"文"。這是我們由村中發掘所得新的觀察,明氏却未嘗知之。帝乙之後,[古文字]字中畫相合爲一,變而爲王,以至於帝辛之世。中間除了文丁的復古,這王字的演化,確是由[古文字]而[古文字],而王的。(增加筆畫之例。——編者)

由許多親筆簽名的史官,看出他們每個人的書法、作風、筆迹,這是何等有趣之事。在廩辛康丁時,文風衰落,有些史官當他們初學書契之時,不能專心所業,反胡亂刻些圖畫,一個老虎,一個大象,肚子裏又畫一個小象,身子下又畫一只鹿(見《安陽發掘報告》第三期,葉 528),這種滑稽有趣的當日逸事,令人直追懷到三千年以上。初學書的人,自不免要有錯誤,甚至於不知道"筆順",以訛傳訛,確也不少。現在舉兩字示例。

1. 自　自字,武丁時的史官㱿寫作[古文字](菁華 1),箙寫作[古文字](前 7.15.4),大概是先寫兩邊的[illegible]，後寫一或二，再寫∧。武乙時的史官抄的第一體，却已把筆順弄錯了，他誤把中間∧形與兩旁連接起來，先作[illegible]，又將兩邊與橫畫相連作∪，於是寫成功了[illegible]形（後上 5.9 同版有父丁），這在村中武乙時期曾見過五次以上。到了帝乙帝辛時，却改正過來，從第二體，但又扯直了兩旁而作[illegible]形（後上 20.7）了。

2. 酉　酉是酒尊，本作[illegible]（前 3.3.1 甲子表），象侈口，圜底，細頸，頸下有平行綫之形。有時寫作[illegible]（見上節干支表，下同），這是武丁時的書法。到了祖甲，史官行，有時寫作[illegible]，加了一道平行綫紋，有時又誤作[illegible]形。使他的頸更細了，肩也寬了。第四期廩辛康丁時作[illegible]，有時把平行綫紋加多作[illegible]，帝辛時又作[illegible]，[illegible]，再也不會回到[illegible]形了。干支字中，如未、申、辰、寅、子等字的變化，多半是由於筆順之誤，一檢干支表便知，這裏不再列舉了。

十、書　體

從各時期文字書法的不同上，可以看出殷代二百餘年間文風的盛衰。在早期武丁的時代，不但貞卜及所記的事項重要，而且當時史官書契的文字，也都壯偉宏放，極有精神。第二、三期，兩世四王，不過守成之主，史官的書契，也只能拘拘謹謹，維持前人成規，無所進益；而末流所至，乃更趨於頹靡。第四期中，武乙終日遊田，書契文字，亦形簡陋。文丁鋭意復古，力振頹風，所惜的當時文字也只是徒存皮毛，不見精彩。第五期帝乙、帝辛之世，貞卜事項，王必躬親，書契文字極爲嚴密整飭，雖届亡國末運，而文風丕變，製作一新，功業實不可掩没。

……

我們確定了貞人即是史官，史官們又曾在骨臼刻辭上自己簽過名字，更由此可知卜辭中書名的貞人，也就是這一個卜辭的書契者。更由此我們可以看到許多史官的手筆，以及他們各個人的作風。所惜的是第四，五期不記貞人了，書契卜辭者，也就永遠不能知道他們的名字。但是這些不知名的作家，至少我們還可以鑑賞他們遺留下來的作品。談到作風，便應該摩挲原版，纔可以欣賞到書寫與契刻的藝術，不得已而看影片，其次拓本。摹寫之本，只能存其形態，已失去原作品的本來面目了。

以下，就五個時期中，各舉一版爲例，以見他們的特點。

子，第一期的雄偉

例(1)4.2.0008 爲第一期的卜辭，這一版韋的筆法，是可以代表本期書體雄健宏偉的一例；亘的書法也有他的特點，字畫雖細，却甚精勁；記卜兆的數字，也可以看出亘、韋兩人書體的不同，左行之二，右行之一、三、四、上吉皆韋書；左行之兩一字，不踟躕字，皆亘書。亘、韋均爲武丁時的史官，可確知此版爲武丁時物。兩個史官的書體各别，於此顯然可見。又此版填有朱墨，凡韋書皆填朱砂，亘書皆填墨，骨版也黄潤光滑，與朱墨絢彩，殊爲美觀。

第一期大字的代表作品，收輯最多者爲《殷虚書契前編》卷七，及《殷虚書契菁華》一至八葉。如果你仔細地欣賞過一遍，你就可以相信殷高宗的幾位史官他們的筆力是如何的雄健，如何的宏偉！《鐵雲藏龜》多半是第一期卜辭，但是原版拓印不佳，再版描飾過甚，原來的精彩盡失。《殷契徵文》是翻刻本，更不足道了。

第一期也有不少的小字，大龜四版即是一例。其餘，就貞人找去，總可見當時書法的大致情形。如[illegible]，在《菁華》第五版寫過大的字，可是你如果要看他的小字寫得如何，一翻《前編》卷一，三葉四版，便可以一望而知。小字，普通大小的字，在這一期也佔有多數。

丑，第二期的謹飭

武丁固然是殷代中興的英主，祖庚、祖甲也至少算得守成的賢君，所以在第二期甲骨文字的書體中，你總可以看到他們謹飭守法的態度。這是説比較的没有第三期那樣的頽靡。例(2)1.2.0041所舉行所書的一版，字體大小適中，行款均齊，可見謹飭的一斑。

二期文字的著録，《殷虚書契》的前後編皆有，但都不多。《戩壽堂殷虚文字》中，二期文字較多，可以依據貞人去參看。明氏《殷虚卜辭》中二期卜辭不少，惜是摹寫，不能見原書的精神。

寅，第三期的頽靡

第三期廩辛康丁之世，可以説是殷代文風凋敝之秋。在這期，雖然還有不少的工整的書體，但是篇段的錯落參差，已不似前此的守規律，而極幼稚、柔弱、纖細、錯亂；訛誤的文字，又是數見不鮮的。例(3)3.2.0501固然是選的不好的例子，可是這樣一個初學書契的人，却也讓他正式參加"卜夕"之典而刻辭記事於卜骨。狀，以後也曾寫過較完好整齊的字，這一版却是他學書未成時的作品。

三期卜辭，以前出土者甚少，我們第三次發掘，在大連坑得到有一大批。據我所見，私人收藏的也有，但多未著録過。

卯，第四期的勁峭

第四期的卜辭，不著書契者(貞人)的名字，無從分別這些作品的誰屬，不過在書體中，有一種他期所没有的特徵，是較纖細的筆畫中而帶有十分剛勁的風格，峭拔聳立，有如銅筋鐵骨。例(4)2.2.0202僅有一點這時期的風尚，還不算代表的作品，可是像牢、卅、羌、又、父等字，已帶有不少的勁峭的風味了。四期也有圓潤(如寫本296)、工整(寫本221)的書體，但不能代表多量的作風。

這一期的特殊現象，是文丁時文字復古的運動，文丁之所以謚之曰文的，恐怕也正爲此事。就王字説，第一期作太，第二期祖庚因之，祖甲以後便加一横作丟以至於武乙之世，文丁時却復了古體，一律作太了。干支字體，也顯見多半復了古體(已詳上節)，但仍不免有俗體羼雜其間而已。書體亦有勁峭之概，行款多參差錯落，沿三期之習。

四期甲骨，《前》、《後編》收入也有幾版，《戩壽堂殷虚文字》中29葉7版至31葉1版卜旬之辭皆是。出土地在村中，土人所得多歸明義士牧師。我們第二次村中發掘大部分是第四期之物。

辰，第五期的嚴整

例(5)3.2.0259一版見前文法章甲、子所引(例393)，爲卜辭中最長的一篇記載，可惜殘缺了五六個字。由這一版，可見第五期文字記載的比較繁縟，而行款的排列，字形的匀整，都是這一期的特點。這是我們一望可知的，無論他是祭祀、征伐、遊、田之辭，那結構比較齊整、嚴密，而又有方正的段、匀直的行，細小的字的甲或骨，不用問便是第五期之物，你如果再仔細去看，那其間一定會有一貫三的"王"字，後期的干支字，特別的詞句之類，使你覺到判然別於其他的四期。這一期也有記載貞人的，但是極少，判定時期是在所祀的先王及書體上。

五期卜辭著録的，如《前編》卷一，一至三十葉，多祭祀之辭，卷二多田、遊之辭，卷三，二至十三葉多甲子表之類。《後編》及《龜甲獸骨文字》中，也可以常常見到五期的卜辭。

就以上十項標準，如果能一一精密的加以研究，我相信必獲以下的結果：

1. 可以還他殷代每一帝王的真實而貴重的史料。

2. 可以編著每一帝王的傳記。

3. 可以作各種專史的研究，如禮制、曆法、地理等等。

4. 從各期史實中，可以看出殷代社會發展的程序。

5. 從各期文字上，可以看出殷代文化演進的階段。

6. 對於發掘工作，由每坑卜辭的時代，可以證明同出的一切遺物的時代。

7. 可以印证古代記載裏的真實材料。

8. 可以糾訂前此混合研究的各種謬誤。

本篇忽忽寫成，所舉一些粗疏的例證，作者自己也不認爲是十分滿意，所以在末後要鄭重的聲明：這不是斷代研究成功後的一篇結論，這乃是斷代研究嘗試中的幾個例子。大體的輪廓是有了，一個研究甲骨文字的新方案，我已提供在這裏。希望治此學者，平心静氣來批評這方案是否可用？是否完備？既然甲骨文字有斷代研究的需要，那我們先决問題就是如何斷代？以何者爲斷代的標準？標準有了，方法定了，我們就可以把所有出土的材料統統薈萃起來，然後用這標準，這方法，去整理研究他，以完成殷代的一部信史。

二十一年三月卅一日抄寫完，於洹上村。

（原載《國立中央研究院歷史語言研究所集刊》外編第一種，《慶祝蔡元培先生六十五歲論文集》上册，中央研究院歷史語言研究所 1933 年版）

甲骨學五十年·序

嚴一萍

甲骨學五十年,是董彦堂先生叙述五十年來甲骨學發展的總結集。五十年的時間不算短,但甲骨學還是在年輕的時代。從最初珍玩古董的境界,而臻於今日成爲一種專門的學問,這中間,甲骨本身有其嚴格的條件作基礎。五十年來,經過無數學者的鑽研努力,而能够提綱挈領建立起甲骨學的體系的,唯有彦堂先生。第一,如果没有貞人的發見,就不能作斷代的區分。第二,如果没有殷曆譜的建立,就没有正確的殷商年代,也不會知道禮制上的新舊分派。今天十萬片甲骨離不開這個體系,也就是甲骨已經有了成爲一種專門學問的基礎。

殷曆譜推算的正確,我曾經綴合了"八月乙酉月食"龜腹甲而得到更明顯的證明。現在應當提一提的是另一個腹甲殘片的綴合,足以證明彦堂先生在二十五年前發現貞人時所擬補卜辭之正確可信。那即是大龜四版之四的卜旬版。殷墟第三次發掘得大龜四版,是在民國十八年,其中第四版紀的全是卜旬辭,原版出土時已殘缺不全,經著録於《小屯甲編》二一二二號。當時彦堂先生把殘缺部分的卜旬辭依照文例補足。民國四十一年我整理《小屯甲編》,發見二一〇六號的一塊殘片可以補上(見圖 11),取與核對當時所擬補的(見頁 92),竟絲毫不爽。這是甲骨本身嚴格的條件限制使然;正也就是甲骨所以能成爲一種專門學問的基礎所在。

甲骨學已經是當今的顯學,未來的發展,正是前程無限。可是埋首從事的學者,視諸過去全盛時代,真顯得寂寞凋零,相差太遠了。我希望彦堂先生這一册《甲骨學五十年》,對於學術界,將不僅是過去甲骨學研究的總報告,而更是今後研究甲骨學的指程碑。中華民國四十四年七月後學嚴一萍謹序。

(董作賓:《甲骨學五十年》,臺北大陸雜誌社 1955 年初版,藝文印書館發行)

關於貞人(《甲骨學五十年・後期研究的進程》)

董作賓

因爲自己親手發掘甲骨文字，每逢一片出土，如獲至寶，必定要拂去泥土，仔細辨認。民國十七年第一次試掘期間，曾在村中、村北、洹河南岸三處掘出甲骨文字，使我感覺到三個地方的文字有些异様，因而引起了一個疑問，這是不是時代不同的關係？但如何去斷定甲骨文字的時代，却不是一件容易的事。我曾試驗過用各種方法區别時代，苦思冥索，毫無結果，兩年之後，才找到了"貞人"。

關於"貞人"的問題是這樣：甲骨卜辭，照例先記卜日的"干支"，次記"卜"，又次記"貞"，下面便是問卜的話；有些卜貞之間，夾着另外一個字。最初，劉鐵雲把"貞"字釋爲"問"，把貞上卜下的字，舉出四個，試爲解説云：

> 凡稱問者有四種：曰哉問、曰厭問、曰復問、曰中問。中字作𠕁，哉厭兩問最多，疑哉爲初問，厭爲再問，故詩曰"我龜既厭，不我告猷"，言我已再問而龜不我告也。(《藏龜》自序)

一年之後(一九〇四)孫詒讓修正劉氏解説，指出"劉所謂問，當爲貝，實貞之省"。又以劉氏釋"哉"之字不確，但"不知其義例云何"，並糾正"厭"當釋"㱿"，"復"當釋"韋"，"𠕁"不爲"中"，疑是"億"的假借字，可見當初識字之難。孫氏又舉出下列九種：

> 亘貞　宄(今釋賓)貞　告貞(按此條當爲"貞勿乎告"，與下一辭"貞勿在□"誤合)　兄貞　立(今解王)貞　出貞　内貞　品(今寫作㗊)貞　永貞

並云：

> 以上九貞，皆劉氏所未舉，合之𢦏貞，㱿貞，韋貞，𠕁貞，大貞，通爲十四。唯告貞内貞較少，不知何故。如紀它父卜者(今按即卜旬)卅餘事，而𢦏㱿大宄出内六貞咸備，莫詳其義例。至其餘文字漫闕，不易辨仞者甚夥，恐尚不止十四貞爾。

孫氏於劉舉之外增加九種，共十四貞，不能"詳其義例"。又十二年(一九一五)，羅振玉作《殷虚書契考釋》，於卜下貞上一字無説。又八年(一九二三)，葉玉森作《殷契鈎沉》，當時羅氏《前》、《後編》、《菁華》，均已刊行，戬壽堂、林壽輔書，相繼出版，葉氏所見材料較多，共搜集了"四十五貞"，並他所不録而以爲"非貞之專名"的，王貞、兄貞、余貞、我貞，共有四十九種(中有重復訛誤，文繁，這裏不再舉例)。葉氏的結語是：

> 諸貞之義，𠂤卜師行，逐卜獵逐，似可揣測；餘若喜行諸貞，字或可識，義并難知；付之闕疑，以俟博雅。

葉氏曾試以貞卜事類作解釋，但仍不可通，只有"付之闕疑"。現在我們看𠂤逐喜行諸例：

壬子卜𠂤貞王多省方 後下·四十二(按當爲“壬子卜𠂤貞王令多𦣞御方於□”,誤釋𦣞爲省,且遺下半)

癸丑卜逐貞旬亡𡆥 前五·二十八

辛亥卜喜貞翌壬子示壬戚亡缺 前一·一(按戚當釋歲,下爲“亡尤十月”,不缺)

丁酉卜行貞王賓丁戚三宰 前一·四十[按當釋“王賓(父丁)歲三宰(亡)尤”]

從葉氏所舉的例子看,𠂤貞固然可以説有師行之意,逐貞却毫無獵逐之迹,喜貞、行貞,又皆卜祭祀,尤與喜悦、行旅無關,所以他雖然抄集了許多貞例,互相比較,仍不能歸納出一個結果。從此直到民國二十二年(1933)郭沫若寫定《卜辭通纂考釋》的時候,他在序文中還聲明着“曩於卜貞之間一字,未明其意”。這卜下貞上的一個字,從劉到郭,大家如入五里霧中一直莫明其妙,前後亘三十年(1903～1933)。

何以説斷代分期的方法和發掘工作有關?問題是如此:民國十七年以前出土的甲骨文字,全是小屯村人私掘,破碎的多,完整的少,尤其是龜版,幾乎一個全的也没有。民國十八年十二月十二日,我們第三次發掘殷虚期間,在小屯村外“大連坑”南段的一個長方坑内深約三公尺八公寸處,發見了比較完整的四塊龜腹甲,我們稱爲“大龜四版”,據李濟之先生當時的記載:

大連坑南段長方坑,東西長三米,南北寬一米八,最深處未見底,距地面六·五米,距坑口二·一米,坑口有隋墓一座。下出整龜一,刻字龜版四;再下有蚌殼一層,再下又有貝一層,并夾銅器及石刀等。(見《安陽發掘報告》二期,葉236)

記載中“刻字龜版四”,就是“大龜四版”。這大龜四版之四,是一塊純粹的卜旬版(《大陸雜誌》三卷七期討論過它的年代,列出原辭,可供參閲),我在民國二十年六月出版的《安陽發掘報告》第三期中,發表過一篇“大龜四版考釋”,文中“時代考四”論到卜旬版云:

1. 貞上一字是人名的確定。從前研究契文者對於貞上之一字,有疑爲官名者,有疑爲地名者,有疑爲所貞之事類者,現在根據第四版可以確定他是人名。因爲貞上一字如爲地名則必有“在”字,如“在向貞”,“在潢貞”,只言“某日卜某貞”者,决非地名。又四版全爲卜旬之辭,若爲卜貞事類或職官之名,應全版一致,今卜旬之版,貞上一字不同者六,則非事與官可知。又可知其决爲卜問命龜之人,有時此人名甚似官名,則因古人多有以官爲名者。又卜辭多“某日卜王貞”及“王卜貞”之例,可知貞卜命龜之辭,有時親爲之,有時使史臣爲之,其爲書貞卜的人名則無足疑。貞卜而書命龜之人,此爲一時風尚,也有一部分卜辭不記貞人的,也有全不記貞人的。

大龜四版中,第一版有貞人賓、𡆧;第二版有貞人賓;第三版不記貞人;第四版卜旬版有貞人争、賓、率、𡆧、品、㖨。第四版這些人名見於同版,并且在九個月之内。因爲卜旬的日子,下有月名可证,是從第一年的癸酉,到第二年的五月癸亥。六個人的輪值,分配如此(參看附圖):

十月 癸丑,癸亥(原闕) 癸酉是貞人争

十一月 (癸未殘)貞人率 癸巳貞人賓 癸卯貞人𡆧

十二月 癸丑、癸亥皆貞人品 癸酉貞人㖨

十三月 (癸未殘) 癸巳𡆧 (癸卯殘)

一月 癸丑缺貞人 (癸亥殘)

二月　癸酉、癸未、癸巳皆貞人㱿

三月　癸卯、癸丑、癸亥皆貞人㱿

四月　癸酉貞人殘　（癸未）、癸巳皆貞人㱿

五月　癸卯、癸丑皆貞人㱿　癸丑（癸丑或爲癸亥——編者注）貞人率

就以此版爲例，我們可以知道見於同版的貞人，是同時供職於王室的。所以我在考釋中又有下列的推論：

2. 因貞人的定時代。凡見於同一版上的貞人，他們差不多可以説是同時。如上列第四版，貞人共有六個，在九個月中，他們輪流着去貞旬，他們的年齡無論如何，必須在這九個月內是生存着的，最老的和最少的相差也不能過五十年。因此可由貞人以定時代。四版中的"争"先生，他的資格算最老了，也許他的年齡活得最大，在王室供職最久，所以他同過事的貞人是很多的。我曾就《鐵雲藏龜》、《書契菁華》中所列的同版的貞人，選出有關係的一部分，與四版相較，已可略知四版的貞人，大概在武丁祖庚之世，這是從帝王、書體、同時人名等都可以互证的。

這是民國二十年發現"貞人"時初步的意見。二十一年三月寫成《甲骨文斷代研究例》，刊入二十二年一月出版的《慶祝蔡元培先生六十五歲論文集》上册。在這篇文章裏曾將見於同版的貞人搜集一起，作爲貞人集團，例如：

永、争、賓、穀（疑当作㱿——編者注），同見於《菁華》七版

賓、亘，同見《藏龜》二四二之一

韋、㱿，同見《藏龜》二四二之一

箙、韋　，同見北大研究所國學門藏片

再加上大龜四版之四的貞人，於是可知争、賓、率、㱿、吕、咼、韋、箙、亘、永、㱿等十一人，皆是同時的人。在"骨臼刻辭"上，又找到了記事簽名的史臣，因而證明貞人即史。骨臼刻辭研究，我曾定名爲"帚矛説"，以爲是饋矛，那是錯的，現［在已證明爲］貢納骨版的記載。例如：

壬午帚（婦）井示（致或置）三屯（對）亘　（骨臼）

己丑卜争貞吴□，王事

甲午卜㱿貞乎畢先御𡉚于河（以上骨版正面）甲三三三八

這是一塊骨版，骨面有卜辭，骨臼有記事。骨臼記的是壬午日王的婦名井者致送了三對牛胛骨，下面是接受保管的史臣名亘者簽名。骨面的兩位貞人争和㱿，正是亘同時的人，亘在卜辭中是問卜的貞人，在骨臼上却是記事的史臣，因此我們可以説貞人即是史臣。當時整理骨臼刻辭的結果，發現了記事的史，有岳、內、㲋、小㲋、取、𢆶、犬、率、㱿、亘、賓、㱿、咼、争、永、箙等十七人，并且從率至箙這九位，同時都做過貞人。

貞人的時代如何去推求？這只有靠着他們替王卜祭祀時對於先人的稱呼。殷人祀典是很嚴格的，所祭的父母或祖妣，均以時王的稱謂爲準，因此我們可以由受祭者的稱謂定某王，再定貞人是某王之史。例如小乙配妣庚之祭，見於晚期卜辭：

庚午卜貞：王賓小乙奭妣庚，𧻚，亡尤？　後上·四·六

因此我們知道小乙的后是妣庚，在武丁時代，照例應該稱小乙爲"父乙"，妣庚爲"母庚"，陽甲、盤庚、小辛爲"父甲"、"父庚"、"父辛"的。再看卜辭，就有：

乙卯卜，亘貞：今日往至于章，夕酒子央于父乙？ 鐵一九六·一

庚辰卜，㕣貞：舌母庚？ 前一·二九·三

貞：㞢豕于父甲？ 丙辰卜，争貞：㠯㞢豼 前一·二四·三

癸卯卜，亘貞：㞢于父甲犬？ 貞：㞢于父庚犬？ 前一·二六·六

父甲一羊？ 父庚一羊？ 父辛一羊？ 後上·二〇·九

由這五版卜辭，就可以確定了亘、㕣、争，都是武丁時史臣，並前所舉的十七人，也都是屬於武丁時代的人物了。

貞人的發現和考定，以武丁時爲例，敘述至此，其餘各王，均可類推。

有人覺得“貞人”一詞，不見經傳，於是改用“卜人”，這不免錯了。卜與貞，本是兩件事，早期是太卜司卜，太史司貞，有時王來親貞。晚期有時王要自卜自貞，所以也稱“王卜貞”。貞人並不是名詞，意思只是“問卜的人”，問卜的人，任何人都可以充任，或者王自己去任。至於卜人應該是只限於太卜，才有這灼龜見兆，斷定吉凶的專長。卜辭中也偶見卜人的名字：

丙寅卜吴貞：卜竹曰：其㞢于皐？ 王曰：從壽。翌丁卯率若。八月。 録五一九

這一版，王是祖甲，吴是祖甲時貞人，同時有卜人名竹，極爲明白。又帝辛時記卜人的，如：

丁酉，中彔卜，在兮貞：在𤞷田萛，其以右人𢀛，亡災？ 甲二五六二

兮是地名，中彔是卜人名，此版不記貞人。帝辛時記貞人的，如：

乙酉卜，在㳯，立貞：王步于淮，亡災？ 金五七四

貞人立，名在貞上，與前辭卜人中彔，名在卜上，各有其例，迥然有别。

（董作賓：《甲骨學五十年》，臺北大陸雜誌社 1955 年初版，藝文印書館發行）

斷代研究的十個標準
(《甲骨學五十年·後期研究的進程》)(節録)

董作賓

“貞人”的發現，可以説是後期甲骨文研究的一個新葉的起頭。因爲“貞人”是問卜的人，大部分是當時的史官，但不全是史官，有時候殷王親自來問卜，記着“王貞”，這王也可稱爲“貞人”，王婦、王子、諸侯，偶然問卜，都寫他們的名字，也都可稱爲“貞人”。不過史官作貞人，所記卜辭都是自己寫自己刻的，同時我們可以看到他們的手筆真迹，比較他們書契的藝術和技巧。若是王貞，則卜辭的書契，自然需要史臣代庖。帝乙、帝辛父子歡喜自卜自貞，常見“王卜貞”的記録，而記録者却是太史，並不是王親自書契。例爲帝乙二年的四月三日癸未，卜次日甲申將要舉行彡日的祀典，從上甲開始，辭稱：

癸未王卜貞：酒彡日，自上甲至于多后，衣亡壱自禍。在四月。惟王二祀。(前三·二七·七)

首寫“王卜貞”，末稱“惟王二祀”，自然都是太史記録的口氣。又，帝辛征人方的十祀後九月二十五日癸亥，在雇地卜旬，王親卜親問一次，史臣黄問了一次，紀録在兩塊骨版上：

癸亥王卜貞：[旬無]禍？在九月，王征人方，在雇。(龜一·九·一二)

癸亥卜，黄貞：王旬無禍？在九月。征人方，在雇彝。(前二·六·六)

後一卜旬是黄作“貞人”，自書自契，辭稱“王旬無禍”，是很明白的。前一卜旬，乃是帝辛自卜自問，“王”就是貞人，但書契者却是另外一位太史，因爲兩辭對於地名的寫法不同，一稱“雇”，一稱“雇彝”。綜合以上的材料，我們知道“貞人”不能稱“卜人”，問卜的人却可以稱“貞人”，貞人多數是史官，寫刻卜辭出於他們的手筆。

因了“貞人”説的成立，我曾於民國二十一年三月寫成一篇《甲骨文斷代研究例》，在二十二年一月出版的《慶祝蔡元培先生六十五歲論文集》上册發表。文長約十萬字，舉出分五期研究的十個標準。現在又經過二十年了，五期與十標準，已略有修訂，但大體上還都可用。以下略述舊作，補充一些新的意見。

所謂“五期”，是完全爲“貞人”關係而劃分的，如以祖庚祖甲爲第二期，以帝乙帝辛爲第五期，就是因爲是這兩期前後二五的貞人相同不易再爲區分。五期如次：

第一期　盤庚、小辛、小乙、武丁(二世四王)

第二期　祖庚、祖甲(一世二王)

第三期　廩辛、康丁(一世二王)

第四期　武乙、文武丁(二世二王)

第五期　帝乙、帝辛(二世二王)

——以上五期共八世十二王

直到現在,第一期除了武丁時卜辭甚多而又很明顯之外,盤庚、小辛、小乙兄弟三人時代的卜辭,仍是不易分辨。其餘二期至五期,有許多又可以指出每期中屬於某王的卜辭。尤其是當時誤將第四期文武丁時的卜辭,混入第一期,直到十年之後,才可以明白的區分。

取名"斷代",本來希望斷定世代,就是把遷殷後的每一王的卜辭都能明白的認辨出來,但是初步整理的方案,只能約略分爲五期。當時提出了十個標準,據以判別五期,這十個標準是:

一、世系　二、稱謂　三、貞人

四、坑位　五、方國　六、人物

七、事類　八、文法　九、字形

十、書體

十種判別時期的標準,重要的自然是"貞人",何以知某一貞人是在某一王的時代?自然要根據他們貞卜時王祭祀祖妣時的"稱謂",而稱謂如何,又須先明瞭殷代王室的"世系",所以世系、稱謂、貞人,三位一體,都是斷代的基礎。"坑位"是出土甲骨的地點,只限於民國十七年至廿六年中央研究院發掘的材料,不能概括全部甲骨文。"方國"、"事類"、"文法"、"字形"、"書體",都是根據有貞人的基本片子推演出來的,也可以説是間接的標準。因爲如果有一片卜辭只殘餘幾個干支字,或者没有貞人的"卜夕"、"卜旬"片子,那就只好在"字形"和"書體"或其他標準上找時代了。

三、貞人　我們已經知道貞人就是史官,代王問卜和記載卜辭,都是他們的責任。《斷代研究例》分卜辭爲五期,主要的證據就是靠着貞人。當時寫這一標準時,分爲四目:

甲、貞人即是史官

乙、貞人集團

子、武丁時的貞人集團(第一期)

丑、第二期貞人集團

寅、第三期貞人集團

丙、不録貞人的時期(第四期)

丁、王親卜貞的時期(第五期)

現在看起來,第一、二、三期原列的貞人應加補充,第四期未嘗没有貞人,不過那時候材料既少,又誤列入第一期;各期都有時王親貞的卜辭,但第五期帝乙、帝辛時代,王又親卜,同時也不是没有貞人。現在把五期貞人各舉其例,加以補充並説明。

第一期,舊以爲皆在武丁世,現在知道很可能要從盤庚、小辛、小乙以至祖庚。固然有一部分祖甲時的史官,曾任職在祖庚之世,但祖庚屬於舊派,一切制度仍武丁之舊而祖甲却改革了許多。因而祖庚卜辭又往往和武丁時不易分别,不似祖甲時顯然有异。所以我們寧可以説第一期應包括祖庚,不能只限於武丁。

第一期原列十一人,今增至二十五人:

丁巳卜,賓貞:子阱其有災?(續三·四五·五)

辛酉卜，争貞：今日王步于章，無他？（前二・二六・三）

乙卯卜，亘貞：今日往至于章，夕酒，子央于父乙？（鐵一九六・一）

庚寅卜，永貞：王傳中立若？十一月。（前七・二二・七）

辛亥卜，㱿貞：于乙門命？（粹一〇三四）

辛酉卜，韋貞：今夕不其[雨]？（甲三三三九）

癸未卜，𠱠貞：旬亡囚？二月。（甲二一二二）

癸亥卜，㝵貞：旬亡囚？五月。（甲二一二二）

癸酉卜，㕣貞：旬亡囚？十二月。（甲二一二二）

甲午卜，㕣貞：㞢于岳？（佚六六）

壬子卜，箙：翌癸丑雨？允雨。（前七・四四・一）

——以上舊列

丁酉卜，而貞：辟先隹丁古？八月。（龜一・二六・七）

乙亥卜，中貞：其㞢于丁叀三宰？九月。（續一・四五・五）

癸卯卜，君貞：旬亡囚？（續五・三一・八）

庚午卜，吏貞：福㚇叀。（前四・二三・三）

庚子卜，逆貞：翌辛丑雨？（前五・二六・四）

壬寅卜，㫃貞：乎侯敉斨？十一月。（續五・五・二）

庚午卜，併貞：雨？（續四・七・四）

己亥卜，先貞：今日雨？（前六・三一・一）

甲午卜，㞷貞：（缺）（乙八三二〇）

乙丑卜，㬇貞：翌丙雨？（乙八三一九）

丙子卜，羅貞：翌丁丑雨？（天二五）

辛丑卜，専貞：今夕亡囚？六月。（前五・一二・四）

丁巳卜，寊貞：今夕亡囚？五[月]。（前六・三一・一）

丁卯卜，内貞：㷈于河十牛俎十牛？（後上・二四・四）

——以上新增

以上所列第一期貞人，不限於武丁一世，可能包括自盤庚以至祖庚三世五王約在百年以上。所以雖有二十五人，也不算多。等待將來總整理時，把每人的卜辭分别輯録起來，互相比較，當更能定出他們時代的先後，同時加以補正。

第二期的貞人，原列祖庚祖甲在一起，現在看起來，祖甲時的貞人較爲明白，祖庚時的貞人，往往與第一期相混，因爲祖庚一切承襲武丁舊制，不易分辨，如祭名有㞢有御，稱大乙爲唐，月名有一月及十三月，王字無上一横畫，皆是。可以確證爲祖甲時的，因有"兄庚"的稱謂，也有不能再分祖庚或祖甲時的，則因他們對於"父丁"（武丁）、"妣庚"（小乙配）是同樣的稱謂。所以我在斷代例中曾聲明第二期的貞人，是"以祖甲爲主"的。原列六人，今增十二人，共十八人。其中陟同坚一時忘却見於何書，僅舉十六例：

壬戌卜，大貞：王賓兄庚歲亡尤？（卜七四二）

庚午卜，旅貞：王賓妣庚歲及兄庚亡尤？（卜七四〇）

甲午卜，即貞：王賓夕福亡囚？貞：亡尤？七月。（卜六九〇）

丙午卜,行貞:翌丁未,翌日于父丁亡他?(龜一·二一·五)

癸酉卜,兄貞:旬亡囚?七月。(龜一·二三·九)

丙子卜,口貞:王其往于田亡災?在十二月。(録七二六)

——以上舊列

戊戌卜,喜貞:告自丁?(續一·七·三)

庚辰卜,犬[貞]:王賓□亡尤?(前一·五·五)

丁亥卜,洋貞:王賓祖丁歲亡尤?(續一·三〇·一)

丁卯卜,𢀛貞:王往于勺不冓雨?(前四·五一·一)

丁卯卜,荷貞:王夾叀今不冓雨?(同上)

癸卯卜,吳貞:旬亡囚?在四月。(後下·二四·四)

庚辰卜,逐貞:王賓夕福亡囚?(戩一九·二)

丁卯卜,涿貞:王賓叙亡尤?(後下一九·九)

丙辰卜,尹貞:其夕父丁三宰?十二月。(通别二·一〇)

乙未卜,出貞:𠯑其葉王事不死?十二月。(録六二二)

——以上新增

祖甲時貞卜的事項減少,卜辭也少,我們十二次發掘所得二萬四千片中,第二期卜辭,真是鳳毛麟角一般。

第三期廩辛、康丁兄弟在位都不久,貞人自然要少,舊列八人,所增五人。這十三人中,旅、口、荷三位是第二期的老史官,逢失其例,今列十二人:

戊午卜,𢀛貞:今夕亡囚?(甲一三三八)

[己未]卜,𠂔貞:今夕亡囚?(同上)

己丑卜,彭貞:其爲祖丁門賓于魯衣御?(甲二七六九)

丁卯卜,狄貞:王其田亡災?(甲二七五八)

癸卯卜,口貞:旬亡囚?(甲二六二一)(與彭同版)

甲子卜,宁貞:王賓上甲魯亡尤?(甲二八八〇)

癸巳卜,荷貞:翌甲午登于父甲?饗。(甲二七九九)

逢(原釋逆,見拓本,例暫缺)

——以上舊列

壬寅卜,顯貞:翌日癸卯王其踐?(後下三三·一)

癸亥卜,教貞:旬亡囚?(甲二六四九)

戊戌卜,旅貞:祖戊歲叀羊?(前一·二三·二)(祖戊即武丁時兄戊)

丙辰卜,𠬝貞:其俎于妣辛?(後上十九·十五)

癸未卜,啄貞:旬亡囚?(甲二八〇〇)

——以上新增

第四期武乙、文武丁父子時代的卜辭,我在斷代例中列爲"不録貞人的時期"。本來在殷虚出土的全部卜辭中,不記貞人的很多,五期中每期都有。第四期不是没有貞人,因爲省去貞字的關係,當時未能認出來;又因爲在以前出土的四期卜辭較少,發掘所得武乙時卜辭大部分出土在小屯村中,果然没有貞人。現在知道:有些貞人誤入第一期,有些省去貞字而不認識，原因又在分辨不清第四期的卜辭。到了寫《殷曆譜》時，研究出新舊兩派的關係，才能劃出第四期卜辭，才找出第四期貞人，這些詳情，待以後再講。這裏只把在《殷虛文字乙編》序文中我所列出的四期貞人十七位，各舉其例：

辛卯卜，𢦏貞：且每囚凡㞢疾？四日[乙]未夕啓老。（後下三五・二）

乙巳卜，𢦏：㞢大乙母妣丙牝？不。（新三三六）（省貞字例下同）

乙亥卜，𠂤貞：王曰有孕嘉？𢦏曰嘉？（佚五八六）

辛亥卜，𠂤：不雨？（乙一二二）

癸亥卜，卣貞今夕亡？八月。（後下一六・一六）

庚辰卜，卣：從系□？（乙一二四）

乙未卜，葉貞：医獲羌？（續三・四三・二）

丁丑卜，取貞：夕識？（前八・五・七）

辛巳卜，我貞：我有事今十月？（前八・三・三）

癸酉卜，𠳋貞：今十月人歸？（前八・九・一）

癸酉卜，史貞：東若？（乙八三〇）

戊辰卜，車：允畋貝今生□？（乙三二四）

甲申卜，衖：又龍？（續一・三・八）

庚辰卜，勺：今夕其雨？允雨小。（前四・三四・五）

庚子卜，医：出不歪鬼？（乙四四）

庚寅卜，衜：王品司癸巳？不。二月。（新三五一）

己酉卜，幸：今夕其雨？（乙三八）

丙午卜，萬：◪（一三・〇・四七〇）

己巳余卜貞：亚雀及口？（前八・九・三）

癸酉子卜：高作不若？（前八・一三・一）

由前三例如貞人可以省去貞字，後二例一人而兼卜貞，爲第五期王親卜貞的先聲，可見一人親卜親貞，第四期已有其例了。中十一例皆省去貞字。

第四期卜辭，除了有貞人的以外，還有六事可作鑒别標準：一、用鼎字代替貞字；二，好作細小字或肥大字，細者如毫髮，肥者多圓腫；三、好記徵驗如"允"或"不"之類；四、古今字體雜亂混用；五、祀典復一期之舊，所祀有夔、王亥、伊尹、咸戊、河岳等；六、文例不規則，好在兩辭之間作界劃，既無二五兩期的謹嚴整齊，亦不若第一期的宏放而有規律。總之第四期武乙時卜辭，大部分出於村中，文武丁卜辭，大部分出於村北B區，以前雖有著録，究爲少數。第四期卜辭，在《斷代例》發表十年之後，才可以辨認出來，研究起來，它的複雜困難，又是遠在一二三五期之上。

第五期帝乙帝辛兩世，因爲他們是新派，所以卜辭材料並不算多。舊標爲"王親卜貞的時期"，固然是它的特點，但也並不是没有貞人，原列黄一人，現在增爲四人，例如次：

癸亥卜，黄貞：王旬亡畎？在九月。征人方在雇彝。（前二・六・二）

癸酉卜，在云奠河邑，泳貞：王旬亡畎？惟王東征人方。（金二七八）

癸丑卜，㣈貞：王旬亡畎？在三月。甲寅祭虎甲，壹㚇甲𠭯羌甲。（珠二四五）

乙酉卜，在洮，立貞：王步于淮亡災？（金五七四）

第五期包涵年代幾乎趕上第一期，但卜辭出土者還不及第一期之多，這也是新派對於貞卜事項有限制之故。而在五期卜辭中，不記貞人的過半數，王親卜貞者占三之一，記貞人者乃不及五分之一，舉"征人方日譜"現有卜辭即可知之。譜中收録卜辭共一百五十九，不記貞人者八十三，王親卜貞者四十八，記貞人者二十八。這可以説明第五期貞人所以少的緣故。

貞人是分期研究的堅實基礎，二十年來，常打算把每一貞人的卜辭收輯一起，再作詳細比較研究，以求他們時代的先後，但始終没有做到。現在雖然增加了不少新的貞人材料，仍未成達到精密研考的程度，這一點是非常遺憾的。

（董作賓：《甲骨學五十年》，臺北大陸雜誌社 1955 年初版，藝文印書館發行）

甲骨文材料的總估計(節錄)

董作賓

殷代從盤庚遷殷(西元前一三八四)到帝辛亡國(一一一二),二百七十三年之間,占卜之後而又記載文字的龜甲牛骨,究竟用過多少? 現在已經出土而保存在世界上的又究竟有多少? 這可以説是一個永遠猜不透的啞謎。這裏所説以占卜之後而又記載文字的甲骨,是除去了曾經占卜而不記卜辭的甲骨。在殷墟發掘中没文字的甲骨是最常見的,大約總要占着半數以上,骨董商僞刻贋品就取材於此。至於估計數量,龜版是應該以一個全腹甲,兩塊半月形的背甲,作爲一龜之甲,骨版是應該以左右兩個肩胛骨,作爲一牛之骨;或者只是分别計算,説有若干腹甲,若干背甲,若干胛骨;這都是辦不到的。向來的估計是以"片"爲單位的,小片,一塊腹甲、背甲、胛骨,可以破爲幾片或幾十片;大片,一塊腹甲、背甲、胛骨,完整的也算一片;這樣,以"片"爲單位,統計的結果,縱然十分準確,也使人難於想象它究竟有多少。可惜,我們一向出土甲骨的總數,估計號稱十萬片的"片",就是如此。

一個理想的統計,是盡量把甲骨拼合起來。這不是不可能的,因爲甲骨文字出土地點幾乎全在小屯村(很少出在附近别處的),無論發現是何時,收藏在何地,只要能印出書來,就可以分期分類分甲分骨,使它們破鏡重圓。只要有了一甲一骨的大部分,就可以算他一個單位,然後我們可以説這二百七十三年間,殷王室所用書契文字的甲骨,現在可見的大約有若干龜腹甲,若干龜背甲,若干牛胛骨,其餘的還有若干碎片。這也是現在絶對不容易辦到的,因爲有些未見著録。不得已,只有把大小懸殊的所謂"片"者,作爲單位。這樣做,即使有一個數目,仍是一筆糊涂賬。

爲了得到一個約略的總數,我們現在可以姑且用:一、見於著録的,二、未著録的,三、甲骨文材料的總估計,三個分題加以討論。

一、已見著録的甲骨文字

十年前,胡厚宣君曾作過一篇《甲骨文發現之歷史及其材料之統計》,前年胡君又作一篇《五十年甲骨文發現的總結》,所採的辦法是寧濫無缺,大體總算是完備。現在按着出版的先後,分爲拓本、照片、摹寫三類,更分列習用的簡名、編號、書名、編者、出版年月、地點、甲骨片數,以備查考。表次於下:

(一)拓本

鐵　1　《鐵雲藏龜》　劉鶚　清光緒二十九年十月,抱殘守缺齋石印本六册。民國二十年五月上海蟫隱廬石印本,與《鐵雲藏龜之餘》合六册,附鮑鼎釋文。
一〇五八片

前 2 《殷虚書契(前編)》八卷 羅振玉 民國二年影印本四册。二十一年重印本四册。又清宣統三年國學叢刊石印本僅三卷,不全。 二二二九片

餘 3 《鐵雲藏龜之餘》 羅振玉 民國四年一月影印一册。十九年重印本一册。二十年蟫隱廬石印本,附《鐵雲藏龜》後。 四〇片

後 4 《殷虚書契後編》二卷 羅振玉 民國五年三月影印本一册。 一一〇四片

戩 5 《戩壽堂所藏殷虚文字》 姬佛佗 民國六年五月藝術叢編石印本一册。又單行本與王國維《考釋》合二册。 六五五片

龜 6 《龜甲獸骨文字》二卷 日本林泰輔 民國十年(大正十年)商周遺文會影印本二册,附抄釋。又北平富晋書社翻印本二册。 一〇二三片

簠 7 《簠室殷契徵文》十二卷 王襄 民國十四年五月,天津博物院石印本與考釋合四册。 一一二五片

拾 8 《鐵雲藏龜拾遺》 葉玉森 民國十四年五月影印本,與考釋合一册。又翻印本一册。 二四〇片

别 9 《傳古别録》第二集 羅福頤 民國十七年影印本一册 四片

書 10 《書道》第一卷 日本中村不折 民國二十年(昭和六年)書道院影印本一册。 九七片

福 11 《福氏所藏甲骨文字》 商承祚 民國二十二年四月,金陵大學中國文化研究所影印本,與考釋合一册。 三七片

真 12 《殷墟文字存真》第一集 許敬參 民國二十二年六月,河南博物館石印本,與摹寫、考釋合一册。(二十年六月關葆謙曾以原拓片編爲一集發售,自序言將分集拓售,每集百片,二十四年已編至第八集,但流傳甚少。) 一〇〇片

契 13 《殷契卜辭》 容庚 瞿潤緡 民國二十二年五月,哈佛燕京學社石印本,與釋文、文編合三册。 八七四片

通 14 《卜辭通纂》 郭沫若 民國二十二年(昭和八年)五月日本文求堂石印本。合别一、别二、考釋、索引共四册。 九二九片

岡 15 《釋後岡出土之一片卜辭》 董作賓 民國二十二年六月。《安陽發掘報告》第四期。 一片

續 16 《殷虚書契續編》六卷 羅振玉 民國二十二年九月,影印本六册。
二〇一六片

佚 17 《殷契佚存》 商承祚 民國二十二年十月,金陵大學中國文化研究所影印本,與考釋合二册。 一〇〇〇片

初 18 《鄴中片羽初集》 黄濬 民國二十四年二月,北平尊古齋影印本二册。
二四五片

郼 19 《郼齋藏甲骨拓本》 金祖同 民國二十四年二月,上海中國書店石印本,與《卜辭講話》合一册。 二六片

衡 20 《衡齋金石識小録》 黄濬 民國二十四年,尊古齋影印本二册。 二片

柏　21　《柏根氏舊藏甲骨文字》　坎拿大明義氏(James Mellon Menzies)民國二十四年,《齊大季刊》六、七期,附摹本、考釋。又單行本一册。　七四片

侯　22　《安陽侯家莊出土之甲骨文字》　董作賓　民國二十五年八月,《安陽發掘報告》第一集,附摹本。　四二片

粹　23　《殷契粹編》　郭沫若　民國二十六年(昭和十二年)五月,日本文求堂石印本,與《考釋》合五册,附索引。　一五九五片

二　24　《鄴中片羽二集》　黄濬　民國二十六年八月,尊古齋影印本二册。　九三片

拓　25　《殷墟甲骨拓片》　美國白瑞華(Roswell S. Britton)　民國二十六年(一九三七年),美國紐約影印本一册。　二二片

録　26　《甲骨文録》　孫海波　民國二十七年一月,河南通志館出版,與考釋合二册,附索引。　九三〇片

天　27　《天壤閣甲骨文存》　唐蘭　民國二十八年四月,北平輔仁大學出版,與考釋合二册。　一〇八片

珠　28　《殷契遺珠》二卷　金祖同　民國二十八年五月,上海中法文化出版委員會出版(孔德圖書館叢書第一種),與發凡合三册。　一四五九片

零　29　《鐵雲藏龜零拾》　李旦丘　民國二十八年五月,上海中法文化出版委員會出版(孔德圖書館叢書第二種),與考釋合一册。　九三片

叕　30　《甲骨叕存》　曾毅公　民國二十八年十一月,喆厂叢刊本,石印一册。　七五片

三　31　《鄴中片羽三集》　黄濬　民國二十九年一月,北平尊古齋影印本二册。　二一五片

誠　32　《誠齋殷虚文字》　孫海波　民國二十九年二月,北平修文堂書店影印,與考釋合一册。　五〇〇片

摭　33　《殷契摭佚》　李旦丘　民國三十年一月,上海來薰閣書店影印(孔德圖書館叢書第三種),與考釋合一册。　一一八片

雙　34　《雙劍誃殷契駢枝三編》　于省吾　民國三十二年五月,石印本一册。　二片

卜　35　《龜卜》　金祖同　民國三十七年一月,上海温知書店影印本一册。　一二五片

甲　36　《殷墟文字甲編》　董作賓　民國三十七年四月,商務印書館影印本一册。列爲《中國考古報告集之二・小屯》第二本,乙編同。　三九四二片

乙　37　《殷墟文字乙編》上中輯　董作賓　上輯民國三十七年十月,中輯三十八年三月,中央研究院歷史語言研究所出版,上中輯各一册。　六二七二片

掇　38　《殷契拾掇》　郭若愚　民國四十年七月影印本一册。　五五〇片

以上總計爲二九〇二〇片。

(二)照片

菁　39　《殷虚書契菁華》　羅振玉　民國三年十月,影印本一册。又翻印本(小片模糊不可辨識)一册。　六八片

圖　40　《殷虚古器物圖録》　羅振玉　民國五年四月,影印本一册。又藝術叢編第

一集本。又翻印本。 四片

遺 41 《周漢遺寶》 日本原田淑人 民國二十一年(昭和七年)日本帝室博物館出版一册。 二片

相 42 《殷墟甲骨相片》 美國白瑞華 民國二十四年(一九三五年)紐約影印本一册。 一〇四片

古 43 《雙劍誃古器物圖録》 于省吾 民國二十九年十一月影印本二册。 四片

安 44 《河南安陽遺寶》 日本梅原末治 民國二十九年(昭和十五年),日本影印本一册。 一四九片

以上總計爲三三一片。

(三)摹寫

虚 45 《殷虚卜辭》 明義士 民國六年(一九一七年)三月,上海别發洋行石印本一册。 二三六九片

新 46 《新獲卜辭寫本》 董作賓 民國十七年十二月石印本,與後記合一册。又十八年十二月載《安陽發掘報告》第一期。 三八一片

大 47 《大龜四版考釋》 董作賓 民國二十年六月,載《安陽發掘報告》第三期,附照片。 四片

帚 48 《帚矛説》 董作賓 民國二十二年二月,載《安陽發掘報告》第四期。 九九片

骨 49 《甲骨文》 王子玉 民國二十二年八月,載《續安陽縣志》,寫本木刻。 一七二片

亞 50 《上海亞洲文會博物館藏甲骨卜辭》 英國吉卜生(H. E. Gibson) 民國二十三年(一九三四年)《中國雜誌》二十一卷六號《商代之象形文字》(The Picture Writing of Shang)一文所附。 八九片

庫 51 《庫方二氏藏甲骨卜辭》 美國方法斂(Frank H. Chalfant)摹 白瑞華校 民國二十四年(一九三五年)商務印書館石印一册。 一六八七片

七 52 《甲骨卜辭七集》 美國方法斂摹 白瑞華校 民國二十七年(一九三八年)紐約影印本一册。 五二七片

金 53 《金璋所藏甲骨卜辭》 美國方法斂摹 白瑞華校 民國二十八年(一九三九年)紐約影印本一册。 四八四片

中 54 《中央大學藏甲骨文字》 李孝定(蔣維崧釋文——編者) 民國二十九年八月石印本一册。 二五〇片

五 55 《甲骨五十片》 美國白瑞華 民國二十九年紐約影印本一册。 五十片

叙 56 《叙圃甲骨釋要》 何遂 民國三十年影印本一册。 二二片

厦 57 《厦門大學所藏甲骨文字》 胡厚宣 民國三十三年三月,載《甲骨學商史論叢》初集第四册。 一九片

六 58 《甲骨六録》 胡厚宣 民國三十四年七月,《成都齊魯大學國學研究所專刊》一册。其中一部分爲拓本。 六五九片

化 59 《骨的文化》 懷履光 民國三十四年(一九四五年)石印本。 二四片

平　60　《戰後平津新獲甲骨集》　胡厚宣　民國三十五年五月，七月，《齊魯大學國學研究所專刊》一册。内收元嘉造像室二七〇片，頌齋一三片，雙劍誃二五四片。引用可稱“元、頌、雙”等簡名。　五三八片

京　61　《戰後京滬新獲甲骨集》　胡厚宣　民國三十八年石印本一册。　八五四片

戰　62　《戰後殷虚出土的新大龜七版》　胡厚宣　民國三十六年二月至四月，上海《中央日報·文物週刊》二十二至三十一期。　七片

甯　63　《戰後甯滬新獲甲骨集》三卷　胡厚宣　民國四十年石印二册。卷一，六八八片；卷二，一六六片；卷三，二八九片。　一一四三片

南　64　《戰後南北所見甲骨録》　胡厚宣　民國四十年來薰閣石印三册。分八種，一輔仁大學所藏一〇七片。二誠明文學院所藏九一片。三“上海文物管理會”所藏一五七片。四“南京博物院”所藏四片。五無想山房舊藏五〇九片。六南北師友所見，卷一，二〇四片；卷二，二七一片。七南北坊間所見，卷一，一一一片；卷二，二〇八片；卷三，一四四片；卷四，五五六片；卷五，六七片。明義士舊藏八四七片。引用簡名，可書“輔、誠明、上、博、無、師、坊、明”等字。　三二七六片

以上總計爲一二六五四片，三項合計共當有四二〇〇五片。

已著録的甲骨材料統計中，較小的問題是有僞刻的片子，最大的問題是重複。

骨董商人作僞與甲骨文發現同時而來。第一部著録甲骨文字的《鐵雲藏龜》一書，就存三片是僞刻的，《龜甲獸骨文字》也有三片。摹本僞刻最多者爲方法斂氏手寫各書，舉《庫方二氏藏甲骨卜辭》一書爲例，全書共收甲骨一六八七片，其中全僞的五十四片，部分僞的六十二片，但還不到十分之一。重複的問題，以《殷虚書契續編》而論，全書共收甲骨二〇一六片，與《殷契佚存》、《簠室殷契類纂》、北京大學及凡將齋所藏，相重複者一六四一片，不重者僅三七五片，是與他書重複者竟占全書十分之八。至於在著録書目中，像新獲卜辭寫本，大龜四版，侯家莊出土之甲骨文字，後來都將拓本收入《殷虚文字甲編》。例如一批甲骨在未著録的私人收藏項下算一次，機關購入又算一次，拓本編入他書中又算一次，一片甲骨可以變爲三片。甚至摹寫本一次，照片一次，拓本又一次，三經著録也同樣一片變爲三片。又如《卜辭通纂》一書，八卷所收八〇〇片，多採自羅振玉、林泰輔，别録一、二所收一二九片，後來也都重見著録。如此之類，難以悉數。

胡君好事鋪張，把他的《卜辭雜例》七一片、《卜辭同文例》二七三片、《卜辭記事文字史官簽名例》三七片、《商史論叢》八片，凡是輯録已刊材料都統計入内，增加重複紛擾，今皆删除。

爲了研究時引用的方便，所以把已著録的一部分材料，記叙的比較詳細些。

二、未著録的甲骨文字

未經著録的甲骨材料，切實一點的是已編未印的部分，其次是有確實數目的，又其次是有約數的，不知數量的暫不列入。

（一）已編未印者

1.《北京大學所藏甲骨刻辭》　唐蘭（一部分刊入續編）　四六三片

2.《凡將齋所藏甲骨文字》 唐蘭(一部分刊入續編) 二〇〇片

3.《殷虚卜辭後編》 明義士(一部分刊入胡君《南北所見甲骨録》) 二七〇〇片

4.《殷虚文字外編》 董作賓 四三四片

5.《殷虚文字乙編》下輯 二八三三片

中央研究院殷墟發掘團在小屯村附近工作十二次,先後十年,總計所得甲骨文字二四九一八片,編爲《殷墟文字甲編》一册三九四二片(拓本號下同),《乙編》上中下三輯三册共九一〇五片,合計共著録一三〇四七片。其餘殘碎太甚,不能入選。以上有確數可供稽考者五種,共編入甲骨文字六六三〇片。

(二)機關采集未編印者

1. 國立中央研究院購藏(三宗) 六六二片

2. 河南省立博物館發掘所得(未發表者) 二七二六片

按該館保存登記,共有甲文二六七三片,骨文九八三片,合計三六五六片。除編入《甲骨文録》九三〇片之外(《殷虚書契存真》多重複),尚有二七二六片,但皆爲選印之餘,碎小之片最多。

3. 國立中央圖書館購藏(二宗,有僞品,且多破碎小片) 七四四片

4. 上海市立博物館藏(據胡"總計",以下同) 一五〇〇片

5. 國立北平圖書館新購(三宗) 二七一一片

6. 山東圖書館舊藏 七一片

7. 雲南昆華圖書館舊藏 四片

8. 雲南昆華民衆教育館藏 五〇片

9. 山東省"古代文物管理委員會"藏 一〇三〇片

10. 上海市"古代文物管理委員會"藏 一五五五片

11. 上海誠明文學院藏 六〇九片

已由胡君摹寫編入《戰後南北所見甲骨録》中九一片,約共七〇〇片。

12. 中央文化部文物局新購 一二〇片

以上未著録者,據我所知並參考胡厚宣書,共當爲一一七八二片。

13. 旅順博物館舊藏 約二〇〇片

14. 安陽古物保存會藏 約二〇〇片

15. 濟南廣智院藏 約一〇〇片

16. 國立清華大學購得(三次) 約三〇〇〇片

17. 輔仁大學舊藏及新購 約三七〇片

以上五處,約有三八七〇片。兩項合計共爲一五六五二片。

(三)私人收藏未編印者

此以下皆據胡君統計所列,計收藏約數在一萬片以上皆未經著録者四家。

1. 劉晦之藏 約二八〇〇〇片(?)

2. 羅振玉舊藏 約二〇〇〇〇片(?)

3. 明義士舊藏 約二〇〇〇〇片(?)

4. 胡厚宣新獲 約一五〇〇〇片

這四宗，胡君新獲，注明"連拓本摹本在内"，共爲一萬五千片，姑且相信爲真，其餘三宗，均大有問題。劉晦之所藏甲骨號稱二萬片，但大者多是僞刻，小碎者不僞，數量最多。劉氏在戰前曾以拓本全份贈與中央研究院，爲同人習知。他的精品，已選入《殷契粹編》，共一五九五片，真是"其餘不足觀也已"。又胡君於民國三十三年作《甲骨文發現之歷史及其材料之統計》一文時，列"劉善齋（未著録者）約二〇〇〇〇片"，抗戰中不聞劉氏新購八千片，三十五年冬我曾到劉寓接洽爲公家收買，見大部分不僞者皆已著録，未聞抗戰中新加收購之事，是胡君故意在此浮列。實際上劉氏甲骨值得編印的爲數不過十之一二而已。

其次，明義士久已返國，胡君三十三年統計列"明義士（未著録者）約一〇〇〇〇片"，此次浮列一萬爲二萬片。明氏身在美洲，何緣增購一萬甲骨。明氏初購確有兩萬片，曾選出摹印《殷虚卜辭》二三六九片，精華盡於此。其餘小如指甲，不堪著録。民國初所得皆是村中出土之物，已全數編入《殷虚卜辭後編》中，共二七〇〇片，此批甲骨原存在濟南，已不知下落，胡君曾往調查，知之甚悉，今又列明氏甲骨未著録者爲數約二萬片，豈非怪事。

又其次是羅振玉所藏，羅氏在他《前編》自序中明言"一歲所獲殆逾萬"，又言"復命至洹陽採掘之，所得又再倍焉"，算他共藏有二萬片以上甲骨，但已選印入《前》、《後編》、《菁華》三書中的已共三四〇一片，其餘必皆碎殘。所以到了民國二十一年印《續編》時，盡量采用别人的拓本與已出各書重複者竟占全書五分之四，計二〇一六片中，不與他書重出的，僅有三七五片。可見當時羅氏所藏甲骨可以編印者已盡，焉有在十餘年之後，還能説羅氏未著録的甲骨數約兩萬？羅氏地下有知，豈不以爲好笑？私人收藏的項目之下，至少胡君虛報了三家的六萬多片，這是很難欺瞞了明眼人的。

以上四宗，我只能承認胡君的一五〇〇〇片，把它算入。

據胡君表列，記有約數的，還有：

約一二〇〇片的：葉渶漁舊藏（未著録者）

約一〇〇〇片的：于思泊

約六〇〇片的：王伯沆　郭智翕　曹仁裕

約五〇〇片的：張彦生　王富晋

約四〇〇片的：黄伯川　端午橋　溥心畬

約三〇〇片的：徐尊六　王緒祖　郭正德

約二〇〇片的：喬友聲　胡小石　柳翼謀　酈衡叔　馬叔平　孫海波　單孝天　潘景鄭　金祖同　郭墨林　陳保之　張丹斧

約一二〇片的：金貴南

約一〇〇片的：容庚　王壽之　沈燕謀　陳伯衡

以上三十一家，共約有一〇〇二〇片。

私人收藏和機關采集大有不同，私人可以隨時出賣或捐贈，在三十三年胡君統計中所列的，十年以來就會有很大的變動。據我所知道的：郭墨林二〇〇片已售與中央圖書館，前面已列入。黄伯川（濬）的編入《鄴中片羽》三三八片，已著録。容庚的收入頌齋所藏一三片，于思泊的收入"雙劍誃所藏"二五四片，都見胡君《平津新獲甲骨集》。王伯沆的六〇〇片，在他死後售給中央研究院，已列在機關采集部分，馬叔平（衡）的二〇〇片，就是"凡將齋所藏"。這些都是重出了的。葉渶漁（玉森），胡君在三十三年統計中列爲八六〇片，是比較準確的，葉氏在民國二十二年函中央研究院求售所藏甲骨，説“敝藏殷虚甲骨千三百枚，悉得之同鄉劉鐵雲先生家。同好王君分去二百枚，故現存千一百枚”，其中選印了二四〇片爲《拾遺》，未著録的當爲八六〇片。這是《甲骨年表》中胡君親手抄録的，現在浮報了三四〇片，這不是疏忽，這是故意夸大。諸如此類，可證胡君的約數，不但重列，還“約”得不太忠實。

胡表私人收藏有確數的，列二十二家：

何叙甫五九片　沈勤廬二七片

何春畬一九片　徐旭生一三片

莊尚嚴八片　梁思永四片（按此六家拓本已收入《殷虚文字外編》）

方地山八九片　陳子彝三五片

曾毅公五〇片　商錫永五〇片

侯憶園三〇片　唐立厂三〇片

杜亞貽三〇片　賀次君二〇片

甘茂德一〇片　周俊叟一〇片

樂調甫八片　黄賓虹五片

嚴一萍四片　方杰人二片

郭石祺一片　傅子通一片

右二十二家，共五〇五片。

胡君表中尚列有“片數不詳”的收藏家，自孫伯恒至陳松茂十九人，這裏從略。

私人收藏，據以上三項，合計約爲二五五二五片。

（四）國外的公私收藏

1. 德國柏林博物院　七一一片
2. 加拿大多倫多博物館　約三一〇〇片
3. 日本上野博物館　五一〇片
4. 日本東京大學考古學室　約一〇〇〇片
5. 日本東洋文庫　一一五片
6. 日本京都大學考古學室　四五片
7. 日本富岡謙藏　約八〇〇片
8. 日本内藤虎次郎　二五片

除原列“未詳”者不計入外，國外收藏者八家，共約六三〇六片。

就這樣重見叠出，虚詐不實的一筆糊涂賬，也算得到了約略的統計數字，總結如下：

（一）已見著録的

1. 拓本二九〇二〇片
2. 照片三三一片
3. 摹本一二六五四片

總數約爲四二〇〇五片

（二）未著録的

1. 已編者六六三〇片

2. 機關採集一五六五二片

3. 私人收藏者二五五二五片

4. 國外收藏者六三〇六片

總數約爲五四一一三片

統計的結果，可以説現存的甲骨材料，共總約爲九六一一八片，不足十萬片，但仍然可以説是十萬片。因爲這可以給劉、羅、明三家殘存甲骨的估計，留下幾千片的面子。同時我們不要忘掉前面所説的著録各書中重複得如何的厲害！這問題也可以增損數量，爲統計留一些活動游移的餘地。

（董作賓：《甲骨學五十年》，臺北大陸雜誌社 1955 年初版，藝文印書館發行）

周秦金石文選評注·緒言(節録)

黄公渚

古文之精嚴雅挈者,莫如金石文字,而周秦金石諸作,上接典謨雅頌之緒,下導兩漢碑刻之先,尤爲崇閎雋偉之巨製;顧歷代選家未嘗裒采及之者,良由三代鼎彝未盡出土,出土矣,又以文字奇古,不易句讀,委置勿録,良可惜也。余自少治《説文》之學,略窺轉注假借之奥,每見三代彝器諸拓本奇古之字,必爬羅剔抉,俾無遁飾而後已;然亦第爲古籀參考之資耳;逮存録既多,其間犄完可讀者,短則十數字,長則數百字,文皆樸茂淵雅,乃知所謂金石刻畫臣能爲者,非偶然也。大氐金石文字,皆有法度,其文大半出太史手筆,故立言皆有史法,文之有史法者,乃可以傳千秋,《史》、《漢》之所以號稱卓絶者,有史法故也,况周秦金石諸作,尤在其上乎? 後之學爲文者,不當於此中求之乎?

銅器銘辭之見於經史者,《左傳》則有正考父鼎、讒鼎,《大戴禮》則有武王檠鑒等,《小戴禮》則有湯槃,衛孔悝鼎,《漢書》則有司臣鼎,仲山甫鼎,惟孔悝鼎特完善,其餘大半爲作者删節,而其文字展轉迻録,已非古籀原文,蓋其器亡毁也久矣。故吾人居今日從事於古文之研究,非於清乾嘉以來諸老先生所搜藏之拓本求之不可,乾嘉以來諸先生之搜藏者,莫如吴氏愙齋《集古録》,其次則鄒氏《周金文存》。今日鼎彝諸器先後出土者日多,諸家著録之書亦因之而日增,海寧王氏國維著《國朝金文著録表》一書,繼之者有丹徒鮑氏鼎《金文著録表補遺》,兩書既出,金文諸器,如散錢一一在串,有裨學者匪尠,亦猶趙宋之有《金石録》也。此編所選,大半出《周金文存》,且皆完善可讀,今皆以今文訓釋之,至於臨摹書法,則原拓本具在,可覆按也。

金石詭異之字,有與古書合者,《周禮》"太祝掌六祈……二曰造",注"故書造作竈,杜子春讀竈爲造",邵鐘"其竈四堵",以竈爲簉,與《周禮》合。《考工記》:"韗人爲皋陶",先鄭注"韗書或作鞠",後鄭注"鞠者以皋陶名官也"。鞠則陶字從革,齊子仲姜镈"鞏叔之孫",字亦從革,與《考工記》合。《禮記·中庸》"壹戎衣",注"齊人言殷聲如衣",聃敦"王衣祀于王丕顯考文王",殷亦作衣,與《禮記》合。《史記·楚世家》"楊粵",《索隱》云有本作"楊雩",毛公鼎、盂鼎、静敦,粵並作雩,與《史記》合。他如僕兒鐘"飲飤歌舞",食作飤,《爾雅·釋器》注、《公食大夫禮》釋文食本作飤;陳侯鼎"永壽用之",保作壽,《楚語》"臣能自壽也",韋注"壽,保也";金文位字皆作立,《周禮》"小宗伯掌建國之神位",注"故書位作立,鄭司農云'古者立位同字'";金文虞字皆作吴,《左·僖五年傳》"太伯虞仲",《吴越春秋》虞作吴;金文丕字皆作不,《書·大誥》馬本"爾不克遠省",《詩·清廟》"不顯不承",丕皆作不;金文純魯字皆作屯,《左·襄十八年傳》"純留",《漢書·地理志》作屯留;齊侯女雷壺"于大無",舞作無，《周禮・鄉大夫》"五曰興舞"，注"故書舞爲無，杜子春讀無爲舞"；齊侯女雷壺"于南宫祀"，祀作子，《周禮》"閩隸掌子則取隸焉"，杜子春云"子當爲祀"；《周禮・漁人》：漁作敷，沇兒鐘"敷以燕以喜"，字亦作敷；《周禮》"司暴"，暴作虣，秦惠文《詛楚文》"虣虐不辜"，字亦作虣；《詩・出其東門》"聊樂我員"，《書・秦誓》"若弗員來"，云皆作員，《石鼓文》"鼎邋鼎游"，字亦作員，皆與古書合。

金文作册，亦曰作命（見利鼎），亦曰内史，其長曰内史尹（見師兑敦），亦曰作册尹（見休敦），皆官名也，《周禮》内史職"凡命諸侯及公卿大夫則册命之，賞賜亦如之，内史掌書王命，遂貳之"，鼎彝諸器，凡有賞賜，皆内史以簡册書王命，與《周禮》合。

金文凡師望、師嫠、師虎、師寰、師酉，師皆官名，唯有太師、樂師、師氏之别，讀者不可以不辨。

金石文字，有可補正經史缺誤者，如師虎敦可補《周禮・軍司馬》，静敦可補天子大射禮，大敦可補大夫相見禮，縣妃彝可補大夫昏禮，𢊁令鼎可補天子耕耤之禮，召伯虎敦可補大夫告慶之禮，他如齊侯壺可補《史記・田完世家》，《詛楚文》"熊相"可正《史記》楚懷王名槐之誤，方量詔版"丞相狀"可正《史記》作"林"之誤，泰山石刻"窺軵遠黎"可以正《史記》"親巡遠方黎民"之誤，"大義著明"，可以正《史記》作"休明"之誤。

金石文字，大半假借，而字之偏旁位置，又多與小篆不同，且其象形取義亦有與小篆絶異者，故執小篆以繩金石文字，不可也，然偏執金石文字，以妄詆許書小篆之謬者，亦不可也。余謂治此學者，必先熟習小篆形聲義之構造，以植其基，然後旁參諸金石文字之變化同異，以通其變，則於文字奇正變化之道，了然如指掌矣，是故非許書無由明文字之構造，非金石款識無由通文字之變化，二者并行而不相悖，嘗見近人説古金石文字，往往存是丹非素之心，其毋乃猶有蓬之心也夫。

金石文字，固多假借，然亦有求諸經傳不得之正字而得諸刻辭者，如《儀禮・大射禮》"袒决遂"，注"遂，射韝也"，此假字也，番生敦作鞣，則正字出矣；《詩・還》篇"並驅從兩肩兮"，毛傳"獸三歲曰肩"，此假字也，石鼓文作豣，則正字出矣；《詩・六月》"薄伐玁狁"，薄假字也，宗周鐘作戣，則正字出矣，《書經》吕侯（或作甫），皆假字也，郘鐘作郘，則正字出矣，經傳行來字作來，假借也，散氏盤作逨，則正字出矣；經傳出入字作出，假借也，矢令彝作徣，則正字出矣；刻辭原隰字皆作邍，稽首字皆作䭫，和樂字皆作龢，失墜字皆作隊，康强字皆作康，親近字作窺，修潔字作絜，頌揚字作誦，威儀字作義，道德字作悳，國土字作或，皆正字也。

春秋時諸侯稱王者，惟楚、吴、越三國，説者謂蠻夷僭號，金文如散氏盤稱夨王，芇伯敦稱武芇畿王，其他郘王鼎、邵王敦，並皆稱王，是則非蠻夷爲然矣。

濰縣陳簠齋先生曰：吉金各國自有書，王朝與諸國异文异制（吴縣潘氏《滂喜齋叢書・簠齋筆記》）。今觀諸墨楚器文字，自成一派，與他諸器不同，此言良是，然亦不獨書勢爲然，即辭采亦南北不同，如此編所録录公鐘、僕兒編鐘，皆楚器也，文辭便别，然則當時各國文章，亦有南派北派之分矣。

趙氏德父曰："詩書以後，君臣行事之迹，悉載於史，雖是非褒貶，出於秉筆者私意，或失其實，然至於善惡大迹，有不可誣，而又傳諸既久，理當依據，若夫歲月地理官爵世次，以金石刻考之，其牴牾十常三四，蓋史牒出於後人之手，不能無失，而刻辭當時所立，可信不疑。"(見《金石録・叙》)此考據之説也。王氏蘭泉曰:"爲金石之學者,非獨字畫之工,使人臨摹把玩而不厭也,迹其囊括包舉,靡所不備,凡經史小學暨於山經地志叢書别集,皆當參稽會萃,核其异同,而采其詳略,是非輇才末學能與於此,且其文多瑰偉怪麗,人世罕見,當代選家所未備,是以博雅君子咸貴重之。"(見《金石萃編・叙》)此文章之説也。故讀金石文字,非特可獲古文之矩矱,并可得考據之材料,見仁見智,惟讀者自擇而自取之,抑趙王二氏所輯金石諸器,可謂衆矣,趙氏去今未及千年,歸來堂中二千卷,今存者不過二百餘而已,王氏去今才百餘歲,今存者亦不過十之六七而已,自今以往,不大可懼哉?然有其書在,雖原刻已亡,不猶愈乎?故知金石之壽不如書也,後有君子繼余而作者,余跂望之已。

孔子删書,獨取《秦誓》一篇,殿《周書》之末,雖非取其文章,然以文論,自可與典謨訓誥並傳,文章風氣,以時代爲轉移,自《左》、《國》已往,《史》、《漢》未來,彌縫其間者,秦文也,故欲洞明文章轉移之故,不可不讀秦文。

金石刻辭,皆史官所作,既如前述,余謂古無所謂文學也,古之所謂文學者,史而已。古者官書皆藏於太史氏,孔子門人游、夏之徒,皆學於太史氏者也,故爲文學專科,古無私家著述,有之,亦依據國史。諸侯各國皆有史,其文字皆出於史,故太史氏爲文章之淵海,《史記》辨而不華,核而不俚者,良由司馬氏世掌史書,所見者廣博,所取者精也。《漢書》不及《史記》,然亦華實并茂,蓋班氏長蘭臺,有賜書,資於中秘典籍者多也。金石文字,既爲太史氏所作,然則讀金石文字者,不啻爲太史氏親炙弟子,不猶愈訖讀《史》、《漢》乎?

……

(黄公渚:《周秦金石文選評注》,上海商務印書館 1935 年版)

金文編·自序

容 庚

宋人始爲彝器款識之學，至清阮（元）、曹（載奎）、四吴（榮光、雲、式芬、大澂）、徐（同柏）、潘（祖蔭）、劉（心源）、端（方）諸家，摹録考釋，各有成書。羅福頤之《金文著録表》，著録三代至列國器，除疑僞計得四千二百七十九器，可謂盛矣。地不愛寶，甲骨之文出於河南之安陽。劉氏（鶚）印行《鐵雲藏龜》，羅氏（振玉）印行《殷虚書契》前後編，甲骨之文幾與金文相埒。而羅振玉、王國維兩先生加以考釋，文字益復大明。其餘璽印、封泥、泉、鏡、石、陶、磚、瓦之屬，亦各有專録，蔚爲巨觀矣。欲窮文字之變，定作書之始，究古文之體，補字書之缺，正許氏之訛，舍是其曷由乎？

余十五而孤，與家弟肇新、肇祖從四舅鄧爾疋治《説文》。民國二年，余讀書於東莞中學。四舅來寓余家。余兄弟課餘恒與據方案而坐，或習篆，或刻印，金石書籍擁置四側，心竊樂之。讀《説文古籀補》、《繆篆分韻》諸書，頗有補輯之志。四年春，舅氏挈家游桂林。十月家弟肇新以癆病死，此事遂廢。六年四舅歸自桂林，余不復升學，擬共采集篆籀之見存者爲《殷周秦漢文字》一書：一《甲骨文編》，二《金文編》，三《石文編》，四《璽印封泥文編》，五《泉文編》，六《專文編》，七《瓦文編》，八《匋文編》。因其大小，分類摹寫。草創未就，四舅復遊幕韶關。家弟肇祖以入廣東高等師範學校習英文，莫能相助。九年秋，舅家火灾，金石拓本、書籍印譜之屬，蕩然無存。兹事體大，非一手一足之烈所能成，而書籍拓本，尤非寒家之力所能備，雖積稿盈尺，未克有成。十一年五月，與家弟北游京師，謁羅振玉先生於天津，以所著《金文編》請正，辱承獎借，勖以印行，未敢自信也。時羅先生之子福頤有《璽印文字徵》之作，其弟子商承祚有《殷虚文字類編》之作，與余不謀而合。旋讀書於北京大學研究所國學門，並假觀羅先生《集古遺文》，及所藏盛氏《鬱華閣金文》，陳承修先生所藏方氏《綴遺齋彝器款識》。兩年之間，畢力於此，每字皆從腦海中盤旋而出，苦心焦思，幾忘寢食，復經羅振玉、王國維兩先生及沈兼士、馬衡兩教授訂其謬誤，乃於十四年寫定印行。厥後故宫所藏既得盡觀，奉天熱河兩行宫所藏復得編纂爲《寶藴樓彝器圖録》、《武英殿彝器圖録》，而寒家藏器亦已逾百，所見拓本遠過於前。十九年冬，中央研究院歷史語言研究所復以增訂《金文編》一事相委，而使何承寵、瞿潤緡等數君相繼助余剪貼《殷文存》、《周金文存》、《攈古録金文》、《貞松堂集古遺文》諸書銘文，三年而畢。顧成於衆手，舛牾非一，分合抉擇，瞬復三年，并於其間先成《金文續編》。廿五年十一月，經始摹寫此編。廿六年春，羅振玉先生《三代吉金文存》印行，復有補入。廿七年九月，乃克告成，距初版時已十三年矣。所收殷周金文凡一千八百又四文，重一萬二千七百三十六文，附録一千一百六十五文，重九百六十六文，共得一萬六千六百七十二文，視初版增六千三百六十五文，其《續編》爲秦漢金文，凡九百五十一文，重六千八十四文，附録三十四文，重十四文，共七千八十二文，已於廿四年印行。乃序其端曰：

文字之變遷，其出于自然之趨勢乎，由古文而籀文，而小篆，皆以漸變，而非頓成。《漢書・藝文志》曰："《史籀篇》者，周時史官教學童書也，與孔氏壁中古文异體。《倉頡》七章者，秦丞相李斯所作也。《爰歷》六章者，車府令趙高所作也。《博學》七章者，太史令胡毋敬所作也。文字多取《史籀篇》，而篆體復頗异，所謂秦篆者也。"是知《史籀篇》之作，亦猶《倉頡》、《爰歷》、《博學》三篇。秦兼天下，李斯奏同文字，罷其不與秦文合者。今觀傳世之權量詔版，猶不能盡同，則籀文之异于古文，乃古文之自异，而非史官所獨創。況《説文解字叙》云"與古文或异"，則其不异者固多。或壁中古文幾經傳寫，遂爲科斗之形，與籀文异體耳。今由《説文》而上溯金文，由金文而上溯甲骨文，則其沿革之迹，固昭然可考。而謂甲骨文以前有所謂夏禹岣嶁碑、紅崖刻石，而商末有所謂比干銅盤銘者，吾不信也。一也。

古之作書者，世傳自倉頡始。《荀子・解蔽篇》曰："好書者衆矣，而倉頡獨傳者，一也。"《韓非子・五蠹篇》曰："古者倉頡之作書也，自環者謂之私，背私謂之公。公私之相背也，乃倉頡固以知之矣。"《吕氏春秋・君守篇》曰："倉頡作書。"是皆言倉頡作書而不詳其爲何代人也。浸假而《説文・叙》言"黄帝之史倉頡"，《論衡・骨相篇》言"倉頡四目爲黄帝史"矣。浸假而《河圖玉版》言"倉頡爲帝"，《春秋元命苞》言"倉帝史皇氏，名頡，姓侯岡"矣。至于造字之初，《淮南子》言"史皇生而能書"，《孝經援神契》言"效象洛龜"，《河圖玉版》言"登陽虚之山，臨於玄扈，洛、汭之水，靈龜負書，丹甲青文以授之"，《春秋玄命苞》言"生而能書，及受河圖緑字，于是窮天地之變，仰觀奎星圓曲之勢，俯察龜文鳥羽，山川指掌，而創文字"。凡此諸書傳説，荒渺無稽。惟《説文・叙》言"見鳥獸蹏迒之迹，知分理之可相别异也"，爲差得其真耳。"史籀"二字，始見于《漢書・藝文志》。《史籀》書名，未嘗言史官而籀名也。《説文・叙》云："及宣王太史籀著大篆十五篇，與古文或异。"籀，讀也，抽繹也，亦即《史記》"紬石室金匱之書"之紬。自江式《請撰集字書表》，張懷瓘《十體書斷》皆稱太史史籀，而籀遂爲人名，此皆不可不辨者。二也。

科斗書之名，起於鄭玄。魏晋之間，其説尤盛。《春秋正義》引王隱《晋書・束皙傳》云："科斗文者，周時古文也。其頭粗尾細，似科斗之蟲，故俗名之焉。"今觀魏三字石經中之古文，皆頭粗尾細若科斗也。壁中古文雖未審何狀。然衛恒《四體書勢》曰："漢武時，魯共王壞孔子宅，得《尚書》、《春秋》、《論語》、《孝經》。時人以不復知有古文，謂之科斗書。漢世秘藏，希得見之。魏初，傳古文者，出于邯鄲淳。恒祖敬侯寫淳《尚書》，後以示淳而淳不别。至正始中，立三字石經，轉失淳意，因科斗之名，遂效其形。"則其作科斗形者，乃由臆造而非得見漢世秘藏，可斷言也。自時厥後，遂沿此體，宋句中正輩用以書《説文》中古文，郭忠恕用以書《汗簡》。不有甲骨文、金文，曷悟其謬乎。三也。

《漢書・藝文志》曰："漢興，閭里書師合《倉頡》、《爰歷》、《博學》三篇，斷六十字以爲一章，凡五十五章：并爲《倉頡篇》。武帝時，司馬相如作《凡將篇》，無複字。元帝時，黄門令史游作《急就篇》。成帝時，將作大匠李長作《元尚篇》，皆《倉頡》中正字也。《凡將》則頗有出矣。至元始中，徵天下通小學者以百數，令各記字於庭中。揚雄取其有用者，以作《訓纂篇》，順續《倉頡》，又易《倉頡》中重複之字，凡八十九章。臣復續揚雄作十三章。凡一百二章,無複字,六藝群書所載略備矣。”當時所作一百二章,章六十字,凡六千一百二十字,無非編纂章句,以便誦習。觀其所云“取其有用者”,與“六藝群書所載略備”,非謂文字盡于此也。即《説文》所取九千三百五十三文,亦僅足供學童諷書之用,蓋“太史試學童能諷書九千字以上乃得爲吏”,亦非謂文字盡於此也。羅先生《殷虚書契待問篇》取采甲骨文之不可遽釋者千名,而此編各部所附及附録所載亦逾千名,殆皆《説文》所無者,則其遺佚多矣。昔之治《説文》者,於《説文》所無之字,略依音訓,于《説文》中求之。即偏旁逸者,亦必牽强傅會以明非逸,以莃爲希,以兔爲免,以甹以本,以出爲由,不其惑歟。四也。

許慎撰《説文解字》凡十四篇,五百四十部,九千三百五十三文。惟其中證以金文,有傳寫之訛者:如中、僻、得、盄、射、叒、悊、非、卮、戟等字是。有解説之誤者:如余、爲、對、農、卑、雍、有、卩、鹿、悤、凡、羞等字是。有奪去者:如丗、羊、夰、朋、免、妥等字是。有古一字而分爲二者:如孚孚、粵雩、書𦘔、佋邵、卿鄉、佃甸、它也等字是。而子丑之子作𢀈,辰巳之巳作[illegible],子孫之子同于辰巳之巳,而非子丑之子,尤爲學者所未嘗聞。雖所得無多,而時有弋獲。董而理之,倘亦治《説文》者所有事歟。五也。

此皆譔集是編之意所願商榷者。若夫器物之制,則余將别撰《商周彝器通考》一書論次之。

夫古文之發見,何代蔑有。《漢書·藝文志》曰:“武帝末,魯共王壞孔子宅欲以廣其宫,而得古文《尚書》及《禮記》、《論語》、《孝經》凡數十篇,皆古字也。”《晋書·束皙傳》曰:“太康二年,汲郡人不準盜發魏襄王墓,或言安釐王冢,得竹書數十車。……初,發冢者燒策照取寶物,及官收之,多燼簡斷札,文既殘缺,不復詮次。武帝以其書付秘書,校綴次弟,尋考指歸,而以今文寫之。”《南齊書·王儉傳》曰:“文惠太子鎮雍州,有盜發古冢者,相傳是楚王冢,大獲寶物,有玉履、玉屏風,竹簡書青絲編。簡廣數分,長二尺,皮節如新。有得十餘簡,以示僧虔。僧虔乃云是科斗書《考工記》,《周官》之所闕文也。”凡此數者,當時雖或經寫釋,傳于今者蓋鮮。出土之日,即澌滅之期,良可痛惜,及今所出,鄭重考存,毋見慲後人,其事正不容緩也。

然吾聞之韓非子曰:“無參驗而必之者,愚也;弗能必而據之者,誣也。”著録彝器,審釋文字,余惟愚且誣是懼。讀是書者,幸糾正焉。

中華民國廿七年九月容庚重訂于燕京大學。

(容庚:《金文編》,科學出版社 1959 年影印本)

金文編・序

王國維

孔子曰:"多聞闕疑。"又曰:"君子於其所不知,蓋闕如也。"許叔重撰《説文解字》竊取此義,於文字之形、聲、義有所不知者,皆注云闕。至晋荀勖等寫定《穆天子傳》,於古文之不可識者,但如其字以隸寫之,猶此志也。宋劉原父、楊南仲輩釋古彝器亦用此法。自王楚、王俅、薛尚功之書出,每器必有釋文,雖字之絶不可釋者,亦必附會穿鑿以釋之,甚失古人闕疑之恉。近時阮文達、吴荷屋、吴子苾諸家書亦仍其例,惟吴清卿中丞之《恒軒所見所藏吉金録》始專摹款識,不附釋文。又中丞撰《説文古籀補》,别以字之不可識者爲附録一篇,乃有合於《説文》注闕之例。今古文日出,古文字之學亦日進,中丞書中附録之字頗有可灼知其爲某字者,其本書中之字亦有不能不致疑者,顧未有續中丞書而補其闕遺、匡其違失者,亦茲學之缺典也。癸亥冬日,東莞容君希白出所著《金文編》相示,其書祖述中丞而補正中丞書處甚多,是能用中丞之法而光大之者。余案:闕疑之説,出於孔子,蓋爲一切學問言。獨於小學,則許叔重一用之,荀勖輩再用之,楊南仲三用之。近時吴中丞又用之。今日小學家,如羅叔言參事考甲骨文字,别撰《殷虚文字待問編》一卷,亦用此法。而希白是編與參事弟子商錫永《殷虚文字類編》用之爲尤嚴。至於它學,無在而不可用此法。古經中若《易》若《書》,其難解蓋不下於古文字,而古來治之者皆章疏句釋,與王薛諸氏之釋彝器款識同。余嘗欲撰《尚書注》,盡闕其不可解者而但取其可解者著之,以自附於孔氏闕疑之義。荏苒數年,未遑從事,希白倘有意乎?甲子夏五,海寧王國維書於京師履道坊北之永觀堂。

(容庚:《金文編》,科學出版社 1959 年影印本)

金文編·序

馬　衡

文字爲有形之語言，語言爲有聲之文字；時有古今之遞嬗，地有山川之間隔，文字語言之有紛歧，勢之所必然者也。顧形之紛歧者，同一之也易，聲之紛歧者，同一之也難；故文字自李斯以秦文同一之後，始漸趨於大同，以前固皆紛歧之時代也。許慎以爲言語異聲，文字異形，自諸侯力政，不統於王，去其典籍，分爲七國之時始，其理殊不盡然。試觀殷商之甲骨刻辭，宗周之彝器款識，往往一字數形，隨意增省，是其明證。許氏所言，特爲紛歧尤甚之時代，非文字至是而始紛歧也。

吾人苟欲研究此紛歧之文字，必先就同文异體者綜合之，剖析之，以求其相同相異之點，而後其所以紛歧之故始可得而言焉。自古字書，類皆取習用之字編纂章句，取便諷誦，自《史籀篇》以下至於揚雄班固之書皆是也。自許慎《説文解字》出，分别部居，合以古籀，始一變昔日字書之例，使後之治文字學者得以窺見文字制作之原及其流變，不可謂非綜合之功也。惜其於異體之文所收不廣，其所謂"古文作某"者，謂壁中所出諸經及張倉所獻《春秋左氏傳》；所謂"籀文作某"者，謂《史籀》所存之九篇（用羅叔言、王静安説）：所采取者如是而已。叙中雖有"郡國於山川得鼎彝"之語，而篇中屢引秦刻石，不及鼎彝一字；吴大澂謂郡國所出鼎彝，許氏實未之見，非無因也。有宋一代，研求金石文字之學殆成專家。劉球、婁機輩之於漢隸皆有輯録之專書；而輯録古文者，惟郭忠恕之《汗簡》，夏竦之《古文四聲韻》，其所徵引雖有數十家，而於彝器文字亦未采及。晚清之際，吴大澂著《説文古籀補》，而後彝器文字始有輯録之專書，此所謂綜合者也。其後孫詒讓著《名原》七篇，大抵皆取甲骨彝器等文會最比屬以相參证，此所謂剖析者也。故欲窺文字之源流，必先自綜合始。

吴書援據賅博，考釋審慎，多所發明；然兩次搜輯，遺漏尚多，疑似之字亦所不免；且於彝器之外兼收錢幣璽印陶器等文，體例亦未盡善。容君希白因其書而補輯之，一以金文爲限，分上下兩編，上編爲殷周，下編爲秦漢，後出諸器並見采輯，稍涉疑似即入附録；其賅博矜慎之處，視吴書有過之無不及也。上編摹寫既竟，思欲鋟板以行，余慫恿其付諸石印以存其真。世之治文字學者，苟能資此編以施其剖析之功，繼《名原》而有所闡發，則秦以前紛歧之文字，庶幾得其指歸歟。

馬衡

十四年三月廿一日

（容庚：《金文編》，科學出版社 1959 年影印本）

兩周金文辭大系圖録·序

唐 蘭

郭沫若氏既爲《兩周金文辭大系》,又爲其圖録而徵叙于余。余唯兩周史事闕亡特甚,後世追記,多有附會。獨銅器銘辭咸撰自當時,可資考信。然自宋以降,著録雖多而迄無統御之方術。郭氏此書於西周繫以年代,東周區以國别,而後若网在綱,有條而不紊。發揚生稱王號之説,有若獻侯鼎之成王、遹簋之穆王,並援引王氏;而趞曹鼎之龔王、匡卣之懿王爲氏之獨見,皆堅確無可疑議。後之治斯學者雖有异同,殆難逾越。今又爲其圖録頗有增訂,益臻美善,承學之士得此可以節籀讀之勞而本書之條理彌以章矣。

且郭氏治甲骨彝器之學之勤且敏,有爲常人所不能及者。頻年避居海外,抑其磊落之壯志,而從事於枯寂之古學,斯一難也;新出材料罕摟於耳目,而多方羅致之,斯二難也。而氏之新著仍絡繹而出,其勤且敏爲何如耶? 抑氏以清晰之思想,鋭利之判决,發前人之未能發,言時人所不敢言,精粹之論,均足不朽;而猶下采庸瞽,謙抑之懷,尤足欽已。

蓋周之初興,僻在夷狄,三分天下雖有其二,其文化固低於衣商遠甚。大豐簋,武王時所作也,衣祀之典、又慶之字與甲骨刻辭無异,而觀其書法草率,何其遠遜于觟尊之俊偉、豼彝之秀媚哉? 然其後禽簋、大保簋之屬,峻整秀麗,迥非曩昔。意者東征之後,獲其工史,習漸殷之文化矣。獻侯鼎記成王大桒,其書遒茂而未工,殆在宗周所作耶? 迄乎康王之世,盂之二鼎於書勢可謂杰出,雄奇瑰麗,後莫與京,則周之盛時也。㝬簋云"㝬馭從王南征,伐楚荆",過伯簋云"過伯從王伐反荆",䧹簋云"䧹從王伐荆",此諸器者,昭王南征所作,雄偉大減而奇詭頗勝。及至穆王之時,則如遹簋所書,秀逸可喜而渾樸之風殆盡,蓋漸漬於荒淫矣。及共王、懿王,書法不講,於趞曹鼎及匡卣可以徵之。厲王無道,曶攸從盨、矢盤粗疏拙劣而别挾暴戾之氣,然善夫克諸器則骨格開張,知周室之未遽亡也。宣王時之召伯虎簋又復雄强,可見中興之業,而較之成康之世,倜乎遠矣。

東遷以後,王室既卑,北如齊晋,南如徐楚,咸有巨製,各具風格。然齊镈晋盦,氣體未充,雖迭爲霸主,可知其孱弱已。徐蓋淮夷,承殷遺風,楚承其後,書特酣恣,是以終春秋之世,楚爲大患也。秦雖雜於西戎,文化較遲,然奄有周之故土,重以穆之好賢,故其作簋頗似虢季子白盤整齊,宏朗猶或過之,儼然有興國之象焉。迄於戰國,陳氏篡齊,猶多制器,書法卑卑,霸氣熄矣。韓君墓所發銅器與大梁鼎、燕侯奞彝均非善書。燕昭王職所作兵器稍稍嚴整,然已細甚。近時壽州所發楚墓楚王之器,雖多偉制而用筆何其委靡也。然西方之秦方用衛鞅,嚴法峻刑,讀重泉量與大良造戟,簡潔剛勁,宛如其人。爾後如新郪符、陽陵符及諸權量詔版,遂爲兩周金文之殿,抑亦後世篆法之祖也。

夫考古之學，途徑亦至衆矣！年曆、地理、職官、氏族之類，均可爲整理彝銘之一術；而彝銘之本身，銘之字體、書法，器之形制、花績，庸亦有裨於推证。蓋前世作書，耳目濡染，便成風尚，非如後人之好摹古也。故同時、同地，類可推測；而時之盛衰，邦之治亂，亦每與書法相繫焉。氏爲此圖，雖非以書法爲主，然其變遷，自易考見。故余擇銘詞之時代確信、地域昭顯者，舉其尤以爲標準，妄推論之，以承所命，尚所謂"不賢識小者"歟？二十三年三月秀水唐蘭序於北平儆居之無斁齋。

（郭沫若：《兩周金文辭大系圖録》，昭和十年三月五日東京文求堂書店發行。標點爲整理者所加）

金文續編・自序

容　庚

當民國十三年，余之寫定《金文編》也，擬殷周金文爲上編，秦漢金文爲下編。下編得字五百餘，重一千一百餘，以采摭未富，故未印行。嗣是年有增益，然摹寫至艱，乃發憤爲秦漢器銘之搜集。於二十年編輯《秦漢金文系》，得秦器八十六，漢器七百四十九，由中央研究院印行。乃得排比其文字，三年乃成此編，得字九百五十一，重六千〇八十四，附録三十三，重十四，視前稿五倍之。然遲之十年，去日何速，益以增嘆。

文字變遷，由繁而簡。秦漢二代，其篆隸嬗變之時乎。由隸而楷，於今復千六百餘年矣。使字體而盡美盡善也，雖百世不變可也。弟此繁重之字體，已爲識者所指疵，愚者所毁棄，有蜕變而爲簡字之趨勢矣。言文字學者，其將聽其自然，爲不規則之蜕變乎？抑將整齊畫一，爲有條理之改革乎？顧世人猶有持“父子相傳，何得改易”之論相尼沮者，請得就此秦漢金文之减筆者以折之，如豐之作豊，譱之作善，曶之作沓，幽之作山，[illegible]之作[illegible]，創之作刅，[illegible]之作[illegible]，[illegible]之作[illegible]，不可悉數，或爲今楷書之所從出，或視楷書爲更省，已爲簡字之先例。今之楷書，已變爲符號，非復象形指事之舊，試思四足之鳥，兩脚之犬，方形之日，白水之泉，象何形狀？奉秦奏泰春之首皆從𡗗，奚冥昊樊莫之足皆從大，能區别之者有幾何人？將欲遵古，何不遵《説文》之古，或金文之古，或甲骨文之古，而獨抱守此不新不舊之楷書？將謂楷書較《説文》、金文、甲骨文爲更適用，則簡字較楷書豈不更爲適用？觀於秦漢簡字之流行，益堅吾改革字體之信矣。并世學人，倘有同感者乎？

同學張德英、吴元俊兩女士從余治古代文字，嘗盡力編纂鏡鑑之文，雖未成書，助余實多。而分剪銘文，又出于吴元俊女士及書記劉維智君之手。此書之得早與世人相見，三君與有力焉，於此謝之。

民國廿三年五月，容庚序於燕京大學。

（容庚：《金文續編》，商務印書館 1935 年版）

古代文字之辯證的發展

郭沫若

一、新石器時代陶器上的刻劃

文字是語言的表象。任何民族的文字都和語言一樣，是勞動人民在勞動生活中，從無到有，從少到多，從多頭嘗試到約定俗成，所逐步孕育、選練、發展出來的。它决不是一人一時的産物。它隨着社會的發展而發展，有着長遠的歷程。只要民族的生命還存在，或者没有受到强大外力的長期扼制，文字也和語言一樣，總要不斷地發展。它們仿佛都是有生命的東西，不斷地在新陳代謝，一刻也不曾停止，一刻也不會停止。

漢字究竟起源於何時呢？我認爲，這可以以西安半坡村遺址距今的年代爲指標。

關於半坡遺址的年代，今年以來中國科學院考古研究所實驗室用同位素 C^{14} 測得四個數據：(1)距今 6080±110 年；(2)距今 5920±105 年；(3)距今 5855±105 年；(4)距今 5600±105 年。前三個數據是分别從遺址中不同層位或不同處所遺留下來的三個木炭標本測得的，年代最早和最晚之間相差二百餘年。這，主要由於當時人類在半坡居住的時間較長，加之數據本身有誤差率(即"±105 年"之類)，是完全可以理解的。後一個數據是從遺址中一座房基裏的許多殘存果核測得的，比第一個數據晚四百八十年。原因何在，有待進一步研究(見附注)。

要之，半坡遺址的年代，距今有六千年左右。我認爲，這也就是漢字發展的歷史。

半坡遺址是新石器時代仰韶文化的典型，以紅質黑紋的彩陶爲其特徵。其後的龍山文化，則以薄質堅硬的黑陶爲其特徵。值得注意的是：半坡彩陶上每每有一些類似文字的簡單刻劃，和器上的花紋判然不同(圖一)。黑陶上也有這種刻劃，但爲數不多。刻劃的意義至今雖尚未闡明，但無疑是具有文字性質的符號，如花押或者族徽之類。我國後來的器物上，無論是陶器、銅器，或者其他成品，有"物勤工名"的傳統。特别是殷代的青銅器上有一些表示族徽的刻劃文字，和這些符號極相類似(圖二)。由後以例前，也就如由黄河下游以溯源於星宿海，彩陶上的那些刻劃記號，可以肯定地説就是中國文字的起源，或者中國原始文字的孑遺。

同様值得注意的，是彩陶上的花紋。結構雖然簡單，而筆觸頗爲精巧，具有引人的魅力。其中有些繪畫，如人形、人面形、人着長衫形、魚形、獸形、鳥形、草木形、輪形(或以爲太陽)等等，畫得頗爲得心應手，看來顯然在使用着柔軟性的筆了(圖四、五)。有人以爲這些繪畫是當時的象形文字，其説不可靠。當時是應該有象形文字的，但這些圖形，就其部位而言，確是花紋，而不是文字。

彩陶上所使用的色素，質地是紅色，花紋是黑色。根據專家們的研究，經過光譜分析的結果，已經知道紅彩的色素是含有鐵質的，可能就是赭石即土紅；而黑彩的色素則含有鐵和錳，可能是錳土，即氧化錳礦的一種。錳土含鐵量很高，並含有一定量的錳，呈黑褐色或紅褐色，爲不定型的土狀。用錳土作爲顔料畫成花紋，一經火燒便變成黑色。黑彩所使用的顔料不可能是含碳素的物質(如後來的墨)，因含碳素的物質一經火燒便化成烏有了。采取錳土以畫陶器上的黑彩，美洲的印第安人也懂得這種技術。

在陶器上既有類似文字的刻劃，又有使用着顔料和柔軟性的筆所繪畫的花紋，不可能否認在别的質地上，如竹木之類，已經在用筆來書寫初步的文字。只是這種質地是容易毁滅的，在今天很難有實物保留下來。如果在某種情况之下，幸運地還有萬一的保留，那就有待於考古工作的進一步發展和幸運的發現了。

總之，在我看來，彩陶和黑陶上的刻劃符號應該就是漢字的原始階段。創造它們的是勞動人民，形式是草率急就的。從這種觀點出發，我認爲廣義的草書先於廣義的正書。南宋的張栻(號南軒，與朱熹同時)曾經説過："草書不必近代有之，必自筆札以來便有之，但寫得不謹，便成草書。"雖出以意必，是卓有見地的。規整的字體，無論是後來的篆書、隸書或者楷書，都是文字爲統治階級所壟斷以後所産生出來的東西。但規整的字體只能在鄭重其事的場合上使用，統治階級之間乃至被統治階級的民衆之間，文盲自然除外，在不必鄭重其事的場合，一般是使用着草率急就的字體的。故篆書時代有草篆，隸書時代有草隸，楷書時代有行草。隸書是草篆變成的，楷書是草隸變成的。草率化與規整化之間，辯證地互爲影響。

這和文學的發展過程有類似的平行現象。文學起源於民間的口頭文學。在階級社會中，文學爲統治階級服務，逐漸脱離群衆，逐漸"雅"化，因而也逐漸僵化。到了一定的階段，由民間文學吸取新鮮血液而再生；但又逐漸脱離群衆，逐漸再"雅"化，因而逐漸再僵化。如此循環下去，呈現出螺旋形的發展。中國書法的發展也正是這樣。

二、殷代的甲骨文和金文

解放前五十年(公元一八九九年)發現了甲骨文字，出土于河南省安陽縣城西北五里的小屯村。這兒被證明爲古代殷王朝的首都。經過了七十三年的歲月，發掘出了數以萬計的甲骨片和其他大量的文物，也積累了不少的研究成果。

單就甲骨文字來説，主要是殷代王室刻在卜用過的龜甲獸骨上的紀録，是公元前一千三百多年到一千一百多年間的東西。由於是刻在龜甲獸骨上的文字，故稱之爲甲骨文。又由於主要是占卜的紀録，故有時也稱之爲"卜辭"。

奴隸制時代的殷王朝是十分迷信的，每事必卜，每卜必至多次。凡祭祀、征戰、田獵、疾病、風雨晦冥、年辰的豐欠、時日的吉凶、用人用牲的多寡、分娩男或女……一切大事小事都要通過龜甲獸骨的占卜以請命於"上帝"。卜辭中已有"上帝"的名稱，當時統治階級的思想中已經早有至上神的觀念存在了。

卜辭的程式非常簡單，大抵是"某日某人卜問某事，吉或不吉"，有時紀録其效驗。紀日用干支，不象後人用數目字，故干支文字極多。程式既簡單，千篇一律，故所使用的文字有限，根據不完全的統計，只有三千五百字光景。其中有一半以上是可以認識的，不認識的字大多是專名，如地名、人名、族名之類，其義可知，其音不能得其讀。

由此可知，卜辭所使用的文字并不是殷代文字的全部。由于程式的限制，没有機會被卜辭所使用到的字一定還有。例如一個“民”字，在周初的青銅器銘文中已經習見了，而甲骨文中却没有民字，也没有以民字爲偏旁的字。殷代，毫無疑問是有詩歌的，也會有其他的散文。殷代詩歌，迄今無所發現。《詩經》中有所謂《商頌》，那是春秋時代宋國的詩歌。殷代的散文，如《尚書》中的《盤庚》和《高宗肜日》等篇是可信的，雖然經過後人的潤色。其中已有“民”字，也還有不少其他的字爲甲骨文中所未見。

殷王室盡管深於迷信，但當時的文化程度距離原始蒙昧時期已經很遠了。單以甲骨文而論，已經是具有嚴密規律的文字系統。後人所謂“六書”，從文字結構中所看出的六條構成文字的原則，即所謂指事、象形、象意、形聲、假借、轉注，在甲骨文中都可以找出不少的例证。文法也和後代的相同。故中國文字，到了甲骨文時代，毫無疑問是經過了至少兩三千年的發展的。

甲骨文字是用銅刀或石刀刻在相當堅硬的龜甲獸骨上的東西。文字刻得很規整而美觀，字大者徑逾半寸，字小時細如芝麻。甲骨是很堅硬的東西，銅刀或石刀也并不是十分犀利的工具，爲什麽能刻出那樣精巧的文字？許多年來，人們都懷抱着這個問題而没有得到解决。最近我聯想到象牙工藝的工序，因而悟到甲骨在契刻文字或其他削治手續之前，必然是經過酸性溶液的泡制，使之軟化的，這樣便使幾十年來的懷疑涣然冰釋了。

但盡管這樣，契刻甲骨文字的人無疑是當時的書家，而且有篆刻的高度技巧，爲後人所無法企及。我曾經發現了一個例子，在一個骨片上連刻了一月與二月各三十日的干支，和少數其他文字。文凡八行，共一百三十字（《卜辭通纂》第六片，原見《殷墟書契後編》第一葉第五片）。前兩行的每一個字是刻全了的，但自第三行起直到第八行，其中只有“二月”的“二”字（在第四行末尾）有横劃之外，其他應有横劃的字都缺刻横劃。這是很有趣的一個例证，它證明了好幾件事。（一）刻横劃時也用刻竪劃、斜劃的刀法，每刻一字，如遇有横劃必須轉移骨片。（二）刻這一件的人，每字先刻竪劃、斜劃，等全文刻完，再轉移骨片補刻横劃。如此只須轉移一次，可以節省時間。但横劃只補刻了兩行而中止了。（三）原文是當時的時憲書之類，估計在初或許準備刻十二個月，但只刻了一月和二月，連文字也没有刻全。

缺刻横劃的字，在甲骨文中此外還偶有所見，但没有這一片的文字這樣多。甲骨文是信手刻上去的，並不是先書後刻。這就愈見顯得刻字者的技巧是多麽驚人了。要達到這樣的技巧，是需要有長期的艱苦練習的，故甲骨中有不少的練字骨，用干支文字練習，留下了不少的干支表。最有趣味的是，我又曾經發現了一片練字骨（《殷契萃編》第一四六八片），内容是自甲子至癸酉的十個干支，反復刻了好幾行，刻在骨板的正反兩面。其中有一行特别規整，字既秀麗，文亦貫行；其他則歪歪斜斜，不能成字，且不貫行。從這裏可以看出，規整的一行是老師刻的，歪斜的幾行是徒弟的學刻。但在歪斜者中又偶有數字貫行而且規整，這則表明老師在一旁捉刀。這種情形完全和後來初學寫字者的描紅一樣。從這裏也可以看出，文字的書法有粗有精，且必先粗而後精。由個體的進展而言是這樣，由群體的進展而言也是這樣。規整的文字要經過長期的發展才能産生，也就是説要經過長期的琢磨、苦練，才能達到精美而規整。任何事物的發展都是這樣，文字的書寫自不能例外。

殷代除甲骨文之外一定還有簡書和帛書，《周書・多士》説"惟殷先人有册有典"，甲骨文中也有册字和典字，正是匯集簡書的象形文字。但這些竹木簡所編纂成的典册，在地下埋藏了三千多年，恐怕不可能再見了。帛書也是一樣。但好在除此之外還有一批冶鑄在青銅器上的銘文，一般稱之爲金文或鐘鼎文（古人稱銅爲金，與後人專稱黄金爲金者有别）。金文和甲骨文，實際是一個體系。甲骨文是用刀刻在骨質上的，故來得瘦硬；金文是用筆寫在軟坯上而刻鑄出的，故來得肥厚而有鋒芒。甲骨上乃至陶器上偶有用筆寫的字，那感觸便和金文差不多。

殷代不用説是在用筆了，除刀筆之外，也有毛筆。這從文字中有"聿"字或者以"聿"爲偏旁的字也盡可以得到證明。甲骨文有"聿"字作[illegible]，"畫"字作[illegible]；金文也大抵相同。聿即古筆字，象右手執筆，《説文》解釋爲"所以書也，楚謂之聿，吴謂之不律，燕謂之弗，秦謂之筆"。《爾雅・釋器》"不律謂之筆"，郭璞注"蜀人呼筆爲不律也"。朝鮮呼筆爲 Put，越南呼筆爲 But，日本呼筆爲 Fude（所謂"訓讀"）或 Hitsu（所謂"音讀"）；前者是古音，後者是今音。這些讀音，無論古今中外，都是筆音的轉變。

殷代的金文，字數不多，因爲有銘的青銅器占少數。銘文也不長，每每只有三兩個字。銘文長至十數字或數十字者爲數極少，大抵都是殷代末年的東西。但在殷代金文中有一項很值得注意的成分，那就是有不少的所謂"圖形文字"，容庚《金文編》附録上收録了五百六十二種，但其中有一部分是屬於周代的。這種文字是古代民族的族徽，也就是族名或者國名。在結構上可以分爲兩個系統，一個是刻劃系統（六書中的"指事"，圖二），另一個是圖形系統（六書中的"象形"，圖三）。刻劃系統是結繩、契木的演進，爲數不多。這一系統應該在圖形系統之前，因爲任何民族的幼年期要走上象形的道路，即描畫客觀物象而要能象，那還須要有一段發展的過程。隨意刻劃却是比較容易的。刻劃系統的族徽之比較少，也就證明它們是早期的文字，先出世而也早下世。這種文字在仰韶文化的彩陶上已見其萌芽，在殷代的甲骨文和周代的彝銘上也還有所遺留。

一九五〇年在安陽四盤磨發現一件獸骨，上有刻文。其一爲"[illegible]曰隗"，又其一爲"[illegible]曰魁"。另外還有一個單文[illegible]，和前二文的順序相反。三項都是把骨片倒横而竪刻的，與普通的卜辭刻例不同。由前兩項來看，三個刻劃文字分明是名詞，如不是人名，便是國族名。

一九五六年在西安周代的豐鎬遺址中也發現了類似的兩例。一例在横置骨片上竪刻了兩個字[illegible]和[illegible]，另一例也有兩個字[illegible]和[illegible]，刻在骨片上，一横一竪。這兩枚骨版，在無字的另一面都有鑽成的圓穴，無疑是卜骨，但所刻的字却不是卜辭。

這些文字保存在周彝銘中的有好幾例。例如，效父簋"休王錫效父吕三，用作厥寶尊彝"，在彝字下有[illegible]字（見《懷米山房吉金圖》卷上，第二十二葉）；中斿父鼎"中斿父作寶尊鼎"，在鼎字下有[illegible]字（見《三代吉金文存》卷六，第十八葉）；堇伯簋"堇伯作旅尊彝"，在彝字下有[illegible]字（同上，卷三，第四十葉）。又宋代出土的中齋之一，是周成王時器，銘末有"臣尚中，臣[illegible][illegible]"六字（見《宣和博古圖録》卷二，第十九葉）。"尚中"是人名，後二文也必然是人名。

這些刻劃文字，很明顯地，和彩陶上的刻劃符號是一個系統。唐蘭認爲"這種文字是用數目字當作字母來組成的……既不是殷文字，也不是周部族先世的文字，但可能是曾經住過現豐鎬地域的一個民族的文字”(見《考古學報》一九五七年第二期《在甲骨金文中所見的一種已經遺失的中國古代文字》)。“用數目字當作字母來組成的”説法,據我看來,是難以成立的,原始人的數目概念很有限,三以上就是“众”,現存民族中也還有只能數到七的。唐蘭在他的《古文字學導論》中曾經主張“文字的起源是圖畫”,他否認指事系統的文字,甚至懷疑“古代中國是否有過‘結繩而治’的時期,‘結繩’是否發生在文字之前”。但在他見到卜骨上的刻劃文字之後,他的見解似乎有些改變了。盡管他在斷定那些刻劃文字不是殷周文字,但他却説“中國文字的數目字裏,從一到八,本就是特殊的系統,都是直綫條,可能根據刻契來的”。雖然他把它們“特殊”視,來源於契刻也只認爲是“可能”,但他已肯定承認契刻是在文字以前。既已承認契刻,則對於結繩,便没有懷疑的必要了。根據種種地下資料、現存民俗和文獻記載等参证起來看,中國文字的起源應當歸納爲指事與象形兩個系統,指事系統應當發生于象形系統之前。至於會意、形聲、假借、轉注等,是更在其後的。中國的六書,或稱爲六義,在漢代有兩種排列方式。《漢書・藝文志》以“象形、象事、象意、象聲、轉注、假借”爲序,許慎《説文解字序》則以“指事、象形、形聲、會意、轉注、假借”爲序。以指事先于象形,許慎的看法是比較正確的。

指事先於象形也就是隨意刻劃先于圖畫;從書法觀點來説,也就是草書先於正書。

三、周代的金文及其他文字

古代的文化到了周代便蓬勃地發展起來了,無論典籍或文物都异常豐富。古人説“郁郁乎文哉,吾從周”,和周以前的情況比較起來,的確是大有不同,從文字方面來説,周人没有殷人那麼迷信,他們是懂得“敬鬼神而遠之”的,因此甲骨文字是走下了舞臺。在今天所能見到的周代第一手資料以金文爲最多。

周代的青銅器,一開始便有長篇大作的銘文出現。例如,成王時代的令彝有一百八十七字,康王時代的大盂鼎有二百九十一字,直到西周末年宣王時代的毛公鼎竟長達四百九十九字。這些數目,和殷代的三兩字乃至三二十字比較起來,却可以説是洋洋大觀了。

從文字結構上來説,西周初年的金文連同銅器本身的花紋、形式,和殷代是相因襲的。字體比較凝重,絲毫也不苟且。龔王、懿王時代的字體和花紋則比較散漫,有點粗枝大葉的感覺。宣王時代又比較莊重起來,但和周初的莊嚴體段不同,而有比較自由開放的味道。

西周的銅器,主要是王室的器皿,諸侯和王臣鑄器者絶少。東周的情況便完全不同了,王室之器絶迹,差不多都是諸侯和王臣之器。銘文、花紋和形式都有進一步的解放。銘文的字體多種多樣。到了春秋末年,特别是在南方的吴、越、蔡、楚諸國,竟出現了與繪畫同樣的字體,或者在筆畫上加些圓點,或者故作波折,或者在應有的字劃之外附加以鳥形之類以爲裝飾。這些大抵就是後來的繆篆、鳥篆或者蟲篆的起源了。

本來中國的文字,在殷代便具有藝術的風味。殷代的甲骨文和殷、周金文,有好些作品都异常美觀。留下這些字迹的人,毫無疑問,都是當時的書家,雖然他們的姓名没有留傳下來。但有意識地把文字作爲藝術品,或者使文字本身藝術化和裝飾化,是春秋時代的末期開始的。這是文字向書法的發展,達到了有意識的階段。作爲書法藝術的文字與作爲應用工具的文字,便多少有它們各自的規律。

例如，篆書、隸書隨着時代的進展，相繼而走下舞臺，不爲一般所通用，但如果作爲藝術品或裝飾品，它們依然具有生命力。今天的書家照舊可以寫篆書隸書，或者臨摹甲骨文、金文、石鼓文、章草、狂草、歷代碑帖，只要具有豐富的藝術性，便可以受到欣賞，發揮使人從疲勞中恢復的作用。這是中國文字所具有的特殊性。這種屬於藝術範疇的東西，便不能以文字學的觀點來一概而相量了。

作爲應用工具的文字，由於社會生活日趨繁劇，不得不追求簡易速成。這樣的傾向，應該説是民間文字的一般傾向。統治階級在私下應用乃至在行文起稿的時候也是在采取這種傾向的。這種傾向的文字，即草率急就的文字，屬於西周和春秋時代的資料，没有什麼留存下來。到了戰國時代，留存下來的却是不少。例如，長沙出土的帛書、簡書，信陽出土的簡書，存世的印璽文、陶文、貨幣文、兵器上的刻款，銅器上所刻的工名等等，都是比較草率急就的文字，與藝術性的裝飾文字固然有别，與一般莊重的鐘鼎文也大有不同。

在這裏我想把長沙出土的帛書，簡單地介紹一下。長沙楚墓中在解放前出土了一張帛書和一張帛畫。帛畫畫了一個中年細腰婦人，側面向右立，兩手合掌似作祈禱狀。頭上有一夔一鳳在搏鬥中，鳳有威勢，夔却垂死。畫上没有文字。帛書則既有文字，又有着色的畫，字數在九百字以上。可惜這項珍貴的古文物，在一九四六年，被唯利是圖的敗類盜賣給美國人去了。據説，現秘藏於美國耶魯大學的圖書館。

帛書略近正方形（上下約 33 公分，左右約 36.5 公分），四方配以春（右）、夏（下）、秋（左）、冬（上）四季，每季三個月。值得注意的是畫上十二個月的名稱和《爾雅・釋天》上的“月名”是一致的。

	（正）	（二）	（三）	（四）	（五）	（六）	（七）	（八）	（九）	（十）	（十一）	（十二）
帛書：	取	女	秉	余	好	䖣	仓	臧	玄	□	姑	荃
《爾雅》：	陬	如	寎	余	皋	且	相	壯	玄	陽	辜	涂

在帛幅的邊緣上，每月都配有异樣的神怪形象，看來每一個月的“月名”都是職司該月的神名。每個神像的旁邊，有三個字表明它的職守，另外又附有一段比較長的説明。便宜上以十一月的“姑”爲例，職守三字是“姑分長”（意不明），説明文是“曰姑，利侵伐，可以攻城，可以聚衆，會諸侯、刑首事、戮不義”。這是文字最完整的一例，其他各月文字均殘缺不全。

季春、季夏、季秋、季冬四個月之神，同時是四時的總管。它們的職守三字是完整的，便是“秉司春”，“䖣司夏”，“玄司秋”，“荃司冬”。

在帛幅的四角上畫了一些藻形的植物，看來是爲了補白之用的。

帛幅的中央，有次序相反的兩段長文。右邊靠春季的一邊有十三行文字，每行三十四字（重文、合文不計）。第十三行僅三字。每一小段之末，畫一横長方形，占一空格，以表示段落。文尾也畫一横長方形，以表示結束。左邊靠秋季的一面有八行文字，每行三十六字，第八行只十字。文序要倒過來看。

兩大段都有不少的殘缺和奇字，很難通讀。文字較少的一大段，説到禹和契，治平水土，步定歲時。説到日月爲帝俊所生，和《山海經》中的神話是一個系統。也説到“青木、赤木、黄木、白木、黑木之精”，以五色配五方，是戰國時代五行説盛行後的産物。

文字較多的一大段則叙述着天象歲時的吉凶。其中有幾句話的意義比較明晰。“帝曰：繇，[戒]之哉，毋或弗敬。惟天作福，神則格之。惟天作灾，神則惠之。恪敬惟永，天象是則。成惟天□，下民之戒，敬之毋忒。”、“毋或弗敬”原作“毋弗或敬”，乃誤倒，今爲乙正。或者，有也。“毋或弗敬”即無有不敬。天與神相對，天指上天，神指群神。天福神格，天與神是一致的。天灾神惠，天與神則不一致。惠字當讀爲違。

看來這兩大段文字是采録自已經失傳的古代文書，有如今存《管子》書中的《玄宫圖》或者《五行篇》。但在這裏想提醒人們重視的不是文書的内容，而是抄録這些文書的字體。抄録和作畫的人，無疑是當時民間的巫覡。字體雖是篆書，但和青銅器上的銘文字體有别。體式簡略，形態扁平，接近於後代的隸書。它們和簡書、陶文等比較接近，是所謂民間的“俗書”。但歷史昭示我們：它們是富有生命力的，它們將促使貴族化了的文字，走下舞臺，並取而代之。

殷代有極少數石刻文字（如《小臣系簋》斷耳銘文與三具石磬上的刻字），西周無所發現，東周以來逐漸增多。最著名的是東周初年的所謂石鼓文。那是秦襄公八年，也就是周平王元年（公元前七七〇年），秦襄公送周平王東遷後的紀功石刻。像普通圓桌那麼大的十個石饅頭，前人説它們像鼓，故稱之爲“石鼓”。每一石上刻了一首四言詩，是用篆文寫成的，故稱之爲“石鼓文”。石鼓原在陝西寶鷄（古之陳倉）三畤原上，經過輾轉的遷移，現保存於故宫博物院。由于年久風化或人爲的毁損，石上的文字已多殘缺，有一石連一個字也没有了。

石鼓上的詩，和《大雅》、《小雅》是一個體系。石鼓上的文字和周代金文是一個體系，但字體比較扁平，比一般的金文更加規整。值得注意的是，石鼓詩中開始使用吾字，而寫作“𨑻”，是御字的异體。由于有些字的結構復雜，故唐人疑爲“籀文”，而以爲是周宣王時代的東西。又由於使用了幾個吾字，這個字在金文中的開始使用在春秋中葉，以“盧”或“勮”字代替，故近時又有人把石鼓的年代看得更晚。我的看法是：“吾”字是民間口語，其用甚古。《爾雅・釋詁下》：“卬、吾、台、予、朕、身、甫、余、言，我也。”卬字除《國風・匏有苦葉》中曾使用外，不見其他典籍。《國風》是民間詩歌，卬字自然是民間口語，其實即後來的俺字。俺字在文言中是從來不使用的。吾字被列在第二位，雖然在金文中和文言中出現得較遲，但不能説它的本身不古。秦襄公崛起西戎，在石鼓文中首先使用吾字，這只是表明秦的統治者首先采用了民間口語而已。當然，除此而外，還有其他的内证，故我考定石鼓文爲秦襄公八年的東西。我已有《石鼓文研究》一書專門討論它，在此不再贅述。

石刻文中有《行氣玉佩銘》，是在一個十二面體的小玉柱上刻有“行氣”銘文，文凡四十五字。每面刻三個字，有九字重文，篆書。文字極爲規整，與洛陽金村出土的韓國的屭芌鐘銘文字體極相類似。鐘作於周安王二十二年（公元前三八〇年），是戰國初年的東西。《玉佩銘》應該和鐘同時，説不定也可能是金村韓墓所出土之物。銘文的内容用今天的通用文字譯述如下：

> 行氣，深則蓄，蓄則伸，伸則下，下則定，定則固，固則萌，萌則長，長則退，退則天。天几春在上，地几春在下。順則生，逆則死。

銘中兩個“几”字，可讀爲其，也可讀爲机，應以讀机爲較適。這是深呼吸的一個回合。

吸氣深入則多其量，使它往下伸，往下伸則定而固；然後呼出，如草木之萌芽，往上長，與深入時的徑路相反而退進，退到絶頂。這樣，天机便朝上動，地机便朝下動。順此行之則生，逆此行之則死。

這是古人所説的“道引”，今人所説的氣功。《莊子・刻意篇》：“吹呴呼吸，吐故納新，熊經鳥伸，爲壽而已矣。此道引之士、養形之人、彭祖壽考者之所好也。”可证戰國時代，確實有這一派講究氣功的養生家。

石刻文中還有秦國的《詛楚文》，是秦惠王十三年，楚懷王十七年（公元前三二六年）的文物。秦王向巫咸大神、大沉厥湫及亞駝（滹沱）之神詛咒楚王，刻石沉埋之。三石爲宋人所發掘，除神名外，餘文皆同。估計所刻之石或許不止三枚，將來或許尚有出土的希望。已經出土的三石，原石已佚。在宋人刻本中留存着的文字，幾經翻刻，已經走樣，與金文、石鼓文、玉佩文乃至帛書、簡書等之猶存真迹者不可同日而語。

以上三種刻石文字，都是東周統治階級的東西，和鐘鼎文字是一個體系。殷代刻石文字少見，西周未見。在這裏很可以提出這樣一個問題：殷周的銅器文字那麽多，爲什麽刻石文字却這麽少？是還埋葬在地下没有出現嗎？但總得有一個比例，銅器文字都是從地下出土的，已經多得驚人，而刻石文字却寥如晨星。在這裏是有它的原因的。我認爲這和刻字的工具有關。殷周使用銅刀乃至石刀，刻石不易。春秋時已開始用鐵，故刻石文字便隨之增益了。秦、漢以後，石刻碑碣便逐步形成了壓倒的優勢，看來這是鐵器時代的一個必然的成果。

四、秦始皇帝統一文字

秦始皇帝二十六年（公元前二二一年），秦將王賁把齊國滅了之後，中國歸於一統。這在中國歷史上是前所未有的偉大事件。秦以前的夏、殷、周，雖然在舊史上也作爲一統的朝代，甚至如《夏書・禹貢》竟表明夏代的疆土已統轄九州，幾乎和秦統一中國時的版圖一致，事實證明，那只是周末儒者的理想而已。夏代的文化，至今還没有得到考古發掘上的證明。殷代是得到明確的證明了，但殷代的疆土僅在黄河中下游及淮河流域的一部分。周代的疆土有所擴大，但長江流域的徐、楚是爲周所滅的殷人所開闢出來的。徐、楚、吴、越雖然在文化上早就在使用着同一文字，那是中原文化在千數百年歷史發展中的自然浸潤。特别是吴、越，在春秋末年，統治者的名字都還保留着原始的風味，没有充分中原化。中國在政治上歸於一統，事實上是始於秦始皇帝二十六年（公元前二二一年）。也可以説中國大一統的局面，是經過了幾千年的浸潤，到秦始皇帝二十六年才水到渠成的。

秦始皇帝統一了中國之後，樹立了不少的規模宏大的事業。如廢封建爲郡縣，聯結秦、趙、燕諸國的長城而爲萬里長城，鑿靈渠（興安運河）以勾通湘水與漓水使珠江水系與長江水系相聯貫，中原文化因而更快地普及于珠江流域，統一曆朔，統一度量衡，統一貨幣，特别是使已經有統一傾向的文字更由人爲的大力而整齊劃一，這些赫赫的文治武功，的確是空前未有的。

秦始皇帝統一文字是有意識地進一步的人爲統一。中國文字的趨於一統，事實上并不始于秦始皇，自殷代以來，文字在逐漸完密的同時，也在逐漸普及，由黄河流域浸潤至長江流域和珠江流域。兩周所留下來的金文，是官方文字，無分南北東西，大體上是一致的。

但晚周的兵器刻款、陶文、印文、帛書、簡書等民間文字,則大有區域性的不同。中國幅員廣闊,文字流傳到各地,在長遠的期間發生了區域性的差别(例如在今天廣東還有“冇”字和“乜”字之類)。秦始皇帝的“書同文字”,是廢除了大量區域性的异體字,使文字更進一步整齊簡易化了。這是在文化上的一項大功績。

許慎在《説文解字序》上説:“秦始皇帝初兼天下,丞相李斯乃奏同之,罷其不與秦文合者。斯作《倉頡篇》,中車令趙高作《爰歷篇》,太史令胡毋敬作《博學篇》,皆取史籀大篆,或頗省改,所謂小篆者也。”把殷、周以來的古文,所謂“大篆”,整理爲“小篆”,這已經就是一項有意識地對於幾千年以來文字自然發展的一個總結。據《漢書・藝文志》所載,《倉頡篇》七章,《爰歷篇》六章,《博學篇》七章,凡二十章。傳到西漢初年有所擴大,“漢興,閭里書師合《倉頡》、《爰歷》、《博學》三篇,斷六十字以爲一章,凡五十五章,并爲《倉頡篇》”。西漢末年揚雄又“作《訓纂篇》順續《倉頡》,又易《倉頡》中重複之字凡八十九章”,每章六十字,計凡五千三百四十字,與許慎《説文序》“《倉頡》以下凡五千三百四十字”相合。據敦煌所出漢簡殘文看來,這些字書的體式是以四字爲句的韻文,應有一千三百三十五句,是便于傳誦的普及文字的課本。

這些文字課本在初期應該是用篆書寫成的,即是用秦代的小篆。李斯是有名的篆書家。秦始皇帝在統一天下後,往各地遊覽,立石刻銘,歌功頌德,如泰山刻石、琅邪臺刻石、之罘刻石、碣石門刻石、嶧山刻石等,相傳都是李斯所書,是標準的小篆樣板。這些刻石文大都已經磨滅了,泰山刻石還存九字,今嵌存于泰山下的岱廟中庭。明安國所藏泰山刻石拓本,存字甚多,坊間有影印本。琅邪臺刻石尚存八十六字,除最前六字外,都是秦二世時代補刻的刻辭。嶧山刻石有南唐徐鉉摹本,和泰山刻石、琅邪臺刻石比較起來,雖然字劃瘦削,但還保存着同樣的筆意,是可以相信的。

篆書之名始於漢代,爲秦以前所未有,究竟因何而名爲篆書呢?我以爲這是對隸書而言的。秦始皇帝改革文字的更大功績,是在采用了隸書。《漢書・藝文志》説:“是時始建隸書矣,起於官獄多事,苟趨省易,施之于徒隸也。”施于徒隸的書謂之隸書,施于官掾的書便謂之篆書。篆者掾也,掾者官也。漢代官職,大抵沿襲秦制,内官有佐治之吏曰掾屬,外官有諸曹掾史,都是職司文書的下吏。故所謂篆書,其實就是掾書,就是官書。篆書在後來的官印和私章上都還沿用着它。今天的情況已大有改變,只是在有限的私章上還有些孑遺而已。

隸書,前人以爲作于程邈。其實是一種傳説,而且説法不一。《晋書・衛恒傳》中徵引了衛恒所作的《四體書勢》,即《字勢》、《篆勢》、《隸勢》、《草書勢》。《字勢》指殷周古文。其《篆勢》中有云:

> 或曰,下土人程邈爲衙獄吏,得罪始皇,幽系云陽十年。從獄中作大篆,少者增益,多者損減,方者使員,員者使方。奏之始皇,始皇善之,出以爲御史,使定書。
>
> 或曰,邈所定乃隸字也。

象這樣,程邈所作書,一説是大篆,一説是隸書,在晋初已不能確定。故衛恒在其《隸勢》中即不再提程邈,而只是説“秦既用篆,奏事繁多,篆字難成,即令隸人佐書,曰隸字。漢因行之。……隸書者篆之捷也,上谷王次仲始作楷法”云云,這是説隸書到了王次仲才寫出了一定的風格。

酈道元在《水經注》中也堅決肯定隸書不是程邈所作。其卷十六"穀水"下談到隸書，在"或云即程邈於云陽增損者"之後，即徵引有關古文物的論证加以反駁。

> 孫暢之嘗見青州刺史傅弘仁説，臨淄人發古冢，得桐棺，前和（棺首曰和）外隱爲隸字，言"齊太公六世孫胡公之棺"也。惟三字是古，餘同今書。证知隸自出古，非始于秦。（傅説又見卷二十六"淄水"項下）

這斷案是正確的，但所引證據則不一定可靠。據《史記·齊世家》"胡公徙都薄始，而當周夷王之時"。謂西周中葉的周夷王時便有隸書，未免爲時過早。前代古文和後代篆書結構上大抵相同。例如，石鼓文"吾車既工，吾馬既同，吾車既好，吾馬既阜"這四句十六字中，除四個"吾"字均作"遾"，"阜"字作"騒"之外，其他均同小篆。但要説同于隸書，在用筆和形態上是有一定的距離的。西周中葉的胡公，是齊國的統治者。他的棺銘不可能使用草篆，更不可能便是"隸字"。傅弘仁之説，大約認爲如"今書"可認識而已；"隸字"之稱，是在用字上有欠嚴密。

隸書無疑是由草篆的演變。秦始皇時代，官書極爲浩繁。《史記·秦始皇本紀》言"天下之事無大小皆决於上，上至以衡石量書"。石是一百二十斤，這是説秦始皇一天要親自過目一百二十斤竹木簡寫成的官文書。秦始皇的特出處，是他准許並獎勵寫草篆，這樣就使民間所通行的草篆登上了大雅之堂，而促進了由篆而隸的轉變。程邈或許是最初以草篆上呈文而得到獎勵的人，但决不是最初創造隸書的人；一種字體也决不是一個人一個時候所能創造出來的。

秦代的隸書究竟是怎樣，很難斷言。因爲秦代的竹木簡書，一直到現在尚無所發現。將來無疑是有發現的可能的。今傳秦代度量衡上和若干兵器上的刻文，和泰山刻石等比較起來是草率急就的，無疑是草篆，大約也就是秦代的隸書吧。特别值得注意的是：一九六四年三月在西安市西郊秦阿房宫遺址的北部所發現的一個高奴銅石權，現存西安市陝西省博物館。這個銅權的一面刻着秦始皇二十六年統一度量衡的刻辭，和秦二世的補刻辭，同一般現存秦度量衡上的刻辭一樣；但在另一面則有如下十七字的鑄辭（詳見《文物》一九六四年第九期）：

> □三年，漆工熙、丞詘造。工隸臣平、禾石。高奴。

開頭一字殘損，從殘痕來看，似乎是"卅"字。可見這個銅權是秦昭王三十三年鑄發給高奴縣的。秦始皇統一天下以後把銅權調回來刻上刻辭。秦二世即位以後又調回來補刻，但未及發還高奴，秦朝就滅亡了，故"禾石"被留置在西安。"漆"是地名，"熙"、"詘"、"平"是人名，"工"、"丞"、"工隸臣"是身份名。"禾石"是秤谷物之石（百二十斤）。

值得注意的是：這些鑄辭中的好些字迹和隸書差不多。以"奴"字而言，所從女旁，不象篆書那樣作𡚤，而是作女，同於隸書。這就很明顯地證明：隸書並不始于秦始皇時的程邈。同時也可以證明：秦始皇和秦二世的刻辭大體上也就是秦代的隸書了。

隸書與篆書的區别何在呢？在字的結構上初期的隸書和小篆没有多大的差别，只是在用筆上有所不同。例如，變圓形爲方形，變弧綫爲直綫，這就是最大的區别。畫弧綫没有畫直綫快，畫圓形没有畫方形省。因爲要寫規整的篆書必須圓整周到，筆劃平均。要做到這樣，每下一筆必須反復回旋數次，方能得到圓整，而使筆劃粗細一律，這就不能不耗費時間了。改弧綫爲直綫，一筆直下，速度加快是容易瞭解的。變圓形爲方形，表面上筆劃加多了，事實上是速度加快了。要把圓形畫得圓整，必須使筆來回往復，那決不是三兩筆的問題了。此外，當然還有些不同的因素，如省繁就簡，變連爲斷，變多點爲一劃，變多劃爲數點，筆劃可以有粗細，部首可以有混同……這樣寫字的速度便自然加快了。注意到了這些，爲了提高工作效率，而有意識地采用了隸法，這是秦始皇帝的杰出處。但也應該看到：這是社會發展的力量比帝王强，民間所流行的書法逼得上層的統治者不能不屈尊就教。是草篆的衝擊力把正規的篆書冲下了舞臺，而形成爲隸書的時代。秦始皇的杰出處就是在順應了歷史潮流，他跟着時代的進步而一同進步了。

附注：天然放射性碳（C^{14}），分布於整個生物界及與大氣發生交換關係的一切含碳物質中。這些物質中的 C^{14}，按放射性衰變規律減少，同時又不斷從大氣中吸收新的 C^{14}，因而保持平衡。但某一物質一旦與大氣停止交换，如生物的死亡，則 C^{14} 只能按衰變規律減少，大約每隔 5730 年減為原有量的一半。所以，根據含碳標本中 C^{14} 的減少程度，可以測知其死亡年代。考古學上利用 C^{14} 測定古代遺迹的年代，其原理即如此。

中國科學院考古研究所實驗室於一九六五年開始用 C^{14} 測定年代，其數據已在第一次實驗報告中公布（見《考古》一九七二年第一期）。關於半坡遺址的四個數據，是一九七二年一至三月測定的，它們對確定半坡遺址的年代，並進而研究仰韶文化的年代，有重要的意義。這四個數據，將和該實驗室測定的其他數據一起，在第二次實驗報告中公佈。

圖一　西安半坡出土的仰韶文化彩陶上的刻劃符號，與殷周青銅器銘文中之刻劃族徽相類

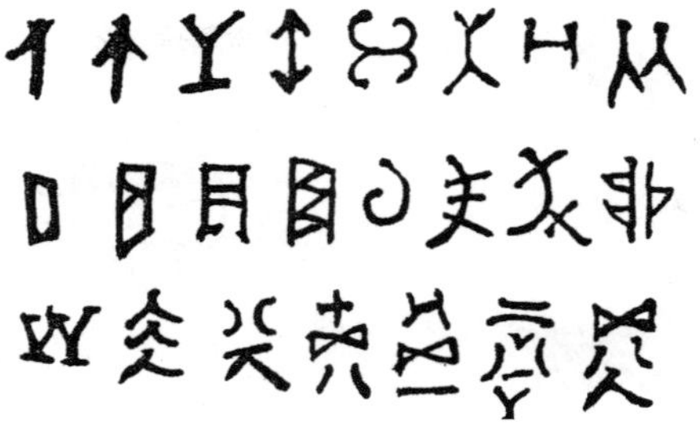

圖二　殷周青銅器銘文中之族徽(刻劃符號與彩陶上的刻劃相類似,與一般的所謂"圖形文字"有别。隨意刻劃必先于圖形。故此種刻劃符號必爲中國最早之文字或其孑遺)

圖三　殷周青銅器銘文中圖形系統的族徽

圖四　西安半坡出土的仰韶文化彩陶上的花紋

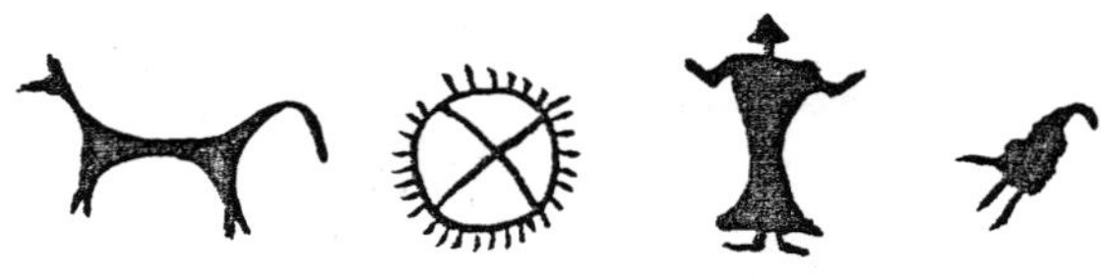

圖五　辛店彩陶上的花紋

（原載《考古學報》1972 年第 1 期）

研究甲骨文字的兩條新路(節錄)

聞　宥

……我們讀過考古學書籍的,都曉得法國的考古學者臺休來忒(Déchelette)所唱道的先史考古學三方法。這三方法之中,層位學的方法(Stratigraphical method)一種,是只能適用於古物的,此地可以不必徵引;其餘土俗學的方法(Ethnographical method)和型式學的方法(Typological method)二種,在甲骨文的研究上却都可以拿來引用。現在讓我們分類説明如下:

(1)凡是一種古代遺物,它的用途和製作法不明瞭時,我們可以用類推和比較的方法來考明它。因爲在同一文化程度的現存民族之中,往往可以發見比較的資料。例如舊石器製作的方法,在現代若干野蠻民族中還有留存;而當時使用的方法,也可因之而得其髣髴。所以北美人科學者研究亞美裏加印度人土俗的結果,有許多可以做研究古代石器陶器的參考之資,這便是土俗學的方法之意義。甲骨文裏有許多象形文字,這些文字,若是用 Hinman 氏有名的象形文字分類(Classification of pictography)來區别時,是完全屬於第一級繪畫(Picturing)的。因爲他們所畫的,不是當時使用的實物的全形,便是當時所做的事件的整體。這種器具和風尚,到後來或者早已滅絶了,我們現在,若要靠了東漢人所做的《説文解字》,和其他後世追記的文獻來闡明它,是永遠不會成功的。惟有依照上述的方法,在别一民族裏找比較的資料,方才可以得到它的真面目,——或者近似的面目。在此地我們可以舉一個例。

甲骨文字的魚字,大概都寫作形,唯有《鐵雲藏龜》裏有一個字,形體非常特别。國内學者對於它都還没有解釋,日人高田忠周的《古籀篇》(見卷一百頁二)却把它也認做魚字,實在是不對的。因爲這個字的形體特别長,而且頭部還多了一竪,顯然是表示另一種意義的。我們現在用土俗學的眼光看,可以猜想它是象器中藏針之形。因爲愛司基馬(Eskimo)人有一種骨制的魚形器具,是做來作藏針用的,它的形狀如右圖:

(圖見日譯本 Gross《藝術之始源》卷首所載)

我們只要把兩圖一看，就立刻可以感覺到是同一的東西。而且這種骨魚，在中國原也有的。甲骨的故鄉河南安陽縣曾經發現過如下的一器。他的形體和前二者也十分相像。至於這藏針的形象，我們只要把安特生博士在奉天沙鍋屯所發見的一比，更可以看得親切。在安特生報告書附圖的第九版上，有如下的一圖。

（原器現藏日本京都帝國大學，圖見該大學《考古圖録》第四十一頁）

這是一只骨針藏在空骨裹的形象，這個空骨不消説也是預備加以雕刻而未成的。

綜括上文所述，我們可以確信這是象藏針的骨魚，而非普通的魚字。若是我們不從這様下手，而從《説文》和其他經傳裹找綫索，那末是不會找得到的。

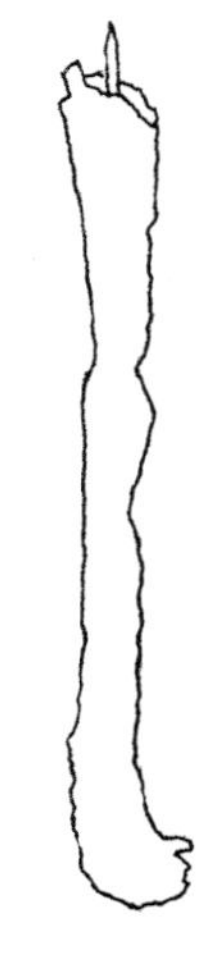

（2）凡是人類製作的物品，它的現象和生物界的現象很相像，——一種新的型式總是從舊型式裹蜕化出來的。由單簡的變而爲複雜的，由自然的變而爲人爲的，無論那一個地方那一種民族的産物，大概都是如此。……中國古代象形文字，——尤其是甲骨文字，也盡可以用這個方法來排列。因爲最古的象形文字，往往以一字而兼數用，等到後來漸漸分化，才形成了甲乙二式或二式以上，意義也就劃分了。後來再加分化，又形成了甲$_a$ 甲$_b$ 或乙$_a$ 乙$_b$，而意義也就愈分愈細了。我們用後世的眼光來看，或者只覺得字字孤立，或者只覺得字字通連，而不曉得它們自有它們的層次。這種蜕化的現象和孳乳的作用，非把它排列起來，是看不清楚的。在此地我們也可以舉一個例。

古文字裹貞鼎二字的糾纏，在許叔重“古文以貞爲鼎，籀文以鼎爲貞”的時候，是早已感着迷惑的。如今在甲骨文字裹看，鼎字有借做貞字用的，例如壬午卜、壬午卜、係、我，都是以鼎爲貞，而其餘時時用的貞字却又寫作，很象金文裹的貝字，所以大家又認爲以貝爲貞；除了這個字以外，另外還有好好的（貝）字；於是這三個字鬧得一塌糊涂。在普通看來，都以爲當時鼎貝兩字，可以通用，所以都借作貞字用（高田忠周的見解便如此，見《古籀篇》卷二十九頁二十五。還有《説文解字詁林》所收，髣髴也有一位姓王的這様説）。其實我們從型式上看來，是截然不對的。貝與鼎形體既不同，聲音也極遠，决無通用之理，所以貝字只是一個單獨的，與鼎貞毫無關涉（我們應該認清楚它的圖形是象形，金文的也是圓形，而甲文的却不然，所以完全屬於兩個系統。這個圓形的既從没有借作貞字用過，而且還有一辭的兩字並出哩）。而鼎貞二字，在最初却是一字。因爲這二個字在古音完全相同（貞現在讀 T'母，在古却只是 T 母，這是錢大昕所證明，大家都曉得的）。而古人貞卜的時候，大概也需用到鼎，所以關涉非常密切。到了後來，因爲要使界義分明的緣故，才漸漸地分化成了兩個，這個分化的歷程，略如下表。

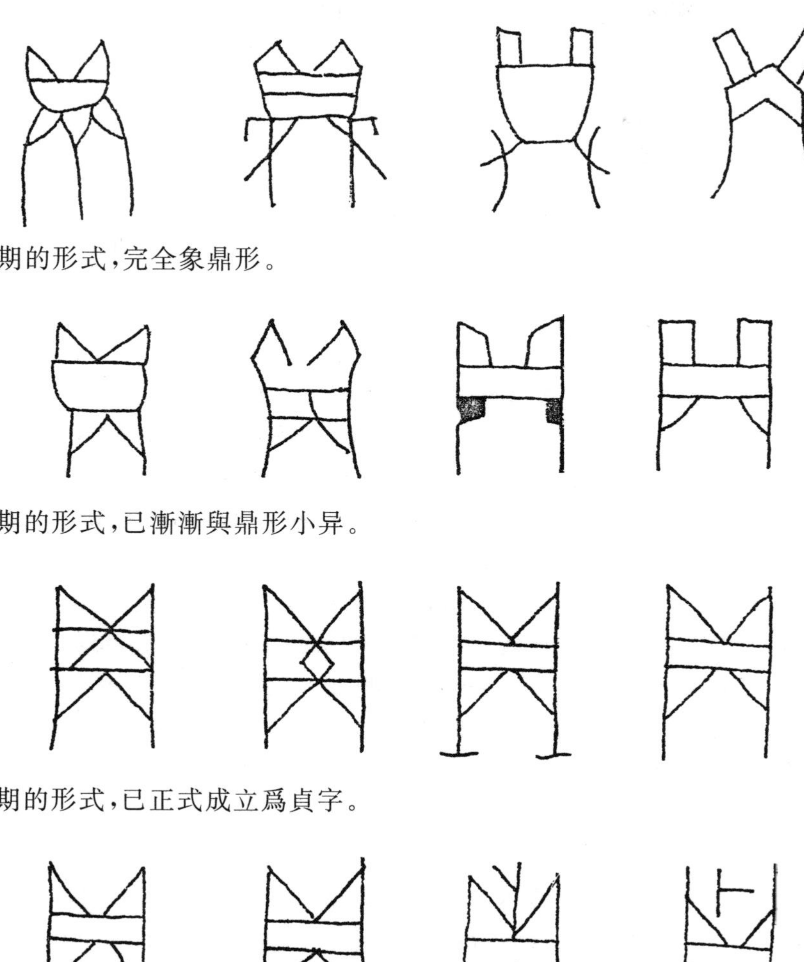

這是第一期的形式，完全象鼎形。

這是第二期的形式，已漸漸與鼎形小异。

這是第三期的形式，已正式成立爲貞字。

這是第四期的形式，因爲要使意義明顯的緣故，於是又加了一個Y。

從這樣排列的結果，我們方才可以曉得京房説“貝爲鼎省聲”，不爲無因；而貝鼎通用的話，却完全是不合現象的附會。……

（原載 1929 年 10 月《國立中山大學歷史學研究所週刊》百期紀念號）

殷虛文字孳乳研究（節録）

聞　宥

安陽卜文既出世，爲此學者凡數家：丹徒劉氏鐵雲，瑞安孫氏仲頌，篳路藍縷，首啓山林，猶未能洞悉幽隱也；上虞羅氏叔藴，海寧王氏静安繼之，訓釋文字，疏证史實，名篇巨製，絡繹貢世，而後此一學也，卓然成一新天地；其後踵之以出者，有天津王氏簠室，丹徒葉氏葓漁，一則網羅有大功，一則補苴具神恉，固皆可爲懸諸日月不刊之作矣。雖然，籀諸家之書，而猶覺有二憾焉：（一）詳於文而忽於字。諸家所釋，非象形，即指事，以六書舊例言之，罕出獨體文之範圍。實則商之史實，雖難征知，而能以工眇之技巧，契茂密之文字，其文化必已可觀；人智之要求，决難長畫於獨體文之故囿。且卜辭製作，出於掌卜之官，雖歷祀孔多，非出一手，而先後相承，自有端緒，緟益爲之，孳乳自易；非若彝器任器所出，人不相謀，難於印合也，故合體之字，在卜辭中必多有之，而諸家憚於綜合，多未啓發。（二）詳於形而忽於音。諸家之於形體，點畫務求其晰，屈信務求其真，若□與□□，截然三分，信密察矣。然制字之始，半由摹聲；形體既成，多相通假；乃我國文字史上不可否認之事實。諸家所釋，往往一形囿於一音，一音囿於一義，似與古代流動不居之本象，亦未密合；雖静安以□爲風，葓漁以□爲父，而類是者未多見也。詳斯二者，合以一言：即多明個别之各體，而罕明孳乳之相生是已。端居諷籀，輒本斯恉，先立初文，次求所出，母子相合，每得近似；雖不敢謂獲古人心意，亦庶幾訂已往之缺失，拓方來之心胸。兹先襮從□諸字如下（凡諸字所釋，私衷仞爲已安者不及），其他排比，俟之异日。

□　□　□

此皆卜文午字，據干支表知之，羅王諸家未言其義。宥按□□皆象交午之形（□與□同，古字空白填實，任意作之也，説詳劉心源《奇觚室吉金文述》太保敦釋），《儀禮》注所謂一縱一横曰午是也；其作□□者，又通爲象約束麻絲之形，以約束必交午始成，而約束之事，又莫著於麻絲也；其字則後來孳乳爲糸字，此觀於《説文》糸之古文作□（《殷虛書契》卷七第三十五葉有午字作□，與之全同）而可知也。古糸系字又不分（諸家所出系字，作□□者，實則𢇍字之誤），以糸象約束，本有繫義，而丿字卜文金文皆無之，當是後來所加之偏旁，許君不達，誤析爲二……凡約束系繫之物，其初必皆違啎，故引伸之又有啎義，則許書及《淮南·天文訓》、《釋名》所出是也。以初義言之，午、啎、糸、系，實通爲一字。其後作□者漸變而爲□（湯叔尊），爲□（子禾子釜），作□□者亦漸變而爲□（貿鼎），爲□（弭叔簋），遂以成小篆之□字，而許氏遂猥稱與矢同意矣。

……

[古文字]

此字《類纂》、《類編》皆釋紡。宥按許書幺解本未安，林藥園所謂“與子初生形不類”是也（見《文源》卷三第三頁）。卜文亦未見幺字（《類纂》雖收兩文，均未能確，《類編》不收，較爲矜慎）。此仍從午，孳乳爲糸，從力從糸，蓋即功字。《集韻》：“功或作紡。”紡雖未見他書，然以力治糸爲紡，其義實較從力從工爲長；按之經典，亦確然有徵。其專言麻事者：如《喪服》凡衰之鍛治之功麤沽者，謂之大功布；細其縷者，謂之小功；其字皆當作紡。其兼言蠶事者：如《周禮》“九嬪典婦功”，注曰：“主婦人絲枲功官之長”，其字亦當作紡。蓋古人立名，從其朔誼，皆極審諦；若本從象人有規榘之工，則於義不相密合。且工字卜文未見，許解又極迂曲，其朔誼實不可知；即從象人有規榘爲説，而以力治規榘，亦與以勞定國之義未合。蓋許君此解，進退相違；而《集韻》存古之功爲大。然非卜辭有此文，則亦無以證成其説矣。

……

[古文字] [古文字] [古文字]

……宥按此字在卜辭中爲地名，如曰“壬寅王卜貝（貞）其田于罕，往來亾[古文字]”（《殷虚書契前編》卷一第三十一頁），“辛丑卜貝（貞）王其田罕，亾𢦏”、“王其田罕若”（《後編》卷上第十三第十四葉），“癸丑卜乙王其田罕，□[古文字]亡”（《龜甲獸骨文字》卷一第八葉）是也。其字當爲网之别構，《説文》：“网從冂，下象网交文。”古文宀冂不分，第以交覆爲義（金文如散氏盤宰作[古文字]，受尊寶作[古文字]，父乙觚守作[古文字]，永宫鬲宫作[古文字]，皆不從宀；其他亦多作[古文字]。蓋平作之爲[古文字]，折作之則爲[古文字]，更鋭其頂則爲[古文字]，而遂與[古文字]形近矣。古文點畫小异者極多，漢儒膠滯，乃必欲分爲二部）。故卜辭從[古文字]（正始三字石經網之古文正從宀）；[古文字]則象其縱横交午之文，與㐅㐅同意。在辭中又實孳乳爲羅字，《汗簡》所出古文羅字爲[古文字]，與此全同，可爲確证。……

[古文字]

此字《類編》與[古文字]同列祐下，宥按從二與從[古文字]迥异，此當爲[古文字]之古文。《説文》：“[古文字]，幺子相亂，爰治之也。”幺子無所取義，冂形尤不了……幺實午字之誤，從午從又會意。午通爲糸，絲麻之違牾者也，以又治之，故𤔔訓治，朱氏豐芑《説文通訓定聲》謂“幺，絲也，冂，介也，絲棼，爰分理之”，説較近似；惟介仍無所取義。卜辭又有[古文字]字，王氏簠室亦伆爲𤔔，似即[古文字]之繁文。又增爲爰（爰訓上下相付，已不如從又之諦）。[古文字]孳爲[古文字]，其義一也。金文來獸敦有[古文字]字，丁佛言《説文古籀補補》釋亂，近似，其字亦無冂；至番生敦作[古文字]，則已加紋飾，而與小篆同矣。

[古文字] [古文字]

此字諸家闕釋，按即辭之古文。《説文》：“辭，訟也，從𤔔辛；𤔔辛猶理辜也。”（依小徐《通論》）卜文辛作[古文字]，辛作[古文字]，兩形相似易訛，故《説文》辛部辠辜以下諸字，皆當改入辛部（參閲《觀堂集林》卷六《釋辪》下）。此從[古文字]從辛，其正字也；作從辛從午者省文。

[古文字] [古文字]

……龔孝珙謂從糸從刀，當是絶字（此龔批《積古齋款識》格伯簋語，世未有刊本，余從友人陳君乃乾傳鈔得之），其説是也。《説文》：“絶，斷絲也，從刀從糸從卩。”從卩無所取義，故段氏强改爲卩聲，林藥園《文源》又以其與古文紹形近，疑其“與紹同字，而相承誤用爲斷𢇍之𢇍"，不知除𢇍而外，古文自有正字也。此從刀尤顯，兩體之離析，亦甚分明，蓋爲絶字無疑。《類編》又收□字，從勿從糸，當别爲一文。

□ □ □ □ □

□，孫仲頌讀爲紹，非是。羅叔藴讀爲御之省文，而與□□仞爲一字，諸家從之（林泰輔《抄釋》亦然）。宥按羅釋是也，惟其説則未諦。羅之言曰："□與午字同形，殆象馬策，人持策於道中是御也。"□實不象馬策，□與□體析離，亦無持意。此午實爲聲（卸字雖不古，然小徐猶曰午聲，可以爲证），□象人跪而迎迓形，□，道也（依羅説），迎迓於道是爲御，《詩》"百兩御之"，箋曰"御，迎也"是也；迎則客止，故又孳乳加止；客止則有飲御之事，故又孳乳訓進訓侍，《詩·小雅》傳箋所出者是也。諦言之，當曰：從行，從人（從父爲訛變），從止，午聲，其作□者省文也；其訓迓者爲朔誼，其他訓者爲後起誼；故前者今猶讀 ŋa，其他則已讀 ŋy；以汪榮寶所考古音證之，適相密合。……

凡卜辭所出御字，多言迎尸之事，如御于且（祖）辛、御于且（祖）乙、御自唐（湯）大甲大丁祖乙是也；積久則爲祭之專名，而其字則孳乳爲禦字，猶帝之孳爲禘，果之孳爲祼也。其非言迎尸者，則大抵用如親迎之迎，如《簠室殷契徵文·典禮》第一百一十三版曰"貝（貞）御帚（歸）好于高"，《龜甲獸骨文字》卷一第二十二頁曰"貝（貞）御帚（歸）好于申"，明義士《殷虚卜辭》第九百二十一版曰"己酉御女"，第二百七十四版曰"貝（貞）㐱御帚（歸）好"，皆是也。王静安《戩壽堂殷虚文字考釋》曰"御假爲禦字"，蓋亦牽於馭馬之説，遂至本末倒置矣。

□ □

此并爲御之或體，第一字從冂從御省，客止則御而賓之于内，故字亦從冂；第二字從㫃從御省，蓋專用之於軍旅者。……羅叔藴以第一字爲寓，而曰"從宀，御聲"，不知禺古讀 ŋöu，均在侯部，與御之讀 ŋa，相去極遠，烏得相通；而《簠室》、《類纂》尚從之，蓋二氏之疏於音理若此。

□ 古 □

……今按卜辭有□□字，蓋即古之正文。從口，從午省聲；其不省者作□，則極罕見。凡事物之故舊者，無從目驗，必憑口以述之，故從口；午古又同爲舌根音，故從之得聲，猶澆從堯聲，冠從元聲也。金文古字罕見，盂鼎亦省午作□，至許氏誤仞爲十，遂解形聲爲會意矣。此字商氏《類編》未收，王氏《類纂》收一二兩文而仍沿許説，不知卜辭所出十字至多，皆只作丨，從未有作十□者，故知其必非從十也。……

……古或又假爲吉字，以古吉皆見母字，形又相近，故得相假，如《殷虚書契前編》卷五第十六葉所出者是也；其弘吉兩字連書者，字每作□，亦即假古字爲之。……

□ □

第一字諸家缺釋，第二字王静安釋爲□（毓）之别構。宥按王説非也。卜辭十二支之子作□□□諸形，巳則□□□諸形，此□非倒子甚明；卜辭人名雖有□字，然果當讀子與否，未可遽定；倒之之説，更不能立；蓋卜辭女與人罕通假，毓子爲爲母者之事，尤不當以人爲之；故□既不當釋毓，而□與□又非一字。□蓋與□同爲居字：《説文》："居，從尸，古者居從古。"誼無所取，段朱諸氏改爲古聲是也，此從尸從古甚明；其作□者，或爲古聲之省，或本别作午聲，以古亦從午得聲也。□與□又即爲古居處之正字。《説文》分凥、居爲二，然經典皆以居爲之，曹憲注《廣雅》曰："案《説文》從尸几聲。"居不當從几得聲，明几爲訛文，而居、凥本一字也。卜辭無凥字，𡰣象人安卧之形，居誼已顯，得几而止之説，蓋涉処字之解而誤，沈西雝《説文古本考》已言之矣。

卜文𡰥與𢆶非一字，更有顯證：卜辭所出𢆶字，則辭中必有先公先王之名，故王氏釋爲后，説頗近似（古音后在侯部，毓在幽部，釋后亦不當從毓證入）。若作𡰥，則多稱之于，如曰："丁丑之于五居"，"之于五居"是也（惟《殷虚書契後編》卷上第二十頁𡰥下有且字，王氏遂仞爲祖乙，實則影本未見乙字，王氏所引誤也）。言五居者當是卜大遷之辭。作𡰥者罕見，王氏《類纂》異字下出"韋貝（貞）異居"一辭，當亦卜大遷而不吉者；都之言居，猶《盤庚》之言"奠厥攸居"也。惟屬於何世，則不可考矣。

綜上所釋，得表如下：

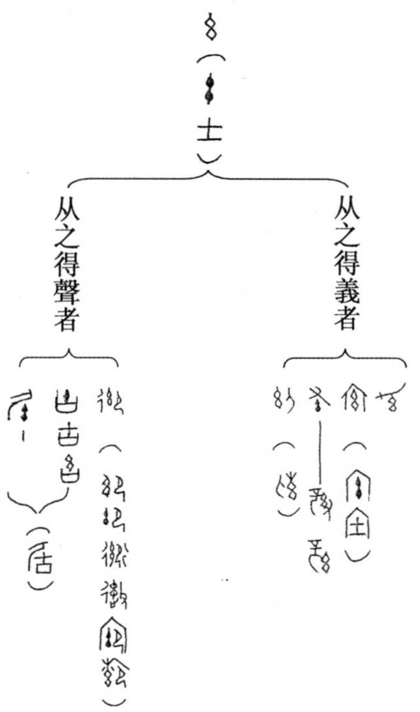

十七年，二月，十二日，寫於江灣急就齋。

（原載《東方雜誌》第25卷，第3號，1928年2月10日）

積微居金文説·自序

楊樹達

余於一九四〇年歲杪始專治彝銘，時避倭寇之難，僻處湘西，群書不備，雖偶有造述，未敢示人，聊以自遣而已。旋以書缺，棄不復治。一九四二年春，大病幾死，夏秋病已，重理兹業，到今十年，中間雖以旁治甲骨經典，時有作輟，然十年之中耗於此事者，日月爲獨多焉。平生喜爲經史諸子校勘之學，私獨好高郵王氏所著書，嘆爲絶業。近代學人雖復力求踵武，亦步亦趨，然謹嚴審核，未能逮也。彝銘之學，用在考史，不惟文字，然字有不識，義有不究，而矜言考史，有如築層臺於大漠，幾何其不敗也！余受性椎魯，不自揣量，妄欲用王氏校書之法治彝銘，每釋一器，首求字形之無啎，終期文義之大安，初因字以求義，繼復因義而定字。義有不合，則活用其字形，借助於文法，乞靈於聲韻，以通假讀通之。姑舉卷中所記若干事言之：弭仲簠“弭仲冉壽”，讀冉爲其；𦎫白𣪕簋“隹王伐逨魚，𢓊伐淖黑”，臣辰盉“隹王大龠宗周，𢓊饔莽京年”，讀𢓊爲逐；曾子仲宣鼎“宣喪用饔其諸父諸兄”，矢令彝“爽奢右于乃寮以乃友事”，讀喪爽爲尚；不嬰簋“戎大同逨追女”，讀逨爲用；縣改簋“𣪘！乃任縣伯室”，録伯𢦚簋“𣪘！淮夷敢伐内國”，讀𣪘爲嗟；“自乓祖考有㨖於周邦”，讀㨖爲勛；頌鼎“命女官嗣成周貯廿家，監嗣新造貯，用宫御”，讀貯爲紵；吕鼎“王饔△大室，吕𢓊于大室”，殘盂鼎“王格廟，祝𢓊”，讀𢓊爲侍；全盂鼎“匍有四方”，讀匍爲撫；敔簋“南淮夷遷及内”，讀遷爲竄；𡗞尊“𡗞從王女如南，攸貝”，讀攸爲休賜之休；舍武鐘“舍武于戎攻，霝昏”，讀舍爲余，讀霝昏爲令聞；效卣“公錫乓涉子效王休貝廿朋”，讀涉爲世；農卣“毋俾農弋，使乓友妻農”，讀弋爲孤特之特；麥盉“䢔于麥宫”，讀䢔爲過；吴姬匜“自乍吴姬貴匜”，讀貴爲𩞃；叔假父𣪕“叔假父乍惠𣪕”，讀惠爲餗；蔡子匜“蔡子旅自作會匜”，讀會爲沬；元年師兑𣪕“易女乃且巾”，讀巾爲旂；師遽彝“王乎宰利易師遽琱珪一，瑗章四”，讀琱爲縵，讀瑗爲瑑；尹光鼎“王鄉酉，尹光邐”，讀邐爲婐；白𢦚𣪕及善鼎，“唬前文人秉德共屯”，讀唬爲效；史喜鼎“史喜乍朕文考翟祭”，讀翟爲禴；叔夷鐘“虩虩成唐”，讀虩虩爲赫赫；不嬰𣪕“馭方厰允廣伐西俞”，讀馭方爲朔方；秦公𣪕“竈囿四方”，讀竈囿爲《詩》“肇域彼四海”之肇域；此關於義訓者也。其屬於史事者，釋𩰫黔镈之𩰫叔爲鮑叔，釋姑鵬句鑃之昏同爲舌庸，釋衛子叔旡父簠之子叔旡父爲公孫剽，釋蔡子匜之蔡子旅爲蔡侯廬，釋保侃母壺之王姛及㠱姛鼎之㠱姛爲褒姒；釋邾友父鬲之㝵嫊之㝵爲《左傳》“凡蔣邢茅胙祭”之胙。其屬於政治文化制度者，讀兮甲盤而知周政之壞，讀晋公盦證以《左傳》而知晋力之衰，合觀王孫遺諸鐘、徐王擢鼎知徐器用韻特精，見其文化之卓，觀叔夷鐘多用複詞，與同時之吕相《絶秦書》相類，而知齊晋當時文字之同風，合觀格伯簋、散氏盤零谷、杜木諸名知古代封樹及以木名野之制，合觀毛班毀之吴伯吕伯，及静簋之吴來吕㽵，知《周官》貴游子弟入學説之可信。凡若此類，乍得一義，未嘗不欣然自喜。然三代遺文，奇詭奥博，有時伏案展卷，千思百慮，目瞪口呆，竟日不能下一語，然後自見其才力之薄爲可驚也。頻年撰述，得文字四百餘首，念一時精力所存，未忍舍棄。去春少事，輒取舊稿大加删薙，頃復簡擇，存文二百八十二篇，爲器二百三十有八，析爲七卷。先後次第，以撰稿時日爲衡，其一器數釋，以後附前，聚於一簡，庶便參稽。伏冀並世通人糾其違謬，匡其不逮，俾余於炳燭餘年有所進益，雖百朋之錫，何以過之。一九五一年四月十日長沙楊樹達書於嶽麓山齋。

一九五一年八月，余得中國科學院考古研究所書，告余此稿可由所出版。十一月，考古研究所以稿寄余，囑余為最後一次之校訂，因得增補文字四篇，即《季子白盤三跋》、《㲋毀再跋》、《叔向父毀跋》、《叔夷鐘六跋》是也。大凡得文二百八十六篇，為器二百三十有九云。十一月二十九日樹達記。

（楊樹達：《積微居金文説》增訂本，科學出版社 1959 年版）

新識字之由來

楊樹達

余整理十年來金文説既成，以示門下諸生。諸生有來言者曰：彝銘之學，識字爲先。先生熟於許書，洞明條理，卷中於前人缺釋或誤釋之字新識得四五十文，通讀之字，數亦稱是，可謂富矣。然先生所由得此之途徑與方法，亦可略示一二，令後生有梯可登，有階可循乎？余曰：此固有之，然余由之而不知，習焉而不察。子言及此，則取余之所得紬繹之，歸納之，如今人所稱從實踐中抽出理論者，亦吾所願爲之者也。因作此示諸生。藉以求教於當世君子云。舉其條目，一曰據《説文》釋字，二曰據甲文釋字，三曰據甲文字偏旁釋字，四曰據銘文釋字，五曰據形體釋字，六曰據文義釋字，七曰據古禮俗釋字，八曰義近形旁任作，九曰音近聲旁任作，十曰古文形繁，十一曰古文形簡，十二曰古文象形會意字加聲旁，十三曰古文位置與篆文不同，十四曰二字形近混用云。

一、據《説文》釋字

據《説文》所記之字形以識字，此至簡單至易爲之事也。然而字形繁簡小异，位置略殊，則人多忽而不察焉。

𡈼

魯伯俞父簠有𡈼字，又見伯俞父鬲及伯俞父盤。吴榮光釋年，吴雲、劉體智從之。方濬益釋仁，劉心源釋𡰥，吴式芬、吴大澂、羅振玉、郭沫若並闕而未釋。余謂此𡈼字也。《説文・八篇上・𡈼部》云：“𡈼，善也，從人士，一曰，象物出地挺生也。”按許後説是也。𡈼字下從土，銘文𡈼字中畫下出者，象挺出物之根在地下，於字之形義固無忤也。諸家誤釋，殆以字形與《説文》小异故歟！

鷥

叔噩父毀大小二器有鷥字，或作鷥，吴大澂無釋，羅振玉釋鷥。余謂此《説文》鷀字也。甲文金文皆以𢆶爲茲，𢆶即絲字，古文絲茲無別。𢆶孳乳爲茲，從絲之鷥亦變而從茲爲鷀，鷥實鷀之初文，當以《説文》之鷀爲釋。羅氏依字書之，昧於發展規律矣。

隼

隼叔匜器銘作隼，蓋銘作隼，《西清續鑑乙編》釋爲唯叔，羅振玉《貞松堂集古遺文》題隽叔，《寶蘊樓彝器圖録》釋作隹叔。余謂三書皆誤釋，此即《説文》隼字也。《説文・四篇上・鳥部》云：“鵻，祝鵻也，从鳥，隹聲。”或作隼，云：“鵻或从隹一。”此匜器銘作隼，與《説文》从隹从一之字正同。蓋銘作隺,從一微下垂耳。

刅

杞子每刅甗刅字,方濬益《綴遺齋彝器考釋》玖卷廿柒葉下釋爲父字。余謂此《説文》之刅字也。《説文・四篇下・刃部》云:"刅,傷也,从刃,从一。"或作創。方氏誤釋者,豈以篆文作刅,作直形,銘文作刅,爲横形,故爾不識歟!

皀

商承祚《十二家吉金圖録》下册鏡捌載皀乍且乙爵云"皀乍且乙彝"。皀字原書無釋。余按《説文・畐部》良字古文作皀,此即其字也。此器銘在鋬内,上截一畫隱而不見,故只作皀形耳。第五字彝字下截亦隱在器内不見,可以證也。

按龜甲文晚出,前人多未及見,故從來考釋彝銘者莫不根據許氏《説文》以探索古文。余今所業,除少數文字根據甲文銘文外,大抵皆據《説文》也。此條特標據《説文》者,以上列諸字事尤顯著,而前人竟以字形略有異同,遂皆失之眉睫,故特表明之,非謂其他文字之考釋非據《説文》也。

二、據甲文釋字

㫃

《貞松堂集古遺文》拾卷叁叁葉上載蔡子匜云:"蔡子㫃自乍會△。"㫃字羅振玉無釋。《十二家吉金圖録》上册雪十七有此器,商承祚釋佗。余謂此旅字也。旅甲文作㫃《書契前編》壹卷貳葉陸版作㫃同上捌葉捌版,可證也。

子

《愙齋集古録》拾肆册廿貳葉上載父乙盉云:"子未父乙册。"子字吴大澂無釋。方濬益《綴遺齋彝器考釋》、劉心源《奇觚室吉金文述》、羅振玉《殷文存》、劉體智《小校經閣金文》並釋作宁字。余謂此子字也。子字甲文恒作子,亦有作子者。《殷契卜辭》伍玖伍片乙云:"丁酉卜,貞其多子王爯。"多子之文卜辭屢見,此多子亦即多子,可以證也。此器乃子名未者爲父乙作盉也。

子

《攈古録金文》貳之壹卷拾陸葉下載子孫祖丁觚,銘文凡七字,末爲"子且丁"三字。子吴式芬釋爲爵形,《綴遺齋彝器考釋》拾陸卷廿伍葉上亦載此器,方濬益釋作鼎形。余謂此子字也。子字甲文或作子《書契後編》下卷壹葉伍版,銘文字形與彼大同,可证也。爲祖丁作器而題曰子,似不可通,然子祖辛卣亦題子祖辛也見《愙齋集古録》拾捌册柒葉上。

光 光

《貞松堂集古遺文補遺》上卷柒葉上載父乙臣辰鼎,銘文云"父乙臣辰光"。羅振玉於光字無釋。臣辰尚有爵一,毁二,尊一,並見羅氏書中,皆有此字,羅氏並無釋。又《集古遺文》捌卷肆叁葉下有臣辰盉,末署"臣辰册册光",光字羅振玉亦無釋,吴闓生《吉金文録》肆卷廿玖葉上、于思泊《吉金文選》下叁卷拾叁葉下並釋爲先,郭沫若《兩周金文辭大系考釋》上册叁弍葉上釋爲族徽。《集古遺文續編》中卷廿叁葉上有臣辰父癸卣,銘末字與臣辰盉同,羅氏釋光作光。劉體智《小校經閣金文》貳卷叁玖葉上載臣辰光册父乙鼎,亦釋光爲光。余謂光光皆子字,釋先釋光釋族徽者皆誤也。知者,子字甲文作[字形]《前編》貳卷叁壹葉貳版,作[字形],《後編》下卷伍葉拾肆版銘文形體雖小异,結構相同,可證也。又諸器多有父乙、父辛、父癸之稱,子字皆對父爲言也。其或作[字形],或作[字形]者,或但作輪廓,或填實書之,故不同耳。

[字形]

《善齋彝器圖録》圖壹伍伍載御正[字形]爵,[字形]字原書無釋。余謂此良字也。良字甲文作[字形]《前編》貳卷廿壹葉叁版,作[字形]《龜甲》壹卷拾捌葉拾版,此字形與彼同,可證也。翻寇良父壺良字作[字形],較此文爲繁也。

以上五文,據甲文全字釋字。

[字形]

《窓齋集古録》貳拾册柒頁上載父辛觶云:"[字形]乍父辛。"[字形]字吴大澂無釋。按方濬益《綴遺齋彝器考釋》廿叁卷廿柒葉上亦載此器,名爲屋形父辛觶,釋[字形]爲屋形。余按甲文家字作[字形]前編七卷叁捌葉壹版,向字作[字形]同上貳卷廿葉柒版,金文從宀之字亦多[字形]形,則此銘之[字形]字乃宀字也。

右一文,據甲文偏旁釋字。

三、據甲文字定偏旁釋字

會意形聲之字,往往由二字或三字組成,此二字或三字,析言之,即偏旁也。整字中有一偏旁不可識,則整字無由識,雖或意測得之,猶不得認爲已識也。

[字形]

農卣云:"事使[字形]友[字形]農!"[字形]字《西清古鑑》釋[illegible],《小校經閣金文》釋㚔,并非是。劉心源《奇觚室吉金文述》陸卷拾伍葉上云:"古文齎字從此,是妻字也,從母與從女同意。古文母女通。"按劉釋其字爲妻,又謂從母與從女通,皆是也。謂齎字從此,則非是。《説文·七篇上·齊部》齎字從齊從妻,與此字形异,知劉説雖偶中,實未真識此字也。余謂甲文西字作[字形],此字實從母,從古文西,乃妻之或體字。《説文》記西字或作棲,從木,妻聲,西妻二字古音相同,故此妻字以西爲聲也。

[字形]

《貞松堂集古遺文》拾卷廿壹葉上載[字形]大乍父辛爵,羅振玉釋第一字作[字形]。余謂此芺字也。矢字甲文作[字形]見《甲骨文編》伍卷拾肆葉上,此字所從與彼同,從[字形]與從草同。《説文·一篇下·草部》云:"芺,菜也,从艸,矢聲。"字從[字形]與從艸同。羅氏頗習甲文,於此矢字乃不能辨識,亦可怪也。

右舉二例,據甲文全字定偏旁釋字。

[字形]

《綴遺齋彝器考釋》拾玖卷廿肆葉上載子執惠爵,銘文一字,作[字形]。按方濬益題爲子執惠,認左旁爲子字,是也,而認右旁爲惠,則非是。余謂甲文從糸之字多作[字形]形,知此字右旁從糸。字從子從糸,乃孫字也。金文孫字皆從糸,無從系者,《説文》謂孫字從系者,非也。金文亦無系字。

𣅀

《攗古録金文》貳之叁卷陸壹葉上載伯𢦏毁云:"隹用妥神褱鬼,𣅀前文人秉德共屯。"𣅀字吴式芬釋爲從日從虎之曉,吴闓生《吉金文録》叁卷廿玖葉下從之。劉體智《小校經閣金文》捌卷叁貳葉下、于思泊《吉金文選》上叁卷拾貳葉下并釋爲𣈖,左旁從甘。郭沫若《兩周金文辭大系考釋》上册陸伍葉上謂字從口,《攗古録》誤摹爲從甘。余按諸家之説並非也。吉字從口,甲文或不從口而從甘《甲骨文編》貳卷拾葉上;甲文叀字從口,又或從甘作𠷎《前編》貳卷叁拾葉叁版。據此知此𣅀字所以之甘仍是口字,非日字,亦非甘字也。《小校經閣金文》載此器,字亦從甘,知非《攗古録》誤摹矣。善鼎云"隹用易福,唬前文人秉德共屯",與此銘文句同,彼文唬字從口,可证此從甘之𣈖仍是唬字也。《説文》唬讀若暠。《玉篇》云:"唬,呼交切。"字蓋假爲效或學。知者,叔毛鼎云"唯△學前文人秉德……"與此毁及善鼎句例並同,是其证也。有讀唬爲乎者,非也。

以上二例,據甲文之偏旁定偏旁以釋字。

四、據銘文釋字

玗

《攗古録金文》卷貳之貳伍葉上載䱷霝卣原作《丁師卣》,文云:"子易錫䱷霝玗一,䱷霝用乍丁師彝。"吴式芬釋"玗一"爲"玗圜形一"。阮元《積古齋彝器款識》卷壹叁肆葉下録此器,釋○爲珠,謂玗珠一爲玗一珠一。余謂阮吴之釋並非,○乃玉之象形字也。知者,馭方鼎云:"王窺易馭方玉五瑴",瑴字作㱿,字不從玉而從○,知○即玉字也。玗字已從玉,復從○者,辟法之字古止作侲,從辛從人,辟字從○,乃玉璧之璧本字。《説文》誤以從○者爲從口。辟字已從○,後復有從玉之璧,此玗字已從玉,又復從○,與璧字例正同也璧字用羅振玉説,見《殷虚文字類編》玖卷叁葉上。

乜

《愙齋集古録》拾肆册拾貳葉下載杞伯敏父壺云:敏字當作每"杞伯每乜作鼄婊寶壺。"乜字陳介祺釋父,吴大澂《愙齋集古録》拾卷拾壹葉下杞伯敦、方濬益《綴遺齋彝器考釋》廿伍卷陸葉上杞伯登並從之,劉心源《奇觚室吉金文述》壹卷廿肆葉上釋爲《説文》訓變之乜,劉體智《小校經閣金文》柒卷玖拾柒葉杞伯敦釋爲《説文》訓相與比叙之匕,郭沫若《兩周金文辭大系考釋》下册壹玖捌葉杞伯壺釋爲𠂢。自餘吴式芬《攗古録金文》貳之貳卷肆葉杞伯鼎,貳之叁卷柒葉杞伯壺、羅振玉《貞松堂集古遺文》伍卷拾玖葉杞伯毁並闕而不釋。余按諸家之釋並非是,乜字即刅字也。知者,銘文梁、粱等字皆從刅,獨陳公子甗粱字省米作𣲙,從水從乜,他字從刅者此獨從乜,故知此乜即刅字矣。

网

《雙劍誃吉金圖録》上卷肆捌葉上載网父辛觶云:"网父辛。"于思泊云:"网即𠔿之變體。"按本書前有𠔿父己彝,𠔿字無釋,然則网究爲何字,仍不明也。余謂网乃網字之省文,网則網之古文也。知者,《石鼓·己鼓》罟字作𦊓,所從网字作㓁,與网形近。兮甲盤有罯字,作𦋞,所從网字與此字形同,可證也。

彐

《愙齋集古録》拾玖册廿伍葉上載叉卣云："公姞令彐嗣田。"彐字阮元《積古齋鐘鼎彝器款識》伍卷柒葉上釋爲邑，吴式芬《攈古録金文》貳之叁卷伍玖葉上改釋爲叉，吴大澂此書及劉心源《奇觚室吉金文述》陸卷拾肆葉上、方濬益《綴遺齋彝器考釋》拾貳卷廿壹葉下、劉體智《小校經閣金文》肆卷陸壹葉上並從吴釋叉，鄒安《周金文存》伍卷玖拾葉上釋爲丑。余謂字與邑殊遠，阮釋之誤不待言矣。叉、丑二字并從又，細審此字，上象人張口形，下從人，非從又，吴鄒二釋亦皆非也。考師湯父鼎歁字，所魚匕欽字歠字，三字所從之欠并作彐，上象人張口，下從人，知此字所從之彐實欠字。字從二從欠，乃次字也。

𡥆

《武英殿彝器圖録》上册陸叁葉上載斆簋，銘文云："𡥆㝨敔用乍匋父辛寶毁。"原書無釋。今按《愙齋集古録》拾肆册廿肆葉上有父辛盉，銘文云："𡥆此字在亞形中父辛。"𡥆字爲《說文》孳字古文𢿱字之省形，孳子古音同，"𡥆父辛"即子父辛，對父辛而言子也。𡥆字左旁之𡥆，乃𡥆字之省形，亦子字也。字從子從女，知此字乃好字矣。

五、據形體釋字

頣

善夫克鼎云："叀于萬民，頣遠能𤞷。"按頣字《愙齋集古録》伍卷壹葉下、《奇觚室吉金文述》貳卷廿捌葉下影片及《綴遺齋彝器考釋》肆卷廿伍葉下摹本并摩泐不明，惟《小校經閣金文》影片叁卷叁貳葉上較爲明晰，其字右旁作囟，左從頁同銘有頴字顯字，此頁字上截與顯字右旁頁字上截同，下截與頴字右旁頁字下截同，當釋作頣。諸家釋文者，吴大澂、劉心源於此字並無釋，獨方濬益釋作頣，字形最合，而不明言其爲何字。余謂此當爲𡿺之加形旁字。《說文・八篇上・匕部》云："𡿺，頭髓也，從匕，匕，相匕箸也，巛象發，囟象𡿺形。"此字右旁之囟即《說文》𡿺字，形但從囟，省不從象發之巛，《說文》云從匕者，即此乚形之誤，人𡿺在首，故加義旁頁也。𡿺與柔古音同，"𡿺遠能𤞷"即經傳之"柔遠能邇"也。又按此字孫詒讓定爲頣字，謂是擾之异文，《籀廎述林》柒卷拾肆葉近日劉體智《小校經閣金文》、吴闓生《吉金文録》壹卷拾捌葉下、郭沫若《金文叢考》肆册貳伍捌葉下並從其説釋爲擾，而郭氏《兩周金文辭大系考釋》中册壹貳壹葉上釋爲䙴，于思泊《吉金文選》上貳卷拾伍葉下又釋爲䪪，皆非也。

六、據文義釋字

朿

《小校經閣金文》叁卷玖捌葉下載我作父己甗有云："朿貝五朋。"朿字原書無釋。《貞松堂集古遺文補遺》上卷拾叁葉上載禦父己鼎文與此銘同，羅振玉於朿字亦無釋。余以文義求之，疑此字當爲賜錫賞賚等義之字。賜錫字古音在錫部，聲屬心母，以此爲導綫求之，得與心母音近清母之朿字，而此字正象木有芒刺之形，因定爲朿字而讀爲賜，於是形音義皆合也。朿字《說文》作朿，失其形矣。

□

《雙劍誃吉金録》上卷叁貳葉上載盂卣，銘文云："兮公室盂鬯□貝十朋。"于思泊《考釋》捌葉及羅振玉《貞松堂集古遺文補遺》中卷拾貳葉上、吴闓生《吉金文録》肆卷拾柒頁上并釋□爲束。于云："鬯係香草，故可稱束。"余按鬯酒以香草爲之，鬯非草也。《詩經》及銘文賜鬯皆以卣計，稱束又不合也。余疑此字當與下貝字連文，古人恒言黿貝，文姬匜云"子易黿貝"，其明證也。蓋□象人從上下視黿背之形，頭尾四足具，非束字也。

𤇾

潘祖蔭《攀古樓彝器款識》下卷壹葉上載𨚕鎛云："𨚕叔有成𤇾于齊邦。"或釋爲燮字，形誠似矣，然文不可通也。余謂《説文》勞字古文作𤇾，云："古文勞从悉。"此形與彼略同，林與炏同，∧即彼文之冂，𠆢即彼文之㇀，但省釆作耳。叔夷鐘云"堇勞其政事"，勞字形與此銘正同。以兩器文義勘校，其爲勞字决也。

□

《貞松堂集古遺文》柒卷拾柒葉下載季受尊云："△△于△季受貝二朋，□乎休，用乍考△父障彝。"□字羅振玉釋子，《西清古鑑》捌卷叁拾玖葉亦載此器，釋作保，文義皆不可通。余按之銘文通例，此字非易字不可。因檢貨幣銘文，晋陽幣易字作□，與銘文同，故知子字之釋形雖是而實則非也。

據以上諸字例觀之，釋字形雖近是而文義不可通者，必非真是也。得其文義而字形亦從而得矣。故學者貴好學深思心知其意也。

七、據古禮俗釋字

□

《小校經閣金文》貳卷玖捌葉下載徐王糧鼎云："郐王糧用其良金，鑄其鼒鼎，用□庶腊。"□字劉體智此書及羅振玉《貞松堂集古遺文》叁卷廿壹葉上并如字書爲□，不言其爲何字。吴闓生《吉金文録》壹卷叁捌葉上釋爲鬻，于思泊《吉金文選》上貳卷拾柒葉下亦如字書之而讀爲鬻，郭沫若《兩周金文辭大系考釋》下册壹伍玖葉讀爲胹。余謂《説文・鬲部》云："鬻，五味盉羹也。从䰜，从羔。"或作䰞，从䰜省，从羔，从美。或作羹，从羔，从美。此字作□，从䰜省，从羔，與《説文》□□二字大同，知亦羹字也。其從采者，采謂菜也。古羹有二，一曰鉶羹，一曰太羹。太羹無菜，鉶羹則有菜。《禮記・曲禮上篇》云"羹之有菜者用梜，其無菜者不用夾"，正義謂有菜者爲鉶羹，無菜者爲太羹，是也。鉶羹用菜，故此羹字从采。有菜之羹實於鉶，故曰鉶羹，鉶亦鼎也。郐王糧鑄鼎，將以載有菜之羹，故字用從采之□，尤爲切合也無菜之大羹實於豆，不實於鉶。

八、義近形旁任作

□

《寶藴樓彝器圖録》上册伍肆葉頁下載周□昜簋，□字依字書之，無釋。羅振玉《貞松堂集古遺文》卷肆肆拾葉下合□昜二字釋作農，按皆誤也。此字从𦍌，从田，古文从𦍌之字與從艸同，知此乃苗字也。

㚤

《攈古録金文》叁之叁卷貳拾葉上載不嬰殷蓋殷原書作敦，有云："女以我車宕伐𢽲玁㚤于高陵。"孫詒讓《古籀餘論》下卷貳葉下謂字下從夊，銘文乃借夋爲允。余謂孫説誤。允字下從古文人之儿，㚤字下從女，古文從人與從女無别也。

𡚱

《愙齋集古録》拾壹册廿陸葉下載宰甾殷原題來獸敦，銘文有云："王𡚱宰甾貝五朋。"𡚱字吴大澂無釋。余謂此字上從火，下從女，乃光字也。《説文》記光字上從火，下從古文人之儿，此從女，與從儿同。《説文》侯嫉同字，姷侑同字，可證也。光當讀爲貺，賜也。

𡧱

《嘯堂集古録》上册叁柒葉上載宛卣原題商母乙卣，銘文云："王易𡧱貝朋。"王俅以此字與下貝字合爲一字，釋作賓，洪頤煊《讀書叢録》釋作宴，孫詒讓《古籀拾遺・鄦子鐘跋》引洪説而贊之，余謂王洪二釋皆非也。《説文》記宛字從宀從夗，夗字從夕從卩，《説文》從卩之字，古文皆作人跽形，亦即人字。此銘從女，與《説文》從卩者同，實宛字也。

𢿍

《愙齋集古録》拾壹册拾肆葉下載𢿍殷殷原作敦，銘文有云："𢿍對揚王休，自乍寶器。"吴大澂如字書之。徐同柏釋爲肄。余謂此字左從㣇，即《説文》之𢑚字，𢑚下云："河内名豕也。"𢑚與豕古本一字，㣇乃希之省作，此字即《説文》之豨字也。

𢓊

《貞松堂集古遺文補遺》中卷廿柒葉下載𢓊馬爵云："𢓊馬乍彝。"羅振玉於𢓊字無釋。余謂《説文》記走字從夭從止，此字從夭從彳，從彳與從止同也。彝銘走字固多從止者，井侯彝、召尊、效卣、右走馬嘉壺諸器則皆從禾從止又從彳，此則不從止而從彳，古人文字繁簡不一，往往如此矣。

𠂤

《貞松堂集古遺文》捌卷廿玖葉上載小子相卣云："甲寅，子商小子相貝五朋，相𠂤易商君當作君商，用乍父己寶彝。"𠂤字羅振玉釋玔，不知其爲何字。吴闓生《吉金文録》肆卷拾貳葉下于思泊《吉金文選》下叁卷捌葉下並闕釋。余謂此字左從丮，右從丰，乃丰之省作，此奉字也。奉字或從丰省作𡗬，見散氏盤。丮字甲文作𢆉，金文作𢀈《毛公鼎》玔字偏旁如此，皆象人伸二手之形，義與収同，此字從𠂉，象伸一手，乃省作也。《左傳・僖公二十八年》云"重耳敢再拜稽首奉揚天子之丕顯休命"，此古人言"奉揚"之證也。

九、音近聲旁任作

𩰫

潘祖蔭《攀古樓彝器款識》下册壹葉上載𩰫鞥鎛云："齊辟𩰫叔之孫適中之子鞥乍子中姜寶鎛。"𩰫吴大澂釋䍃，郭沫若釋鞠《大系考釋》下册貳壹零葉下，余謂皆非也。𩰫字乃《説文》鞄之或作。知者：𩰫字從陶聲，陶從匋聲，而匋實從勹聲《説文》包省聲，誤，《説文》引《史篇》匋讀與缶同，匋字古本讀唇音，《説文・言部》詾或作訩，知匋與包音同，𩰫叔即齊桓公臣之鮑叔也。

賨

《小校經閣金文》玖卷百零壹葉上載喪史賓鈚云:“喪史賨自乍鈚。”賨字自阮元《積古齋彝器款識》伍卷拾伍葉釋爲賓,吴式芬《攈古録金文》貳之叁卷廿玖葉上、劉體智《小校經閣金文》玖卷百壹葉並從之,余謂此當是賞之异文。《説文》記賞從尚聲,而尚字實從向聲,此字從向,與從尚同,猶《説文》霚或作雺,瑁或作玥也。

㢴

《攈古録金文》貳之叁卷陸陸葉上載郾侯彝云:“郾侯㢴△夜忞哉。”㢴字吴榮光《筠清館金文》伍卷捌葉釋爲載,吴式芬此書及郭沫若《兩周金文辭大系考釋》下册貳貳柒葉上並從之,字形不合。余謂此字從𠂇,乃差之或體。《説文》記差从𠂹省聲,𠂹字乃從左聲,左乃從𠂇聲,從𠂇與從𠂹省聲無异也。此器較晚,故𠂇不作𠂇,而與左關鋘之𠂇字略同,古文才字無作此形者。

㕜

《貞松堂集古遺文》肆卷肆玖葉下載矢令彝原作矢方彝云:“爽㕜右于乃寮以乃友事。”㕜右即左右,字當爲《説文》㷥字之省形,其故與㢴字同。

𥂦

《周金文存》貳卷陸陸葉上載𥂦方鼎揚當作昜,文云:“昜𥂦鼎。”吴大澂《説文古籀補》釋爲妻皿二字,孫詒讓《古籀餘論》上卷壹葉上釋爲齎皿二字,并誤。余按此字上從妻,下從皿,乃齍字之或體也。妻與齊古音近,故字或從齊,或從妻。且齍爲方鼎,而此器形方,又其確證也。吴式芬《攈古録金文》壹之貳卷陸葉上載此器,標題曰昜齍方鼎,似知𥂦即齍字矣,然無説,又《釋文》仍作𥂦,不作齍,似并未真知也。

以上五字,𩍐與鞄,賨與賞,㢴㕜與差㷥,各由同一聲類孳乳而出之音近字也。𥂦與齍則聲類相异之音近字也。

十、古文形繁

韋

《西清續鑑乙編》貳卷肆拾叁葉上載周舉鼎,文云:“韋父丁。”《十二家吉金圖録》下册拾貳葉下載弓衛祖己鼎,銘文首字作弓形,第二字作韋,與上器字形同。按甲文韋字作韋《鐵雲》壹陸玖葉叁版或作韋,《前編》伍卷肆柒葉叁版,□象城邑,上下或左右足趾皆作背城他去之形,乃《説文》訓離之違本字。二鼎銘作四足形者,乃韋字之繁文也。《圖録》引羅振玉説釋爲衛字,非也。

十一、古文形簡

𡗜

《窓齋集古録》拾陸册肆葉上載散氏盤原題散盤,銘文有云:“自濡涉以南至于大沽,一𡗜。”按𡗜字下從廾,上從丰省,乃奉字之初文也。《説文》奉字從廾從丰從手,從廾又從手,於文爲緟複無理矣。

𢦚

《筠清館金文》貳卷叁葉下載臧伯鼎云："𢦚白乍彝。"吴榮光釋爲臧伯，《攈古録金文》壹之貳卷肆柒葉上載此器，引許瀚説釋𢦚爲國，余謂並非也。《説文·戈部》云："𢧢，利也，从戈，呈聲。"按呈字從口𡈼聲，𡈼《説文》謂象物出地挺生，知字實從土。今銘文從𡈼，以杜伯𣪘杜字作𡈼证之，知𡈼下所從正是土字，與篆文較，但少𠃌形耳。

十二、古文象形會意字加聲旁

𩾜

《小校經閣金文》壹卷玖玖葉上載姑馮句鑃云："姑𩾜昏同之子𢦏氒吉金，自乍商句鑃。"按此器自《攈古録金文》卷叁之貳拾貳葉下著録，釋爲姑馮，鄒安《周金文存》卷壹柒捌葉、郭沫若《兩周金文辭大系考釋》下册壹伍陸葉下、吴闓生《吉金文録》卷肆叁肆葉下、于思泊《吉金文選》下叁卷拾陸葉下並從之，郭君謂此字從奇文鳳𠓛聲，是也。然又云："此字釋馮至當，從鳳者，取鳳鳥之馮風也。"余謂此乃鳳之象形加旁字，與厂加干爲厈，网加亡爲罔者同。鳳字從凡聲，凡在覃部，今得以登部之𠓛字爲聲者，鳳鵬古本一字，《説文》鳳或作鵬，《莊子·逍遥游》篇之大鵬即鳳也。朋音在登部，𠓛與朋同音，故此鳳字加𠓛字爲其聲旁也。余意此字當釋爲鵬，鵬即是鳳，是義合也；𠓛朋同音，是音合也。吴式芬釋馮者，乃以此字左從𠓛，右所從之奇文鳳字，上截似馬字，故牽合釋爲馮，此乃似是而非之誤釋，郭君許爲至當，過矣。

𧚨

《綴遺齋彝器考釋》拾貳卷廿壹葉下載次卣原作叉卣，銘文有云："易馬易𧚨。"方濬益釋𧚨爲裘，是也。字從又者，方氏説之云："裘所以佐女功，助温也。求從又爲手形，正取佐助之意。"余謂裘字甲文作𧘝《甲骨文編》卷捌拾壹葉下，銘文加從又者，又與裘古音同在咍部，此象形字加聲旁之例，不如方氏説也。

𩱦

景宋本《嘯堂集古録》下册玖叁葉上載叔夜鼎，銘文云："叔夜鑄其𩞁鼎，以征以行，用𩱦用羹。"𩱦字薛尚功《歷代鐘鼎彝器款識》玖卷景明本拾陸葉釋爲饘，阮元《積古齋鐘鼎款識》肆卷拾壹葉、吴式芬《攈古録金文》貳之貳卷柒玖葉釋爲鬻，吴大澂《説文古籀補》從之。今按薛釋與形不合，不待論矣。阮元謂從𠒇者侃之省字，然𠒇爲古文兄字，侃字不從兄也。此似是而非之釋，不可從。余按《説文·三篇下·䰜部》云："鬻，鍵也，从䰜米之六切。"銘文從米，與《説文》同，從弜，與《説文》從䰜同，又從兄者，古文兄與祝同，甲文有"兄于母庚"、"于匕己兄"之文，兄皆祝字也，此字以祝古文之兄爲聲旁耳。

十三、古文位置與篆文不同

𡨦

《愙齋集古録》伍册壹葉下載善夫克鼎云："穆穆朕文且師華父悤襄氒心，𡨦静于猷。"吴大澂釋寧静，吴闓生《吉金文録》卷壹拾捌葉下從之。方濬益《綴遺齋彝器考釋》卷肆廿伍葉、孫詒讓《籀廎述林》卷柒拾貳葉下、劉體智《小校經閣金文》卷叁叁貳葉並釋爲寍，郭沫若《兩周金文辭大系考釋》中册壹貳壹葉上、于思泊《吉金文選》上貳卷拾伍葉下並如字書之。王静安《克鼎考釋》云："寍未詳。"余按二吴氏釋寧者是也，然無説。今謂《説文・五篇上・丂部》云："寧，願詞也，从丂，寍聲。"銘文作寍，《説文》云："古文以丂爲于。"古丂于二字通作，此從于猶彼從丂也，但省去心字，又置于字在皿字上，故令人迷惑不辨耳。

十四、二字形近混用

冂與冖

《説文・五篇下・冂部》云："冂，邑外謂之郊，郊外謂之野，野外謂之林，林外謂之冂，象遠界也古熒切。"或作冋，又作坰。余謂冂爲一字，冋坰當别爲一字。冂疑當爲扃之象形初文。《説文・十二篇上・户部》云："扃，外閉之關也，从户，冋聲古熒切。"冂字中横畫象門關之形，左右兩直畫象門旁之柱，古人謂之棖，關之所託也。《説文・七篇下・冂部》云："冂，覆也，从一下垂也莫狄切。"按冖乃覆蓋飲食器上之布幔，今尚多用之，後世字或作幂。冂與冖截然二字，然以二字形近，金文時時混用無别。《説文・五篇下・㠯部》載冟字從㠯冖聲，此字彝銘屢見不一見，毛公鼎、録伯𢦚毁、吴尊皆作𠤕，從冂，不從冖，此二字混用之確证也。秦公簋云"鼏宅禹責蹟"，字明從冂，不從冖。以文義論，當依字形而讀爲訓遠之迥。以簋文意謂"秦本僻處西陲，今進而有周室岐豐舊地，爲遠居夏禹經行之地"，必如此而文義乃合故也。然近日釋此器者，如羅振玉《貞松堂集古遺文》陸卷拾叁葉下、郭沫若《兩周金文辭大系考釋》下册廿肆葉上、吴闓生《吉金文録》叁卷叁叁葉上、于思泊《吉金文選》上叁卷拾捌葉上、劉體智《小校經閣金文》捌卷柒捌葉下皆以從冖之鼏釋之，而文乃不可通矣。此不當改讀而誤改讀之者也。全盂鼎云："易女鬯一卣，冖衣，市舄，車馬。"字作冖，不作冂，冖衣文義難通，徐同柏《從古堂款識學》卷拾陸叁伍葉下乃釋冖衣爲冕衣，吴式芬《攈古録金文》叁之叁卷叁伍葉上、吴大澂《愙齋集古録》肆卷拾肆葉下、方濬益《綴遺齋彝器考釋》叁卷廿伍葉上、劉心源《奇觚室吉金文述》貳卷叁柒葉上、王静安《盂鼎考釋》叁葉下、吴闓生《吉金文録》一捲陸葉下、于思泊《吉金文選》上貳卷叁葉上、郭沫若《兩周金文辭大系考釋》上册叁肆葉上靡然從之，略無异議。然古書傳記絶未見有云冕衣者，則徐釋殊未可信也。余謂此字雖作冖，必當讀爲冂。《詩》云"衣錦褧衣"，此冂衣即《詩》之褧衣也。克鼎云："易女叔市，參冋，苹悤。"師酉毁云："新易女赤市，朱黄，中絅，攸勒。"此銘之錫冂衣，即克鼎之錫參冋，師酉簋之錫中絅也。此銘以冂衣市舄同錫，猶克鼎之以叔市參冋同錫，師酉簋之以赤市中絅同錫也。此則文當改讀，而徐同柏以下凡九家皆失之未改讀者也。要之：古人字形無定，而文義却有定。吾人對此，當以有定決不定，换言之，當以文義定字形，不當泥字形而害文義。文義當，則依字讀之可也，依字不通，則當大膽改讀之。近代釋銘文者似皆未了此義，此二字爲最切當之例，故詳言之。

按通行《説文》鼎部有鼏字正文，而以鼏字之説解附其下，以字形相近，混淆誤奪，致鼏字有正字而脱説解，鼏字存説解而脱正文，段君作注始校正之。秦公簋字明作鼏，而考釋者却皆捨文義易於通讀之本字鼏不取，乃用文義難説之鼏字改讀之，頗不可解，豈皆爲誤本《説文》所誤歟！

朿與朿

《小校經閣金文》叁卷拾叁葉上載大乍且丁鼎云:"公朿鑄武王成王異祼鼎。"朿字劉體智及羅振玉《貞松堂集古遺文》叁卷廿伍葉下、郭沫若《兩周金文辭大系考釋》上册叁叁葉上、于思泊《吉金文選》下壹卷卷玖葉下並釋爲朿,吴闓生《吉金文録》壹卷拾貳葉上下釋爲朿,云:"朿字未詳。"余按以《說文》校之,釋朿於字形誠合矣。然朿字我乍父己甗作朿,是古文不作此形也。核之文義,尤不可通。郭沫若以公朿連讀,認爲人名,此說既與下文"公啇乍册大白馬"句單稱公者不合,說公朿即君奭,亦殊牽强,未可信據。余疑朿當讀爲來,"公來鑄武王成王異鼎",與宰甫簋"王朿獸自豆麓"句例同。此或鑄範之誤,然古人作字任意,實爲通例,余姑假設一說於此,俟他日更證焉。

(楊樹達:《積微居金文說》增訂本,科學出版社1959年版)

甲骨文為字從又牽象為殷人服象之證(節錄)

徐中舒

甲骨文爲字作：

《殷虚書契》卷伍第三十葉　同右　《後編》下第十葉　同右　同右　同右

從又(即手形)牽象,羅振玉先生說：

> 意古者役象以助勞,其事或尚在服牛乘馬以前?——《殷虚書契考釋》

殷人以牽象爲作爲,更可證象爲其日常服用之物。入周以後,服象之事,雖漸次絶迹於中國,但文字相承,如銅器及石鼓中之爲字,仍存牽象之形：

匍孟嬀殺女匜　叔男父匜　鄁娶鼎　邵鐘　陳侯因資敦　邾公華钟　石鼓

從爪與從又同意。暨戰國時,黄河流域居民,已不見生象。

> 白骨疑象。——《戰國策・魏策》

> 人希見生象也,而得死象之骨,按其圖以想其生也,故諸人之所以意想者,皆謂之象也。——《韓非子・解老篇》

生象既非其所習見,服象之事當更非其所知。觀銅器中時代較後之器,其爲字形多訛失：

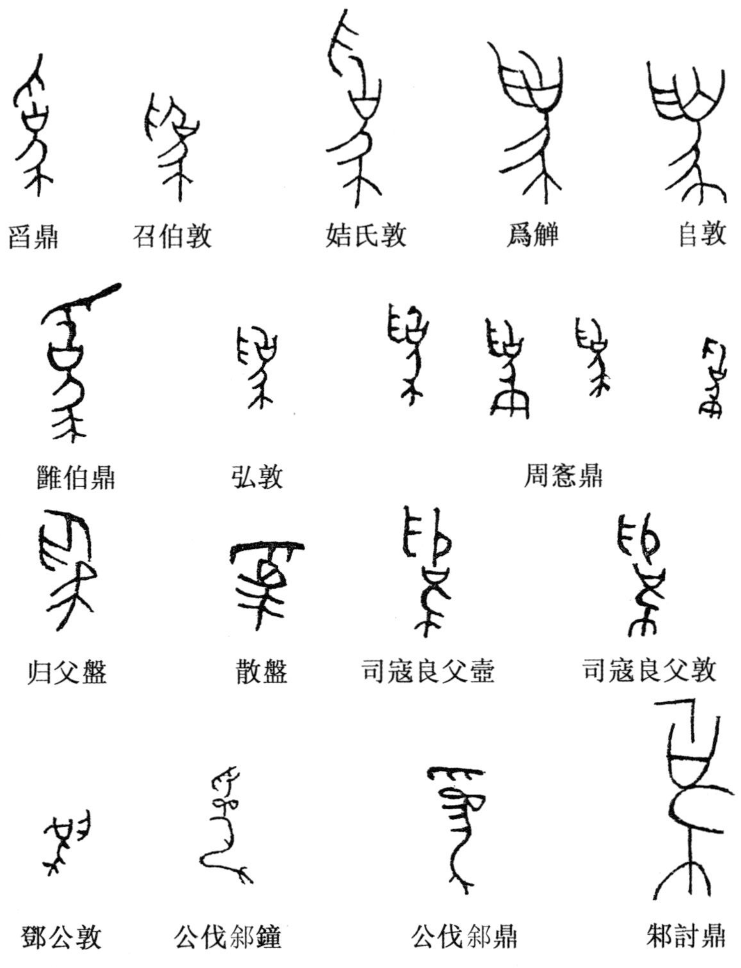

邾討鼎並將偏旁爪省去，全失作爲之意。《説文》至以爲爲母猴，云"其爲禽好爪……古文爲，象兩母猴相對形"。時代愈後，則訛謬愈甚。吾人於此，更得一消極之論證，即《吕氏春秋·古樂篇》所載殷人服象之事，及《孟子》卷三所云：

> 周公相武王，誅紂伐奄，三年，討其君，驅飛廉於海隅而戮之，滅國者五十，驅虎豹犀象而遠之，天下大悦。

必爲古代相傳之信史，《吕氏春秋》與《孟子》並爲戰國末年之書，其時服象之事，早已軼出黄河流域居民記憶之外，必不能臆造此種傳説也。

（徐中舒：《殷人服象及象之南遷》，《中央研究院歷史語言研究所集刊》第二本第一分，1930 年 5 月刊印）

殷代兄終弟及為貴族選舉制説(節録)

徐中舒

……

王静安先生《觀堂集林·殷周制度論》説之云：

商之繼統法以弟及爲主，而以子繼輔之，無弟然後傳子。自成湯至於帝辛，三十帝中，以弟繼兄者凡十四帝，其以子繼父者，亦非兄之子而多爲弟之子。惟沃甲崩祖辛子祖丁立，祖丁崩沃甲之子南庚立，南庚崩祖丁之子陽甲立，此三事獨與商人繼統法不合。此蓋《史記·殷本紀》所謂中丁以後九世之亂，其間當有争立之事，而不可考矣。

近頃胡厚宣先生作《殷代婚姻家庭宗法生育制度考》(載《甲骨學商史論叢》中)，復據《史記·殷本紀》康丁以後世系，以爲皆父子相繼。而《吕氏春秋·當務篇》載殷紂繼立故事云：

紂之同母三人，其長子曰微子啓，其次曰仲衍，其次曰受德，受德乃紂也，甚少矣。紂母之生微子啓與仲衍也，尚爲妾，已而爲妻，而生紂。紂之母欲置微子啓以爲太子，太史據法而争之曰，有妻之子而不可置妾之子，紂故爲後。

《史記·殷本紀》亦有相類似之記載：

帝乙長子爲微子啓，啓母賤不得嗣。少子辛，辛母正後，故立辛爲嗣。

厚宣謂此兩説雖微异，但皆示殷末已有立嫡之制。後來周代宗法制度即踵行殷代舊俗並非新創。

此兩説對於舊史料已闡發無餘藴，然究不免以宗法社會之尺度比量氏族社會之史迹，亦未見其密合。何以言之？

殷代爲氏族(或稱部落)社會，見於《左傳》定公四年之記載：

分魯公以……殷民六族：條氏、徐氏、蕭氏、索氏、長勺氏、尾勺氏。……分康叔以……殷民七族：陶氏、施氏、繁氏、騎氏、樊氏、饑氏、終葵氏。

甲骨文王有王族，子有子族，有庸氏之族，有羽氏之族，有三族，有五族，有多子族，皆氏族社會之徵。殷爲氏族社會，故有氏族而無姓。姓始自周人。周人所傳商人子姓者，子爲子族，即王子之族。古代生事簡陋，必須氏族謀共同生活而後始能贍其生。雖以王子之尊，亦必與其氏族中小人(齊民)共同耕耘操作。《尚書·無逸篇》云：

周公曰：嗚呼！我聞曰，昔在殷王中宗，嚴恭寅畏天命，自度治民，祗懼不敢荒寧，肆中宗之享國七十有五年。其在高宗時，舊勞於外，爰暨小人，作其即位，乃或亮陰，三年不言。其惟不言,言乃雍。不敢荒寧,嘉靖殷邦,至於小大,無時或怨,肆高宗之享國五十有九年。其在祖甲,不義惟王,舊爲小人。作其即位,爰知小人之依,能保惠於庶民,不敢侮鰥寡,肆祖甲之享國三十有三年。自時厥後,立王,生則逸,生則逸不知稼穡之艱難,不聞小人之勞,惟耽樂是從。自是厥後,亦罔或克壽。或十年,或七八年,或五六年,或四三年。

此文據《隸釋》所載《漢石經》,祖甲一段在中宗之上。祖甲當即太甲。後人見《史記·殷本紀》祖甲爲武丁子,故移於高宗之下。不知殷人祀典,凡祖以上皆可稱祖,其大中小皆後人分别之詞,非固有之稱,故大甲亦可稱祖甲。此文舊皆不得確解。今如視此爲由氏族社會進爲宗法社會之史料,則其含義即躍然如見。蓋武丁(高宗)以前殷人仍在氏族社會時代,王子必須與其部族共同耕稼操作。故祖甲舊爲小人,武丁舊勞於外,雜於小人之中,故能知小人之依,能知稼穡之艱難。其後即位則必由部族推戴,或貴族間之選舉。凡推戴與選舉必多屬於年長之兄弟輩。此兄終弟及所以屢見於殷商之世歟?武丁之世,殷商國力迅即展開。《易》稱高宗伐鬼方三年克之,《孟子》稱武丁朝諸侯有天下,其國威之遠播猶可概見。時記王權大張,王位繼承,前時由貴族選舉者,今則由王之意志預爲決定。故武丁之後,乃行立王。《詩·桑柔》云:"天降喪亂,滅我立爲王。"周室之王,皆由前定,故知此立王當作生前預立之立解。與死後選舉,適爲相對之詞。立王初不必即指父子相繼。《史記·宋微子世家》以兄死弟及父死子繼爲天下之通義。蓋前王意志,不必即屬意於其子。《左傳》隱公六年載宋宣公、穆公繼立之事云:

宋穆公疾,召大司馬孔父而屬殤公焉。曰:"先君(宣公)舍與夷(殤公,宣公子)而立寡人,寡人弗敢忘。若以大夫之靈得保首領以没,先君若問與夷,其將何辭以對?請子奉之以主社稷,寡人雖死亦無悔焉。"對曰:"群臣願奉馮也!"(馮,穆公子)公曰:"不可!先君以寡人爲賢,使主社稷;若棄德不讓,是廢先君之舉也!"

宋爲商後,所行即商制。此正可説明武丁以後尚有兩世爲兄終弟及之故。不過立王自以父死子繼爲常。同時殷商生產技能,至此亦當大有進步。王族之供奉,自可取給於部族。於是王弟王子均得育於深宫之中,長於傅姆之手,而不復與小人共同耕稼操作。故云:"自時厥後,立王,生則逸,生則逸不知稼穡之艱難,不聞小人之勞。"《無逸篇》必如是解,而後全文可無扞格難通之虞。

……

(原載《文史雜誌》第5卷社會史專號,第5、6期合刊,1945年6月)

考釋甲骨文字的方法(《殷虚卜辭綜述》第二章第三節)(節錄)

陳夢家

自從王國維作了《戬》的考釋,後來凡有甲骨拓本刊印也多附有"考釋"。此等考釋,可分爲四類:(1)僅以釋文爲主的,如胡厚宣的《六》、《元》、《劍》、《厦》、《南北》、《京滬》,商承祚的《佚》、《福》,孫海波的《河》、《誠》,金祖同的《珠》,亦間附考證;(2)集釋的,如葉玉森的《殷虚書契前編集釋》和吴其昌的《殷虚書契解詁》,前者並無所論定,後者援引鋪説過於支蔓;(3)多所發揮的,如唐蘭的《天》所録甲骨才百餘片,乃旁征博引,大事考證;(4)系統的詮釋,如郭沫若的《卜通》與《粹編》,分類排比以後,加以綜合的研究;又如王國維的平日專題研究的心得,分散於《戬》的考釋之中。此兩者雖出發點不同,而皆是有組織的考訂卜辭。其他如王襄的《簠》的考釋,容庚等的《燕》的考釋,也還比較平實。

除了《戬》、《簠》的考釋較早以外,其他的釋文都是從1933年開始印行的。我們稱此爲甲骨文字審釋的第三個時期。在這個時期内,最有貢獻的代表者是郭沫若、唐蘭和于省吾。他們對於甲骨文字和銅器銘文同樣地都有深刻的研究,對於古器物和一般的古史都有較富的知識,在孫、羅、王以後更進一步地去研究甲骨文字而有着創造性的貢獻。在材料上,他們援用了陸續出版的新材料,也接觸到一部分的甲骨實物。科學發掘所得的材料和記録雖没有全部公佈,就其片斷的簡報和專題的研究成果,給了他們某些方面關於甲骨本身的知識。這個時期的文字考釋,一方面否定了孫、羅、王以來所誤釋的,重新加以認定;一方面新認識了孫、羅、王以來所未認的字。孫、羅、王早期所認識的字雖較多,是比較容易探索的;這一個時期要把剩下來的難字認出,是較困難的;所以認出的字數並不多,而所已認出的字還有許多爲各家所争執不定的。

郭沫若在1929年寫成《甲骨文字研究》,自序説他之所以"研究卜辭,志在探討中國社會之起源,本非拘拘於文字史地之學",然而"文字乃社會文化之一要徵,……欲進而追求文化之大凡,尤舍此而莫由"。因此這本書和他的《卜辭中之古代社會》是互爲表裏的。1952年郭氏重印此書,原有的17篇删存爲8篇,在弁言中重述他之考釋文字是想借此"來瞭解殷代的生産方式、生産關係和意識形態"。以删存的八篇而論,《釋祖妣》論婚制,《釋臣宰》論奴隸制,《釋耤》、《釋勹勿》論農耕具,《釋龢言》論樂器,《釋朋》論幣制,《釋五十》論數制,《釋歲》、《釋干支》論天象曆法,《釋耤》、《釋歲》和《釋五十》等篇同時也作了文字考訂的貢獻。

郭氏東渡以後先後作《卜通》和《粹》,是從卜辭原材料上,重新加以研究。前此他所依據的多半是羅、王的成説,而他的零篇的文字考證則收入於《甲骨文字研究》中。《卜通》和《粹》選取了比較重要卜辭,分類排比考釋。《卜通》所用的材料是劉、羅兩家藏骨和日本的一些收藏,也有發掘所得的一小部分;《粹》則是劉體智所藏甲骨的選萃。他的分類是數字、世系、天象、食貨、征伐、畋游、雜纂。每類之後,有一段總結語,這總結語乃是根據卜辭所得的殷代社會某一方面的結論。這兩本書的考釋對於過去治理甲骨學的人有過很大的貢獻,它們幫助了學者自淺而深的全面的有系統的瞭解卜辭内容,並從而得到殷代社會各方面的結論。我們以爲認字與通讀卜辭必須在這樣的佈置下才有意義,才有可能達到正確的結論。也必須經過這樣的研究程序,並再三的改正與補充,才能得到若干條正確認識了的卜辭,以作爲我們史學上引用的資料。……

就郭氏自己的研究經過而説,也可以説明研究過程中不斷發展與不斷改正乃得到正確結論的必要條件,文字的認識必須結合着社會歷史文化的全貌的認識才可以互相校正。郭氏在《卜辭中之古代社會》本論一章,曾經得到以下的結論:殷代“産業狀况已經超過了漁獵時期,而進展到牧畜的最盛時期,農業已經發現,但尚未十分發達”。以上的結論,到了《卜辭通纂》便改正爲“大抵殷人産業以農藝牧畜爲主”,是把牧畜由主要的變爲並重的。到了《古代研究的自我批判》中,則説“就卜辭所見,殷代牧畜應該還是蕃盛的……但農業却已經成爲了主要的生産了”。最後的結論才是正確的。

……

郭氏的考釋,不在於一個字一個詞的發明。他的優點是:不落窠臼,不受束縛,因此多有創獲;考證簡明,因此對與不對,一目了然;在對於古代社會總的認識之下解釋卜辭,因此可能説字不盡是對的,而其大體上是正確的;對於羅、王的成説去粗取精,加以補充修正;比較的注意卜辭文法結構,不孤立的處理單字。

唐蘭對於古文字形體的研究,對於古代經典的研究,爲時甚久而極有見解。在《天壤閣甲骨文存》自序中,自述其爲學的經過和預擬著作的許多計劃,很多有目有稿而迄未成書的。他總結卜辭研究説“卜辭研究自雪堂(羅)導夫先路,觀堂(王)繼以考史,彦堂(董)區其時代,鼎堂(郭)發其辭例”,而以創造字學條例自居。他説“余於卜辭文字致力最久,所釋倍於前人,聞者或以爲夸飾”。他在《古文字學導論》自序中説“前人所稱已認識的文字不過一千,中間有一部分是不足信的,根據我個人的方法,所認識的字幾可增加一倍”。在《導論》中他提出辨明文字形體的方法有四:一、二是宋代學者已用的比較法(或對照法)和推勘法,三是許慎所創而孫詒讓應用在古文字的鑑别上的偏旁分析法,四是所謂歷史的考證。關於後者,他以爲“偏旁分析利於研究固定的型式,而流動型式非考證歷史不可”。但是,在偏旁分析或比較對照的程序中,也必須同時分析形體演變的沿革規律。因此,他所舉用歷史考證法的例子,並不出乎一、三兩法。由此可知唐氏的方法,是特别强調嚴密的與發展的孫詒讓式的分析法而已。

在辨明形體上,唐氏强調用分析法是正確的,他應用分析而認得的字是確實有貢獻的。但是以爲充分應用了分析法就可以比别人多認識一倍以上的字,那就是把考釋文字認爲辨識單字的工作了。把認字的過程僅限制(或過分强調)於分析形體,就忽略了認字過程中更重要的二個技術部分:單字當作一個“詞”在卜辭句子中的位置及其作用,單字或詞的形音義等在斷代上所發生的差异。羅、王及其學派也曾經把顯然可以分析的甲骨文字隸定下來,這樣的字無論它是否見於《説文》或其他字書,一旦從形體上辨明了以後,在卜辭上仍然講不通。這就是因爲我們對某個單字並不了解它在句中的文法作用,我們對於某個字在長時期的演化中遺失了形體改易的聯鎖,失去了聲音變化的規律,失去了意義的一再引申、轉變的記録。這種種困難,也是唐氏所熟悉的。

無論比較、推勘、分析,都是從已知的自後追溯而上的去辨别文字的形、音、義的發展規迹。由今天還保存着象形的“日”、“月”等字,上溯到甲骨文的“日”、“月”,是比較法。卜辭常見的術語“亡尤”,王國維以爲“猶言亡咎亡它”,胡光煒以爲即《吕氏春秋》的“無郵”,郵尤音同(《甲骨文例》下 25),丁山以爲是《周易》象辭中的“旡尤”(《集刊》1:1:25—28),這是推勘法。羅振玉以爲卜辭術語的“亡𢀛”即《説文》“上古草居患它(蛇)故相問無它乎”的“無它”,是兼用比較推勘。孫詒讓根據《説文》廩、嗇、啚等字都從亩,認識了金文的亩(用作稟受)及從亩的嗇(用作吝嗇)和圖等字,從而上推卜辭的亩(用作倉廩)和啚(用作邊鄙)(《名原》上 21～22)。這是分析法。

……

在孫詒讓之後,唐氏確乎是有意的努力的用偏旁分析的方法尋求古文字的“沿革的大例”,而這個工作必須從甲骨文字研究開始。他的《導論》和《天釋》,過分用力於抨擊羅、王及其後的錯誤的甚至於荒謬的認字,而他正面所樹立的條例往往根據於他自已特殊卓越的例子,不是從一般的舉例尋求一般的法則。他的建設性的著述,還要數 1934 年北京大學油印的未完成的講義《殷虚文字記》,八十二頁共三十三條。此以前的《獲白兕考》和此以後的單篇考釋都有極精粹的考訂,其所釋之字在 100 字左右。在講義中,他充分運用了偏旁分析法,把凡屬同偏旁的字彙列在一起,分别的加以考釋。這種作法是很正確的。

于省吾對於清代之考文字解訓詁者推崇段玉裁和王念孫,他又發展了王國維的二重證據法於經典的訓釋,即是以金文證《尚書》、《詩經》、《周易》等,以後者證金文。他對古代經典和諸子都作了《新證》,并且不限於用金文爲证,旁及其他古器物銘文和舊書寫本。以新出的古文字材料爲古代經典作訓釋,不但在文字學上,即在訓詁學、版本校勘學上都有極大的收穫,是毋庸懷疑的。1940～1945 年數年之間他作了《殷契駢枝》四卷,企圖以上述的精神,來考釋甲骨文字。分析偏旁以定形,聲韻通假以定音,援據典籍以訓詁貫通形與音。他以爲“契文多端,要以識字爲先務”,“以究形義之歸”爲其目的。易言之,他以參驗考證的方法來處理古文字,故其所爲較爲謹嚴。

《駢枝》中所考釋的一百數十條,可分爲三類:一類是單字,一類是語詞,一類是專名。關於單字的辨認亦可分爲兩種:一種是前人所未釋或釋錯的,如所釋的𧷢、甾、气、𢀜、臣、盜等字;一種是前人已釋而加以補充的,如所釋的歲、奚、氏、云、系、喪、盧、率、聞等字。……

所謂“語詞”指卜辭中常常出現的有關於占卜所用的術語,以及成語、常用的複詞等等。除了“亡它”、“亡尤”、“大吉”、“弘吉”、“亡𢦏”等已經釋定外,其他有許多語詞,其含義難以理解。……

……

當然,在這個時期除郭、唐、于以外還有别的學者致力於此。聞一多專攻《詩經》、《楚辭》,以其餘力旁治古文字,其遺著全集中論甲骨文者亦有數篇。楊樹達以七十高齡,講字學於嶽麓,其所印講義考釋甲骨文字多條,後來印爲《積微居甲文説》;其中評《説文》追逐互訓之不當,引卜辭"追必用於人,逐必用於獸";評羅氏卜辭牝字從豕從羊之隨意,引卜辭牡牡文並見於一辭以證异畜性别之有專字。張政烺對於六甲之説和奭字的推論。凡此著述,得失互見,都不出乎我們以上評述的範圍。

(陳夢家:《殷虚卜辭綜述》,科學出版社 1956 年版)

殷契鉤沉(節錄)

葉玉森

《殷虛書契前編》後略稱《前編》卷三第十九葉之[illegible],又第二十二葉之[illegible],卷四第十一葉之[illegible],卷七第二十五葉之[illegible]、[illegible],《殷虛書契後編》後略稱《後編》卷下第一葉之[illegible],又第四十二葉之[illegible],羅雪堂釋電。森稽之卜辭,如云:"七日,壬申電。辛巳雨。壬午亦雨。"電何用卜,已不可解。又云"癸巳卜𡆥貞雨電不獲",雨電二字聯綴成文,尤所未安。予妄定爲雹。《説文》:"雹,雨冰也,古文從雨[illegible],象形。"近世天文家謂電冲激雲氣入高空冰雪綫界,凝爲冰點,復旋轉團結爲塊,乃成雹。是雹緣電氣發生。《説文》:"電,侌昜激燿也。"古人制雹字從[illegible],即申,象電燿屈折形,乃初文電字。許書虹字下出籀文蚺,謂"申,電也"可證。•象冰點,[illegible]象冰塊,釋雹似無可疑。古人字不妄作,天文學復精確乃爾,可异也。雷甗雷作[illegible],所從之[illegible],亦古電字。雷亦緣電生也。孫仲頌謂象雲氣,吴憲齋謂象虺形,並不確。

南宫方鼎之[illegible],舊釋原。錢獻之釋對揚二字合文。森疑即《前編》卷二第三十葉"其冓大[illegible]"之[illegible],乃古文鳳。卜辭假作風。

《説文》:"辰,震也。三月陽氣動,雷電振,民農時也。物皆生。從乙匕,厂聲。辰,房星,天時也。從二,二,古文上字。"森按許君説未諦。卜辭辰作[illegible]後編卷上第三十一葉作[illegible]。又卷下第二十二葉。從[illegible],即厂,許君訓山石之厓岩。從[illegible],乃手形。手摅厓石,會意爲振動,即古振字。震陙踬脣從辰,並取振動之意。卜辭亦變作[illegible]後編卷上第十一葉[illegible]又卷下第四十葉,象一人兩手摅厓石形,振意彌顯。又變作[illegible]前編卷三第五葉[illegible]又第十葉 [illegible]又第十三葉 [illegible]甲骨文字卷一第十五葉,金文復訛作[illegible]寠友辰尊彝 [illegible]散氏盤 [illegible]盂鼎 [illegible]畢仲孫子敦,則古意愈晦已。

《説文》:"農,從晨囟聲。"林藥園謂散氏盤作[illegible],從[illegible]。[illegible]象持物入脣林氏謂辰爲脣之古文,與晨同意。晨爲進食之時,農爲謀食之事,故所象形同,其説近似。卜辭農作[illegible],從森從林從秝從艸,指農人所處之地,爲森林之下,或禾間草際也。從辰,取象振動見前卷辰字説,乃表力田。一作[illegible],從林從振,乃農之繁文。許書農下出古文𨓐,從林,與卜辭合。金文變作[illegible]麋帑器[illegible]史農器[illegible]諆田鼎,從田,尚得古人造字之意。篆文誤田爲囟,今隸復訛作曲,則更舛已。

卜辭有全辭只刻縱筆,消刻横筆者。如《殷虚文字》第四十六葉"[illegible]内不晰[illegible]"。即"[illegible]王静安釋子似誤[illegible]",當釋"庚戌卜貞亞其缺往來亡[illegible]"。有略消數筆者,如《後編》卷上第十六葉"[illegible]",即"[illegible]",當釋"苦方出"。又卷下第十五葉"[illegible]",即"[illegible]",當釋"苦方衠"。

卜辭中每見顛倒錯亂之文,亦有自加校訂者。如《前編》卷三第二十五葉第二版文曰:

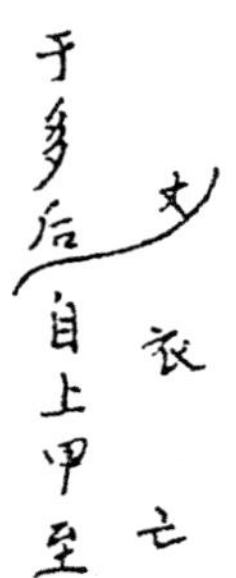

上辭當釋爲“自上甲至于多后衣亡𢦔”。文右行第一行“于多后”三字，應在“自上甲至”四字之下。第三行“𢦔”字，應在“衣亡”二字之下。因係誤契，故中作一“⁀”，確爲古代倒文幖識，迄今猶沿用之，奇已。

（原載《學衡》1923 年第 24 期）

説　契(選録)

葉玉森

[古文字]　《説文》:"昔,干肉也,從殘肉,日以晞之,與俎同意。"籀文作[古文字]。森按:籀文乃腊字,古必先有昔,乃孳乳腊。契文昔作[古文字],從[古文字],乃象洪水,即古巛字。從日,古人殆不忘洪水之巛,故制昔字取誼於洪水之日。𢔶鼎作[古文字],上亦從巛。

奚度青曰:"昔從巛日説至精,揚子《法言》所云:'洪荒之世即古昔誼'。"

(原載《學衡》1924年第31期)

古　刑

葉玉森

古代之刑，見於經傳者，曰鞭撲，曰錐鑿，曰墨、劓、刵、宮、大辟。以賊刑爲極刑。徵之契文，亦可得其想象。如，象一人帶索交脛，投之火上。，象一人跽於水坎，又加以舂，似爲最酷之刑。象二交脛人，各貫以矢。象一人帶索，墜以重物，兩手提之。象一人上擊其首，反攣其手，懾以斧鉞。又象一人跽地，兩手提索牽其首。，象一人跽地，象有物錮其頸，象有物梏其手。惟此兩象形奇字，人面均作獸面，似古代有罪之人，被以獸形面具，示非人類以辱之，此有虞氏畫衣冠之制所由昉也。至象擊索男女，或手牽之，即奚字，古者從坐没入者也。、、、象一人跽而梏其兩手，即執字。、、並象梏形，古只一孔，後世誤爲幸。、疑與上爲同字，王簠室謂從者爲摯，以者爲縶，其或然歟？古之獄制，就圉之一字，可以考見罪人執置之圉，仍須梏手也。古之鞫獄，就訊之一字，可以考見罪人臨訊，可去其索置於側而鞫之也。若《堯典》之所謂鞭撲，契文中“午”作、、，當肖鞭形，故御字從之。扑則攴象手持扑，蓋榎楚類也。

（原載《學衡》1924年第31期）

殷契亡文説

丁　山

殷契中言"亡文"者不下數百事，孫仲容《契文舉例》謂即"亡它"，王襄《簠室殷契徵文考釋》謂即"亡猷"，王静安《戬壽堂所藏殷虚文字考釋》謂其形"不可識"，其義"猶言亡咎，亡它"。愚嘗遍徵殷契，采其形義，疑即《易傳》之"无尤"。課業叢脞，疏通未遑，惟去年共亂，馬太玄、余紹孟諸君避難蕭齋，偶談論及之而未詳所由；兹著於篇，倘亦治殷契者所樂聞歟！

考《易·賁》之"六四，賁如皤如，白馬翰如，匪寇，婚媾"；《象》曰，"六四，當位也；匪寇婚媾，終无尤也"。《剥》之"六五，貫魚，以宫人寵，無不利"；《象》曰，"以宫人寵，終无尤也"。《蹇》之"六二，王臣蹇蹇，匪躬之故"，《象》曰，"王臣蹇蹇，終无尤也"。《鼎》之"九二，鼎有實，我仇有疾，不能我即，吉"；《象》曰，"鼎有實，慎所之也；我仇有疾，終无尤也"。《旅》之"六二，旅即次，懷其資，得童僕貞"；《象》曰，"得童僕貞，終无尤也"。孔冲遠《正義》並以"終无尤過"釋之，非也。《廣雅·釋言》"尤，異也"，《説文》就從尤云"尤，異于常也"，異尤一聲之轉，其義故相通。《春秋繁露·必仁且智》曰"有不常之變者謂之異，異者天之威也"，《公羊·定元年傳》"異，大乎災也"，顔注《漢書·劉向傳》"往者衆臣見異"亦曰"異，灾異也"；然則《易傳》之言"終无尤"，猶言終無災异，終無灾害焉耳。風雨不時，凶、扎、寇、亂，皆災害也；祲、鐫、闇、瞢、山崩、水涸，皆災異也；君人者將以禳却之也而有祭，將以辨祭之吉凶也而有卜（俱詳《周禮·春官》），《周禮》"大卜以邦事作龜之八命，以八命觀國家之吉凶"是也。殷契言吉凶，或曰"吉"，或曰"大吉"，或曰"亡巛"，或曰"亡[illegible]"，或曰"亡囚"，皆吉；或曰"亡來囏"，或曰"有[illegible]"，或曰"不羊"，皆凶；换言之，凡言"亡口"者，皆吉語，非凶詞，則卜辭屢見之：

貞亡文（《殷虚書契》卷五，十九頁，四版）

貞亡文，在九月（《戬壽堂所藏殷虚文字》八葉，三版）

皆"亡災異"，"亡不利"之謂；"亡文"之即"无尤"，此可徵者一。《説文》"乙，異也，从乙，又聲"，徐鍇申之曰："乙欲出而見閡，見閡則顯其尤異。夫同焉皆忠，不知其所以殊；靡焉而悦，不知其所以異；故必見閡。見閡而爲之不已，然後彰其特出焉。"（《繫傳》卷二十八）特出也者甚也，如楚金説服虔注《左氏·襄二十六年傳》"而視之尤"云"尤，甚也"，即尤本義；如許君説，特異之誼亦未顯。殷契文或爲又（《徵文·帝系》八十一版），皆象手欲上伸而礙於一，猶巛之從一雝川，朮之從木而横止以一，正楚金所謂"見閡"也。《史記·律書》"亥者，該也"，《正義》引孟康曰"閡，藏塞也"。《後漢書·虞翻傳》"不令有所拘閡"，李賢注“閡與礙同”；是文之爲言礙也，“亡文”之爲言“無所礙”（《淮南・繆稱》“洞同覆載，而無所礙”）而已。礙從疑聲，而《易・賁傳》、《周書・酆保》、秦之罘刻石、漢東觀銘皆以尤疑爲韻，是《淮南》之“無所礙”，即《易傳》“无尤”之音轉，《易傳》之“无尤”，又殷契“亡文”之形誤；“亡文”之即“无尤”，此可徵者二。“亡文”連文，亦見鼎彝銘識，周𪒠伯彝曰“𪒠伯于遘王休，亡文”，與《易・師》之“九二，无咎，王錫三命”，《比》之“九四，有命无咎”，其誼正同；然在周大豐敦則曰：“祝𢀛𡗕室，降𡗕，亡𠂇。”（下太借爲泰，《禮記・明堂位》“泰，有虞氏之尊也”）以𠂇爲文，是文從又聲同許君所説也。《易・繫辭》“易有太極”，虞翻注“太極，太一也”；自漢以來，一皆作乙，《東京賦》“致高煙於太乙”，道家所稱“太乙帝君”，是也；古之作一者，今或借爲乙，文古從一，今亦可訛而爲乙；“亡文”之即“无尤”，此可徵者三。殷契之言“亡文”或曰肜：

壬寅卜貞王賓𠄠肜亡文（《殷契》——《殷虛書契》——卷一，葉一，版八）

癸酉卜貞王賓肜亡文（《殷契》卷一，葉二，版二）

乙巳卜貞王賓報乙肜日亡文（《殷契徵文・帝系》版十八）

乙未卜貞王賓大丁肜日亡文（《徵文・帝系》版卅二）

庚戌卜貞王賓祖辛肜月亡文（《徵文・帝系》版六十六）

癸□卜貞王賓祖甲肜月亡文（徵文・帝系）版百〇九）

□□卜貞王賓肜月亡文（《龜甲獸骨文字》卷一，葉二，版一）

丁丑卜□貞王賓報丁肜亡文（《戩壽堂所藏殷虛文字》葉二，版一）

或曰叡（疑即㲄字，《説文》隸或從㲄）：

丙午卜貞王賓叡亡文（《殷契》卷五，葉卅五，版三）

庚申卜貞王賓叡亡文（《殷契》卷六，葉九，版七）

庚辰卜貞王賓叡亡文（《殷契後編》上葉七，版八）

乙巳卜𠂤貞王賓妣庚𣪊叡亡文（《戩壽堂文字》葉八，版三）

□子卜即□王賓𦥑甲叡亡文（《戩壽堂文字》葉八，版十）

庚子卜即貞王賓叡亡文（《戩壽堂文字》葉十八，版八）

丁亥卜貞王賓父丁妣𣪊五牢叡亡文（《戩壽堂文字》葉十八，版十三）

壬甲卜行貞王賓𣪊二牛叡亡文（《戩壽堂文字》葉二十，版二）

或曰伐：

丁未卜貞王賓武乙𠂈伐亡文（《殷契》卷二，葉廿五，版五）

己丑卜貞王賓伐亡文（《後編》下，葉五，版七）

乙未卜貞王賓武𠂈伐亡文（《徵文・帝系》版百卅七）

或曰𦍌（葉玉森《殷契鉤沉》釋㬪），或曰㬪日：

乙卯卜貞王賓祖乙赫妣己㬪日亡文（《徵文・帝系》版四十九）

庚子卜貞王賓小乙赫妣庚㬪亡文（《徵文・帝系》版八十九）

甲午卜貞王賓祖甲㬪日亡文（《徵文・帝系》版百〇八）

乙未卜貞王賓武乙㬪日亡文（《徵文・帝系》版百廿四）

或曰翌日：

乙卯卜貞王賓祖乙赫妣己翌日亡文（《徵文・帝系》版五十）

丁酉卜貞王賓祖丁翌日亡尤(《徵文·帝系》版八十一)

或曰𣅀:

庚申卜貞王賓𣅀亡尤(《殷契》卷六,葉九,版七)

庚子卜貞王賓𣅀亡尤(《徵文·帝系》,版百卅八)

辛酉卜貞王賓𣅀亡尤(《徵文·帝系》,版百五十九)

乙亥卜貞王賓𣅀亡尤(《徵文·帝系》,版百六十)

乙卯卜即貞王賓后祖乙父丁𣅀亡尤(《戩壽堂文字》葉三,版八)

乙亥卜行貞王賓𣅀亡尤(《戩壽堂文字》葉廿,版一)

或曰祭:

壬子卜貞王賓示癸祭亡尤(《龜甲文字》卷一,葉十三,版十二)

乙卯卜貞王賓報乙祭亡尤(《徵文·帝系》版十九)

庚子卜貞王賓太庚祭亡尤(《徵文·帝系》版四十二)

庚申卜貞王賓南庚祭亡尤(《徵文·帝系》版八十三)

或曰品:

辛酉卜貞王賓品亡尤(《殷契》卷五,葉八十五,版四)

或曰盥(疑即《周禮·春官·鬱人》"凡祼事沃盥"之盥):

□□□貞王賓盥亡尤(《殷契》卷六,葉四十二,版三)

或曰㱿:

辛卯卜貞王賓太甲赫妣辛㱿亡尤(《徵文·帝系》版卅五)

己巳卜貞王賓㠯㱿亡尤(《龜甲文字》卷一,葉八,版三)

或曰𦥑:

丁亥卜貞王賓祖丁𦥑亡尤(《徵文·帝系》版七十三)

或曰𠤎:

□□□貞王賓𠤎亡尤(《徵文·帝系》版百七十四)

或曰彝:

庚午卜大貞王其彝亡尤九月(《徵文·典禮》版廿五)

或曰牢:

辛酉卜貞王□祖辛𢦏牢亡尤(《戩壽堂文字》葉四,版十)

乙亥卜行貞王賓小乙𢦏牢亡尤(《戩壽堂文字》葉十九,版十二)

或曰𡿺:

□卯卜旅貞王賓𡿺亡尤(《戩壽堂文字》葉廿一,版三)

或曰農:

戊辰卜旅貞王賓太乙𢍏農亡尤在十一月(《戩壽堂文字》葉二,版九)

要而言之,不出祭事祭品二端,鄭衆注《周禮·大宗伯》"祭祀先卜"曰"卜其日與其牲";則凡殷契言"亡尤"蓋亦牲物無异(牢、𡿺、彝、品等),祭日無礙(翌日、㫚日等),其事無過之謂(伐、㕟等)矣。至於"亡尤"之前,不言某事某牲某日者:

癸酉卜母癸亡尤(《殷契》卷一,葉卅一,版二)

□□卜貞王□□□赫妣庚亡尤(《徵文·帝系》版二百卅一)

則先卜其可之辭，亦未可以“无尤過”解；而《晋語》“言無郵”（尤、郵古通用），《論語》“則寡尤”，《孟子》“君无尤焉”、“畜君何尤”，説經者並以“尤，過也”爲訓，蓋不知“何尤”、“寡尤”皆“无尤”一義之轉，“无尤”者乃殷周以來之成語，非比合六書不足以見其形，非參校經傳不足以見其義，“亡㐅”之與“无尤”證之經傳而無不合，考其音義而無不同，斷曰一言轉變，夫復何疑？

1928 年 5 月 6 日，廣州東山

（原載《中央研究院歷史語言研究所集刊》第一本第一分，1928 年 10 月）

積微居甲文説·自序

楊樹達

甲骨文者,殷商之文字也。欲識其字,必以《説文》篆籀、彝器銘文爲途徑求之,否則無當也。甲文中已盛行同音通假之法,識其字矣,未必遽通其義也,則通讀爲切要,而古音韻之學尚焉,此治甲骨者必備之初步知識也。甲骨文所記者,殷商之史實也。欲明其事,必以古書傳記所記殷周史實稽合其同异,始能有所發明,否則亦無當也。大抵甲骨之學,除廣覽甲片,多誦甲文,得其條理而外,舍是二術,蓋不能有得也。就形以識其字,循音以通其讀,然後稽合經傳以明史實,庶幾乎近之矣。試觀王襄、葉玉森之所爲,用力非不勤也,而所得殊尠者,未嘗以二術爲其基也。余以此説求之五十年來甲骨學諸家,得二人焉,一曰王君静安,一曰郭君鼎堂。王君功力絶深,每下一義,泰山不移。讀其書,怡然理順,涣然冰釋,使人之意也消,恒言所謂爐火純青者,王君近之矣。郭君神識敏鋭,博學多通,能於無字縫中讀書,據甲文未見武乙夾妣戊,因定紂遷朝歌,妣戊之卒當在紂遷以後,其最著之例也。兩家業績至豐,其所以致此者無他,廣讀甲文,由文字聲韻以通其文義,據故書以證合史實而已。余治甲骨之學後於兩君,幸獲讀兩君之書而有所啓發。王君著《女字説》,郭君证夾母同用,余因得悟大乙母妣丙之母,義爲女子而非後世父母之母。郭君謂犬中告麋之犬爲官名,余因得據《左傳》定爲《周禮》之迹人。自餘如母㚒之爲簡狄,上甲湄之爲上甲微,皆以文字爲階梯明史實者也。甲文有爿宗新宗,見祀者有至,有高,有蔑,有先等,余以《竹書紀年》所記殷王名説之。方國有方,有䖒方,有旨方,余以《國語》之大彭,《詩》“侵阮徂共”之徂,《尚書》之《西伯戡黎》説之。殷人祭先,重直系而輕旁系,余以《尚書·高宗肜日》之“典祀無豐于昵”説之。此余稽合故書説史之事也。雖余所得渺小,不敢望王郭兩君,然余治此學所由之徑途固康莊大道,此差可自信不疑,亦可與天下人以共見者也。

一九五三年四月二十九日,楊樹達記於嶽麓山齋。

(楊樹達:《積微居甲文説》,中國科學院 1954 年版)

釋塵羘羓豝馳

楊樹達

甲文有羘塵字,羅振玉云:"《説文》:'牡,畜父也,从牛,土聲',此或從羊,或從犬,或從鹿。牡既爲畜父,則從牛從羊從犬從鹿得任所施。牡或從鹿作塵,猶牝或從鹿作麀矣。"又有羓豝馳諸字,羅氏又云:"《説文》:'牝,畜母也,從牛,匕聲',母畜對牡而稱牝,殆猶母對父而稱匕。羊豕犬亦有牝,故或從羊,或從豕,或從犬,或從馬。《詩》麀鹿之麀,乃牝之從鹿者,與羓豝犯馳諸字同,乃諸字皆廢而麀僅存,後人不識爲牝之异體而别構音讀,蓋失之矣。"並見《增訂殷虚書契考釋》中卷廿柒下樹達按自羅氏爲此説,治甲文者靡然從之,略無异議。余於一九四零年夏重讀甲文諸書,心竊疑焉。蓋以《爾雅·釋獸》、《釋畜》及《説文》牛部、馬部諸文觀之,物色形狀,辨析綦詳,事偶不同,别爲一字。蓋畜牧時代之殘遺也。假令牛羊鹿犬種類各殊,只以牝牡相符,即爲一字,以此校彼,詳略懸殊,揆之事情,殆不當爾。况母牛爲牝,母鹿爲麀,牝麀既不同文,牡羘塵狂安能爲一字?羅氏不據牝麀之不同,推求諸文之异字,乃反疑麀别爲音讀之非,幾於欲以一手掩天下之目矣。故余據《爾雅·釋獸》"鹿牡麚"之文釋塵爲麚,據"豕牡豝"之文釋豝爲豝,據《釋畜》"牡曰騭,牝曰騇"之文,釋馳爲騇,據"羊牡羒牝羘"之文,釋羘爲羒,羓爲牂。嘗以其説書告郭君沫若,郭君復書深然余説。然余當時但據理推論,無確證也。近讀胡厚宣《商史論叢·殷代婚姻考》,引卜辭一則云:"辛巳,貞其𠦪生于妣庚妣丙,牡,羓,白豕?"又一則云:"□□貞□𠦪生于妣庚妣丙,□牝,羓,豝?"原文拾柒頁下,今見《粹編》叁玖陸片一以牡羘連言,又其一以牝羓豝連言,若如羅説,文乃絶不可通,二辭不啻爲吾説作確切之證明,羅氏之言,不待攻而自破矣。

文成後,得讀《殷契卜辭》載瞿潤緡説云:"豝牝馳犯馳麀雖皆從匕,而種類各异,不必爲一字。今豝馳馳犯諸字不見於字書,然牝麀尚异其音讀。"釋文陸葉知於羅説持异議者固有人也。

(楊樹達:《積微居甲文説》,中國科學院1954年版)

釋 于

楊樹達

《書契前編》卷肆廿壹之柒云:"貞卿事于尞北宗,不遘大雨?"按古音事與士同,卿事即卿士也。于當訓往,于尞北宗,謂往尞祭於北宗也。他辭云:"辛丑卜,行貞,王步,自剢于雇,亡巛?"《殷契類纂》剢字下引自剢于雇者,自剢往雇也。《甲編》貳壹捌片云:"□未卜,令雀先于□。"先于□者,先往□也。《前編》卷柒肆之叁云:"辛卯,卜,㱿貞,勿令垦乘先歸?九月。"此云先于,猶彼云先歸矣。《詩・桃夭》云"之子于歸",《雨無正》云"維曰于仕",毛傳並云:"于,往也。"金文令簋云"隹王于伐楚白",于伐楚白即往伐楚白也。𡒊鼎云"唯周公于征伐東夷",于征伐東夷即往征伐東夷也。獻彝云"𪊲白于遘王",遘與覯通,于遘王謂往見王也。

(楊樹達:《積微居甲文説》,中國科學院 1954 年版)

釋追逐

楊樹達

《説文・二篇上・辵部》云“追,逐也,从辵,𠂤聲”,“逐,追也,从辵,从豚省”。余按《説文》追逐二字互訓,認二字爲同義。余考之卜辭,則二字用法劃然不紊,蓋追必用於人,逐必用於獸也。卜辭云:“癸未,卜,㝌貞,𡆥禽㞢古往字追羌?”《前編》伍卷貳柒葉壹版此云追羌者也。又云:“貞乎古呼字追寇。及?”《藏龜》百壹陸葉肆版及今言趕上,《左傳・定公四年》云“吴從楚師,楚人爲食,吴人及之”,《後漢書・吴漢傳》云“及光武於廣阿”,是其義也。此言追寇者也。追羌追寇,皆追人也。卜辭又云:“己未,卜,亘貞,逐豕,隻?”《前編》叁卷叁叁葉叁版“辛巳,卜貞王于翌△△㞢逐△豕?”《前編》陸卷肆肆葉柒版此言逐豕者也。又云:“△△卜,亘貞;逐馬,隻? 王固曰:其隻。己酉,王逐,允隻二。”《前編》柒卷叁肆葉壹版“逐馬。”《前編》柒卷肆壹葉壹版“貞其豕馬,隻?”《藏餘》叁葉貳版“貞乎△逐馬? 隻?”《後編》上卷叁拾葉拾壹版“乙巳,卜,出貞,逐六馬,禽?”《後編》上卷叁拾葉拾版此皆言逐馬者也。又云:“癸巳,卜,王逐鹿。”《前編》三卷叁貳葉叁版“今夕隻? 王其㞢逐鹿。”《前編》叁卷叁貳葉伍版“△午,卜,㱿貞,逐鹿於△。”《藏餘》捌葉壹版“△巳,△逐鹿,隻?”《後編》下卷拾玖葉拾肆版“逐鹿,隻?”《前編》叁卷叁貳葉貳版此皆言逐鹿者也。又云:“壬寅,卜,逐麋,禽?”《佚存》伍捌戊此言逐麋者也。又云:“△子,卜,翌辛丑,王逐兔?”《前編》陸卷肆玖葉陸版此言逐兔者也。又云:“癸巳,卜,㱿貞,旬亡𡆥?”王固曰:“乃兹亦㞢希,若偁。甲午,王㞢逐兕。”《菁華》叁葉此言逐兕者也。豕馬鹿麋兔兕皆獸也,然則逐謂逐獸也。又他辭多言“王田逐”《前編》貳卷柒葉叁版、拾壹葉伍版、拾壹葉叁版、拾伍葉壹版、肆拾壹葉壹版、《後編》上卷叁拾葉玖版以逐與田連言。其爲逐獸之義,又不待論矣。按追字從𠂤,《説文》𠂤訓小𨸏,與追逐義無關。甲文𠂤字恒見,羅振玉謂即師字,其説良是。卜辭云:“△△,卜,貞,王𠂤𢦔?”《藏龜》肆葉叁版此貞王師有灾否也。又云:“△亥卜,在𠓛貞:今夕𠂤不𨓋?”《前編》貳卷拾叁葉叁版《説文》𨓋訓動,此貞今夕師有無震動也。《説文》官字下云“𠂤猶衆也”,師字通訓衆,或者許君亦知𠂤師之爲一字也。甲文追字作[illegible],象師在前而人追逐之,蓋追字用於戰陣,見追者必爲人也。豕字《説文》云“从豚省”,其實不然。豕性喜奔突,故逐字從之:説詳余《釋遁》篇。甲文逐字作[illegible],象豕在前而後有逐之者。亦别有從犬從兔與從鹿者,或云與逐爲一字,未知信否。逐字本專用於狩獵,見逐者乃禽獸而非人,故與追爲追人者不同。然則二字用法之殊,由於二字構造之本异。蓋殷商時代較早,故其用字與造文初義密合也。至《左傳》記周祝聃逐鄭覆兵隱公九年,鄭子都拔棘逐潁考叔隱公十一年,見逐者爲人,義當爲追,乃不言追而言逐。《孟子》言如追放豚《盡心下》篇,見追者爲獸,義當言逐,乃不言逐而言追。此緣《左傳》、《孟子》皆晚周時代之書,其時距造字時已久,用字已分别不嚴,故與初義不能密合也。許君未見甲文,著書立訓,但據經傳互通之文,不瞭初文别白之義,殆事之固然,不足怪矣。

余爲此文後,曾寄示茶陵周生,周生來書云:曾以余説遍檢卜辭,無不相合云。

(楊樹達:《積微居甲文説》,中國科學院 1954 年版)

釋　農

楊樹達

《説文・三篇上・晨部》云："𨑃，耕也，从晨，囟聲。"籀文作[illegible]，古文作𦦵，又作辳。今按甲文作辳，從辰，從林，與許記古文第二字同。而《殷虚書契前編》伍卷肆捌葉貳版作[illegible]，於從辰從林之外又加從又，義尤完備。字從林者，西方史家謂初民之世，森林遍布，營耕者於播種之先，必先斬伐其樹木，故字從林也。從辰者，甲文字作[illegible]或[illegible]，象蜃蛤之形。《淮南子・氾論篇》云"古者剡耜而耕，摩蜃而耨"，知古初民耕具用蜃爲之。辳字從辰，謂以蜃斬木也。甲文加從又者，謂以手持蜃也。《説文・一篇上・示部》云："祳，社肉，盛之以蜃，故謂之祳，从示，辰聲。"辰之爲蜃，許君固明言之矣。

農字見於彝器銘文者，如令鼎、史農觶、史農鼎、都公鼎、農卣諸器皆從辰從田，散氏盤則從晨從田。蓋甲文所示爲將營耕作豫爲準備時之情事，彝銘所示爲已耕種後之情事，文字之構造與社會事狀之後先兩相吻合也。甲文彝銘皆會意字，篆文從囟聲，則由會意變爲形聲矣。囟巤同義，囟有巤音，故農從之得聲，亡友沈兼士之説，不可易矣。

（楊樹達：《積微居甲文説》，中國科學院 1954 年版）

讀胡厚宣君殷人疾病考(錄一則)

楊樹達

三、亾祉

原書辭二云:“甲辰,卜,出貞,王疒首,亾祉?”胡君云:祉即延,言殷王武丁患頭病,勿延纏也。按祉字自羅振玉釋爲《説文》訓安步延延之延,見《書契考釋》中六七葉下近人皆從之見商承祚《殷虛文字類編》、孫海波《甲骨文編》。胡君又似以延延爲一字,故釋甲文之亾祉爲勿延纏。然《説文》辵部徙或作祉,則甲文亾祉即無徙也。疒首占無徙者,古有患病遷地之俗。《漢書·原涉傳》記涉所知母病避疾在里舍,《後漢書·來歷傳》記皇太子驚病不安,避幸乳母王聖舍,《魯丕傳》記趙王商欲避疾,移住學官,皆其事也。今俗人迷信,尚有其事。殷人尚鬼,蓋已早有此風,故占徙否也辭三一、四二至四六並同,不復出。

又按祉字從止,蓋即爲止。《殷契卜辭》六三九背云:“疒止?”《殷契佚存》九八片乙辭云:“辛亥卜,盅貞,王疒㞢舌,隹止?”正用止字,可以證也。經傳恒言疾已,止已義同。又按甲文雨祉風祉之文常見,亦以祉爲止,與此文可以互證。

(楊樹達:《積微居甲文説》,中國科學院 1954 年版)

甲文中之先置賓辭

楊樹達

吾國文法外動字與賓辭之次序，常先外動後賓辭，然亦時有與此相反取賓辭先置者。余近讀甲文，知其亦如此。如云："帝不我莫？"《鐵雲》叁伍之叁即帝不我熯也。此與《詩·召南·江有汜》之"不我過"句法同，此二例皆句中有否定副字而賓辭先置者也。亦有無否定副字而賓辭先置者，如云："貞今十三月晝乎來？"胡厚宣《論叢》引盧藏片謂呼晝來也。云"晝鹿禽"《粹編》玖伍叁，謂晝擒鹿也。而如此之句，往往以隹同惟或叀亦同惟加於賓詞之前。如云："貞叀多子族令从冬蜀，叶王事？"《後編》下叁捌之壹謂令多子族從冬蜀也。知者，他辭云："貞令多子族从犬衆冬蜀，叶王事？"《前編》陸卷伍拾葉柒版外動字令字如常次，文即無叀字也。又云："貞勿隹洗戠从？"《庫方》壹零貳叁貞勿從洗戠也。知者，他辭云："貞王勿從洗戠？"《庫萬》壹零貳柒外動從字如常次，則文無隹字也。我从人爲从，平聲讀。使人从我爲从，去聲讀。《漢書·何並傳》云"並自從吏兵追林卿"，猶今言並自帶吏兵追林卿也。從與从同。甲文王从洗戠，謂王以洗戠自隨也。説者謂王往从洗戠，非。又云："丁巳，卜，㱿貞，王叀洗戠从伐土方？"《續編》陸卷拾陸葉柒版此貞王以洗戠自隨伐土方也。知者，他辭云："貞王从洗戠伐土方？"《後編》上卷壹柒頁陸版从字如常次，文無叀字也，如云"貞今載叀下占伐受□屮□又？"《續編》叁卷玖葉壹版貞王伐下[illegible]也。知者，他辭云："貞今載王勿伐下[illegible]？"外動伐字如常次，則文無叀字也。外動字與直接賓辭如此，内動字與間接賓辭亦然。辭云："王其田于晝，禽大豚？"《甲編》叁陸叁玖田爲内動字，晝爲地名，間接賓辭也。他辭云："叀晝田，亾𢦏？"貞田於晝亡𢦏也。内動田字後置，則有叀字矣。

《書·酒誥》曰："惟土物愛，厥心臧。"惟土物愛，愛土物也，此與甲文句例同。《益稷》曰："惟慢遊是好。"《金縢》曰："惟永終是圖。"則惟字之外，於外動字與賓辭之間加是字矣。《舜典》曰："惟刑之恤哉！"《無逸》曰："惟耽樂之從。"則外動字與賓辭之間加之字矣。此文法演變之迹灼然可見者也。

（楊樹達：《積微居甲文説》，中國科學院 1954 年版）

卜辭瑣記(選録三條)

楊樹達

四三、亡囚與亡尤

《戬壽堂殷虚文字》貳拾葉第五片乙辭云:“癸丑卜,尹貞,王賓戠,亡囚?”甲辭云:“貞亡尤?”第七片甲辭云:“壬午卜,行貞,王賓戠,亡囚?”乙辭云:“貞亡尤? 在二月。”問亡囚之外别云亡尤。第八片四辭,甲貞亡囚,乙貞亡尤,丙貞亡囚,丁貞亡尤。以下第九片第十片,廿一葉第一片,廿七葉第八片,三十一葉第九片、第十片、第十一片,《殷契卜辭》伍捌片皆同,然則亡囚與亡尤義雖近而仍有别也。

四四、倒文

《戬壽堂殷虚文字》廿一葉第十片丙辭云:“禾壱羔隹。”按此乃“隹羔壱禾”之倒文。

四八、受兼授受二義

卜辭受字作[illegible],從二又從舟,蓋象甲以一手授舟,乙以一手受之,故字兼授受二義。《龜甲獸骨文字》卷一壹壹之壹貳云:“伐𢀛方,帝受我又?”此受謂授予也。《殷契粹編》八九一片云:“我弗其受黍年?”此受謂承受也。古人以一字兼授受兩方之義,金文時猶然。後人加手旁於受爲授字,表明授予之義,手旁與二又字重複矣。

(與《積微居甲文説》爲同一書,中國科學院 1954 年版。有小序曰:頻年研習甲文,時時讀諸家著作,心有所疑,輒復記之。其有原書偶缺,亦爲之拾遺補缺。積久得若干事。近日無事,輒加删汰,得四十九條。余於甲文,識字必依篆籀,考事則據故書,不敢憑臆立説。自信於方法上或無大謬耳。一九五三年十月十日自記於嶽麓山齋)

(楊樹達:《積微居甲文説》,中國科學院 1954 年版)

右文説在訓詁學上之沿革及其推闡·引論(節錄)

沈兼士

近二十年來文字學頗見發展，研究古韻者多能應用發音學之理論以解決聲紐與韻部之疑難，研究字形者多能利用古器遺文以推尋原始象形文之真相，其成績均大有可觀。……

自來學者對於許慎《説文》之態度，約分兩派：尊之者謂其得頡誦真傳，其字，本字也；其義，本義也。懸之國門，殆若勿能一字增減。斯説之不當，今已知之矣(《説文》非原始象形文字，孫詒讓《名原》始張目言之，至指斥其説解非盡本義，余别有文論之)。毁之者謂其爲“鄉壁虚造”。如欲“觀古人之象”，則有傳世之甲骨卜辭鼎彝刻銘在，此直以之覆醬瓿可耳。余謂爲此説者，其不知《説文》之真價值，不能利用其材料以研究文字訓詁變遷之消息，亦與前説等耳。

蓋中國文字演進之程序，有二階段：先爲意符字——象形、指事、會意，後爲音符字——形聲、轉注、假借。《説文》所叙，前者僅少數，後者乃得十之七八。换言之即三代之意符文字雖少，而晚周秦漢以來之音符文字，獨以之爲總龜。曩者過尊《説文》，謂其獨傳《倉》、《史》之文固非，今乃矯枉過正，並其可信者而亦敝屣棄之，豈非至可惜之事耶！……

(原載《國立中央研究院歷史語言研究所集刊》外編第一種《慶祝蔡元培先生六十五歲論文集》，1933 年 1 月，北平)

《商周銅器説》下篇

(清)阮元

三代時鼎鐘爲最重之器，故有立國以鼎彝爲分器者，武王有分器之篇《書序》武王封諸侯，班宗彝作分器，魯公有彝器之分《左・定四年》“分魯公官司彝器，分康叔大吕，分唐叔姑洗”，皆鐘也是也；有諸侯大夫朝享而賜以重器者，周王予虢公以爵《莊・二十一年》，鄭伯之享王也，王以后之鞶鑒予之。虢公請器，王予之爵，鄭伯由是惡王。元案：鞶鑒者，后之器也。《説文》：“鑒，大盆也。”鞶與槃皆通借。故《左・定六年》“定之盤鑒”，《釋文》又作鞶。《易・訟》“鞶帶”，《釋文》或作槃，可見鞶非本字。鄭伯以其爲婦人之物而惡之耳。杜注解爲帶飾以鑑，此望文生義。夫以小鏡飾於鞶帶之上，經傳無徵。且即令如此當云鑑鞶，今云鞶鑑，文義倒置矣，晋侯賜子産以鼎《左・昭七年》晋侯賜子産莒之二方鼎是也；有以小事大而賂以重器者，齊侯賂晋以地而先以紀甗《左・成二年》，魯公賄晋卿以壽夢之鼎《左・襄十九年》“公享晋六卿，賄荀偃束錦加璧乘馬，先吴壽夢之鼎”，鄭賂晋以襄鐘《左・成十年》“鄭子罕賂晋以襄鐘”，杜注“鄭襄公之廟鐘”，齊人賂晋以宗器《左・襄二十五年》杜注“宗器，祭祀之器”，陳侯賂鄭以宗器《左・襄二十五年》，燕人賂齊以斚耳《左・昭七年》，徐人賂齊以甲父鼎《左・昭十六年》，鄭伯納晋以鐘镈《左・襄十一年》，亦見《晋語》是也；有以大伐小而取爲重器者，魯取鄆鐘以爲公盤《左・襄十二年》，齊攻魯以求岑鼎《吕氏春秋》：齊攻魯求岑鼎，魯君載他鼎以往，齊侯弗信。又見《説苑》、《新序》是也；有爲述德儆身之銘以爲重器者，《祭統》述孔悝之銘，叔向述讒鼎之銘《左・昭三年》，孟僖子述正考父鼎銘《左・昭七年》，史蘇述商襄之銘《晋語》是也；有爲自矜之銘以爲重器者，禮至銘殺國子《左・僖二十五年》，季武子銘得齊兵《左・襄十九年》是也；有鑄政令於鼎彝以爲重器者，司約書約劑於宗彝《周禮・秋官》，晋鄭鑄刑書於刑鼎《左・昭六年》又《二十九年》是也；且有王綱廢墜之時，以天子之社稷而與鼎器共存亡輕重者，武王遷商九鼎於洛，楚子問鼎於周《左・宣三年》，秦興師臨周求九鼎《戰國策》是也。此周以前之説也。自漢至唐，罕見古器，偶得古鼎，或至改元，稱神瑞，書之史册。儒臣有能辨之者，世驚爲奇。故《説文・序》曰“郡國往往於山川得鼎彝，其銘即前代之古文”是也。今略數之，則有漢元鼎汾陰得寶鼎《漢書》元鼎元年夏五月得鼎汾水上，四年六月得寶鼎后土祠旁《漢書・紀》又《郊祀志》；宣帝時，美陽得鼎獻之，張敞辨之《郊祀志》：“敞釋文曰‘王命尸臣官此栒邑，賜爾旂鸞、黼黻、雕戈，尸臣拜手稽首曰，敢對揚天子丕顯休命’，鼎小，有款識，不宜薦於宗廟。”元按：此銘乃《漢書》約記張敞之言，非銘全文也；永平六年王雒出寶鼎《漢書・明帝紀》：“永平二年六月王雒出寶鼎，盧江太守獻之，詔陳鼎於廟。”；永元元年，竇憲上仲山甫鼎《竇憲傳》、“和帝永元元年九月，竇憲伐單于，遺憲古鼎，容五斗，其傍銘曰‘仲山甫鼎，其萬年子子孫孫永寶用’。”元案：漢人習隸，罕識籀文。此銘亦約辭，非全銘之體；吴赤烏十二年，寶鼎出臨平湖，又出鄮縣；宋元嘉十三年，武昌縣章山出神鼎；二十二年，新陽獲古鼎，有篆書四十二字；泰始五年，南昌獲古鼎，容斛七斗；七年，義陽郡鼎，受一斛，皆獻於朝並見《符瑞志》；唐貞觀二十二年，遂州涪水中獲古鼎，傍有銘刻；開元十年，獲鼎，改河中府之縣名寶鼎縣；十二年，后土祠獲鼎二，大者容四升，小者容一升，色皆青；十三年，萬年人獲寶鼎五，獻之，四鼎皆有銘銘曰："垂作尊鼎萬福無疆，子孫寶用。"元按：此銘文亦不全；二十一年，眉州獻鼎，重七百斤，有篆書；天寶元年，平凉獲古鑴鼎，獻之；元和二年，詔以湖南所獻古鼎付有司，重一百十二斤；咸平三年，乾州獻古銅鼎，狀方，四足上有古文二十一字直昭文館句中正與杜鎬詳其文曰："維六月初吉，史信父作鬲甗，斯萬年子子孫孫永寶用。"以上皆見正史及會要此自漢至唐之説也。北宋以後，高原古冢搜獲甚多，始不以古器爲神奇祥瑞而或以玩賞。加之學者考古釋文，日益精核，故《考古圖》列宋人收藏者河南文潞公、廬江李伯時等三十餘家，士大夫家有其器，人識其文，閱三四千年而道大顯矣。古之器，余不得而見；余今所見之器，安知後人之能見否也，且又安知後千百年新出之器爲今所未見者不更多也。是宜以周以前、唐以前、北宋以後三者分别論之。阮元。

［（清）阮元：《積古齋鐘鼎彝器款識》，上海中華圖書館印行。標點爲整理者所加］

毛公鼎釋文·序(節錄)

王國維

顧自周初訖今垂三千年,其迄秦漢亦且千年。此千年中,文字之變化脈絡不盡可尋,故古器文字有不可盡識者,勢也。古代文字假借至多,自周至漢,音亦屢變,假借之字不能一一求其本字,故古器文義有不可强通者,亦勢也。自來釋古器者,欲求無一字之不識,無一義之不通,而穿鑿附會之説以生。穿鑿附會者非也,謂其字之不可識,義之不可通而遂置之者,亦非也。文無古今,未有不文从字順者。今日通行文字,人人能讀之,能解之。《詩》、《書》、彝器亦古之通行文字,今日所以難讀者,由今人之知古代不如知現代之深故也。苟考之史事與制度文物,以知其時代之情狀;本之《詩》、《書》,以求其文之義例;考之古音,以通其義之假借;參之彝器,以驗其文字之變化。由此而之彼,即甲以推乙,則於字之不可識、義之不可通者,必間有獲焉。然後缺其不可知者,以俟後之君子,則庶乎其近之矣。孫、吴諸家之釋此器,亦大都本此方法,惟用之有疏密,故得失亦準之。今爲此釋,於前人之是者證之,未備者補之。其有所疑,則姑闕焉。雖於諸家外所得無多,然可知古代文字自有其可識者與可通者,亦有其不可識與不可强通者,而非如世俗之所云云也。丙辰四月。

(《海寧王静安先生遺書·觀堂集林卷第六》,陳寅恪有序,時間爲1934年6月3日。標點爲整理者所加)

甲骨文辨证·序

郭沫若

為章太炎致金祖同論甲骨文書

餘杭章太炎先生於甲骨彝器之學素所鄙夷,曩歲爲《理惑論》曾揭五疑以難吉金,斷言:"吉金著録,寧皆爲贋品",而於甲骨尤深惡痛斥,謂"近有掊得龜甲者,文如鳥蟲,又與彝器小异。其人蓋欺世豫賈之徒,國土可鬻,何有文字?"言之聲色俱厲。

比者金君祖同得其手書四通,其前二通均以甲骨文真僞爲主題,所見已較往年大有改進。如謂:"鐘鼎可信爲古器者什有六七。甲骨之爲物,真僞尚不可知。"於鼎彝已由懷疑變而爲肯定,於甲骨則由否認變而爲懷疑,此先生爲學之進境也。再隔若干年,余深信"甲骨可信爲古物者什有六七"之語必將出於章先生之筆下矣。

懷疑辨僞乃爲學之基階,爲學與失之過信,寧取乎多疑;子輿氏云"盡信書不如無書",此終古不刊之論也。鼎彝甲骨誠多贋品,然而疑之有方辨之有術,富有經驗之士,於其真僞之間幾於一目可以别白。所貴乎學者即在養畜自己之目力,先期鑒别之精審,更進而求其高深。若徒懲羹而虀吹,因噎以廢食,則于于然與木石與豕鹿游可耳,又焉用學爲?章先生乃小學專家,聲音訓詁之業,蓋集乾嘉學派之大成,若能移其力於古器物之探討,其所獲必能軼羅、王而邁吴、孫,特惜其疑之過深,遂不免屏之過絶。金君謂:"先生以經古文家之立場,爲護許運動,若叩其初意,亦不免爲違心之論。"此評或不免稍失之苛;然而平心觀之,深知先生實有所蔽也。

竊觀先生之蔽,在乎盡信古書。一若於經史字書有徵者則無不可信,反之則無一可信。實則古書之存世者幾何,而存世亦饒有真僞之别。如《尚書》僅存廿餘篇耳,晋世僞古文,在閻百詩、惠定宇之前,其誰不以爲乃唐虞三代之真書?然在今日則雖初中學生亦能知其爲僞矣。今先生於劉歆所改竄之《周官》信之,於《龜策列傳》所著之"略聞"信之,於邯鄲淳三體石經信之,乃至荒唐如紅崖碑之類者亦信之,而獨於彝器甲骨則深深致疑而不肯多假思索,此實令人難解。至謂"文字源流除《説文》外不可妄求",寧非先生自身所當理之惑耶?《説文》誠爲小學之良書,欲明真書之根者固當視之爲總龜,即欲明古文之源者,亦莫不賴之爲梯航。今之治甲骨吉金文字之學者,胥奉許氏爲不祧之祖者也。然而許書乃文字學之源,並非文字之源,二者烏可混?許氏生於東漢,去古已遠,所説解以小篆爲主,間出古籀,爲數無多,且大率周末文字。其後敘云"郡國亦往往於山川得鼎彝,其銘即前代之古文,皆自相似",是許於鼎彝未嘗加以懷疑,但既言"往往",則知所見未廣。設許氏而生於今之世者，其所爲書必大改舊貫。故愛護許氏者當遵循其精神，不當曖昧其陳迹。

識字有賴於師弟之傳授，有賴於字書之檢閱，固爲經常之門徑，然舍此以外不能謂遽無它途。蓋人類有推理之智能，文字有一定之軌迹，古文奇字雖不見於字書，雖無徵於典獻，苟非只字單文率可繇客觀之論證，參驗互讎而得。如丁之作口除金文外於任何字書均所未見，章氏不已云“霍然無疑”(見《理惑論》)？人患不知用心耳。苟知用心，有如國際偵探，雖密碼電報亦有法破之，何况祖先所已曾使用之文字。字亦終有未可盡識者，則以可供參互比讎之資料有未備耳。資料未備，論證未充而妄加揣測皮傅，則“鶻突”、“專輒”之譏自所難免；然若以其難知而棄置之，或以其事小而不屑爲，“受人欺紿，釀爲嘲笑”之事或可無，但非好古敏求之道也。學無所謂大小，亦無所謂古今，其要當在追求客觀之真理而化除主觀之成見。春秋秦漢以來之事固不可勝觀，然而殷代史迹胡可置之不問？孔子不言黄帝者，以黄帝乃出於道家者流之所依託，實無物可言。殷世殊不然，此乃吾國文化之淵源，究史者欲觀春秋秦漢以後而不問殷世，是猶欲窮河源而不問星宿海耳。

且事有不可因人而廢者，羅氏振玉之於甲骨彝器之學，其功實不可没，而甲骨彝器之學亦早已超脱乎羅氏之樊籬矣。甲骨彝器之研究，近來日臻完備，其所裨補於商周史實者已甚多，有諸家書録在，今不具論。一九三六年五月廿二日。

（原載《説文月刊》第 2 卷，第 6、7 期合刊，1940 年 10 月 15 日）

現代研究方法之傾向
(中國文字之原流與研究方法之新傾向·六)

馬敘倫

章炳麟、羅振玉、王國維都是踏進了中華民國的人,而且死得不久,可是他們都止可以算結束清朝新舊兩派的(舊派如段玉裁,新派要推莊述祖、王筠做開山祖師)。他們都各有學生擁護他們的學説,但是兩派裏都有一部分跳出了師門,自己重尋出路,如沈兼士、唐蘭等就是。近二十年來研究文字的,除了一部分"抱殘守缺"的不計外,一部分都是踏上新的路程。因爲他們都受過相當的科學訓練,曉得研究我們的文字不能再襲老法子,非用科學方法不可了。而且他們曉得不但須用科學方法,更非靠别種科學如社會學、民俗學、人類學等等的幫助不可。至於材料方面,當然不限於《説文》,而且也不限於金甲文,世界的象形文字也是參考的重要資料,實物也是需要的佐證。而且並非因爲要通"經學"所以才研究文字,所以完全拿文字做對象,要瞭解到文字的來源、構成等等,實在是文化的一部分的研究。這種動向,的確是正當而且有發展的。不過我又要"三句不離本行",來幾句"不識時務"的話,我覺得現代直接間接研究文字的各位,無論直接研究的如唐蘭等,間接研究的如郭沫若等,或者承認有所謂六書,或者不承認有所謂六書,結果也差不多。承認有六書的,仍舊和過去一輩研究的一樣,不曾把六書的每一書究竟是怎樣的弄個明白。那末做每個字研究的時候,就没有了標準。譬如木匠抛了規矩,方圓自然不準確了。所以仍就是"膠膠擾擾","扯東就西",隨意説法。也譬如木匠憑着他的眼光,不用規矩,偶然削成方圓,也有對的。但是偶然終是偶然,餘外的既然没得把握,那末一差二錯,工夫白用,也實在違反了科學精神。不承認有六書的,當然從每個文字上去研究,不過結果是不是仍舊和六書暗合,那止有請問研究的人的内心如何判斷了。因爲依我的愚蠢,從全部《説文》裏所有的文字和金甲文裏可以認識的文字(圖語除外。可以認識的是指形、聲、義三部分都明白的。形、聲可以認識,[如金甲文裏有許多《説文》和字書裏没有的形聲字。]義却不能實指。或者從文詞的位置上可以曉得這字當做什麽意思説,形、聲還不曉得,這些都止可以説不認識),用分析、綜合、實證的方法將他們統計的結果,曉得六書確是我們的先輩研究的結果,是一個大發明。用規矩去削方圓,是"用力少而成功多"的。就是還有些不曾認識的字,止是我的學識缺乏,例如許多象形的動物名詞,不曾去考究古代的動物;有許多指事和會意字,不曾去考究古代的民俗;所以現在還不能認識(也有由象形文字變成篆文,或者更由篆文變成篆文的草書,真是"具體而微",所以一時也不能認識)。這是我很慚愧的。可是既從大多數的文字歸納起來,確見有所謂六書(有許多文字,先造字是合六書的,後來給人加了改了,便不合六書了。幸而許多字的先造字還在,可以曉得原來是如此的。如往的初文是㞷,從止,王聲。後來加彳,成了會意兼聲字。其實没有會意兼聲字的,現在《説文》裏説做"從彳,㞷聲",是形聲字,到也合了六書。不過金甲文裏有㞷字〔也許本有㞷㞷兩個字〕就是一例)。因此我看他們不承認有六書的研究的結果,對的仍舊不離六書,不對的仍舊由於他們不承認六書,隨意説法,没有了標準的原故。我現在先向唐蘭、郭沫若兩位"道歉",我把他們研究的來做個例子。唐蘭在他的《古文字學導論》裏説:"⿴囗乂象簟形,舊釋席,誤。今按是㐁字。"其實㐁是舌頭的舌字,(舌是餂的初文),説文㐁字下有"一曰竹上皮",王國維據《廣雅》有"㐁,席也",以爲竹上皮就是席字義。其實席字的初文是⿴囗乂,《廣雅》裏的㐁是合寫作⿴囗乂,大概是傳寫的錯誤。吕忱據了《廣雅》加"一曰竹上皮",並非許慎的原文。席和簟是轉注字,唐蘭以爲"⿴囗乂象簟形,舊釋席,訛",由他不明白六書裏轉注的原故。他又説"相字表示審視樹木",其實相是形聲字,從目,楊省聲。《詩經》"于以湘之",《韓詩》湘字用鬺,是個相可從楊得聲的例證。《説文》裏引《易》曰"地可觀者莫可觀於木",《易經》裏没有這話,是見於《漢書・五行志》的,也不是許慎的原文。大概吕忱所見的《説文》裏"從目楊省聲",已給傳寫的誤做"從目木"了(徐鉉本"從目從木",徐鍇本"從目木")。他不懂得從木的原故,所以引《五行志》的來做解釋。試問目和木怎樣可以會意。假使目和木會意,止是看木頭,爲什麽别的不看,要看木頭。《説文》裏從目的字没有同樣的例子,而且古書裏用相字也止當看説,没有審視的意思。他又説"問字表示在門裏問話",這却有點像王安石的説法了。問是訊的轉注字,所以《説文》裏説:"訊也。從口,門聲。"没有修正的必要。問話也未必定要在門裏的。聞字從耳門聲,如果照門裏問話的例來説,聞是門外聽話了。其實聞是𦔻的轉注字,𦔻字見於金甲文,也就是《説文》聖字所從的𦔻。𦔻是聽的初文,所以轉注字做聖,加上一個𡈼聲,後來又省口字,加上一個悳聲,轉注做聽。可見得聞也是𦔻的轉注字(𦔻轉注做聖,聖轉注做聲,發音都在審紐,收音都在耕類。聖又轉注做聽,聽從直得聲,悳從直得聲,直字的發音在澄紐,和聽字的發音在審三的都是舌面前音。聖從𡈼得聲,𡈼從人得聲,人和令、門三個字的收音都在真類,所以可轉注做聆聞)。聞如不必在門外,問就不必在門裏了。他又見先字金甲文寫作𠂒,他説是"象竪着頭髮",又説"意思是毛髮盛"。先字是毛髮盛的意思,我不曉得他根據什麽。頭髮除了"怒髮衝冠"和所謂"突鬢"也不會竪起來的(頭髮没有長的時候,可以説是竪的,但是却和"盛"的意思有些衝突)。就是"怒髮衝冠"也不過是形容語,"突鬢"是鬢髮短而蓬鬆的樣子,也是形容詞,那末根本上先字是不是"象竪着頭髮",先要討論。"竪起頭髮"和"毛髮盛",好象也不能成做連繫的。先字依我的研究,是歬的轉注字,古書裏也常常互用着。歬字的發音在從紐,先字的發音在心紐,都是舌尖前音。先是從止,人聲,所以他的收音入真類。止本就是脚,但是圖語時代拿他表示往前的意思的,所以歬字也從止(歬字下非從舟車的舟,是履的初文。最初止拿止表往前,後來加一個履字,這是古代社會席地而坐,所以"入則脱屨出則納屨"。加舟正是表脚穿了鞋子,是往的意思)。唐蘭在他的《古文字學導論》裏説的研究文字學的方法,我都十二分贊成和佩服。可是他有這類的缺點,或者在他是研究得不曾精細,在我看來還是不承認有六書的原故。郭沫若呢,他作的《釋丙子》裏根據着《爾雅》"魚尾謂之丙",以爲丙字"是極原始的象形文字,恐怕還是漁獵時代圖繪文字的殘蜕呢"。但是我要請問的,爲什麽單獨要給魚尾造個丙字。如果拿"獸足謂之蹯",和《説文》裏有卮是虎頭、彑是猪頭、甶是鬼頭來做比例,這可不對。因爲蹯字的初文是,實際就是掌字。蹯字的發音在奉紐,掌從尚得聲,尚字的發音在禪紐,都是次濁摩擦音,所以轉注字做掌。獸足謂之蹯,是解"熊蹯"一類的話。《爾雅》裏一半本是"解經"的。解經的往往依經做解,這是在《詩》毛傳、鄭箋裏可以找出不少例子的。至於虍字、彑字在金文裏看來,本來就是當虎和猪的。甶是原來没有這個字的(詳《疏證》裏)。那末就都不能拿來做比例。我以爲丙字金甲文都寫作,有點像魚尾,或者古代因此有叫字作魚尾的,或者因爲丙字的發音在封紐,是雙唇音,尾字的發音在微紐,是唇齒音。依我的研究,和兩是一個字,兩字的發音在來紐,古讀來紐歸於泥,微泥都是鼻音次濁音,所以古代或借丙字做尾字。古書裏有如熊蹯一類的文章,所以解經的就來一個魚尾謂之丙,正和獸足謂之蹯到是一例。兩字,丁山説是象兩個十二銖的泉布,是對的。那末雖則也是象形文,却不是象魚尾。郭沫若因爲奇怪甲文干支表裏十二支的巳字都寫作子,子字反寫作《説文》裏的籀文子字,他説:"《説文》的籀文是從所舉金文的二例(見下),稍稍變化,把他整齊了的。……傳卣的子字好象是穿着衣服,召伯虎敦的子字好像是裸身的。《説文》的籀文近於傳卣,所謂從'儿'實際是嬰孩的足部。"這是他不曾仔細研究吧。子和巳實在是一個字,都是象胎兒的樣子。子字的發音在精紐,巳字在邪紐,都是舌尖前音,收音也都在之類。《説文》裏的籀文子字,的確就是召伯虎敦和傳卣裏的子字,也是甲文甲子的子字。可是這個字並非就是子字,他是《説文》裏的兒字。兒字是形聲字,從人𡿺聲,是孺的發音同在日紐的轉注字。甲文裏寫作的最是正式,寫作的,唐蘭説是到寫的,對的。其他如等是省變的。有一字寫作,和傳卣裏的,召伯虎敦的近了。還有父己爵的,吴式芬釋孫,其實也是兒字。傳卣字裏面的,大概是,父己爵裏的也是,象身和手脚。召伯敦的,當是由變訛的。那末傳卣的字並非象穿着衣服了。又如甲文裏有字,羅振玉説他就是赫字。《説文》裏的奭字是字的錯誤,這是對的。字在甲文裏他裏面的變相很多,葉玉森以爲是夾字,"所夾者不一其物,故可任意作多形"。郭沫若以爲"此字象人形而特大其乳,即母之别體。卜辭限於先公先王之配耦,其初當係王母之意"。我以爲字在金甲文裏都是借作配字用的(不是《説文》酉部裏從酉己聲的配,己是飛字的别寫)。配字《毛公鼎》寫作,是媍的轉注字,也是僕字的别寫。從從酉,聲音也得於酉,因爲配是侍候斟酒的人,就是金文亞中的,實在就是陪臣的陪本字。酉字的發音在喻四,赫字在曉紐,都是次清摩擦音,所以可以借赫作配。金甲文裏這字或在兩個人名的中間,或在兩個人名的底下,而且往往限於先王先公的配耦。可證正是配字的意思(在兩個人名中間的,如同説陪,用某人在底下的如同説某人陪)。那末,葉、郭兩説都不得成立了。况且如葉玉森説在六書當屬指事,拿《説文》所有的指事字看來,指事的部分都是簡單一定的符號,决不能任意寫作許多樣子。如郭沫若説,是"王母之意","王母"字怎樣可以造象形字或指事字。"王母"年紀應當較大了,乳房依生理的關係,也應當干縮了,怎樣反而"特大其乳"。可見都不能通的。獨有火是自有許多樣子的,所以金甲文裏火字的樣子的確很多。這樣説來,我也不是故意揭他兩位的短處,我覺得他們輕忽了所謂六書,因此對於説文裏解釋六書的也不甚注意,自然需自己摸索了。但是結果還是逃不出六書的範圍,所以不能不給他們可惜。讀者如果覺得我對於以上所舉各家的短處,並非"故意挑釁",和我所糾正他們的還不至於"大謬不然",那末,就拿這些做個標準,去校量現代各家所研究的結果,有没有一個不和唐、郭兩位一樣的。那末現代研究文字的動向雖對,研究的方法也比較進步,但是要想把我國全部文字弄得原原本本明明白白,我覺得總先要歸納出幾條文字組織的規則來,可以統馭一切文字,給研究文字的一個"方便之門"。如果没有新的規則可以發見,不如還照舊規則辦理,再試一下他的價值。

慚愧,我原想止作幾萬字的,現在因爲牽連的太多,竟做到近十萬字了。我還想和讀者談談在現代環境底下研究我國文字的方法,止好别做一篇,"俟諸異日"。三十年五月五夕草完。

(原載《學林》第8輯,1941年6月初版發行)

古史新证·第一章　總論

王國維

研究中國古史,爲最糾紛之問題。上古之事,傳説與史實混而不分。史實之中,固不免有所緣飾,與傳説無异;而傳説之中,亦往往有史實爲之素地:二者不易區别,此世界各國之所同也。在中國古代已注意此事:孔子曰:“信而好古。”又曰:“君子於其不知,蓋闕如也。”故於夏殷之禮,曰:“吾能言之……杞……宋,不足徵也,文獻不足故也。”孟子於古事之可存疑者,則曰:“於傳有之。”於不足信者,曰:“好事者爲之。”太史公作《五帝本紀》,取孔子所傳《五帝德》及《帝繫姓》,而斥不雅馴之百家言。於《三代世表》,取《世本》,而斥黄帝以來皆有年數之《諜記》。其術至爲謹慎。然好事之徒,世多有之。故《尚書》於今古文外,在漢有張霸之《百兩篇》,在魏晋有僞孔安國之書。百兩雖斥於漢,而僞孔書則六朝以降行用迄於今日。又汲冢所出《竹書紀年》,自夏以來,皆有年數,亦《諜記》之流亞。皇甫謐作《帝王世紀》,亦爲五帝三王盡加年數。後人乃復取以補《太史公書》。此信古之過也。至於近世,乃知孔安國本《尚書》之僞,《紀年》之不可信,而疑古之過,乃併堯舜禹之人物而亦疑之。其於懷疑之態度及批評之精神,不無可取。然惜於古史材料,未嘗爲充分之處理也。吾輩生於今日,幸於紙上之材料外,更得地下之新材料。由此種材料,我輩固得據以補正紙上之材料,亦得説明古書之某部分全爲實録,即百家不雅馴之言亦不無表示一面之事實。此二重證據法,惟在今日始得爲之。雖古書之未得證明者,不能加以否定,而其已得證明者,不能不加以肯定,可斷言也。

所謂紙上之史料,兹從時代先後述之:

(一)《尚書》(《虞夏書》中如《堯典》、《皋陶謨》、《禹貢》、《甘誓》,《商書》中如《湯誓》,文字稍平易簡潔,或係後世重編,然至少亦必爲周初人所作。至《商書》中之《盤庚》、《高宗肜日》、《西伯戡黎》、《微子》,《周書》之《牧誓》、《洪範》、《金縢》、《大誥》、《康誥》、《酒誥》、《梓材》、《召誥》、《洛誥》、《多士》、《無逸》、《君奭》、《多方》、《立政》、《顧命》、《康王之誥》、《吕刑》、《文侯之命》、《費誓》、《秦誓》諸篇皆當時所作也。)

(二)《詩》(自周初迄春秋初所作。《商頌》五篇,疑亦宗周時宋人所作也。)

(三)《易》(卦辭、爻辭,周初作;十翼,相傳爲孔子作,至少亦七十子後學所述也。)

(四)《五帝德》及《帝繫姓》(太史公謂“孔子所傳《帝繫》一篇與《世本》同”,此二篇後并入《大戴禮》。)

(五)《春秋》(魯國史,孔子重修之。)

(六)《左氏傳》、《國語》(春秋後,戰國初作,至漢始行世。)

(七)《世本》(今不傳,有重輯本,漢初人作,然多取古代材料。)

(八)《竹書紀年》(戰國時魏人作,今書非原本。)

(九)《戰國策》及周秦諸子

(十)《史記》

地下之材料,僅有二種:

(一)甲骨文字(殷時物,自盤庚遷殷後,迄帝乙時。)

(二)金文(殷周二代。)

(原載《國學月報》第2卷,第8、9、10號合刊:"王静安先生專號",1927年10月31日出版)

商代失國龜卜考(節録)

陳邦福

……

《竹書紀年》載盤庚以後帝王之居殷者，十凡八九。帝王之或由殷邑遷河北，或由河北遷殷，居無定所者，亦不僅一見再見也。考龜甲出土於安陽，即《水經》之洹水，去朝歌百餘里；而近人有以帝王名謚，骨片之殘朽之僅存者，直斷爲武乙之墟，恐未必然爾。據《史記正義》引《竹書紀年》云："自盤庚徙殷二百七十五年，更不徙都。"、"紂時稍大其邑，南距朝歌，北距甘單，及沙丘，皆爲離宮别館。"去安陽百餘里，故安陽近出龜甲之中，福能確定爲紂時卜辭者三四片，或安陽距朝歌百里之遥，其間當有紂時之卜室與。

……

《史記·龜策傳》云："紂爲暴虐，而元龜不占。"裴駰、司馬貞皆無説，惟《書·西伯戡黎》曰："格人元龜(王符《潛夫論》卷六《卜列篇》，引作"假爾元龜")，罔敢知吉。"《詩·魯頌·駉》篇曰："憬彼淮夷，來獻其琛，元龜象齒，大賂南金。"毛傳："元龜尺二寸。"又考《禮記·曲禮》云："假爾泰龜有常。"細審《曲禮》之文，與王符在漢時所見之《西伯戡黎》本句義正合。福謂元有長誼，元龜，正泰龜也，即以《書》、《菁華》各片证之，當日皆尺二寸之大㥏龜，侯虎一片，縱橫斷闕，末繇可度爾。然史公爲西漢初人，元龜不占之説，必有所本，或當時稱紂暴虐無道，連類及之，特不能以辭害義爾。

《史記·龜策傳》云："略聞夏殷欲卜者乃取蓍龜，已則棄去之以爲龜藏則不靈，蓍久則不神。"羅氏振玉《殷商貞卜文字考》云："《龜策》言已則棄去，今考出土之骨與甲，不僅一用再用，予所藏一骨，其裏面鑽迹，縱横排列，凡三十有七，略無隙處。殆如《莊子》七十二鑽之説也。然則所謂已則棄去者，非一用不更用，蓋必待無容契灼之處，而後棄去之爾。"(以上《貞卜文字考》)福謂羅氏證以目驗，因謂契灼無餘地始棄去之，理固可通。但商人尚鬼，故無事不卜，骨愈靈，契灼愈多，契灼既不能容，當藏之卜室，斷非委而棄之也。

龜藏之説，《周禮》、《史記》皆無可考。惟《曲禮》云："龜筴敝則埋之。"鄭氏注："不欲人褻之也。"蓋龜爲乞靈之物，國家興廢所關者大，安能如史公"已則棄去"之説哉。今細審《曲禮》"龜筴敝則埋之"一語，敝當爲蔽省，《論語》"一言以蔽之"，鄭注"塞也"。《老子》"故能蔽不新成"，注："覆蓋也。"《廣雅·釋詁》："蔽，障也。"蓋甲骨愈靈，契灼益蔽，使無隙地，然後始龜藏之也。

古者大事則卜，小事則筮；卜用龜，筮用策，《周官》、《史記》言之詳矣。若殷龜甲小則遊獵，大則征伐，似又以龜卜統之。

卜骨霾藏，史既無專職，書又無專紀，疑莫能定。今以紂時侯虎諸片證之，當在商紂失國以後。復旁徵之於出土帝王名謚，亦至文丁而止（卜辭與《竹書紀年》皆作文丁，《史記》作大丁，形近致訛）。蓋文丁去帝辛失國僅七十年，隔凡二帝。逮夫失國以後，殷人不忍聽其淪落，遂發諸卜室，就朝歌隙地，霾而藏之，地當洹水之陽，故與殷虚相接也。

龜甲出土之地，在安陽縣五里外之小屯村，地約四十餘畝，掘至丈餘，當日始得見之（見羅氏振玉《五十日夢痕録》）。福因審出龜之地，即殷代失國霾藏之所，不然，奚以小屯有之，他村未發一片也。

（原載《中山大學語言歷史學研究所週刊》第 3 集第 30 期，1928 年 5 月 23 日）

從古器款識上推尋六書以前的文字畫(節錄)

——十六年三月,在日本東京帝國大學,開東方考古學協會年會時講演

沈兼士

……就余之所研究,不但《説文》中之獨體象形指事字非原始文字,即金文中之獨體象形指事字,亦不得認爲即原始文字之真相。蓋於六書文字時期之前,應尚有一階級,爲六書文字之導源,今姑定名爲“文字畫時期”。“文字畫”之可考見於今者,即鐘鼎學家所謂殷商鐘鼎中之“圖形”是也。

自來鐘鼎學家對於此種“文字畫”,或以爲即文字,而皮傳形似,强安音義,如宋薛尚功以後諸家之釋㕣爲“言”,釋[illegible]爲“對”,釋[illegible]爲“亞中召夫”,釋[illegible]爲“析子孫”之類是也。或以爲非文字,如清吴大澂《説文古籀補》凡例云“古器中象形字如犧形,兕形,鷄形,立戈形,立旂形,子執刀形,子荷貝形之類,概不採入”是也。二者皆不憭然於文字畫實爲六書文字之導源,故致此弊耳。

余以爲文字之起源,實由於紀事之繪畫。……兹本鄙説列一中國文字發達統系表於下,藉以明文字畫與六書文字之關係。

中國文字發達統系表

第一期	第二期		第三期	
文字畫	意符文字		音符文字	
	象形字	義字	半音符字	純音符字
	象形 指事	會意	形聲 轉注	假借

(表中除文字畫外,當别作專文以説明之。)

所可惜者,此等文字畫之見於古器者不多,尚不易爲充分之研究。竊意傳世殷商彝器中之文字畫,殆爲其遺形而已,恰如隸楷流行以後之偶用古篆者然。試觀傳世商器文字畫之下,往往綴以“𠂤”、“[illegible]”、“[illegible]”、“[illegible]”等六書文字,其證一。甲骨卜辭之爲殷代遺物,已爲學者之所公認,然其用文字畫之處絶尠,其證二。其他周器中亦間有畫“水藻形”、“子荷負形”、“旅車形”於銘勒之末者,或亦其遺風歟?至於文字畫流行之時代,則頗難徵實。《虞書·陶謨》云:

予欲觀古人之象,日月星辰山龍華蟲作會,宗彝藻火粉米黼黻絺繡,以五采彰施

於五色，作服。

《春秋・宣公三年・左氏傳》王孫滿云：

昔夏之方有德也，遠方圖物，貢金九牧，鑄鼎象物，百物而爲之備，使民知神姦。

或虞夏之世尚爲通用文字畫之時期歟？而我輩今後之所切望者，尤在考古學上能發見關於此問題之新材料，以供文字學家之研究焉。

（原載《輔仁學志》1928 年第 1 卷，第 1 期，1928 年 12 月出版）

漢語古文字字形表·序

徐中舒

文字是人類進入高等文明所必需的工具。人類有了文字，才可以把這一時代人類的智慧和經驗留給後一代人，作爲他們繼長增高的階梯。没有文字的民族，總是會停留在像老子所説的“小國寡民，复結繩而治之”的蒙昧階段。

人類初有文字無不從象形文字入手。象形文字的發展，可以分爲兩個階段。第一階段只是一種表意的圖譜。《華陽國志·南中志》記載：蜀漢時“夷中有桀黠能言議屈服種人者，謂之耆老，便爲主論議，好譬喻物，謂之夷經。今南人言論，雖學者亦半引夷經”。此種夷經，乃古代夷族的圖象文字。《南中志》説：“諸葛亮乃爲夷作圖譜，先畫天、地、日、月、君長、城府，次畫神龍，龍生夷及牛、馬、羊，後畫部主、吏、乘馬、幡蓋、巡行安卹；又畫牽羊負酒賫金寶詣之之象以賜夷，夷甚重之。”蜀漢以後南中故事每每托言諸葛亮所爲，皆屬附會之談，實不足信。此圖譜乃夷人巫師所作，並非諸葛所賜。圖譜先畫天地日月君長城府，乃夷人對城府中的漢官指天地日月以爲誓。其次畫神龍，夷人自稱爲龍的子孫，龍爲他們的圖騰。最後畫夷人牽羊負酒賫金寶向漢官輸誠，獻納貢賦。這種圖象，只能表意，不是可以按字宣讀的語言，只有巫師才能認識，還要多方譬喻解説，不然一般人是難以理解的。

漢語象形文字開始於殷商時代的後期。殷王朝自盤庚遷殷以後就已形成一個疆域廣闊的强大帝國。根據現在考古發掘資料，它以黄河中下游爲中心，東向越過渤海而到達遼東半島，南向渡越長江而跨有洞庭、鄱陽兩湖地區，西向而臣服周王季和文王，囊括關中漢中。殷王要統治這樣廣大的土地和人民是不容易的。當然我們没有理由爲他擔心。當時殷王左右就有一班知識分子作爲他的顧問——一個能作預言的前知者的卜人集團。

在原始社會生産力發展到一定程度，必然就有幾個脱離生産的公職人員，有的作爲部族的信仰守護人，用祭享方式教導人民，虔敬地遵行先代的典章制度以及一切行之有效的成規，使部族從安定中得到發展。

占卜的貞人爲人決疑問難，他們原是從占星師分化出來的一種方術之士。他們在狩獵時代就用火灼焦獸骨，觀其坼紋，以占吉凶。後來殷人發展到長江流域，就把那裏所産的大龜作爲寶物。占卜中龜甲與獸骨並用，他們或者認爲用大龜占卜比骨版更加靈驗。占卜的方式也就更趨繁複，每卜必從正反兩面貞問。一正一反，即爲一兆。其文如[illegible]，此字以後演變爲[illegible]。他們認爲這些兆紋，向左向右的種種變化，都是宇宙中排列有序的象和數。如其説這樣模糊的象數有什麽靈驗，毋寧説他們常在殷王左右，仰觀天文，俯察地理，取得一些自然變化和人事成敗的道理，憑藉殷王的權力，就可以使預言成爲現實。占卜得到歷代殷王的信任，其原因即在於此。

甲骨文字記載，從武丁到帝乙帝辛之世二百七十餘年中，所有貞人，據陳夢家統計共有一百二十一人，而武丁時就有七十三人。其不見於甲骨文者，其數或當與此相等。這就是殷王朝龐大的貞人集團，可以説就是殷王的智囊團。他們爲殷王占卜的事和以後的驗辭，都要用文字記録下來，刻在龜甲獸骨上的卜兆旁，既備殷王查考，也藉以取得各種象、數記録，傳給下一代貞人。我國文字就是在這些條件下發展起來的。

第二階段漢語文字的發展，當自殷代後期開始。殷虚甲骨文已具備象形、象事、象意、象聲四種造字條例，這是造字之本。象形是象自然物之形，如日月山水，牛馬犬豖等字，只用簡單筆畫勾勒其形，最易識别。象事，《説文》稱爲指事，乃象人爲的事物之形。如封字，其形作[illegible]，是植樹爲界而後加人爲的土堆。行是人行的十字道路。都是人類造成之事。又如一、二、三、亖，這些數目字，也是存在於人們意識中的客觀現實。又如獸作[illegible]，干犬並列，乃人們從事狩獵的工具。過去學者解釋指事，只從指字着想而忽略了大量的人事。勉强湊足很少幾個字，都很牽强附會，所以這一條例，始終没有講好。象意，《説文》稱爲會意。會意是在自然之物與人爲之事，加上人的動作表達人的意志。例如[illegible]，表示人在路上走。如殸，表示人在用手持棰擊磬。我們這樣去理解，自然把象形、指事、會意三者分别得清清楚楚的了。形聲字在甲骨文中已經出現。它的産生，是由於象形字筆畫簡單，在長期使用中容易混淆，所以必須加聲符以區别之。例如鷄和鳳都是鳥形，後來各加聲符，隹旁注奚爲[illegible]，隹旁注[illegible]爲[illegible]。又如星，最初作晶、[illegible]等形，與口日等字不易區别，後來加聲符爲[illegible]或星。甲骨文中形聲字還居於少數，不如會意字多。以後形聲字發展了，在《説文》中占百分之八十以上，這已經是隸定以後的事了。象形文字在創造時，只是隨事賦形，隨物賦形，並不困難。每個字都是獨自發展的，人們要記住這些孤立的字是困難的。首先它必須在卜人集團中互相傳習，反復使用，漸成定型，而在反復使用中，意義有所引申，即分化爲數字，按義類分注於原字之旁，此即所謂轉注。但引申意義過多分化，使用也不方便，於是用假借加以制約。凡聲音相同或相近的，就不必另造新字。轉注假借，二字乃是文字發展中辯證的統一，相輔相成的。

漢語文字原來就不是一兩個人閉門創造發明的，最初它在卜人集團中傳習使用，約定俗成，後來這些漢字在人民群衆中推廣使用，經過傳寫、隸定，訛變失真；而這些訛變失真的字，約定俗成，也成爲正字了。漢語文字根據六書條例，發展成爲記録人類一切複雜事物的工具，但其系統仍是象形的。即使是形聲字，也還是要借用字形來表達其音，而不必另制音符。所以漢字完全屬於象形文字系統。漢字如果没有創制這些象形文字的貞人集團，文字就只能停留在原始階段的圖譜形狀，如埃及，如巴比倫，又如我國雲南的納西以及《華陽圖志》所説的夷經，他們的象形文字，終要爲拼音所取代。據此言之，漢語象形文字的形成决不是偶然的。首先是由於殷商後期有二百多年長期安定的政治局面；其次漢語文字按照六書條例沿襲象形文字體系前進。由商以迄於今三千年，一脈相承，自成一種完整的體系，使我國光輝燦爛的文明在三千年前即已照耀於東亞大陸，這確是人類歷史上的奇迹。

漢語文字從殷商時代以至東漢已歷一千四百餘年。許慎《説文解字》掇拾於秦火之餘，搜羅當時所存篆籀古文，共得九千餘字，用科學方法分析每個字的形音義，闡明其字原和語原。他所根據的漢代的字書及戰國古文，都是經過長期的轉抄，字形幾經變化。先是受甲文刀筆的影響，變圓爲方，繼由篆文隸定，往往又把字形相近的字互相混淆。郢書燕説，常亦有之。東漢時代經學大師今古兼治。許慎也受陰陽五行學説的影響，穿鑿附會，亦所難免。《説文》這些缺點，完全受時代的局限，瑕不掩瑜。這也是我們應當加以原諒的。

漢語古文字字形學，在北宋時，已開其端。以後古文字資料不斷發現。尤以近八十年來，大量甲骨文字出土，經過許多文字學家的努力，漢字字形學的研究，已有長足的進展。所不足者，過去文字學研究者總是就字論字，旁徵博引，冥搜孤討，臆想居多，究非上乘。他們很少在字與字之間求出其對應關係，作出系統研究。如釋史爲從又持簡，不知甲文史原作[illegible]。[illegible]，乃干戈之干的本字。古人狩獵作戰，即以有丫槎的木棒作爲武器，進則以侵犯人獸，退則以捍衛自身。[illegible]從又持[illegible]，古代人類，從事狩獵，取得食物，是當時的大事。史之本義爲事。文史之史，乃引申之義。[illegible]爲人類最初使用的武器。在丫槎兩端捆上鋒利的石器，則爲[illegible]。在丫槎之間捆上重量石塊則爲[illegible]，爲[illegible]，在衝鋒陷陣之中兼爲捶擊之用。故[illegible]字省其丫槎，則爲擊中之中，借爲伯仲之仲，中間之中，甲金文作[illegible]，後人則省[illegible]爲中，因而又别制仲字；而中則兼中間之中與擊中之中兩義。[illegible]又爲戰争之戰。馬王堆帛書《老子》甲乙本三十一章，甲本作戰，乙本作單，可證。我們把這些相關的字聯繫在一起，就可以瞭解到[illegible]、[illegible]之原義，而這些漢字的字原和語原，不待多説，也就不會使人誤解了。我們認爲這樣研究古文字，古文字學就可以逐漸進入科學的坦途了。

《漢語古文字字形表》，是爲我們編纂《漢語大字典》所作的準備工作。我們要求瞭解漢字的字原和語原，是編漢語字典的首要工作；這個工作必須從整理古文字字形入手。這部字表的甲、金文字的取材，主要參考《甲骨文編》和《金文編》，我們保留其中所有不同的典型形體，其與典型形體相同的，則删節之，以清眉目。《金文編》未録的新出土銅器，周原出土的西周甲骨文，以及戰國簡書帛書，侯馬盟書，我們也分别加以採録。對前書有不同的解釋，則加以改正。此外，戰國時代的印璽文字，貨幣文字及匋文，其形、音、義及出土情況，我們弄不清楚的，則概不採用。《甲骨文編》和《金文編》的附録及正編中音義不詳的字也未采用。這個表是古文字發展到現在的一個總結。由於編輯時間倉卒，還有很多遺漏或錯誤。這個《字形表》，只是爲《漢語大字典》的編寫服務，不是研究全部古文字的書。以後我們準備對《字形表》中的字加以系統的考釋，另外還想把一些不能認識的字，根據偏旁分類排在一起，作爲附録。這樣就可以在《大字典》以外另成一部專書。這個《字形表》中，有些不當的地方，希望讀者批評指正。

徐中舒

一九八零年八月

（徐中舒主編：《漢語古文字字形表》，四川人民出版社 1981 年版）

卜辭通纂·序(節録)

郭沫若

本書之目的,在選輯傳世《卜辭》之菁粹者,依余所懷抱之系統而排比之,並一一加以考釋,以便觀覽。所據資料多採自劉、羅、王、林諸氏之書,然亦有未經著録者,如馬叔平氏之《凡將齋藏甲骨文字》拓本計百十八片,未印行,何叙甫氏所藏品之拓墨計七十一片,聞其原骨已悉交北平圖書館云。及余於此間所得公私家藏品之拓墨或照片,均選尤擇異而著録之。其已見著録者,由二以上之斷片經余所复合,亦在三十事以上,中有合四而成整簡本書第五九六片,合三而成整簡第二五九片,合二而成整簡者第七三〇片,均爲本書所獨有。故僅就資料而言,本書似已可要求其獨立之存在矣。進而言乎考釋,亦頗有意外之收穫。

……

卜辭年代,羅王諸家均謂在盤庚遷殷以後,此固無可易。至其下限,則尚有游移。古本《紀年》云"自盤庚徙殷至紂之滅七百七十三年更不徙都"《史記·殷本紀·正義》所引。"七百"當作二百,是言紂亦居於殷虚。而今本《紀年》於武乙十五年言"自河北遷於沬",《帝王世紀》則謂:"帝乙復濟河北徙朝歌。"《史記·周本紀·正義》所引,王應麟《詩地理考》據此。羅氏據《帝王世紀》説,定遷沬爲帝乙,以卜辭帝王名迄於武乙文丁爲證。案:此證僅足破今本《紀年》之誤,而於古本《紀年》則未也。蓋文丁之後僅帝乙受辛二世,受辛自不得見於祀典,受辛之祀帝乙,可直稱爲父乙。卜辭中"父乙"之名多見,無由判定其必非帝乙,即無由判定《帝王世紀》説之必是,而古本《紀年》説之必非。於是卜辭年代之下限遂漫無着落近人有臆爲亡國埋契説者,即由於此。然余於排比世系時,亦不期而得一消極之現象,足證帝乙之世確曾遷沬。蓋武乙之配妣戊,其名見於戊辰彝,而於卜辭迄未見也。傳世卜辭有文丁以後物,文丁在位十三年,帝乙三十七年,受辛五十三年。若帝乙無遷沬事,不應終殷之世無妣戊之名。且受辛當稱文丁配爲妣,而其妣名亦未見。若説以尚未出土,無解於文丁以後物之特多,更無解於其他妣名均屢見,而此獨不一見。故卜辭之不見妣戊,乃其逝世在帝乙遷沬以後也。卜辭有帝乙廿祀之物,是知妣戊之逝世在帝乙廿祀以後。戊辰彝言"王廿祀",彼彝之王,知是受辛矣。

得知卜辭迄於帝乙,則知凡卜祭文武丁及武祖乙之片均爲帝乙時代之物如第三七片及第五七九片等。而此等骨片遂得爲判别時代之標準,凡文辭字迹事項之相同者,均必同時。因而得知帝乙一代所遺之物特多,蓋以物屬今王,故保存加慎也。且由此等多數之遺骨,尤有重要史實得以發現。帝乙十祀曾征夷方,經時甚久。夷方者,山東半島之島夷及淮夷也。同時曾征盂方,其地當在河南睢縣附近。又其廿祀,曾遠赴上𩁹,征討蘆、林、𤼈、𡚸等國，經時半載有幾。上𩵦者余疑即是上虞，其地距殷京甚遠。據余由四個斷片所合成之一整骨，知其路程在四旬以上。是知殷時疆域似已越長江而南，而其東南之敵亦即平定於帝乙之世。未幾，殷滅於周，其遺民即聚於東南，所謂南夷東夷，亘宗周三百年間恒爲周室之大患矣。

……

抑余猶有不能已於言者，則爲闕疑之一例。羅王諸家之研究卜辭屢以闕疑待問相號召，其意甚善。然所謂闕疑者乃謂疑之而思之，而苦思之，苦思之不得，始無可奈何而闕之，以待能者，非謂疑而置之不問也。並世學者多優遊歲月，碌碌無爲，其或亘數年而成一編者，語其内容則依様葫蘆，毫無心得，略加考釋，即多乖互，而彼輩乃動輒以闕疑勤慎自矜許，而譏人以妄騰口説。嗚呼勤慎，嗚呼闕疑，汝乃成爲偷惰藏拙之雅名耶？余實不敏，亦頗知用心，妄騰之譏在所不免，闕疑之妙期能善用矣。知我罪我，付之悠悠。

郭沫若

一九三三年一月十一日全書録成後序於江户川畔之鴻臺

（郭沫若：《卜辭通纂》，東京文求堂書店昭和八年五月五日印刷，昭和八年五月十日發行）

關於古文字研究的若干問題

于省吾

一、略論我國文字的起源

文字是在原始氏族社會發展到一定階段，由於人們的生産勞動和生活需要而産生的。開始只有極爲簡單的文字，是幫助人們記憶一些簡單的事物，以免遺忘。到了階級形成、國家出現的前後，生産力有了提高，人事日繁，于是用文字以記録語言，才開始有了成文歷史，可以傳之遠方和後世，因而就突破了語言在空間和時間上的局限性。

我國文字起源於什麽時期，還是一個懸而未决的重要問題。近年以來，西安半坡所發現的仰韶文化的陶器口緣外，往往刻劃着簡單的文字。例如：五作X，七作十，十作丨，二十作‖，示作T，玉作丰，矛作↑，艸作Y，阜作阝等，擬另文闡明之，在此就不詳説了。不難設想，當時的簡單文字不會也不可能只限於陶器上，陶器以外，自然要有更多的簡單文字，只是我們現在還看不到罷了。這種陶器上的簡單文字，考古工作者以爲是符號，我認爲這是文字起源階段所産生的一些簡單文字。仰韶文化距今約有六千多年之久，那麽，我國開始有文字的時期也就有了六千多年之久，這是可以推斷的。

龍山文化的灰陶尊（1960年山東莒縣出土），外部有刻畫的[⿱日山]字。這個字上部的○，象日形，中間的[雲氣形]，像雲氣形，下部的[五峰形]，象山有五峰形。古文字的山多作三峰形，商器父壬尊的山字作[山]，與此相彷。山上的雲氣承托着初出山的太陽，其爲早晨旦明的景象，宛然如繪。因此我認爲，這是原始的旦字，也是一個會意字。寫成楷書則作⿱日山。旦字，甲骨文作[旦]，周代金文作[旦]。都已省掉下部的山字。《説文》謂“旦，從日見一上，一地也”，已與造字初義不符。這個旦字的發現，不僅説明了商周時代的旦字是⿱日山字的簡化，同時也説明了距今約四千年前後相當於夏代的龍山文化，已經出現了用三個偏旁構成的會意字。由此可以設想，當時已經有了由更早的簡單獨體字演化成的複體字。可以説，當時是原始文字由發生而日趨發展的時期，用兩三個偏旁所構成的其他複體字，也不會是少數的。

世界上最古老的文字——古代西南亞的楔形文字和埃及的象形文字，其起源距今都有五千多年之久。但是，這兩種最古老的文字，在距今兩千年前後，均已滅亡了。而我國的文字，自古迄今，由古文而小篆、而漢隸、而楷書，直到現在的文字改革的簡體字，由繁趨簡，前後遞嬗，一脈相承。毛主席説：“中國是世界文明發達最早的國家之一，中國已有了將近四千年的有文字可考的歷史。”（《中國革命和中國共産黨》）我國將近四千年有文字可考的歷史，主要是靠着悠久的傳統文字傳下來的。

二、關於甲骨文和金文的研究(本章和第三章所講的是文字和文字史料)

甲骨文和金文(銅器銘文)是地下發掘的文字資料的主要部分。此外還有陶文、石刻文、鉨(璽)文、化文(貨幣文)、竹簡文和繒書等。包括甲骨文、金文在内,總稱之爲古文字。

截至現在爲止,甲骨文不重複的字約共四千五百多個,我們所認識的還超不過一千字。商周金文不重複的字(包括自宋代以來著録書籍的摹本在内)共三千五百個左右,我們所能認識的不過十之六七。至於陶、石、鉨、化、竹簡、繒書等文字,我們所能認識的比例和金文相仿。以上所説的不認識的古文字,有的在後世已不沿用,有的我們找不到它的構形由來和演化規律,而且檢遍後世字書,也無由得到印證。這並不是説,關於考釋古文字,今後就絶望了,就無須再研究了,這是我們應當擔負起的一個艱巨任務。我這幾年來,對於甲骨文、金文中舊所不解的字,自以爲又多認識出幾十個。例如:甲骨文中的"[illegible]"字,各家説法頗多分歧,其實,它是墾字的古文,詳拙著《從甲骨文看商代的農田墾殖》。但是,個人的能力和智慧畢竟有限。如果從事這項研究的人多一些,依靠群策群力,積久鑽研,當然會有更多的發現和發明。

甲骨文和金文是客觀存在的有形可識、有音可讀、有義可尋的。不僅用文字紀事才是史料,而每個字的本身,也往往反映出當時的社會動態,所以它也是史料。對於甲骨文和金文的考釋,必須追尋其形、音、義的源流。

爲什麽要研究甲骨文和金文呢?我們知道,研究歷史要以馬克思主義、列寧主義、毛澤東思想爲指導,從實際史料出發。研究甲骨文和金文是研究商代和西周歷史史料極其重要的工作,如果不認識文字,則文字史料就無法應用。而且,商代歷史的主要史料,在文獻方面,只有佶屈聱牙不盡可讀的《尚書》中的幾篇《商書》和叙述簡略的《史記·殷本紀》。因此可知,有關研究商代歷史的古代文獻記載幾乎等於空白。至於西周的文獻史料,也很不完備。由於近幾十年來,出土很多的商周時代的物質資料和文字資料,大大可以補充文獻的不足。然而地下史料的辨釋和復原工作,以及和文獻結合工作,問題很多。這就有待於我們考古工作者今後的積極努力。

我們研究甲骨文和金文用什麽方法呢?我們要學好辯證法,掌握辯證法,運用辯證法,對文字的點畫或偏旁以及它和音、義的關係,要做出精闢的分析。因爲任何文字都不是孤立的,它們彼此之間,既有區别,又有聯繫。我們的研究,既要具體,又要全面,既要尋出横面的同一時期的相互關係,又要尋出縱面的先後時期的發生、發展和變化的規律。

其次,我們還要懂得清代漢學家的考據學。考據學包括文字、聲韻、訓詁、校讎、輯佚、辨僞等方面。考據學不是直接爲歷史科學服務的,但在史料復原上曾起到一定的作用。考據學有很大的局限性,但它的無徵不信,却有着一定的實事求是的精神。我們要在清代漢學家用考據學所取得的某些優秀成果的基礎上,進一步來研究甲骨文和金文。

今只就研究甲骨文和金文所用的方法來説,也存在着辯證法和形而上學的鬥争。例如:有的説"研討三千年上之殘餘文字,若射覆然",這就是把研究古文字當作猜謎。有的説"考釋文字,舍義以就形者,必多窒礙不通,而屈形以就義者,往往犂然有當",這就是削足適履,改易字形以遷就義訓。這和以文字的構形爲基礎,從事具體分析,來探索其音與義者,是完全對立的。

三、甲骨文、金文和古典文獻的關係

地下發掘的商周時代的物質資料，文字資料——甲骨文、金文包括所有的古文字在內，它和同一時代的古典文獻是有關聯的(地下發掘的物質資料暫且不談)。但是兩者有主、輔之别，我們要以發掘的文字資料爲主，以古典文獻爲輔。因爲保存在地下的文字資料，是三千多年以來原封不動的，而古典文獻有許多人爲的演繹説法和展轉傳訛之處。總之，既要用發掘的文字資料來糾正古典文獻之訛誤，又要用古典文獻來補充發掘的文字資料之不足，兩者辯證地結合起來，交驗互足，才能全面研究問題，才能解決問題。在古典文獻之外，還要參考原始社會史、少數民族志和世界古代史，因爲它和研究文字的起源往往有着密切的關係。

關於用古典文獻來補充甲骨文、金文的不足，由於時間限制，在此就不論列了。關於用甲骨文、金文和其他古文字來證實典籍或糾正典籍的誤解，以前我曾寫過有關這方面的考釋，現在舉出幾個例子，並分别加以闡明。

(一)甲骨文的夰字屢見，作□形，舊不識。□字上從大，象人正面站立形，下從□，象人俯伏的側面形。□即伏的本字，伏乃後起的借字。□字像一個人站在另一個人的脊背上。這是當時階級壓迫、人踐踏人在文字上的具體反映。夰字讀郁(以上詳拙著《釋夰》和《釋梦》，未發表)。

(二)甲骨文㞾字習見，左從尼作□，象人坐在另一個人的脊背上。《説文》謂："尼，从後近之，从尸匕聲。"按：許氏改會意爲形聲，殊誤。漢武梁祠畫像，畫着夏桀騎在二人的背上。《漢書·叙傳》叙述成帝的屏風上畫"紂醉踞妲己"。這是商紂醉時箕踞坐在妲己的背上。這是人踐踏人的具體説明。在解放以前，蒙古王公和西藏高級僧侣，在外出乘馬時，令人俯伏於地，踐其脊背以上馬。這是把人當作上馬石，也是人踐踏人的有力見證(以上詳拙著《釋尼》，《吉林大學社會科學學報》1963 年第 3 期)。

以上説明文字構成的本身，有些既是活生生地階級壓迫的寫真，也是可靠的具體史料。

(三)《詩·玄鳥》的"天命玄鳥，降而生商"，自來解釋者，既以爲高辛氏的配偶簡狄吞玄鳥卵而生契，又以玄鳥生商爲怪誕不經，當作神話。其實玄鳥乃是商人的圖騰，圖騰是原始宗教的起源。原始社會的人們認爲圖騰是自己的祖先和保護者。商器的玄鳥婦壺(《三代吉金文存》十二·二)，有的釋爲鴔婦壺。有的把鴔字當作鳥書的玄字，都不可據。玄鳥婦壺是簡狄後裔的一個婦人所作的壺。玄鳥二字標志着她的圖騰。總之，玄鳥生商這句話，通過金文的二重證明，毫無疑問，它是原始社會圖騰的殘遺(以上詳拙著《略論圖騰與宗教起源和夏商圖騰》，《歷史研究》1959 年第 11 期)。

以上是用商代金文來證實典籍。

(四)《孟子·滕文公》叙述武王伐紂引《尚書》逸文："有攸不惟臣，東征，綏厥士女。"、"綏厥士女"一語，《夏小正》也作"綏多士女"。舊注均訓綏爲安。士女指壯年男女言之，詳王引之《經義述聞》。如果依照儒家的説法，把武王伐紂説成弔民伐罪，就該憐恤鰥寡，老安少懷；今乃置鰥寡老少于不顧，而被安撫者只有壯年男女，顯然就出現了矛盾。甲骨文和金文中有妥無綏，妥爲綏之初文，本作□，象以爪擒女之形。猶孚(俘)之本作□，象以爪

擒子之形。妥與孚均係俘虜之義。典籍每訓綏爲繩索，作動詞用則爲縛系，俘虜與縛系義本相因。然則，“綏厥士女”，乃縛系壯年男女以爲奴隸，這和舊訓安撫士女之義恰恰相反。西周金文師寰簋敘師寰征伐淮夷説：“徒馭毆俘，士女羊牛。”這是説師寰部下的徒屬們，驅趕着所俘虜的一些壯年男女和羊牛。以羊牛和士女并列，這和“綏厥士女”是俘虜壯年男女以爲奴隸，可以互相驗證（以上詳拙著《夏小正五事質疑》，1965 年 6 月中華書局出版《文史》第 4 輯）。

（五）甲骨文、金文中夷狄之夷均作𡰣，即古尸字。尸與夷音近字通，典籍常見。以夷爲夷狄之夷乃秦漢以來的通假字。《山海經》一書多叙少數民族的傳説和神話，其言“女丑之尸”、“奢比之尸”、“貳負之尸”一類的詞句凡十四見，尸字均應讀爲夷，夷指少數民族言之。舊注讀尸如字，是講不通的。《淮南子・墬形篇》的“東方有君子之國，西方有形殘之尸”，尸也應讀作夷，夷與國對文成義，舊注讀尸如字，曲戾難解。

（六）尸通夷已詳上條。到了晚周，尸字孳乳爲𡰥，故《汗簡》引《尚書》古文夷字作𡰥。《漢書・高帝紀》的“司馬𡰥”，顔注謂“𡰥古夷字”。又：𡰥與仁形音並相近，故《説文》古文仁作𡰥。漢印有“程問𡰥”，即程問仁，問仁二字本諸《論語》，孔子弟子問仁者屢見。《論語・子罕》稱“子罕言利與命與仁”。按：《論語》中記孔子言利和命者，各有數章，可謂之罕言。至於孔子言仁者有幾十章之多，如何能稱之爲罕言呢？自漢、魏以來异説紛紜，莫衷一是。實則仁應讀作夷。《論語》中言夷狄和蠻貊者僅有四章，故也稱之爲罕言（以上五、六兩條詳拙著《釋人、尸、仁、𡰥、夷》，1947 年 1 月 29 日大公報《文史周刊》）。

以上是用古文字來糾正典籍的謬誤解釋。

（本文係在一次業務學習會上的發言，發表時略有修改，原載《文物》1973 年第 2 期）

殷虛文字類編·序

王國維

今世弱冠治古文字學者，余所見得四人焉：曰嘉興唐立庵友蘭，曰東莞容希白庚，曰膠州柯純卿昌濟，曰番禺商錫永承祚。立庵孤學，於書無所不窺。嘗據古書古器以校《説文解字》。希伯則專攻古金文，欲補吳縣吳窓齋中丞之書，而其書皆未就。純卿爲鳳蓀學士次子，年最少，讀書亦最多。嘗以書問字於余，余嘆其逸足，每思所以範之。前歲撰《殷虛書契補釋》一編寄余，尚未能中繩墨也。錫永從上虞羅叔言參事游。壬戌夏，持參事書訪余於上海，出所纂《殷虛文字類編》索余文弁其首。癸亥五月，余來京師，錫永書亦垂刊成，乃始得而序之。夫殷虛文字之學，始於瑞安孫仲容比部，而實大成於參事。參事於宣統庚戌撰《殷虛貞卜文字考》，甲寅復撰《殷虛書契考釋》，創獲甚多。丙辰之夏，復集殷虛文字之不可識者爲《殷虛書契待問編》。參事與余續有所釋，皆箋識其上，其於《考釋》一書，又大有增删。錫永乃彙諸書，以《説文》次序編之。其所自釋者亦十之一二，精密矜慎，不作穿鑿附會之説，如編中釋⿱冖八、衎、⿰木丮、王、⿰犭亡、畎諸字均極精確。又如[illegible]字，余釋爲解，祗以從兩手判牛角，與從刀判牛角同意。錫永乃謂篆文之刀乃彡之省，尤爲神悟。嗚呼，如錫永此書可以傳世矣。雖然，書契文字之學，自孫比部而羅參事而余，所得發明者不過十之二三；而文字之外，若人名，若地理，若禮制，有待於考究者尤多。故此新出之史料，在在與舊史料相需。故古文字、古器物之學與經史之學實相表裏，惟能達觀二者之際，不屈舊以就新，亦不絀新以從舊，然後能得古人之真，而其言乃可信於後世。若以錫永之條理，劑以立庵、純卿之博綜，他日所得，必將有進於是編者。余雖不敏，猶將濡筆而序之。夏至後十日海寧王國維序於京師黄華門北之寓廬。

（商承祚：《殷虛文字類編》，决定不移軒 1923 年刊行。標點爲整理者所加）

殷虚文字類編·自序

商承祚

承祚年未弱冠即嗜古文字之學,顧見聞孤陋,惟抱許氏《説文》、薛氏《鐘鼎款識》諸書,以爲文字之源盡於此矣。少長出遊,始知近世彝器之出土者,數十百倍於宋代。又知有甲骨文字,出於近二十年中,顧皆不得見。民國十年辛酉秋至天津,負笈於上虞羅叔言師之門,始得窺其圖書彝器之富,又知甲骨之出土者大半在師家,又得師所撰《殷虚書契前後編》、《書契菁華》、《書契考釋》及《殷虚文字待問編》讀之,然後知所見之陋也。師之書既行於世,然數年以來,手自增訂之處蓋不下數百科,而待問編中存疑之字,師與海寧王静安先生又各有增釋,蓋幾近十分之一,師悉以授祚。祚亦增釋得若干字。書契文字變化至繁,一字异形動輒數十。師書不過舉其大凡,祚亦增補得若干字,因用《説文》分部次序將師書重行編次,而以鄙説附焉。凡諸説解,並仍師舊,或有引申,則稱"祚案"以别之。書成,質之於師,以爲便於初學,因付之剞劂氏。昔司馬公所撰《切韻指掌圖》,元邵光祖爲之檢例。承祚此書何敢言著述,亦聊備師書之通檢云爾。癸亥孟秋番禺商承祚序於析津之決定不移軒。

(商承祚:《殷虚文字類編》,决定不移軒 1923 年刊行。標點爲整理者所加)

殷虛文字類編(摘錄)

商承祚

[甲骨字形] 卷二第二十七葉 [甲骨字形] 《後編》上第十四葉 [甲骨字形] 下第三十七葉 [甲骨字形] 第三十九葉

祚案:此象人執炬火。[字形]爲木之省,[字形]象火焰上騰之狀,與賁作[字形]同意,當是炬之本字。《説文解字》:"苣,束葦燒也。"段先生曰:"《後漢書·皇甫嵩傳》'束苣乘城',俗作炬。此爲苣、藤、蒚、苣字。"許君殆未知本有炬字而借苣爲炬矣。(第一)

[甲骨字形] 卷一第四十七葉 [甲骨字形] 卷四第十三葉 [甲骨字形] 《龜甲獸骨》卷一第十一葉

《説文解字》唐古文作[字形]。

祚案:卜辭庚亦作[字形](見十四部庚字),例之則[字形]亦是唐字。(第二)

[甲骨字形] 《後編》下第二十一葉

祚案:《説文解字》:"解,判也。以刀判牛角也。"此象兩手解牛角,[字形]象其殘靡。卜辭從[字形]之字或省從[字形],與刀形相似而非刀字也。卜辭從[字形],篆文又省從[字形],由[字形]又省作[字形],遂與刀形相混矣。(第四)

[甲骨字形] 卷六第四十八葉 [甲骨字形] 卷二第二十七葉 [甲骨字形] 同上 [甲骨字形] 第二十八葉 [甲骨字形] 第二十九葉 [甲骨字形] 同上 [甲骨字形] 第三十二葉 [甲骨字形] 卷四第三十六葉 [甲骨字形] 《後編》下第四十二葉

祚案:卜辭中曰獲馬獲鹿獲麑獲雉之文屢見,以誼考之,此當爲狼字,曰獲狼十有三(卷二第二十七葉),曰獲狼廿五(卷二第三十四葉),曰獲鹿狼(卷二第三十五葉),此狼字之確證也。良亾音相近,故假亾爲良。(第十)

(商承祚:《殷虛文字類編》,决定不移軒 1923 年刊行。標點爲整理者所加)

考釋古文字的方法問題(節録)

胡瀲咸

《説文》有許多“重文”。“重文”就是異體字。這些“重文”無疑是在文字演變中形成的。因此,從這些“重文”,我們可以看到漢字演變的一些情況。《説文》中的“重文”有兩種:一種是“古文”和“籀文”。一種是篆文。“古文”和“籀文”是先秦的文字。秦始皇改革文字把這些文字改成篆文,原來的“古文”和“籀文”就不用了。《説文》收録了一些,放在已經改革過的篆文後面作爲“重文”。篆文“重文”就是篆文都有的異體字。

一、“古文”和“籀文”重文

(一)改换或簡化義旁

播　敽(古)

垣　鞁(籀)

(二)改换或簡化聲旁

宇　　寓(籀)

退　徂　遣(籀)

(三)减省筆畫

屋　屋(籀)

融　鬴(籀)

(四)創造新字代替舊字

帷　㡓(古)

席　㕻(古)

二、篆文“重文”

(一)聲旁相同,義旁不同

玩　貦

茵　鞇

(二)義旁相同,聲旁不同

琨　瑻

梅　楳

(三)義旁和聲旁都不同

玭 蠙

窦 院

(四)增加義旁

厷 肱

或 域

(五)減省筆畫或偏旁

瑁 玥

秫 术

(六)減省筆畫,同時又改换偏旁

鬻 餗

鬻 秬

(七)象形字和會意字改用形聲字

鬲 歷

珏 瑴

這些“重文”,是在漢字演變中形成的。反過來説,漢字也必就是按照這些形式演變。這些形式可以概括爲下列幾種:

(一)可以增加義旁

(二)可以有不同的義旁

(三)可以增加聲旁

(四)可以有不同的聲旁

(五)可以減省筆畫和偏旁

(六)可以創造新字代替舊字

(七)可以義旁和聲旁都不相同

漢字的演變不都是這樣簡單,有的可能一變再變,但其演變的基本形式不外乎這些。

……

甲骨文有“𧈢”字,是個象形字,不認識。有人以爲是象蟬,有人以爲是象黿,有人以爲是象蟋蟀。

卜辭有云:

貞,其甹𪓐,辛未卯,酒。(《甲》三六四二)

貞,其甹𪓐。(《明續》四六九)

乙亥卜,貞,其甹𪓐于侚。(《寧滬》一・一一九)

《説文》云:“甹,定息也……讀若亭。”卜辭説“甹”什麽,都是其物爲灾,祈求停息。卜辭每云:“甹風”、“甹雨”,都是風雨爲灾,祈求停息。“甹𪓐”也必是𪓐爲灾,祈求停息。蟬、黿或蟋蟀都不能爲灾,所以這必不是蟬、黿或蟋蟀。這個字是像昆蟲的形狀,昆蟲能爲灾者只有蝗。因此我以爲這當是蝗蟲的象形字。從字形看,也酷肖蝗蟲。蝗蟲稱爲螽,我以爲這乃是“螽”字的本字。“螽”是後世創造的用新字來代替舊字的。(詳拙作《釋𪓐》)

……

清代學者段玉裁、王念孫等創爲同聲通假之説,謂“同聲之字古多通用”(郝懿行《爾雅義疏》)。不少人都喜用這種説法解釋古文字。往往説“某字與某字古音同在某部，可以通用”或者説“以聲類求之，某字當讀爲某字”。這種方法學者已有人指出是有弊病的。我認爲這根本就是錯誤的。這在邏輯上就説不通。同聲通假之説是根據古音分部的。段玉裁説：“凡假借必同部同音。”(《説文》“丕”字段注)這雖不完全正確，還是有部分道理的。因爲假借字必須是同音或同聲或聲音相近，否則不能假借。但是，反過來，是不是凡同部同音的字便都可以通用呢？顯然不能這樣説。因爲這樣説是逆定理，逆定理是不能成立的。事實上古代也不是同部同音字都能通用。用同聲通假之説解釋古文字，所用的正是逆定理。

前面我們説，通用是語言裏一個詞用兩個或兩個以上的字來表示，這兩個或兩個以上的字稱爲通用或通假。通假既是這樣，那麽，這兩個或兩個以上的字只有表示這個詞的時候才通用，在其他的地方不見得都能通用。因爲假借字所用的是假借義。一個字除了假借義以外還有本義和引申義。當各用其本義或引申義時，便不能通用。例如“佯”這個詞，在古書裏，有的假用“詳”字，如《史記・楚世家》：“張儀至秦，詳醉墜車，稱病不出。”有的又假用“陽”字，如《漢書・田儋傳》：“田儋陽爲縛其奴。”、“詳”和“陽”通用。但“詳”和“陽”只有表示“佯”這個詞時才通用。太陽、陰陽便不能用“詳”，詳審、詳略便不能用“陽”。可見通假是有一定的範圍的，並不是只要聲音相同便到處可以通用。由此也可知“凡同聲之字古多通用”不符合事實，是説不通的。

清代學者所説的通假字，實際有許多並不是假借字，其中很多都是在漢字演變中形成的異體字或古今字。

朱駿聲《説文通訓定聲》云：“从，相聽也，从二人……假借爲從。”又云：“從，隨行也，从辵从从，會意，假借爲从。”按“从”甲骨文作“𠦪”，象一人隨另一人之形，初義當是隨行，引申爲聽從。金文加“辵”作“從”。“從”只是“从”加偏旁而已，二字即是一個字，當然通用。怎麽是假借呢？

《尚書・堯典》：“光被四表。”漢魏人引作“廣被四表”或“横被四表”。《爾雅・釋言》：“桄，光也。”王引之云：“光被之光作横，又作廣，字异而聲義同。”又云：“光、桄、横古同聲而通。”(《經義述聞》“光被四表”條)戴震、段玉裁、王引之等把這幾個字當作同聲通假的典型例子。我以爲這不是同聲通假而應是古今字。

《叔向父簋》：“廣啓禹身，勵於永令。”《士父鐘》：“用廣啓士父身。”襄公十年《左傳》：“君若猶鎮撫宋國，而以偪陽光啓寡君，羣臣安矣，其何貺如之。”《國語・鄭語》：“夫其子孫必光啓土，不可偪也。”很明顯，“光啓”必就是“廣啓”。由此可知，“廣”和“光”當是先用“廣”，後改用“光”。

《左傳・襄公十八年》：“齊人御諸平陰，塹防門而守之廣里。”、“廣里”，《郡國志》作“光里”。《水經注・河水》云：“今防門北有光里。齊人言廣音與光同，即《春秋》所謂守之廣里也。”這更足以證明“廣”和“光”是前後用字不同。其所以用“光”，乃是因爲齊地方言“光”與“廣”音相同而改的。

以“廣”、“黄”爲聲旁的字又可以“光”爲聲旁。

艞　舤　《説文》“艞”字重文作“舤”。

纊　絖　《説文》“纊”字重文作“絖”。

潢洸滉 《詩・江漢》:"武夫洸洸。"《鹽鐵論・徭役篇》引作"武夫潢潢"。《荀子・富國篇》和《王霸篇》:"潢然兼覆之。"楊倞并云:"潢與滉同。"

熿 晃 揚雄《甘泉賦》"北熿幽都",師古云:"熿古晃字。"

横 桄 《淮南子・原道訓》:"横四維而含陰陽。"高誘云:"横讀桄車之桄。"

《説文》云:"觵,俗觥字,从光"。由此可知,以"廣"、"黄"爲聲旁改用"光"爲聲旁,乃是漢代改的。由這種演變的規律看,"桄"也必是"横"字改用"光"爲聲旁的。"桄"是"横"字的异體字。二字通用不是同聲假借。

清代學者所説的同聲通假字很多是這類的字。根據這類的字建立學説,怎麽能成立呢?

古書裏有很多通用字,其所以通用,有不同的原因。對此必須看具體的情况作具體的分析,不能簡單地用同聲假借來解釋。考釋古文字,這種方法以少用爲宜。

一九八零年八月十六日草于蕪湖赭山

(原載《安徽師範大學學報》1990 年第 2 期)

甲骨文的埋藏、破壞和認識[①]

胡厚宣

“殷墟”是指現在河南省安陽縣城西北五里小屯村北洹河以南以及附近的地方。這裏是殷代後半期從盤庚遷殷到紂亡國，八世十二王二百七十三年間的舊都。《史記・殷本紀》正義引《竹書紀年》説：

自盤庚徙殷，至紂之滅，二百七十三年，更不遷都。

《史記・項羽本紀》：“洹水南，殷虚上。”《水經・洹水注》：“洹水出山東，逕殷虚北。”《史記・殷本紀》正義引《括地志》：“相州安陽本盤庚所都，即北冢殷虚。”又説：“洹水南岸三里有安陽城，西有城名殷虚，所謂北冢者也。”就是這個地方。[②]

唐人杜佑《通典》[③]，宋人羅泌《路史》[④]及吕大臨《考古圖》[⑤]都以“安陽西北五里”、“洹水之濱”殷虚所在爲河亶甲城和河亶甲墓。元人納新在《河朔訪古記》中也説：

安陽縣西北五里四十步洹水南岸河亶甲城，有塚一區，世傳河亶甲所葬之所也。[⑥]

按河亶甲居相，見《太平御覽》八十三引古本《竹書紀年》。據《史記・殷本紀・正義》引《括地志》説相在内黄縣東南十三里，并不在安陽。説安陽是河亶甲城，雖然錯誤[⑦]，但這塊地方是殷都，也有墓葬，由殷虚發掘看來，則是事實。

《禮記・表記》説：“殷人尊神，率民以事神，先鬼而後禮。”殷人“尚鬼”，是最爲迷信的。那時的統治階級奴隸主，無論什麼事情都要占卜。占卜是用龜的背甲和腹甲，牛的肩胛骨和肋骨。占卜以後，常常在甲骨上面寫刻卜辭和同占卜有關的一些簡單的記事文字，這就叫做“甲骨文”[⑧]。

這些寫刻着卜辭的千千萬萬片甲骨，在當時用過以後，有的被有意的保藏起來，有的無用的被丢在垃圾堆裏。[⑨]殷紂亡國，都城成了廢墟，它就完全被埋在所謂殷墟的地下。殷亡以後，殷墓很可能被周人挖掘。安陽小屯村是殷墟，也有墓葬。在殷墓被周人挖掘的時候，無意中掘出甲骨，這是極可能的事。

有人説秦漢時代曾發現過甲骨。[⑩]這也很有可能。因爲説從戰國到秦漢以來，盗墓的風氣很爲盛行。許慎《説文解字叙》：

郡國亦往往於山川得鼎彝。

所謂“鼎彝”，就是古墓殉葬的青銅器。

到宋朝金石學發達，古墓的發現就愈多了。如《考古圖》所載：

乙鼎，得於鄴郡亶甲城。（一卷二二葉）

饕餮鼎，得於鄴郡漳河之濱。（一卷二三葉）

商兄癸彝，得於鄴。（四卷五葉）

足迹罍，得於鄴。聞此器在洹水之濱亶甲墓旁得之。（四卷四四葉）

亶甲觚，得於鄴亶甲城。（五卷一二葉）

這些殷代的青銅器都是從殷墟出土的。前引《路史》説，"亶甲故城在安陽西北五里"，《河朔訪古記》説在"安陽縣西北五里四十步洹水南岸"，正是指的安陽小屯的殷墟，便是證明。以殷墟爲亶甲墓、亶甲城，是沿唐宋一般人之誤，把殷墟當成了河亶甲所都的相。

除此以外，見於王黼等《博古圖録》、王俅《嘯堂集古録》、薛尚功《歷代鐘鼎彝器款識》、無名氏《續考古圖》和王厚之《復齋鐘鼎款識》的，還有：召夫鼎（博一卷一七葉。嘯一葉。薛一卷一五葉）、册命鼎（博一卷二一葉。薛一卷一五葉）、父癸鼎（博一卷二六葉。嘯四葉。薛一卷一一葉。復五葉）、父癸鼎（博一卷四三葉。嘯六葉。薛一卷一三葉。續四卷二三葉）、父癸鼎（博一卷二五葉。嘯四葉。薛一卷一三葉。復六葉）、單父乙鼎（博二卷三七葉。嘯一二葉。薛九卷四葉）、單從鼎（博三卷五葉。嘯一五葉。薛九卷五葉）、己酉戊命彝（博八卷二〇葉。嘯二八葉。薛二卷一二葉。應叫簋）、乙酉父丁彝（薛二卷一一葉。應叫簋）、從彝（續三卷三葉。應叫簋）、單從彝（薛一二卷三葉。續三卷三葉。應叫甗）、單從彝（續三卷二葉。薛一二卷三葉。應叫簋）、單從彝（博一九卷三六葉。薛一五卷一二葉。應叫盉）、單從彝（薛一二卷三葉。應叫觚）、子父癸卣（薛三卷一五葉。應叫觶）等器，雖然没有象《考古圖》那樣注明出土的地方，但就形制、花紋、款識各方面看來，都是殷代的青銅器，大概也是宋代從殷墟出土的東西。

《河朔訪古記》説：

> 父老云："宋元豐二年，夏，霖雨，安陽河漲水，囓（河亶甲）塚破。野人探其中，得古銅器，質文完好，略不少蝕。衆恐觸官法，不敢全貨於市，因擊破以鬻之。复塞其塚以滅迹，自是銅器不復出矣。"

記載宋代殷墟銅器出土的情況更詳細。⑪

前中央研究院歷史語言研究所在安陽侯家莊西北岡因發掘殷墟而發現的殷王陵墓，也没有一個不是經過漢宋人盗掘的。⑫

殷墟的墓葬既然曾經漢宋兩朝大規模地盗掘，古墓裏殉葬的青銅器既然曾經大批地出土，甲骨文在殷墟，尤其在小屯村和小屯村北，幾乎遍地都是，那末，一同被發現的，就一定很多。

在漢宋之間的隋唐時代，殷墟地方是一塊廣大的公共墓地。就殷墟發掘的情況看來，殷商以後的堆積，以隋唐墓葬爲數最多，幾乎到處都有。據《小屯地面下分析初步》説：

> 却是地面下的擾動，不但遠在挖古董的以前，並在小屯成立以前。自殷商廢棄此地直到小屯成立，中間經過了約有兩千七百年。這兩千七百年中，在此地有多少變動發生過？换句話説，這地方在這兩千七百年内是完全荒廢的，還是有人經營過？我們這一季的觀察，只能答覆這疑問的一部分。我們可以斷定這地在南北朝及隋唐時代，一定是一塊公共的葬地。因爲在我們有限的發掘區域内，發現了總有五所墓葬是屬此時代的。⑬

《小屯的文化層》一文也説：

小屯這個遺址，自殷末周初廢棄之後，由錦綉的帝都變作了荒凉的廢墟，以致箕子過殷墟而歌《麥秀》。其間由周初到隋前，僅有些不能確定絶對年代的零星堆積，降至隋代，又大昌盛，不過變作枯骨的寄託所了。[14]

又説：

隋唐墓葬，在殷墟到處皆有。[15]

又説：

隋唐時期的墓葬，爲數最多，所謂殷後的大量遺存，就是指此而言。[16]

隋唐時代，既然曾把這裏當作廣大的墓地，爲了埋葬，經常不斷的向下挖掘，甲骨文遍地都是，又安有不被發現之理？

可惜幾千年來，所謂"甲骨文"者，從没有見於任何古書的記載。也許因爲古代盗掘的人們只知道要鼎彝銅器，不曉得這甲骨上面還刻着極寶貴的殷代的卜辭，因而就把它和陶、骨、蚌、石一類殘碎的器物一同毁棄掉，或者把它當作别的用途。

舊醫處方，有"龍骨"一藥，最初見於《本草》。《本草》一書，"著者之年代，不出東漢末訖宋齊之間"[17]。梁陶弘景注《本草》和《名醫别録》，宋沈括作《夢溪筆談》，對"龍骨"都曾作過解説。明李時珍《本草綱目》對"龍骨"在中醫裏的用途説得更爲詳細，説它主治小兒婦科和男子虚弱各症。所謂"龍骨"者，據近代記載，一種是古脊椎動物骨骼化石，貨分南北兩路，北路貨出於河北、山西，銷在華北、上海；南路貨出於川、黔、湘、桂、滇、粤的山洞，銷在廣州、香港和南洋。[18]另一種就是殷墟出土的甲骨，除在本地零售以外，主要銷路在河北的安國和北京。

殷墟的甲骨究竟是從什麽時候開始被用作"龍骨"藥，不得而知。不過，可以斷言，歷史一定相當長久。這情况，一直沿傳到近代。在一八九九年也就是清朝光緒二十五年以前的幾十年乃至幾百年中，小屯村居民在農閒的時候，幾乎家家都到地裏去撿拾"龍骨"，聚攏來一道賣給收藥材的人。有的人，往往一生或幾代，都以售"龍骨"爲業。售法，有零有整。零售的方法，是用鋼銼把甲骨銼成細粉，叫做"刀尖藥"，據説可以治破傷，每年到各處趕廟會擺地攤出賣。整批的就賣給藥材商，或批發到北京和安國，安國是華北有名的藥市。骨頭硬的，丢掉不要。有字的常被挖掉或刮平。[19]

王懿榮是第一個認識甲骨、搜集甲骨的人。他的次子王漢章作《古董録》説：

回憶光緒己亥、庚子間，濰縣估人陳姓，聞河南湯陰縣境小商屯地方（按當作安陽小屯村，估人詭言出自湯陰縣，見羅振玉《五十日夢痕録》）出有大宗商代銅器，至則已爲他估席載以去，僅獲殘鱗剩甲，爲之嗒然！乃親赴發掘處查看，見古代牛骨龜版，山積其間。詢之土人，云牛骨可椎以爲肥田之用，龜版則藥商購爲藥材耳。[20]

1911年，羅振玉爲了搜購甲骨，曾派他的介弟羅振常和妻弟范兆昌親往安陽，羅振常作《洹洛訪古遊記》一書，説：

此地埋藏龜骨，前三十餘年已發現，不自今日始也。謂某年某姓犁田，忽有數骨片，隨土翻起，視之，上有刻畫，且有作殷色者（即塗朱者），不知爲何物。北方土中，埋葬物多，每耕耘，或見稍奇之物，隨即其處掘之往往得銅器、古泉、古鏡等，得善價。是人得骨，以爲异，乃更深掘，又得多數，姑取藏之，然無過問者。其極大胛骨，近代無此獸類，土人因目之爲龍骨，携以視藥鋪。藥物中固有龍骨、龍齒，今世無龍，每以古骨充之，不論人畜。且古骨研末，又愈刀創，故藥鋪購之，一斤才得數錢。骨之堅者，或又購以刻物。鄉人農暇，隨地發掘，所得甚夥，撿大者售之。購者或不取刻文，則以銼削之而售。其小塊及字多不易去者，悉以填枯井。[21]

駐安陽長志會牧師加拿大人明義士，在他的《甲骨研究》中説：

起初有人收藏甲骨，可不知道出處。在一八九九年以前，小屯人用甲骨當藥材，名爲龍骨。最初發現的甲骨，都經過濰縣范氏（維卿）的手。范氏知道最詳。先時范氏不肯告人正處，如告劉鐵雲湯陰牖里。余既找到正處，又屢向范氏和小屯人打聽，得知前清光緒二十五年（一八九九）以前，小屯有薙頭商名李成，常用龍骨粉作刀尖藥。此地久出龍骨，小屯居民不以爲奇。乃以骨片、甲版、鹿角等物，或有字或無字，都爲龍骨。當時小屯人以爲字不是刻上的，是天然長成的。并説有字的不好賣，刮去字藥店才要。李成收集龍骨，賣與藥店，每斤制錢六文。[22]

這樣，幾千年來，或把它當作廢物，或把它當作藥材，或用它肥田，或用它填井，不知毁滅了多少萬片殷代甲骨，寶貴的直接可信的史料！

又據《小屯地面下情形分析初步》一文説：

現在小屯村的原始遠在明朝。在這幾百年中，村民在這地方建過房屋，挖過井，種過樹，埋過人。他們在低的地方堆過垃圾，爲種地的方便，把高的地方剷平了。甲骨的發現就是由於農人挖地及剷地。

這樣發現了甲骨，隨着毁滅了它，幾百年來，更是不計其數！

直到一八九九年，也就是清朝光緒二十五年，山東福山人王懿榮才首先認識了甲骨上刻的乃是古代的文字。據傳説那年王懿榮在北京做官，患瘧疾，吃中藥，其中有一味藥是龍骨。當那包藥從宣武門外菜市口達仁堂買回來時，王氏親自打開審視，發現龍骨上面刻有篆文，大爲驚訝。王氏本來就是金石學家，精研銅器銘文之學，知道這種骨頭一定很古，就派人到那家藥鋪，問明來歷，選了一些文字比較鮮明者，全部買下。就是這樣偶然地認識了甲骨，從此甲骨文字才見重於世。

王漢章《古董録》説：

估取骨之稍大者，則文字行列整齊，非篆非籀，携歸京師，爲先公述之，先公索閲，細爲考訂，始知爲商代卜骨，至其文字，則確在篆籀之前，乃畀以重金，囑令悉數購歸。

以王懿榮首先考訂，斷定它是商代的卜骨。

明義士《甲骨研究》説：

一八九九年（己亥，光緒二十五年）有學者名王懿榮（字廉生，謚文敏公）到北京某藥店買龍骨，得了一塊有字的龜版，見字和金文相似，就問來源，并許再得了有字的龍骨，他要，價每字銀二兩。回家研究，頗有所得。王廉生是研究甲骨的第一人。

以王氏爲認識和研究甲骨的第一人。

但汐翁《龜甲文》却説：

丹徒劉鶚鐵雲客游京師，寓福山王懿榮正儒私第。正儒病痁，服藥用龜版，購自菜市口達仁堂。鐵雲見龜版有契刻篆文，以示正儒，相與驚訝。正儒故治金文，知爲古物，至藥肆詢其來歷，言河南湯陰安陽，居民搰地得之，輦載衍粥，取價至廉，以其無用，鮮過問者，惟藥肆買之云云。鐵雲遍歷諸肆，擇其文字較明者購以歸。[23]

以劉鶚與王氏共同認識甲骨，并且説鐵雲先見龜版有契刻篆文，遍歷諸肆，先買甲骨，則不可盡信。羅振玉《殷商貞卜文字考》自序説：

> 光緒己亥，予聞河南之湯陰（實爲安陽）發現古龜甲獸骨，其上皆有刻辭，爲福山王文敏公所得，恨不得遽見也。翌年"拳匪"起京師，文敏殉國難，所藏悉歸丹徒劉氏。又翌年，始傳至江南，予一見，詫爲奇寶。

就是劉鶚的《鐵雲藏龜》自序也説：

> （甲骨）既出土後，爲山左賈人所得，咸寶藏之，冀獲善價。庚子歲，有范姓客，挾百餘片走京師，福山王文敏公懿榮見之狂喜，以厚值留之。後有濰縣趙君執齋得數百片，亦售歸文敏。未幾，義和拳亂起，文敏遂殉難。壬寅年，其喆嗣翰甫觀察售所藏清公夙責，龜版最後出，計千餘片，予悉得之。

連劉鶚自己都説他搜集甲骨是在王懿榮死的前後，那末，首先認識甲骨和最早搜集甲骨的當然不會是劉鶚，而必然是王懿榮了。

①參看胡厚宣《五十年甲骨文發現的總結》第三節，商務印書館一九五一年版。

②參看王國維《觀堂集林》十二卷《説殷》；又《古史新证》第五章。董作賓《殷虚沿革》，載一九三〇年八月前中央研究院《歷史語言研究所集刊》二本二分；又《殷商疑年》，載一九三六年同上《集刊》七本一分；又《甲骨文斷代研究例》，載一九三三年同上《集刊》外編《慶祝蔡元培先生六十五歲論文集》上册。胡厚宣《甲骨學提綱》，載一九四七年一月十五日上海及天津《大公報》。

③參看《通典》一七八卷，《州郡八・鄴郡》。

④參看《路史・國名紀》卷丁《商氏後》。

⑤參看《考古圖》一、四、五卷。

⑥《河朔訪古記》中卷。

⑦參看雷學淇《竹書紀年義证》十二卷；羅振玉《殷虚書契考釋・都邑第一》，一九一四年。

⑧參看胡厚宣《甲骨學提綱》，載一九四七年一月十五日上海及天津《大公報》。

⑨同上。

⑩參看吴昌綬《鐵雲藏龜序》，一九〇三年。衛聚賢《秦漢時發現甲骨文説》，載一九三九年《説文月刊》一卷四期。何天行《甲骨文已見於古代説》，又《陝西曾發現甲骨文之推測》，皆載一九四〇年上海《學術》第一輯。

⑪參看董作賓《殷虚沿革》，載一九三〇年八月前中央研究院《歷史語言研究所集刊》二本二分。徐中舒《殷代銅器足徵説兼論〈鄴中片羽〉》，載一九三五年《考古社刊》第二期。

⑫參看《國立中央研究院二十三年度總報告》和《國立中央研究院二十四年度總報告》歷史語言研究所部分。

⑬李濟：《小屯地面下情形分析初步》，載一九二九年《安陽發掘報告》第一期。

⑭石璋如：《小屯的文化層》，載一九四五年《六國别録》上册；又《殷墟最近之重要發現附論小屯地層》，載一九四七年《中國考古學報》第二册。

⑮石璋如：《小屯的文化層》。

⑯參看注⑮。董作賓《殷虛沿革》,載一九三〇年八月前中央研究院《歷史語言研究所集刊》二本二分。

⑰梁啓超:《古書真僞及其年代》,收入《飲冰室全集》,又單行本。

⑱參看楊鍾健《中國龍骨商與脊椎動物化石之研究》,載一九三三年《科學》十七卷一期,又收入《自然論略》,商務印書館一九四四年版。裴文中《關於龍骨的一些問題》,載一九五四年《文物參考資料》第六期。劉憲亭《舊醫處方用的龍骨應改用代用品》,載一九五四年《科學通報》七月號。劉壽山《龍骨治病的歷史及其代用品》,載一九五五年一月三日《光明日報》。

⑲參看董作賓、胡厚宣《甲骨年表》,商務印書館一九三七年版,第一頁。

⑳王漢章:《古董録》,載一九三三年《河北第一博物院畫報》第五十期。

㉑羅振常:《洹洛訪古遊記》,宣統三年二月二十三日條,上海蟫隱廬書店版。

㉒明義士:《甲骨研究》,齊魯大學一九三三年石印本。

㉓汐翁:《龜甲文》,載一九三一年北京《華北日報·華北畫刊》第八十九期。

殷虚文字甲編・自序(節録)

董作賓

再談一談我現在對於甲骨文字的看法。從我在北京大學研究所國學門讀書時起,開始鑽入甲骨堆中,到今天已足有二十五年,我對於甲骨文字的意見,隨時在改變,這也許和一般治此學者是同樣的。二十年前看它是一個神秘之府,十年以前,看它是一座寶山;到今天我的意見却又有些不同了。郭沫若氏自己批評他的《古代社會研究》説:“其中有好些未成熟的甚至錯誤的判斷,一直到現在還留下相當深刻的影響。”又説:“有的朋友還沿用着我的錯誤;有的則沿用着我的錯誤的徵引而又引到另一錯誤的判斷,因此關於古代的面貌,引起了許多新的混亂。”這自然不單指甲骨文字的部分,可是過去我們研究卜辭的結果,也難免不是如此的。十年前我曾誤解了“册六”,以爲甲骨就是殷代的簡册,這毛病是過於“尊題”。我們現在固然應該特别的慎重,可是“後之視今,亦猶今之視昔”,現在是否没有錯誤,也很難説。譬如我自以爲寫《殷曆譜》的方法是對的,偏有人説這方法完全錯了,如果他有更對的方法,我就應該認錯,應該向他合十:“阿彌陀佛,善哉! 善哉! 吾過矣! 吾過矣!”不然,只好請他原諒我的“執拗”了。治學以求真理爲依歸,像郭氏那様勇於認錯,是很可佩的。我現把對於甲骨文字的看法,姑且寫在下面,是是非非,也留待以後反省罷。

第一,甲骨文字,不能代表殷代文化。這裏所謂代表,是指一般人的意見,以爲殷代的文化,只能從甲骨文字裏去尋找,只有甲骨文字中的記載,是整個的殷代文化。這是一種奢望,是一種不可能實現的企圖。我們需要明白甲骨文字的性質和它的内容,給它一個適當的估價,不要太看低了,也不要太看高了,然後我們才可以推想殷代文化的真相是什麽。1. 甲骨文字,只是殷代應用文字的一種,是一種專記貞卜事項的文字,有點像《周易》的卦爻辭,也有點像現在神廟中的籤文。我們知道殷代使用文字已很普遍,例如在各種器物上寫字或刻字,白色陶器、灰陶、骨角器、玉、石器,都常常記着銘文或人名的,而多量的銅器上又常有數十字的刻辭。甲骨卜辭,也因爲是在不腐朽的東西上,幸運地被保存到現在而已。殷代文字的應用,大部分應該是在典册上,所惜的是典册早已不存在了。可是在甲骨文字裏,還可以看見一些典册的影子。例如“王若曰云云”是當時册命文告的一種習用語,原是寫在簡册上的文章,有時候史官把它抄入骨版中了,這見於本編拓本 1504 號,是文武丁時的人抄的。到祖甲時,有一個史官,刻了兩個月的日曆,是正月甲子到二月癸亥,我曾引入《殷曆譜》的《朔譜一》(後下 1.5),我們如果看見過漢代的曆簡,那上面記着是月名和每日的干支,就可以想象這是殷代的“曆簡”的一段抄本。在帝乙、帝辛時,我們知道五種祀典的舉行,是如何的整肅;祭祀的開始,有一種禮節叫做“工典”,意思是獻上先祖先妣的譜牒,這典上記載的是某日以某種祭祀祭祀某人,我們也曾找到了兩個典的抄本,一個是從甲戌日翌祭上甲起,一個是從甲寅日起(粹 113、114,説見《殷曆譜·祀譜》)。在武丁時,也常見“沚䤋爯册”的記録。這都是殷代“有典有册”的證明。我們知道了甲骨文字,只是一種寫刻在甲骨上的卜辭,它在殷代文字的應用上,只占一小部分,就不會再把它估價過高了。2. 殷代普通的文例,只有下行而又左行的一種,這是和現在一樣的。從許多較長的銘刻中,可以證明如此。我們發掘得到的,像本編拓本 3939—3941 號牛頭骨刻辭一件,鹿頭骨刻辭二件,小臣兹石簋銘文一件,《佚存》中骨器銘刻三件,都朗度(Toronto)博物院藏骨器銘刻一件,方藥雨藏小臣雍玉器一件,以上獸頭、骨器、玉器、石器上的文字,共有九見,都是下行而左的,没有一個是右行。銅器的銘文更多了,也没例外。這是殷代普通的文例,不可見的典册,也應該是如此的。至於甲骨卜辭的文例,也很簡單,只在左行之外多了一種右行。這原因是爲的對稱,爲的美觀。卜辭是跟着卜兆的,卜兆在一塊腹甲上,從中綫分爲左右兩半,左右兩邊卜兆是相對的,於是文字也求其相對,遂有左行,有右行。龜背甲是剖分爲左右兩半的,牛胛骨原有左右二骨,所以它們的關係也同腹甲一樣,卜兆分左右向,文例分左右行。這是爲了對稱的美,和塗飾朱墨以求美觀,是一樣的心理。又因爲文例可以對稱,寫字也求對稱,所以又有“反文”。問題很簡單,也不須再下功夫去研究甲骨文例了。3. 貞卜的事項是没有一定的。固然這應該説是除了卜旬、卜夕等例行公事。在這裏,我應該先談一談新派、舊派的關係。原來殷代王朝的禮制,有新舊兩派的分野:舊派篤守成規,遵循古制,以武丁爲代表;新派改革制度,祛除迷信,以祖甲爲代表;這兩派又可分爲四期:第一期是舊派,可以從盤庚遷殷算起,經過小辛、小乙、武丁、祖庚凡三世五王,可是武丁以前還不太清楚;第二期是新派,是祖甲創始的,經廩辛、康丁二世三王;第三期又是舊派,武乙、文武丁父子;第四期又是新派,帝乙、帝辛父子。這四期新舊兩派,更迭起伏,却是一個很有趣味的問題。兩派的大别,我在《殷曆譜》上編卷一,曾有説明,兹舉其目:(一)祀典之异,(二)曆法之异,(三)文字之异,(四)卜事之异。這裏只談一談卜事之异。卜祭祀、征伐、田狩、游觀、卜夕、卜旬都是新舊兩派所共有的,不同的是祭祀的典禮,征伐的方國,田游的地方,卜夕、卜旬的文法和附記的事項而已;至於卜行止,記每日王所經過的行程,只見於新派,而卜告、卜䇂、卜匄、卜求年、受年、卜(或記載)日月食、卜夢、生育、疾病、有子、死亡、求雨、求啓各事,則只見於舊派,新派是很少見的。因此我們可以知道舊派的迷信相當深,而新派則許多迷信都破除了。例如王做了夢,王后有子,分娩或王子疾病死亡,新派是不去問卜的;新派不向天帝來求雨、求年、求啓;這都可以看出他們兩派對於人事和自然界的現象,觀念並不相同。反之,因爲舊派卜貞事項的繁多,却給我們留下更多的史實,因爲武丁、文武丁好卜王后的生育,王子的疾病等等,使我們多知道些他們的婦子之名;可是我們即如知道了武丁是多婦多子的,不能説這是武丁一人如此,或者説到了他才實行多妻制。這很明白的,新派不見得不是同樣的多婦多子,只不過是“不占而已矣”。知道了兩派卜事的不同,對於舊派的卜事,我們就應認爲這是殷代的一般現象,偶然遺留下來了,並不是一時一王的特殊現象。

第二,甲骨文字不是原始的文字。這本來不必細講的,可是以前有些錯誤觀念,現在還是不少的人在承襲着。例如以殷代是中國文化的開始,文字是殷代才創造的;或者説中國文化誕生於殷代；許多的歷史書甚至不敢談殷代以前的史事；似乎除了甲骨文字之外，一切與典籍的記載都不足信；至多承認堯、舜、禹都是神話中的人物。我們現在的看法，甲骨文字已經由圖畫演進成爲一種符號，距離原始的繪畫文字已是很久遠了；甲骨文字，在殷代後期二百七十三年之間，也在漸漸變化，可是不太顯著，可以知道在殷代前期，殷代之前，也必經過許多年的演進了。這裏可以分三項來説明它：1. 世界上最初創造的文字，都是起源於圖畫的。遠之，像埃及的圖畫文字，據芝加哥大學東方學院的埃及學專家的研究，在西元前一千五百年到五百年間的埃及文字，仍然都是工整的圖畫，只有書寫體，有簡單化的趨勢。近之，像雲南麗江的麽些文也是圖畫文字，大約是宋朝創始，到現在仍然停滯在圖畫的階段而没有變成符號。我們看甲骨文字，雖然有象形，可是距離圖畫已經很遠了，例如動物字馬、𤣥、虎、象、犬、豕之類，會意字宿、疾、死之類，都是由横的變爲竪的，再看埃及同麽些文，就没有這種情形，這是我們的文字，到殷代已演變進步成爲一種符號，所以動物字，可以頭上尾下，四足騰空；而睡覺的席，病人的牀，死者的棺木，都可以直立起來。許多的象形字，被借用爲另一個語言符號，鳳借爲風，亦借爲也，骨借爲禍，鼎借爲問之類，不勝枚舉，而二十二個干支字，都被借來作爲記日名的符號了。我們看埃及、麽些文，很清楚知道他們是許多組的圖畫，而看甲骨文字除了少數象形字外，却很難看懂它的意思，這就足以證明我們的文字，到殷代已有悠久的歷史了。2. 殷代不是創造文字的時代，我們就不能根據甲骨文字來研究殷代的社會背景，譬如在遠古造字的時代，如字是男的俘虜兩手是背綁着的，女字是女俘虜，兩手綁在前面，殷代男女囚犯的刑具，還保存着這種古風（見陶俑）。可是殷代用如字與若字同義，已没有俘虜之意，而女子在殷代的地位很高，王后生時有封地，死後與王享受同等的祭祀，也不能説女人都是俘虜。同樣的我們不能據字形説“民”是刺瞎眼睛，“臣”是俯首聽命，民與臣是奴隸，殷代的臣民也就是奴隸，因而斷定殷代是奴隸社會。這是很有問題的，臣、民兩字，創造時的用意是否就是如此？即使如此，是否又經過了假借？而殷代的人民，也稱“人”，也稱“衆”，衆是一塊地方，下有三人，又何嘗又有奴隸的痕迹呢。3. 我們的原始圖畫文字，在殷代還使用着，却不爲人們所注意，這就是殷代銅器銘文中的象形字，也稱爲“文字畫”的。我們知道從漢朝一直到現在，用的是隸書，可是印璽却用篆文，篆文是我們的古字，是一種美術字。同樣的，圖畫文字，在殷代也是他們的古字，美術字。有幾件銅器，銘文雜在花紋之間，看去都是圖畫。殷代人愛好美術，所以在銅器的滿身精緻花紋之間，刻上幾個圖畫文字，於是文字和圖案配合起來，更爲美觀了。所以我們要找原始文字，只有向殷代的金文中去找他們的古字。常見的鳥、獸、蟲、魚、人物的圖形，都是殷代的古字，都是原始圖畫文字。把殷代金文和甲骨文比一比，就知道甲骨文是殷代的今文，而金文中的圖畫文字，是殷代的古文了。

第三，甲骨文字研究，現在仍是初步的，不要以爲研究甲骨文字的人，已經很多了，有著作的，中國及英、美、法、俄、德、日各國的學者，共有一百八十七人；不要以爲研究的著作已經很多了，專書論文，共有五百四十種（胡厚宣君在民國三十三年的統計）；我可以説這些研究並不是最後的定論，甲骨文字的研究，現在仍是初步，現在只是初入門徑。我們知道甲骨文字只是殷代文化的小部分，我們能見到的材料是甲骨文字的一小部分，我們能够懂得的能够研究的，又是所見材料中的一小部分，所以我們可以説甲骨文字的研究是前程遠大的。拿我作一個例子，我做過二十五年的工夫了，也嘗被稱爲專家，但是翻開任何一本甲骨拓本,就會到處碰壁,過着“攔路虎”,甚至對着一片卜辭,半晌目瞪口呆,完全莫名其妙。這固然足以證明我的譾陋,别人也許不致如此。可是在我想,如果從現在起,有三二十人,專力作各方面研究,也許三十或五十年之後,能研究出一個頭緒,得到正確的結果。十萬甲骨,在殷代文化中,固然代表不了什麽,但是這足以反映着殷代文化是如何的偉大,而我們的知識又如何的渺小。研究既然仍是初步,方法也仍然幾句老話:1. 首先應該把材料集中,把所得十萬甲骨,彙爲一編。2. 用分派、分期、分王的方法,整理全部材料。3. 盡量拼合復原的工夫,把全部材料,化零爲整。4. 作成字典、辭典、類典等索引,以便從事各方面的研究。5. 要應用隅反的原則,從一鱗一爪中去推測殷代的文化。别的不必細談了,這裏須要説明的是“何謂隅反?”因爲殷代文化的偉大,遺留的史料只是吉光片羽,大海的一滴,太倉的一粟,所以我們要善於利用這難能可貴的材料,就是在管中所窺的一個斑紋去推測殷代文化的全豹。孔子説:“舉一隅,不以三隅反,則不復也。”舉一反三,就是我借來的隅反的意思,試舉二例:一是一個“聞”字。舊派以爲日月有食,是一種灾異,如果在卜旬時,“王固曰有祟”,史官們必要找出這一旬中的不祥之事,記載在卜旬之後,證明王所占的非常應驗。因此他們有時候記:“某某夕,月有食。”有時候在殷都不見月食,而方國報告説某日有月食,他們便借此敷衍一下,寫上:“月有食,聞。”只這一個聞字,關係殷代文化,是如何的大!原來在别處也可以看見,説:“王固曰:其有來聞?”、“貞:有聞曰”云云,都表示出“聞”是一種報告,書面報告;還有一種口頭報告,叫做“告”。記“月有食,聞”的兩見本編拓本號 1289,契六三二,這决不是偶然的。我們知道了“聞”是一種公文程式,是方國諸侯,對王朝的一種書面報告,這裏邊牽涉的問題就多了。(1)諸侯方國爲何要報告月食?是不是王朝要他們這樣做,他們又不能不服從?(2)諸侯方國怎樣能知道夜間的月食?他們是否有專人測侯?(3)王朝要方國報告月食有何用處?是專爲記録灾象嗎?或者是用它對證曆法中的朔望?(4)如果用月食校正曆法,是否王朝已設有專官司“觀象授時”的工作?(5)王朝的命令,諸侯都服從着,是不是王朝的中央集權已相當的强大?(6)《漢書·五行志》於日食多志“史官不見,郡國以聞”一類的事,這種各地方向中央報聞日月食的辦法,何以上下一千多年,如出一轍,是不是一脈相承的制度?不然爲什麽這種公文的專詞又都叫做“聞”?諸如此類,僅僅一個字,如果你輕輕地撇過去,可以説毫無關係,如果你加以考索,就會推想出許多問題。二是一個日數。我們十三次發掘,得到一塊龜背甲殘片,只存着一個卜辭的下半,是“(上缺)行坚,五百四旬七日至丁亥,从。在六月”。這裏面的“五百四旬七日”,是極有關係的,這是文武丁時的卜辭,是用舊派的紀日方法,但與武丁時小有不同。武丁時並計始卜之日,文武丁時不計始卜之日,所以此片的日數,應計入始卜之日,共爲 548 日。由丁亥上推至 548 日,爲庚辰,就是開始卜問此事之日爲庚辰,庚辰以後的 547 日是丁亥。548 日的關係是古四分曆一年半的“歲實”,四分曆一歲是三百六十五日又四分日之一,即 365.25 日。半年是一百八十二日有零,即 182.625 日,兩數相加,是 365.25+182.625=547.875 日,以整日計算,正是五百四十八日。數字不是可以隨便附會的,不計始日的辦法,是文武丁時的卜辭中别有證明的,一天都不能錯誤。因此我們可以知道殷代曆法,一個太陽年是 $365\frac{1}{4}$ 日。也就是古四分曆的歲實。再看“行坚”,是和耕田有關的;再看“至”,就是日至,冬至夏至,古代均稱日至,也可以省稱爲至，在此片本當作"五百四旬七日日至丁亥"，而省去一個日字；再看"在六月"，殷代是以建丑爲正月的，冬至在建子月，是殷代的十二月，夏至在建午月，也正是殷代的六月。我曾在《殷曆譜》中推論到這許多問題，見《日至譜》二，這裏不必細講了。胡適之先生曾指示我們，做學問要"大膽假設，小心求證"。我是很小心向甲骨文字裏去求證，只能求到這一點點的證，於是乎就大膽假設了這許多問題，也許有人會駡我太大膽了。我在這裏只是提出兩個隅反研究法的例子，如果我們不用此法，我想甲骨文字是不必再研究了，因爲它至多只能告訴你殷代文化的某一部分，四角形中的一隅而已，那其餘的三隅，是必須由你自己想出來的。

……

民國三十六年十二月二十八日

董作賓序於美國芝加哥大學東方學院

（董作賓：《殷虚文字甲編》，中央研究院歷史語言研究所出版，商務印書館印行，1948年4月）

帝國主義者對我國甲骨文的劫掠

胡厚宣

在過去半殖民地半封建的社會裏，帝國主義者對於我國除了進行政治經濟和軍事侵略以外，還進行文化侵略。無論近代哪一種新的歷史文物的發現，他們没有不去染指的，甲骨文字也不例外。

在甲骨文字被認識後的第四年，就有爲帝國主義服務的傳教士們，在我國境内，對甲骨文字大肆搜購和劫掠。1903年，美國長志會駐山東濰縣宣教士方法斂和英國浸禮會駐青州宣教士庫壽齡就在濰縣合伙購買了很多甲骨。曾把四百片轉賣給上海英國人所辦的亞洲文會博物館，今只存小片一百九十三片。曾由英人吉卜生在一九三四年摹寫一百八十九片，發表在《中國雜誌》二十一卷六期。又把七十九片讓給濰縣英美教會所辦的廣文學堂（齊魯大學的前身）校長柏根，後歸濟南英美教會辦的廣智院。解放後，廣智院由我政府接管，現改爲自然博物館。這幾十片甲骨，曾於一九三五年由明義士整理發表爲《柏根氏舊藏甲骨文字》，發表在《齊大季刊》第六、七期，另外並出了單行本。以上兩種，又都收入方法斂的《甲骨卜辭七集》，一九三八年出版[①]。

庫、方二人，自從買了第一批甲骨之後，就陸續不斷的收購起來[②]。一九〇四年冬天，小屯村地主朱坤，率領佃户長工，在他村北洹南的十四畝地裏，搭了蓆棚，作起爐竈，大舉挖掘。工作了很長的時期，據説所得甲骨有幾車[③]。這些甲骨，從河南流到山東，都由庫方二人一批一批的買了下來[④]。

一九〇六年，方法斂一一九片，賣給了美國普林司頓大學。白瑞華在一九三五年發表的《甲骨卜辭相片》和一九三七年刊佈的《殷虚甲骨拓片》，都曾著録過一部分。這一一九片又曾收入方法斂的《甲骨卜辭七集》。一九〇八年方法斂又代英國駐天津總領事金璋在山東搜求甲骨，“魚雁往還，交誼甚密”；一次曾替他買了好的甲骨八百片之多。後由方法斂摹寫發表爲《金璋所藏甲骨卜辭》一書，一九三九年出版。一九〇九年方法斂以甲骨四三八片賣給美國卡内基博物院。同年庫壽齡以甲骨七六〇片賣給蘇格蘭皇家博物院。後來庫、方二人又買到四八五片。這批甲骨先爲二人合購，後歸庫壽齡一人，最後在一九一一年賣給英國大英博物院。一九一三年，方法斂又以大片四版賣給美國飛爾德博物院。以上四批材料，後來由方法斂摹寫編成《庫方二氏藏甲骨卜辭》一書，一九三五年在中國出版[⑤]。

此外德國人威爾次在青島買了甲骨七一一片，這批甲骨後歸德國柏林民俗博物院，第二次世界大戰以後，不知還是否保存[⑥]。德國人衛禮賢也從青島買了七十二片。其中的七十片現存瑞士巴騷民俗陳列館；一片歸德國佛郎佛中國學院；另一片散失。這七十二片曾收入方法斂的《甲骨卜辭七集》。[7]

一九一四年春天，後來以竊取我國敦煌壁畫而出名的美國華爾納，曾到安陽秘密進行發掘，回國後，還作有正式報告書[8]。

總計早期歐美人劫購的甲骨，至少也當在五千片以上[9]。

對於日本帝國主義者，殷墟文物當然也是他們掠奪的對象。據濰縣古董商人范維卿所述，很早在中國搜購甲骨的，有當時天津《日日新聞》主筆日本人西村博[10]。又據日本河井荃廬所説，三井源右衛門所藏的三千多片甲骨，其"所得蓋在上虞羅氏前，遣專足自安陽輦來者。"[11]

又據説當一九〇三年，劉鶚的《鐵雲藏龜》剛剛印出時，日本東京高等師範學校的林泰輔，曾疑心書中所載或者是假的東西。一九〇五年東京文求堂購得甲骨文字一百版，拿來販賣。林泰輔首先買了十塊，既見實物，始覺涣然，於是才相信這是真正的古代文字，史料價值極高。一九〇九年，他作了《清國河南湯陰發現之龜甲獸骨》一文。後來他又買到六百片。收藏家聽冰閣、繼述堂等也都有搜集。一九一七年林泰輔選擇重要的和摧古齋所自藏者編成《龜甲獸骨文字》一書，一九二一年出版。從此在日本注意甲骨的人，就漸漸多了起來。一九一八年林泰輔來中國，就到安陽小屯村調查殷墟，搜掠甲骨，並記載甲骨出土地方的區域風土人情。歸國後，作《殷虚遺物研究》。1922 年，大山柏也曾到安陽調查。[12]自此以後，日本人搜藏甲骨的，三五十片，一兩百片，或多至幾千片的，就不可勝數了。[13]

郭沫若《卜辭通纂》自序説：

> 余以寄寓此邦之便，頗欲徵集諸家所藏，以爲一書。去歲（一九三二）夏秋之交，即從事探訪，計於江户所見者：東大考古學教室所藏約百片，上野博物館二十餘片，東洋文庫五百餘片，中村不折氏約千片，中島蠔山氏二百片，田中子祥氏四百餘片，已在二千片以上。十一月初旬，攜子祥次子震二君，赴京都，復見京大考古學教室所藏四五十片，内藤湖南博士二十餘片，故富岡君撝氏七八百片，合計已在三千片左右。此外聞尚有大宗搜集家，因種種關係，未能寓目。

他一九三二年在東京、京都兩地，所見九家所藏，已在三千片以上。一九三三年他把重要的編成《日本所藏甲骨擇尤》，收入《卜辭通纂》一書。他説此外他没有看到的，還有很多。

一九二六年，由濱田耕作出頭，誘致一部分中國人組織東方考古學會，其目的就是想發掘殷墟[14]。發掘不遂，繼之以搜買。在一九三一年"九一八"事變以後，日本帝國主義者利用"華北特殊化"，進行大走私，殷墟遺物就源源不斷的被盗運到日本去。除了早年所得，被著録在濱田耕作的《泉屋清賞》、梅原末治的《白鶴吉全集》、容庚的《海外吉金圖録》[15]等類分量巨大的圖譜之外，像梅原末治的《殷虚白色土器之研究》、《古銅器形態之考古學的研究》、《河南安陽遺寶》、《河南安陽遺物之研究》、《冠斝樓吉金圖》、《支那考古學論考》、《東亞考古學論考》[16]及其他書籍所著録的殷墟遺物，便是清楚的證明。

一九三七年抗戰前不久，金祖同在日本搜拓甲骨，僅東京一地，河井荃廬、中村不折、堂野前種松、中島蠔叟、田中救堂、三井源右衛門等六家所藏，重要的就有三四千片。金氏選其尤殊异者，得一四五九片，編爲《殷契遺珠》一書。若連不重要的都算起來，中村一千片，三井三千片，即此兩家，已逾五千。全部當在八千乃至萬片左右。而京都大阪所藏，還沒有算在裏邊⑰。

目前日本京都大學人文科學研究所藏有甲骨三千片，極精⑱，不知他們在什麼時候，怎樣獲得的。

總之，被日本帝國主義者劫掠的甲骨，在一九二八年以前，約有一萬五千片左右。若連“九一八”以後及八年抗戰期間的算起來，那就更無法統計了。可惜除一九二一年林泰輔《龜甲獸骨文字》著録一〇二三片，一九三一年下中彌三郎《書道》著録九七片，一九三二年郭沫若《卜辭通纂》著録七七片，一九三九年金祖同《殷契遺珠》著録一四五九片，一九四〇年梅原末治《河南安陽遺寶》著録一四九片，一九四八年金祖同《龜卜》著録一二五片，一九五三年貝塚茂樹《甲骨文斷代研究法之再檢討》著録二二片，及若干論文間或引用數片外，絶大多數都不知下落，就連確數也不得而詳。

至於加拿大人明義士，一九一四年在安陽作長志會的牧師時，聽説殷墟出甲骨文字，就常常騎着一匹老白馬徘徊於洹水南岸，考察殷墟古物出土的情形。據他自己説：

> 甲寅始春，作者乘其羸老白馬，徘徊於河南漳德迤北之洹水南岸。時方耕地植棉，碎陶瓦礫，初經翻出，農人拾之，棄諸隴畔，有碎陶數片，厥狀甚古，因動余興。復前行，歷覽碎陶，卒抵河曲，遺毁之物，乃不復可見。非因歷代冲至河中，即蘊入流沙矣。時低窪沙岸一帶，柳始萌芽，穢童數人，半着鶉衣，臂懸筐筥，争採嫩柳，以當茶葉。見外人至，遂環集余旁，蓋余方傍井而坐，檢視小堆陶片也。爲首童子曰：“君何爲?”余曰：“檢視碎陶耳。”曰：“奚用?”曰：“好之。”復冒然問曰：“君好骨耶?”余答曰：“然，視情形何如耳。”彼曰：“余能視君以龍骨，其上且有字焉。”余聆是語，告以甚感興趣。余等遂行，環繞河曲，經一荒凉沙野，抵一小窟，窟在西向斜坡上，坡間滿被骨屑，一片白色，此即殷朝武乙故都，殷墟是也。……嗣後多日，輒跨其羸老白馬，潛行出外，踐此古城遺迹⑲。

從此以後，他就經常在那裏調查搜求，不斷的打着劫掠的主意，故所得頗爲不少。這個爲帝國主義服務的傳教士，對甲骨文字，本來毫無所知，他自己嘗説最初所買的大甲骨，都是假的，是用新的牛骨仿製的，不久就腐臭不堪⑳。以後轉購小片，努力學習，漸漸的才略能分辨出來。一九一七年，他從所得五萬片中，選出二三六九片，編成《殷虚卜辭》一書，在上海出版。

一九二三年的春天，小屯村中，張學獻家的菜園裏，發現了甲骨。張學獻自己挖掘，何國棟作幫工，發現了兩塊大的骨版，文字都很多。何國棟暗暗的記住這個地方㉑。一九二四年小屯村人因爲築墻，發現了一坑甲骨，其中有很多大的片子㉒。一九二五年小屯村人又在村前路邊上，大舉挖掘，據説發現甲骨有幾筐，牛胛骨有長一尺多者㉓。一九二六年春天，張學獻被土匪綁去，花了很多錢才贖回來。何國棟傳出張學獻家菜園裏發現甲骨的事，村人乘機和他商量，在他的菜園裏大舉挖掘，得了甲骨分給他一半。結果又發現了很多牛胛骨㉔。這幾批豐富而重要的甲骨，先後都被明義士購去了。

總計明義士所得，在一九一七年編《殷虚卜辭》時，他自稱所藏甲骨已有五萬片。㉕加上一九二三年到一九二六年所得的幾大批，那就更多了。據已故吴金鼎説，明義士早期所得甲骨，曾被軍隊毁掉了一些。但無論如何，明義士所得甲骨，三四萬片，總是有的。

明義士早年所得，曾於一九一七年編印《殷虚卜辭》一書，共著録二三六九片。後來所得，於一九二八年覓工選千餘片墨拓五份。一份自存；一份贈馬衡；一份贈容庚，後歸于省吾，再歸清華大學，今歸北京大學；一份贈商承祚，於抗戰期間遺失；一份贈曾毅公，後又索回，轉贈加拿大多倫多大學圖書館[26]。據曾毅公説，明義士曾把它編爲《殷虚文字後編》，但始終未見出版。一九五一年，我曾根據拓本選摹八四七片，收入《戰後南北所見甲骨録》一書。其餘絶大多數尚未見著録發表。

一九三七年，抗日戰争爆發，明義士那時在濟南齊魯大學教書，倉皇回國，後來就在美國軍部做事。臨行，把甲骨的一部分存在南京加拿大大使館，一部分存在濟南齊魯大學。先後曾想種種辦法，要把它運往美國。一九四五年日本投降後，他的女兒來中國在國民黨反動政府和美帝國主義合組的善後救濟總署做事，也曾多次設法要把這批東西運走。解放後，一九五一年二月，南京加拿大大使館結束，明義士舊存甲骨一箱，由前任加拿大大使館代辦穰杰德交出，再由楊憲益將它送交南京博物院保存。經清點：

> 字甲、字骨和卜骨，共計貳仟叁百玖十片，其中没有字的六片。最大的字骨長度爲二八公分，最小的和人的指頭一般大，反正兩面都有黄泥，卜辭上没有剔的痕迹，也未經拓搨。

是明義士一九一七年在《殷墟卜辭》一書中所著録過的東西。[27]一九五一年一月，中央人民政府接管了齊魯大學。據齊魯大學傅爲方説，清點校産時，在一所住宅的地下室，發現了明義士埋藏的一百四十箱古物，但没有甲骨文。直到一九五二年"三反"運動，一萬多片甲骨，才從地下挖出來。據山東師範學院李毅説：

> 帝國主義通過齊大來掠奪我國古代文物，如傳教士明義士，盗竊我國殷墟出土甲骨文一萬多片，埋藏在齊魯大學校舍内，最近才挖出來。但因時間太久，都已腐爛成粉。[28]

這批東西現存山東文物管理委員會，數量雖多，都是碎片。此外不少的大片精品，恐怕終究是被他偷運出國了。

另外，加拿大多倫多博物館藏有甲骨三千多片，内有整龜幾版，且有用毛筆沾朱砂寫的"甲橋刻辭"，是記載某一地方貢龜的文字[29]。又有一片雕花的骨版，刻着兩行記事文字説：

> 辛酉，王田于鷄麓，獲大霥虎，在十月，隹王三祀，劦日。

看字體，象是殷紂王時的東西。大意説："殷紂王三年十月辛酉這一天，紂王在鷄麓這個地方打獵，捕住了一只大的老虎，這時正遇着紂王舉行劦日的祭禮。"字體寫刻精美，略似《殷契佚存》第五一八片的"宰丰骨"，筆畫裏還鑲嵌着緑松石。[30]在已發現的甲骨文中，鑲嵌緑松石的，還有《殷契佚存》第四二七片，也著録在《衡齋金石識小録》一書，但文字殘了很多。所以這一片，應該算是全部甲骨文中極精的一片了。這一些寶貴的材料，除了盗掘洛陽金村古墓的加拿大傳教士懷履光，曾在《骨的文化》一書中略舉二十四片[31]之外，還一直没有發表。想來，也一定是明義士或懷履光所偷弄出去的東西。[32]

①參看方法斂《甲骨卜辭七集材料來源表》。明義士《甲骨研究》；又《柏根士舊藏甲骨文字序》，一九三五年。吉卜生《上海亞洲文會博物館藏甲骨文字》，載一九三四年《中國雜誌》二〇卷六號。

②參看庫壽齡《河南之卜骨》,載一九一四年《亞洲文會雜誌》第四十五期。

③參看董作賓、胡厚宣《甲骨年表》,商務印書館一九三七年版,第三頁。

④參看庫壽齡《河南之卜骨》,載一九一四年《亞洲文會雜誌》第四十五期。

⑤參看方法斂《甲骨卜辭七集材料來源表》。白瑞華《庫方二氏藏甲骨卜辭序》,一九三五年;又《甲骨卜辭相片》,紐約一九三五年版;又《甲骨卜辭拓片》,紐約一九三七年版。《金璋所藏甲骨卜辭序》,紐約一九三九年版。

⑥參看明義士《甲骨研究》,齊魯大學一九三三年石印本。

⑦參看方法斂《甲骨卜辭七集材料來源表》,紐約一九三八年版。

⑧參看郭寶鈞《一九五〇年春殷墟發掘展覽説明書》。

⑨參看陳夢家《述方法斂所摹甲骨卜辭》,載一九四〇年《圖書季刊》新二卷一期;又《述方法斂所摹甲骨卜辭補》,載一九四〇年《圖書季刊》新二卷三期。胡厚宣《美日帝國主義怎樣劫掠我們的甲骨文》,載一九五一年四月二十七日上海《大公報》及天津《進步日報·史學周刊》第十六期。

⑩參看明義士《甲骨研究》,齊魯大學一九三三年石印本。

⑪參看金祖同《殷契遺珠發凡》,第四十六頁,一九三九年;又《龜卜跋》,一九四八年。

⑫參看郭寶鈞《一九五〇年春殷墟發掘展覽説明書》。

⑬參看徐嘉瑞《日本甲骨之收藏與研究》,載一九二七年《國學月刊》第二卷第一期。日本林泰輔《龜甲獸骨文字序》,日本一九一七年版;又《殷虚遺物研究》,載一九一七年《東亞之光》十四卷五號。

⑭參看郭寶鈞《一九五〇年春殷墟發掘展覽説明書》,第三一、三二頁。

⑮濱田耕作《泉屋清賞》七册,《續編》二册,一九一九年。梅原末治《白鶴吉金集》一册,一九三四年。又《白鶴吉金選集》一册,一九五一年。容庚《海外吉金圖録》三册,一九三五年。

⑯梅原末治《殷墟白色土器之研究》一册,一九三二年。又《古銅器形態之考古學的研究》一册,一九四〇年。又《河南安陽遺寶》一册,一九四〇年。又《河南安陽遺物之研究》一册,一九四一年。又《支那考古學論考》一册,一九三八年。又《東亞考古學論考》一册,一九四四年。此外,短篇論文有濱田耕作的《支那古銅器研究之新資料》,載一九二一年《國華》第三七九號;《殷墟之白色土器》,載一九二六年《民族》第一至四號。《殷墟發現的大石磬》,載一九二九年《三宅博士古稀紀念論文集》。又都收入《東亞考古學研究》。梅原末治《支那安陽之白色土器》,載一九四四年《學海》第一至四號。德川義寬《傳殷墟出土之象牙兕雕片》,載一九四六年《座右寶》第六期。

⑰參看郭沫若《殷契遺珠序》。金祖同《殷契遺珠發凡》;又《龜卜跋》。

⑱參看貝塚茂樹《甲骨文斷代研究法的再檢討》,載《東方學報》京都第二十三册,《殷代青銅文化之研究》,一九五三年。

⑲明義士:《殷虚卜辭自序》,一九一七年。此據陳柱譯文,題為《殷虚龜甲文字發掘的經過》,載一九二八年《東方雜誌》第二十五卷第三號。

⑳參看上文;又明義士《甲骨研究》,齊魯大學一九三三年石印本。董作賓、胡厚宣《甲骨年表》,商務印書館一九三七年版,第九頁。

㉑參看董作賓、胡厚宣《甲骨年表》，商務印書館一九三七年版。

㉒參看上書第十七頁；又明義士《甲骨研究》，齊魯大學一九三三年石印本。

㉓參看㉑第一八、一九頁。

㉔同上。

㉕參看明義士《殷墟卜辭》自序，一九一七年。

㉖參看容庚《甲骨學概況》，載一九四七年《嶺南學報》第七卷第二期；又胡厚宣《戰後南北所見甲骨録》序例，上海來薰閣書店一九五一年版。

㉗參看一九五一年五月三十一日《南博旬刊》第三十七期。

㉘載一九五二年五月二十日《光明日報》。

㉙參看胡厚宣《武丁時五種記事刻辭考》，載一九四四年《甲骨學商史論叢初集》第三册。

㉚參看懷履光《骨的文化》，一九四五年。

㉛同上。

㉜參看胡厚宣《美日帝國主義怎樣劫掠我們的甲骨文》，載一九五一年四月二十七日上海《大公報》及天津《進步日報》。

（胡厚宣：《殷墟發掘》，學習生活出版社 1955 年版）

甲骨選片

姜可瑜選錄

商承祚題

《卜辭通纂》選片

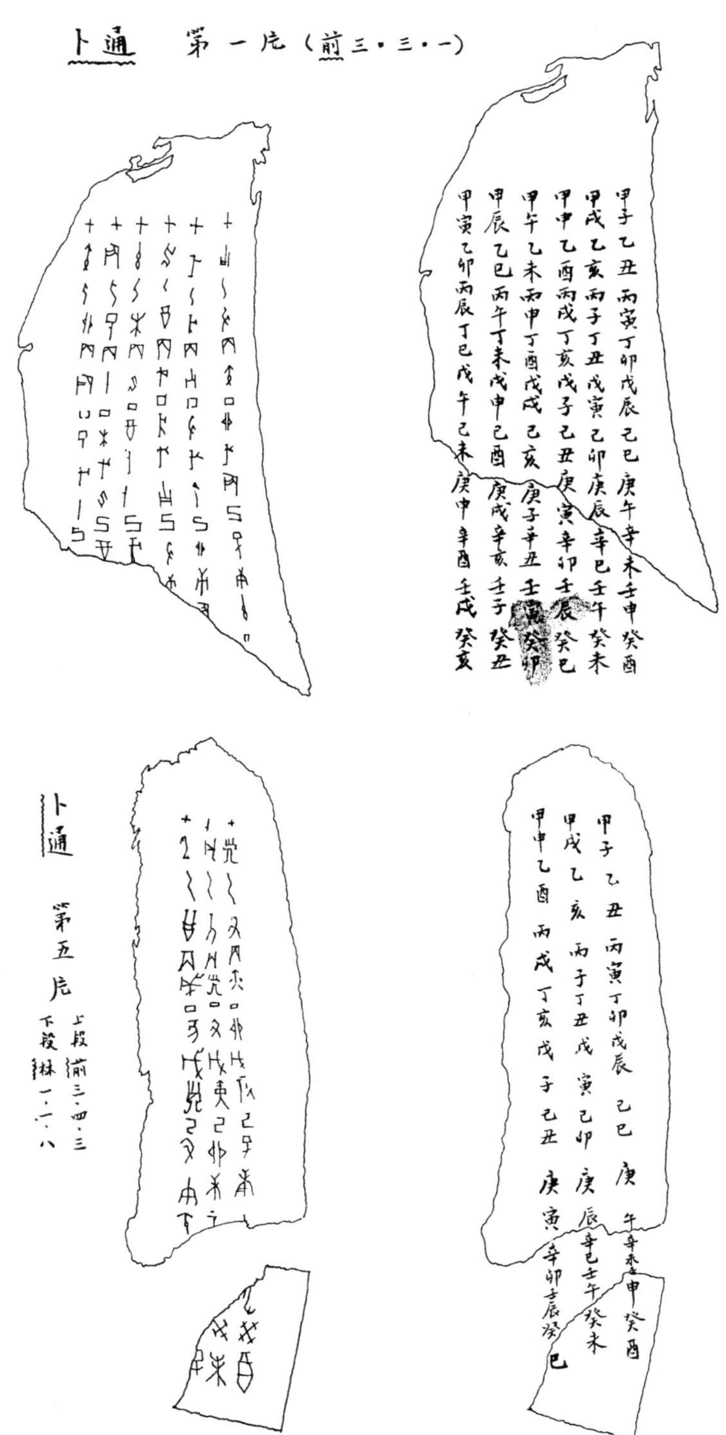

卜通 第一片（前三・三・一）
甲子乙丑丙寅丁卯戊辰己巳庚午辛未壬申癸酉
甲戌乙亥丙子丁丑戊寅己卯庚辰辛巳壬午癸未
甲申乙酉丙戌丁亥戊子己丑庚寅辛卯壬辰癸巳
甲午乙未丙申丁酉戊戌己亥庚子辛丑壬寅癸卯
甲辰乙巳丙午丁未戊申己酉庚戌辛亥壬子癸丑
甲寅乙卯丙辰丁巳戊午己未庚申辛酉壬戌癸亥
卜通 第五片 上段前三・四・三 下段林一・一・八
甲子乙丑丙寅丁卯戊辰己巳庚午辛未壬申癸酉
甲戌乙亥丙子丁丑戊寅己卯庚辰辛巳壬午癸未
甲申乙酉丙戌丁亥戊子己丑庚寅辛卯壬辰癸巳

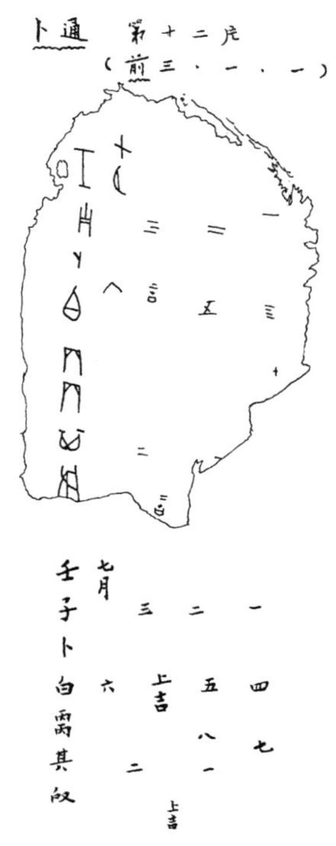

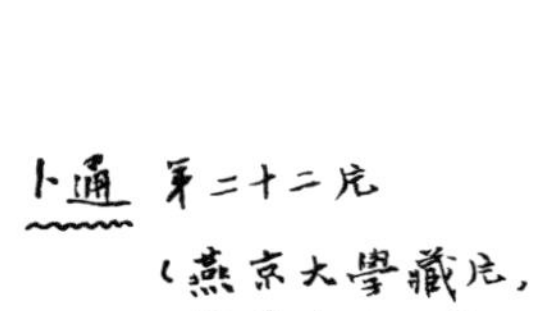

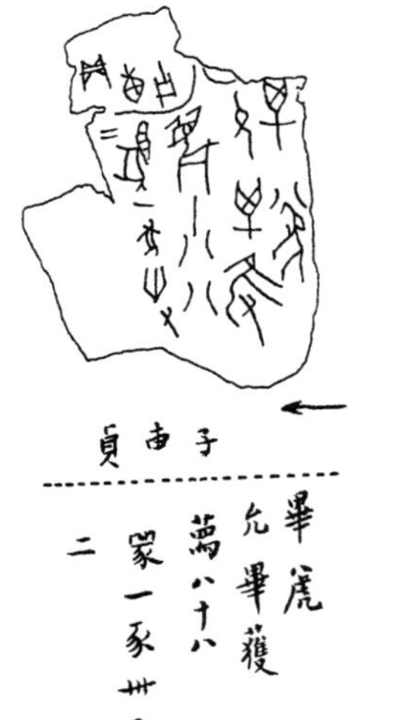

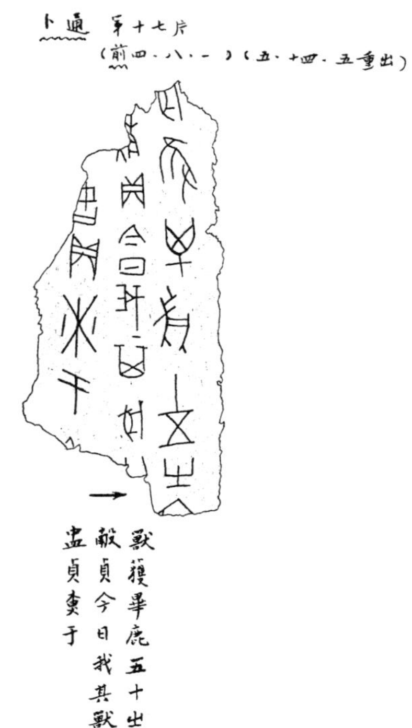

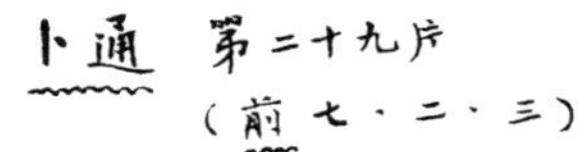

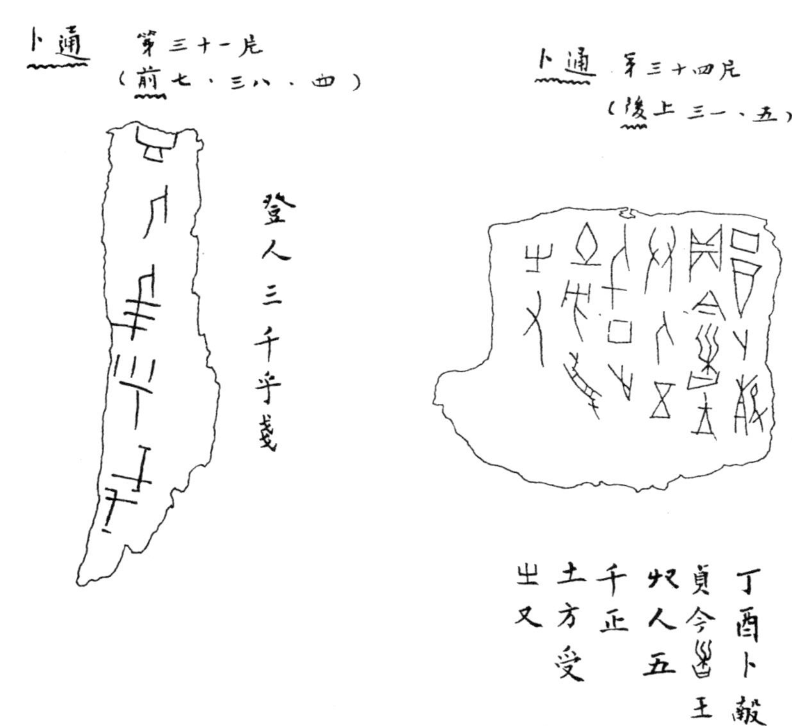

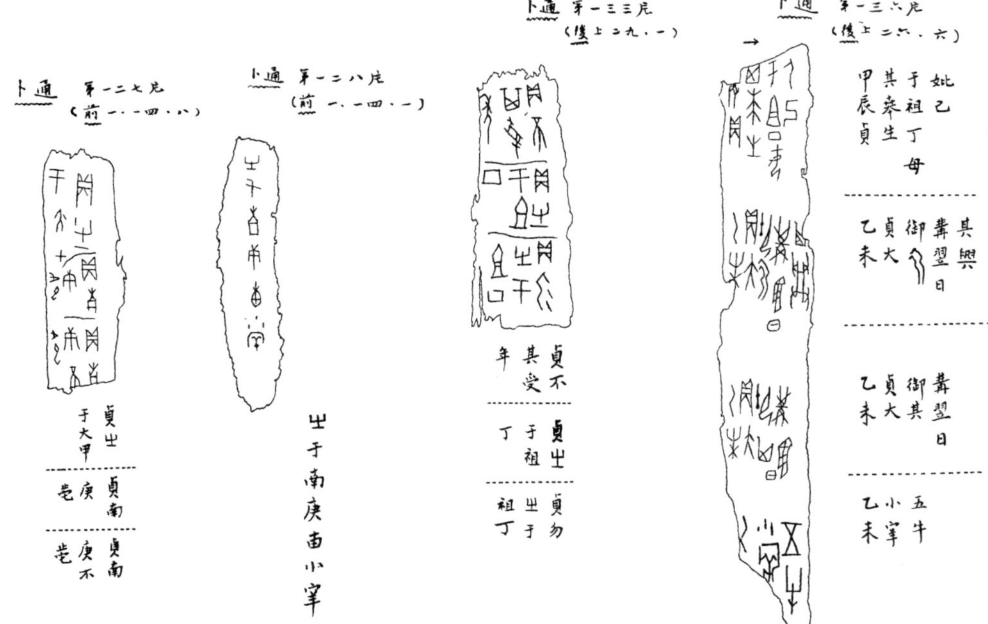

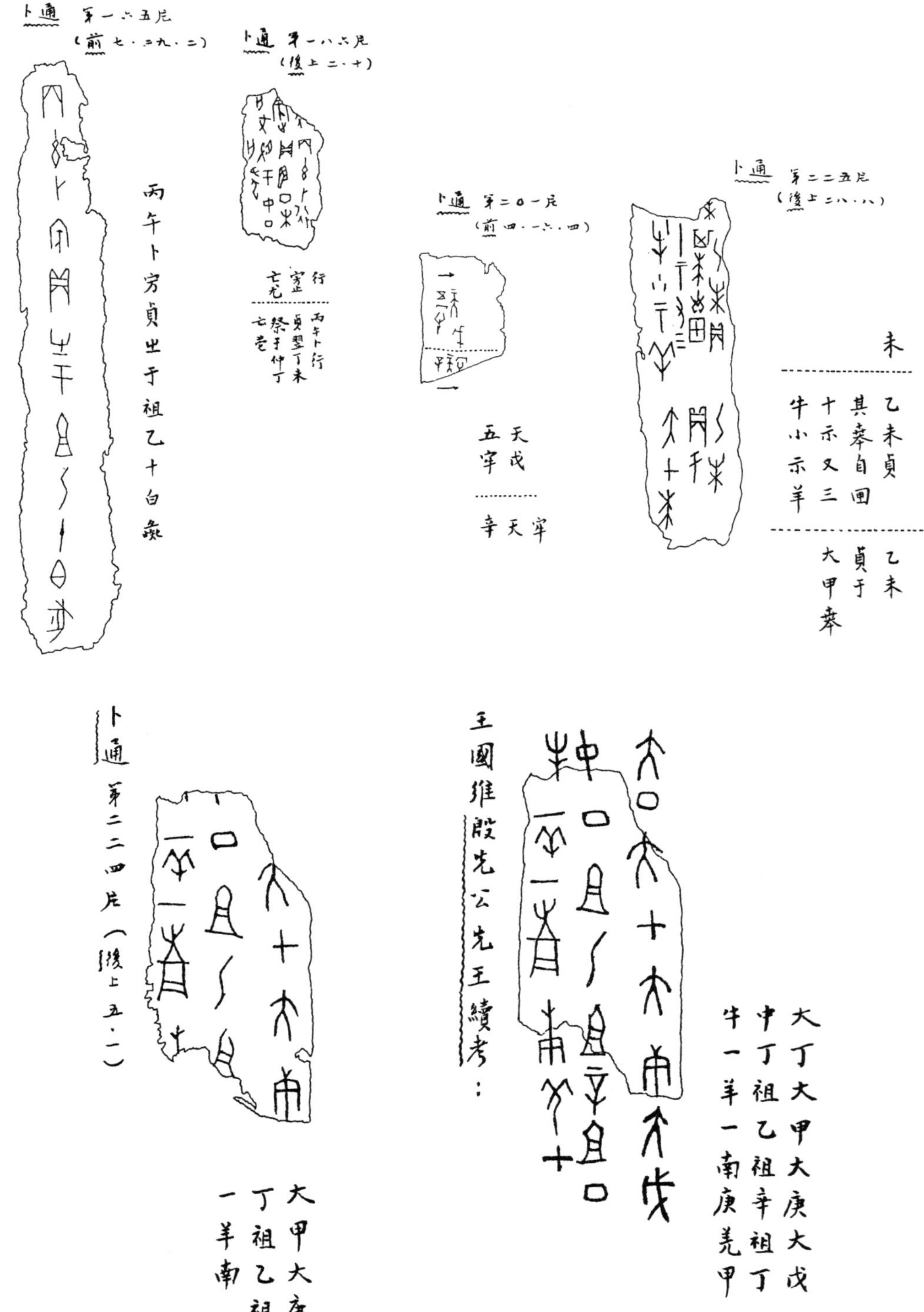

郭沫若之修正：

大乙大丁大甲大庚
大戊中丁祖乙祖辛
祖丁喙甲一羊一

卜通第二三六片

貞
告

貞于
大甲告𠮷
告𠮷于東
方出凡

卜通第二六〇片

貞[illegible]
弗其

貞矣
尹岦
我

[illegible]
敗

貞矣
尹不
岦

卜通第二七六、二七七片 上段 後上八、一〇 下段 戩一、十

大丁十大甲十
丙三且三示壬三示癸三
乙未酒繇品匣十且三

卜通第二八六片 後上八、一二

[illegible]
至
方

𠮷方
臣告
貞于

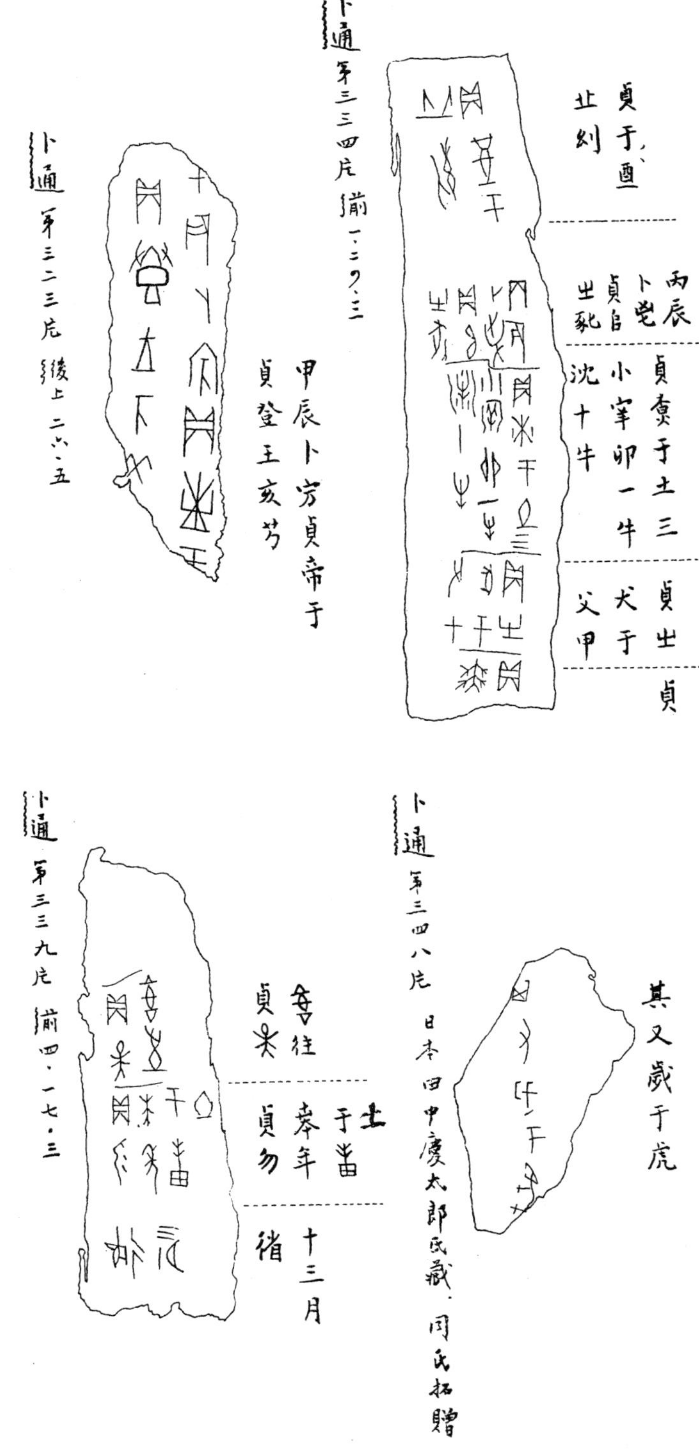

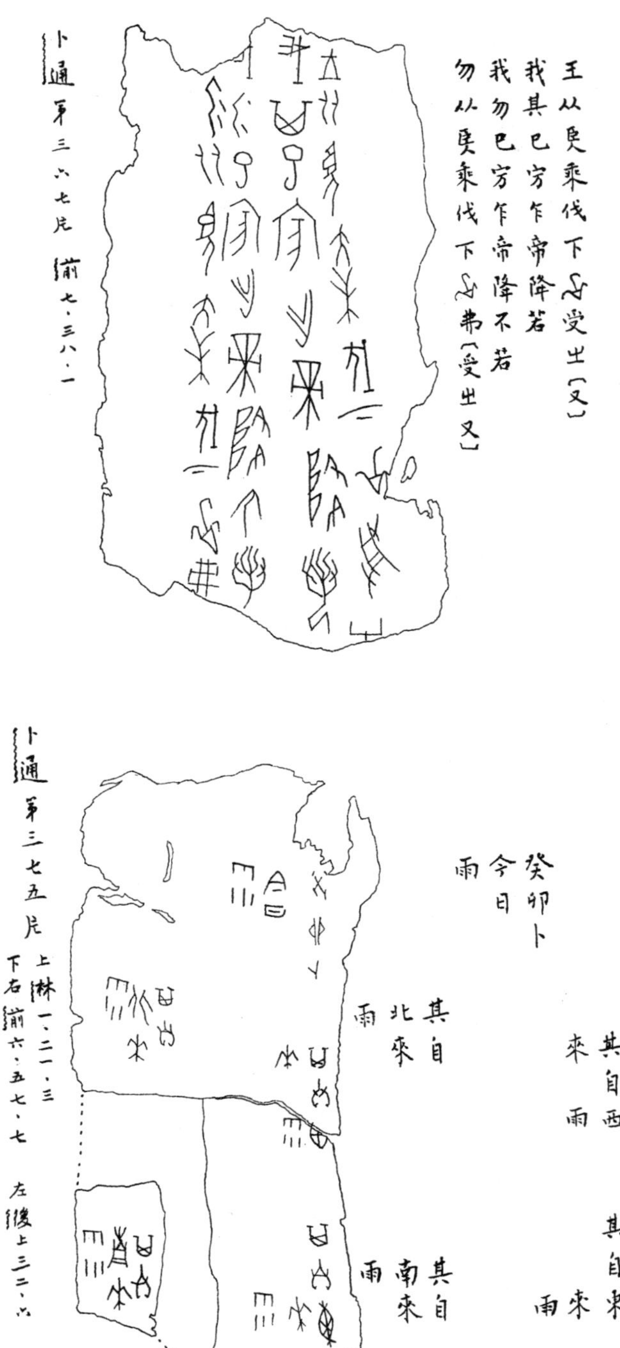
卜通第三六七片 前七・三八・一
王从㚇乘伐下𠂤受出〔又〕
我其巳穷乍帝降若
我勿巳穷乍帝降不若
勿从㚇乘伐下𠂤弗〔受出又〕
卜通第三七五片 上 林一・二一・三 下右 前六・五七・七 左 後上三二・六
癸卯卜
今日
雨
其自西
來雨
其自東
來雨
其自
北來
雨
其自
南來
雨

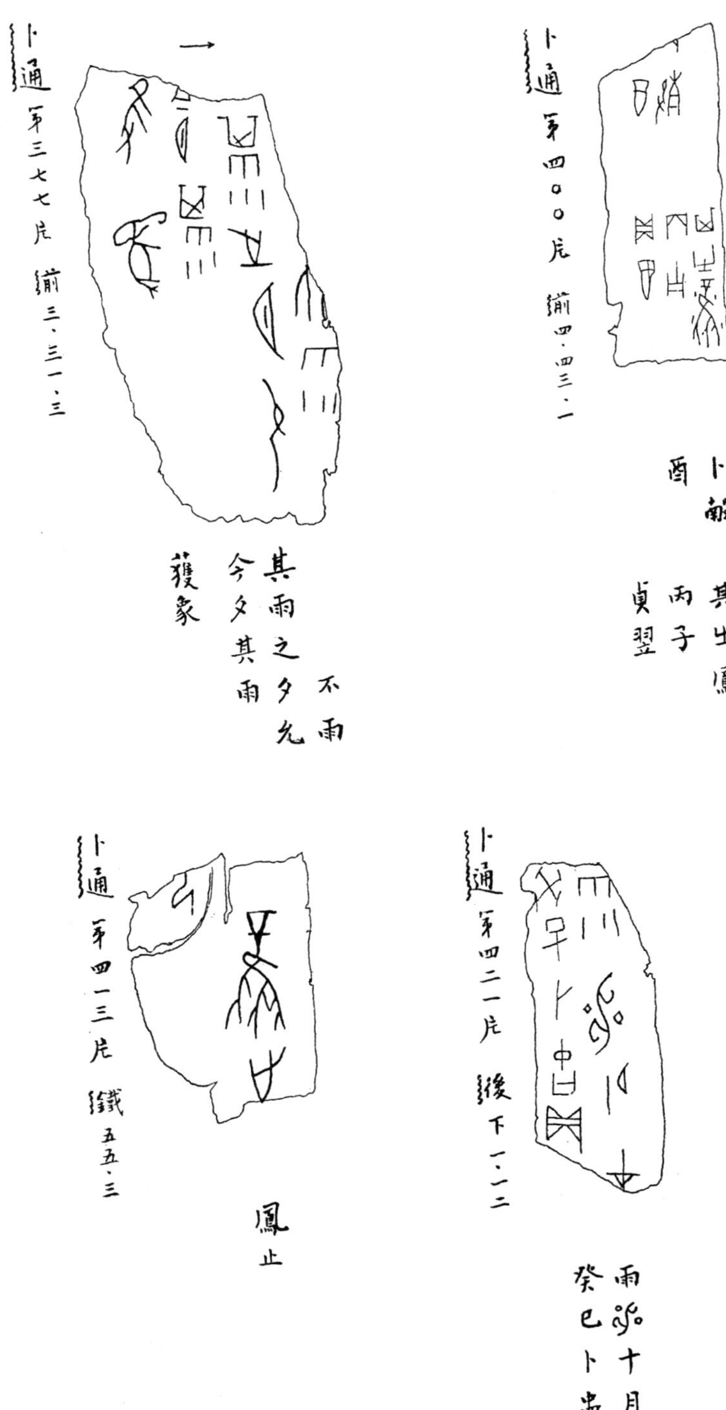
卜通第四〇〇片 前四、四三、一
卜敝
酉
其出鳳
丙子
貞翌
卜通第三七七片 前三、三一、三
不雨
其雨之夕允
今夕其雨
獲象
卜通第四二一片 後下一、一二
十月在
雨
癸巳卜盅貞
卜通第四一三片 鐵五五、三
鳳止

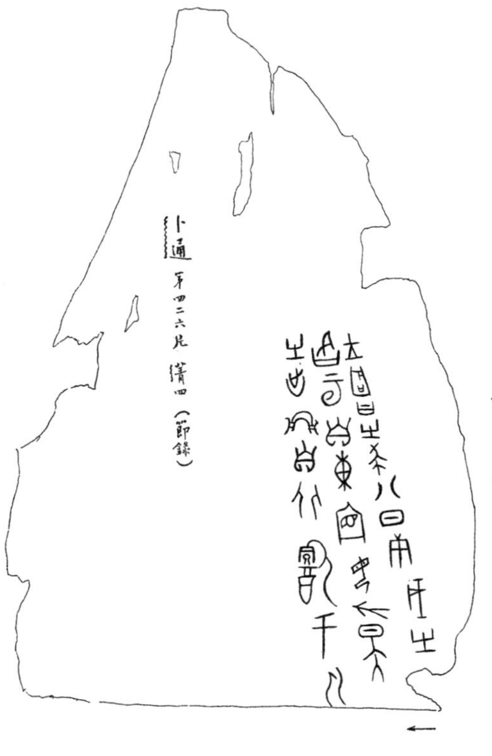

王固曰㞢希八日庚戌㞢
各云自東冒母昃亦
㞢出蜺自北飲于河

卜通第四二八片 前七、七、一

㞢𢦏蜺于西
庚吉其

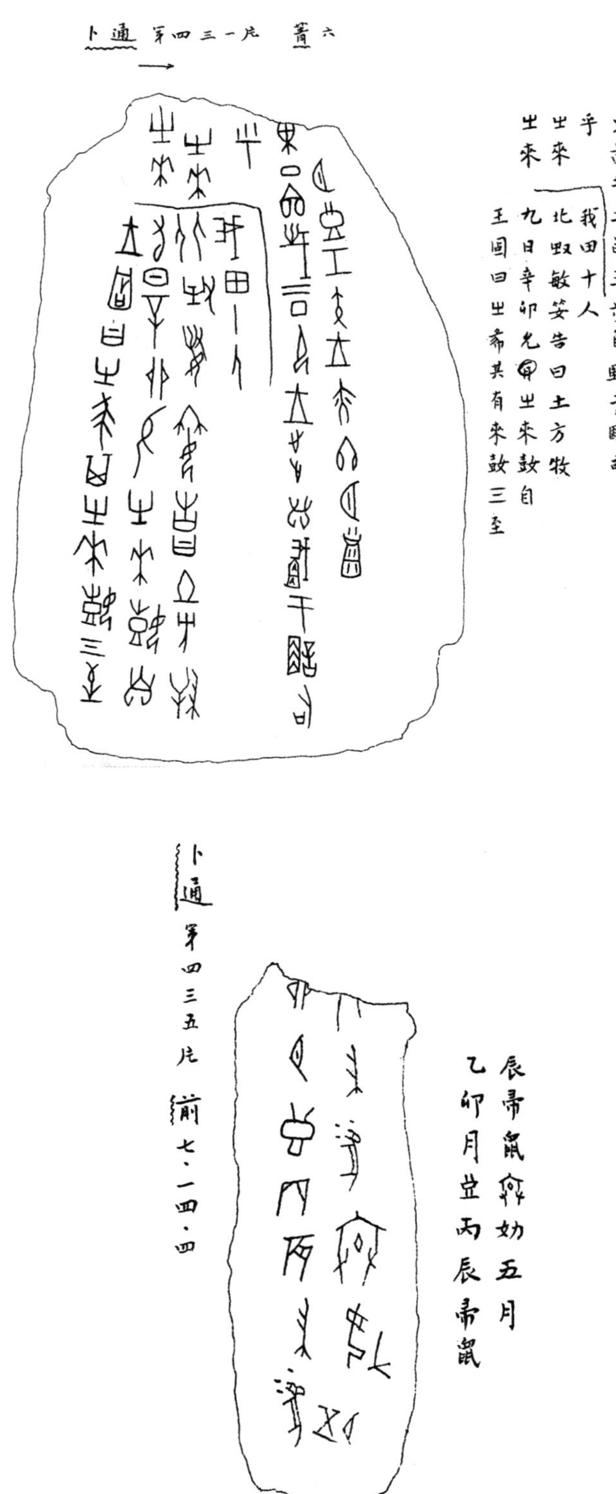

卜通第四三一片 菁六
月㞢壬寅王亦冬夕𡆥
東啚𢦏二邑王步自䵼于𥄦司
乎
我田十人
㞢來
北𡧊敏妾告曰土方牧
㞢來
九日辛卯允㞢來𡆥自
王固曰㞢希其有來𡆥三至
卜通第四三五片 前七・一四・四
辰帚鼠𡧊㚼五月
乙卯月㞢丙辰帚鼠

貞甶 乎多 貞勿 貞甶
王往 臣伐 隹王 㠯般
伐𢀛 𢀛方 往伐 乎
𢀛

卜通第四七八片 前四、三一、三

受禾
禾于九
己亥貞𠦪
（節錄）
同氏拓贈。
卜通第四六〇片 馬衡氏藏。

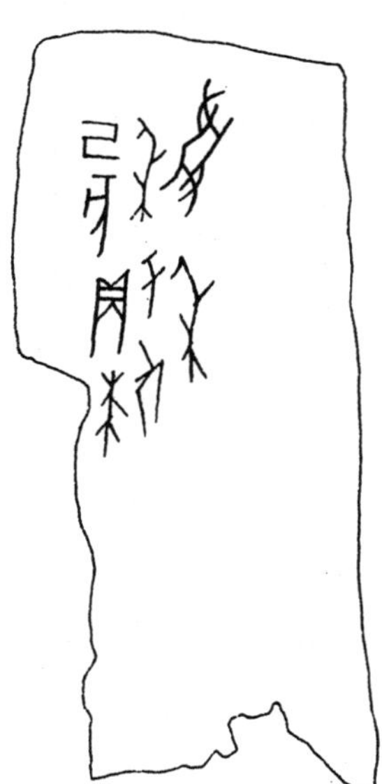

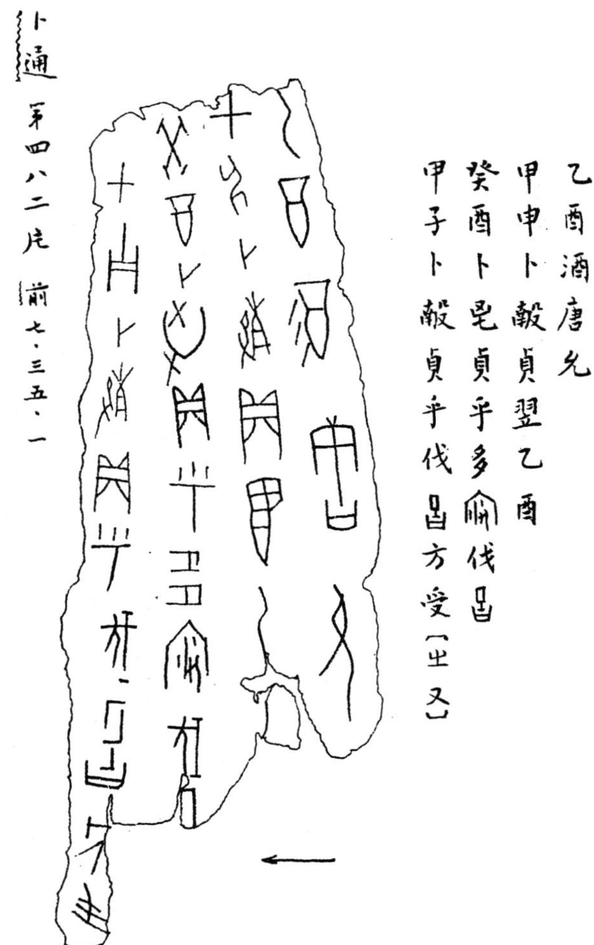
乙酉酒唐允
甲申卜㱿貞翌乙酉
癸酉卜邑貞乎多俞伐𢀛
甲子卜㱿貞乎伐𢀛方受[㞢又]
卜通第四八二片 前七·三五·一

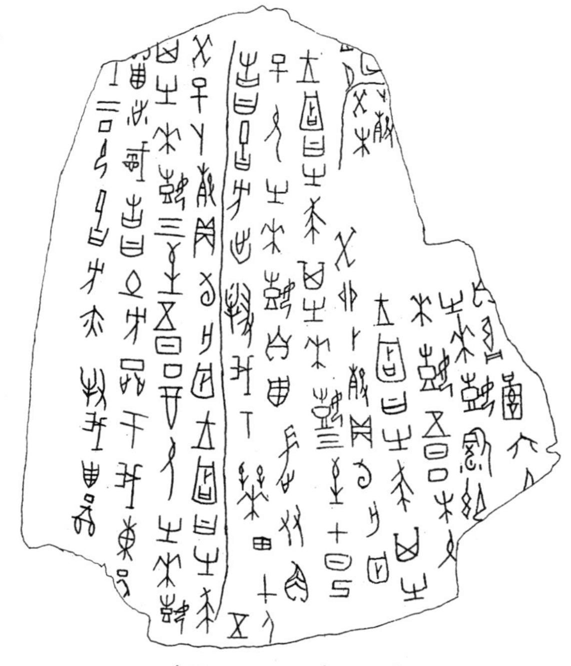

卜𣪊
旧癸未
五月
自吕啚
六月
㞢來鼓□御
來鼓五日丁未允
王固曰㞢希其㞢
癸卯卜𣪊貞旬亡𡆥
王固曰㞢希其㞢來鼓川至七日己
巳允有來鼓自西長友角
告曰𢀛方出牧我示𥞥田七人五月
癸巳卜𣪊貞旬亡𡆥王固曰㞢希
其㞢來鼓川至五日丁酉允㞢來鼓
自西沚𢦏告曰土方𢓊于我東啚
𢦏二邑𢀛方亦牧我西啚田

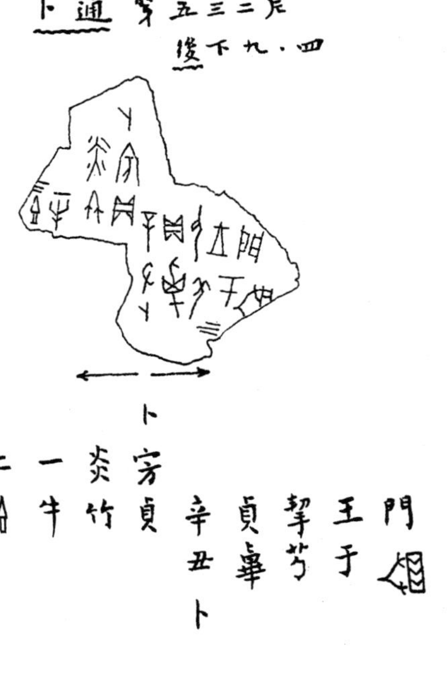
卜通 第五三二片
後下九・四
卜
門
王于
挈艿
貞𦎫
辛丑卜
穷貞
炎竹
一牛
二

卜通 第五三六片
後下三七・四
火五月
貞隹
周
令从寇五月
貞亩熹

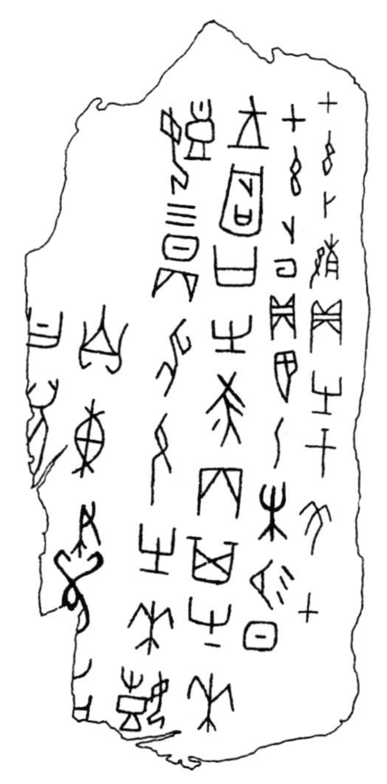
卜通 第五五〇片 前七・四〇・二
甲午卜㱿貞㞢于艿甲
甲午卜亘貞翌乙未易日
王固曰㞢希丙其㞢來
婕三日丙申允有來鼓
自東妻告
曰兒

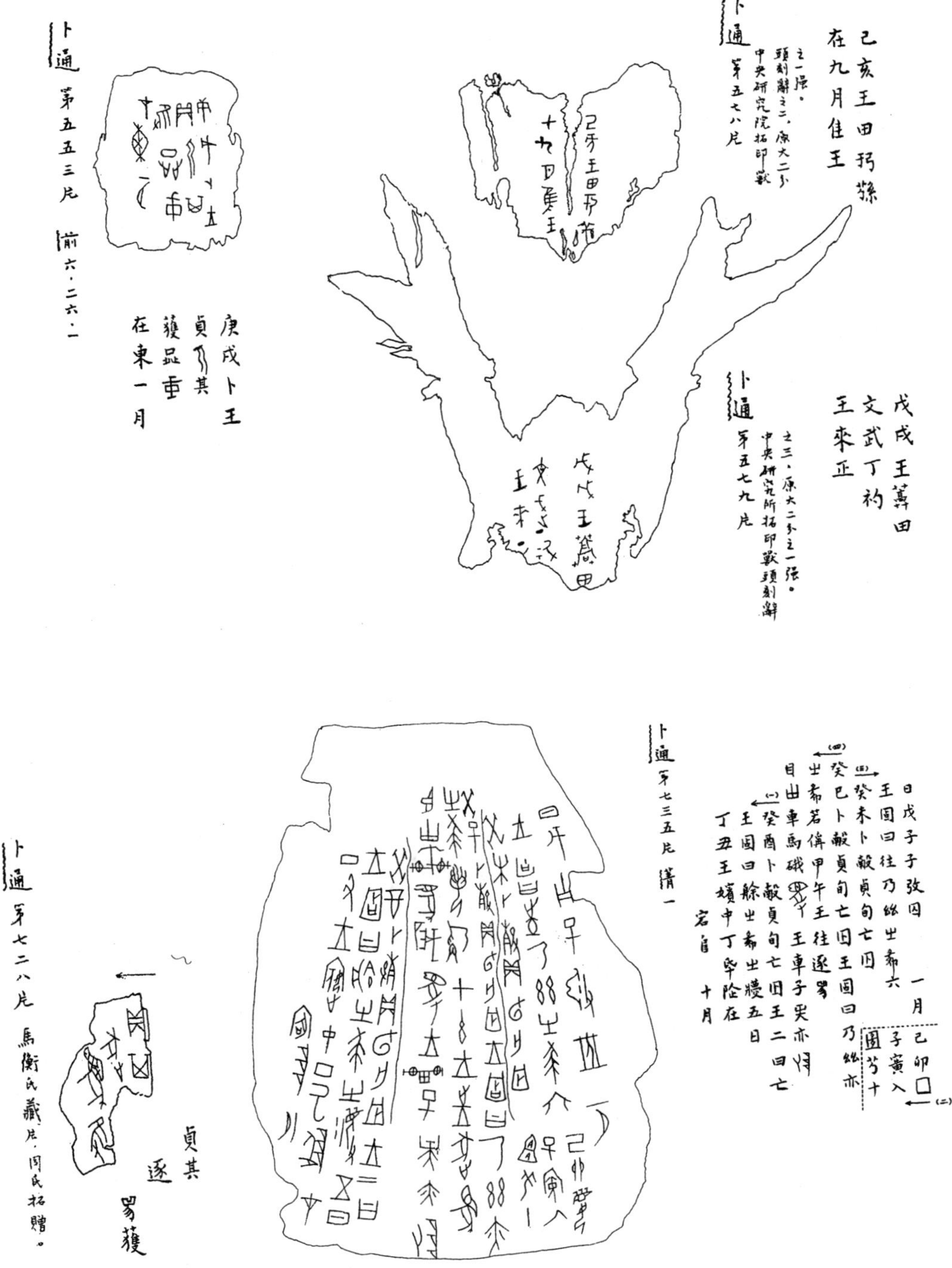

卜通第五五三片
前六·二六·二
庚戌卜王
貞乃其
獲品垂
在東一月
卜通第五七八片
己亥王田
在九月隹王
卜通第五七九片
戊戌王蒿田
文武丁礿
王來正
卜通第七三五片 菁一
卜通第七二八片
馬衡氏藏片，関氏拓贈。
貞其
逐
兕獲

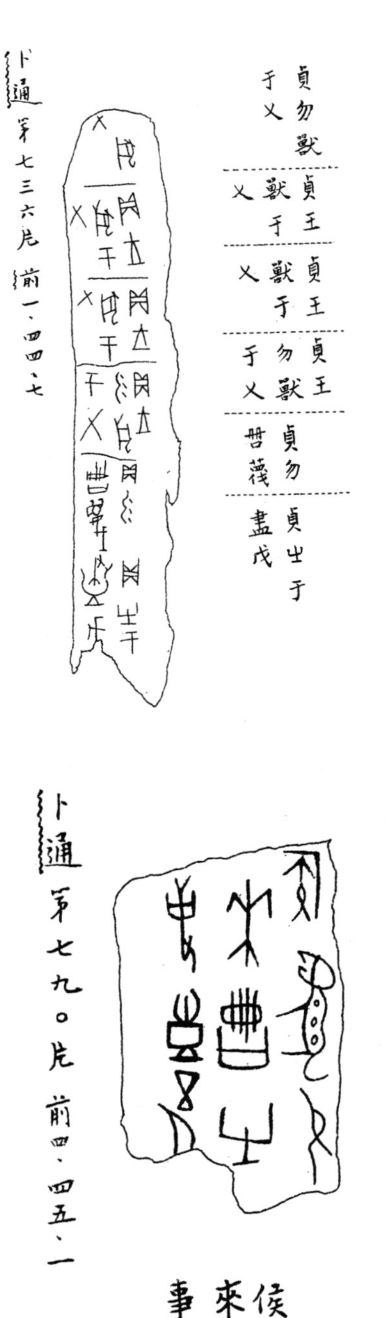

卜通第七三六片 前一、四四、七

貞勿歔于乂

貞王歔于乂

貞王歔于乂

貞王勿歔于乂

貞勿𠕁蔑

貞㞢于盡戊

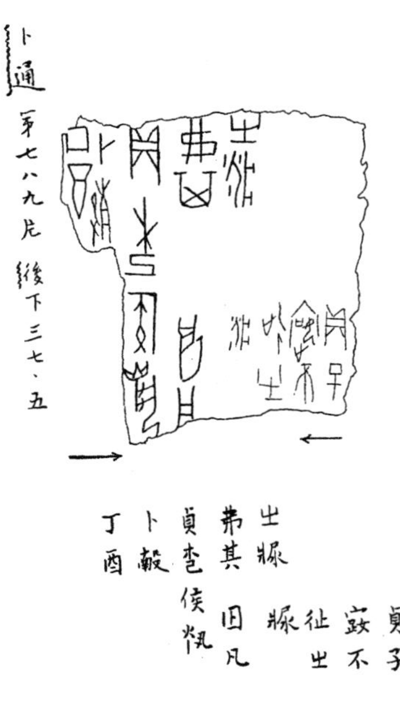

卜通第七八九片 後下三七、五

丁酉卜㱿貞杢弗其㞢豩

貞子㝅不征㞢豩囚凡侯𢦏

卜通第七九〇片 前四、四五、一

侯虎允來𠕁㞢事壴五月

卜通新獲卜辭拓本第十三片 寫本一四二

甲辰貞其𢍭黍

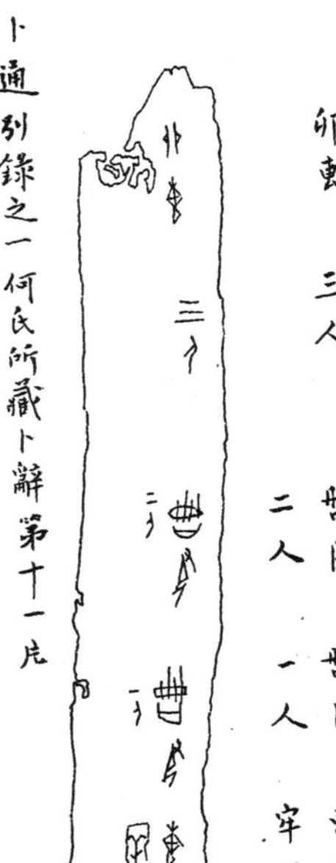

卜通別錄之一 何氏所藏卜辭第十一片

卯叀 三人

册𠬝 二人

册𠬝 一人

叀小 宰用

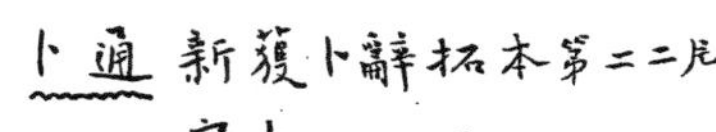

卜通 新獲卜辭拓本第二片

寫本 二三五

若

王涉

于庚子

乙未貞

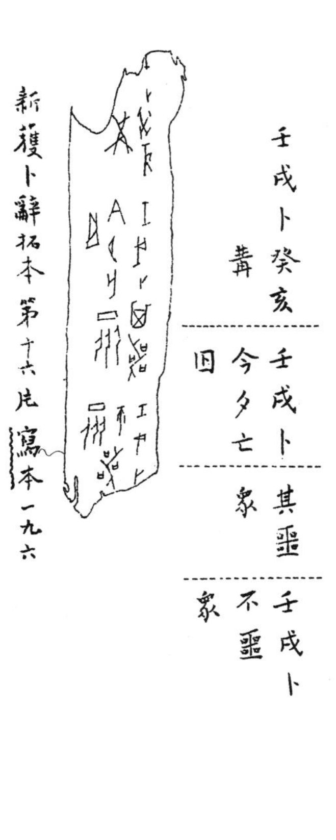

新獲卜辭拓本第十六片 寫本一九六

壬戌卜癸亥

冓

壬戌卜

今夕亡

囚

其𩆜

眔

壬戌卜

不𩆜

眔

卜通別錄之二 日本所藏甲骨擇尤內藤湖南博士所藏第二片

犬征田若

戊戌貞令

卜通第四六二片 山内氏拓片

甲戌卜方貞

在易牧蒦

芍

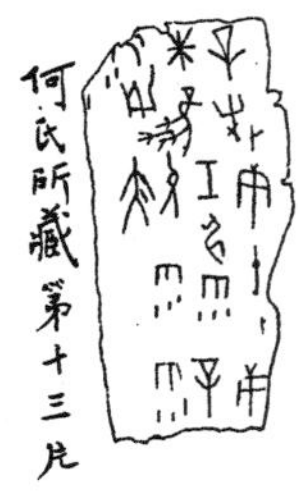

何氏所藏第十三片

辛未卜庚午卜庚午卜

帝鳳 壬申雨辛未

不用 允雨 雨允

雨 亦 雨

《殷契粹編》選片

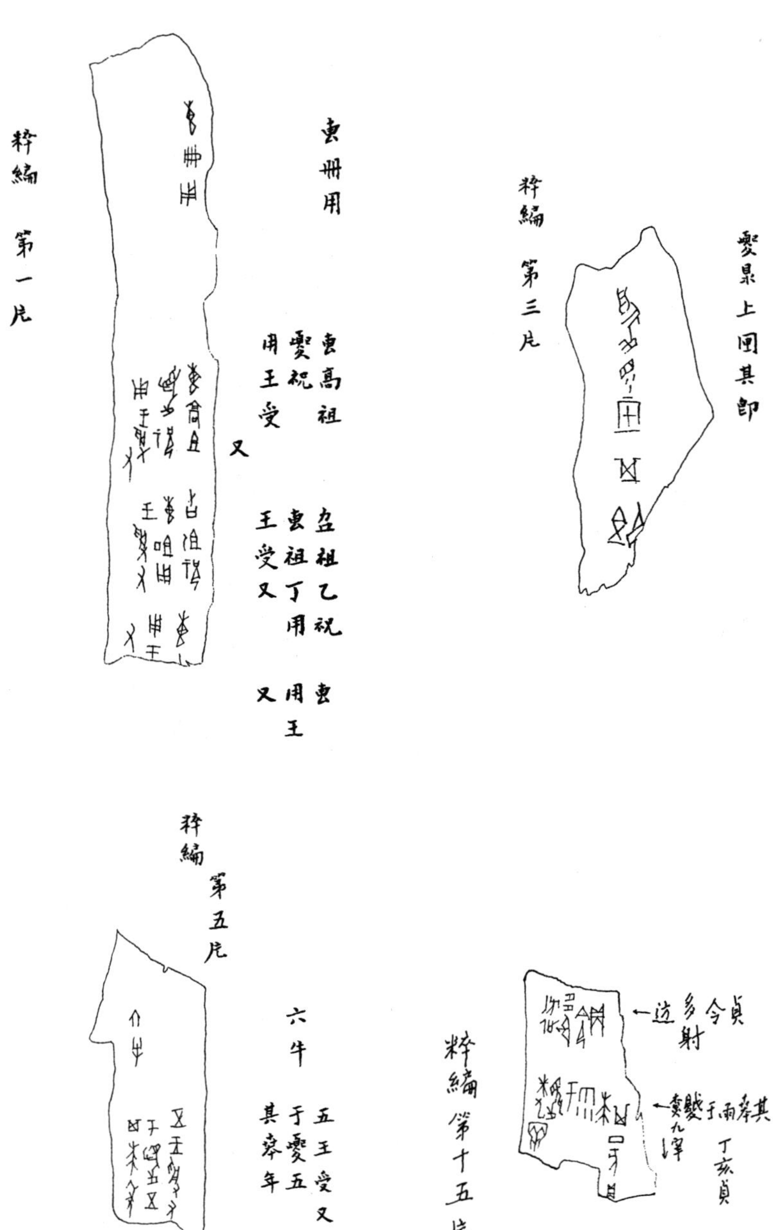

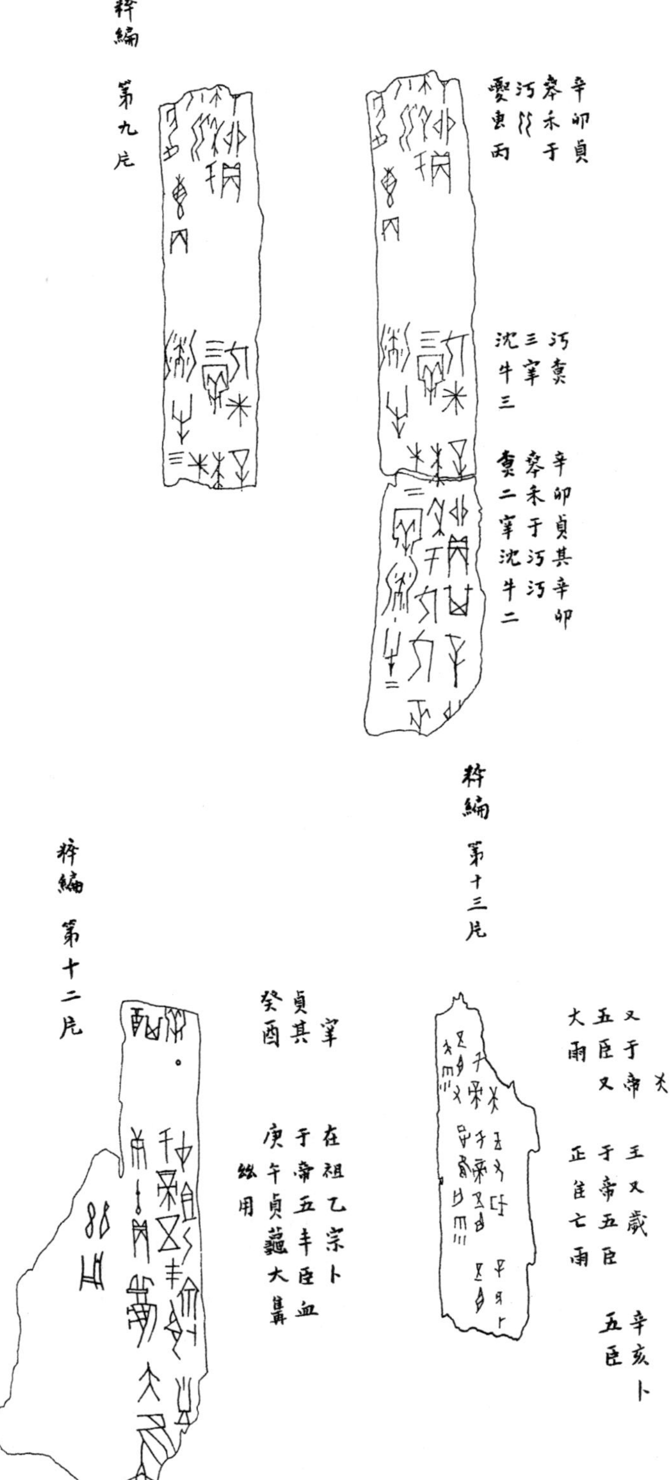

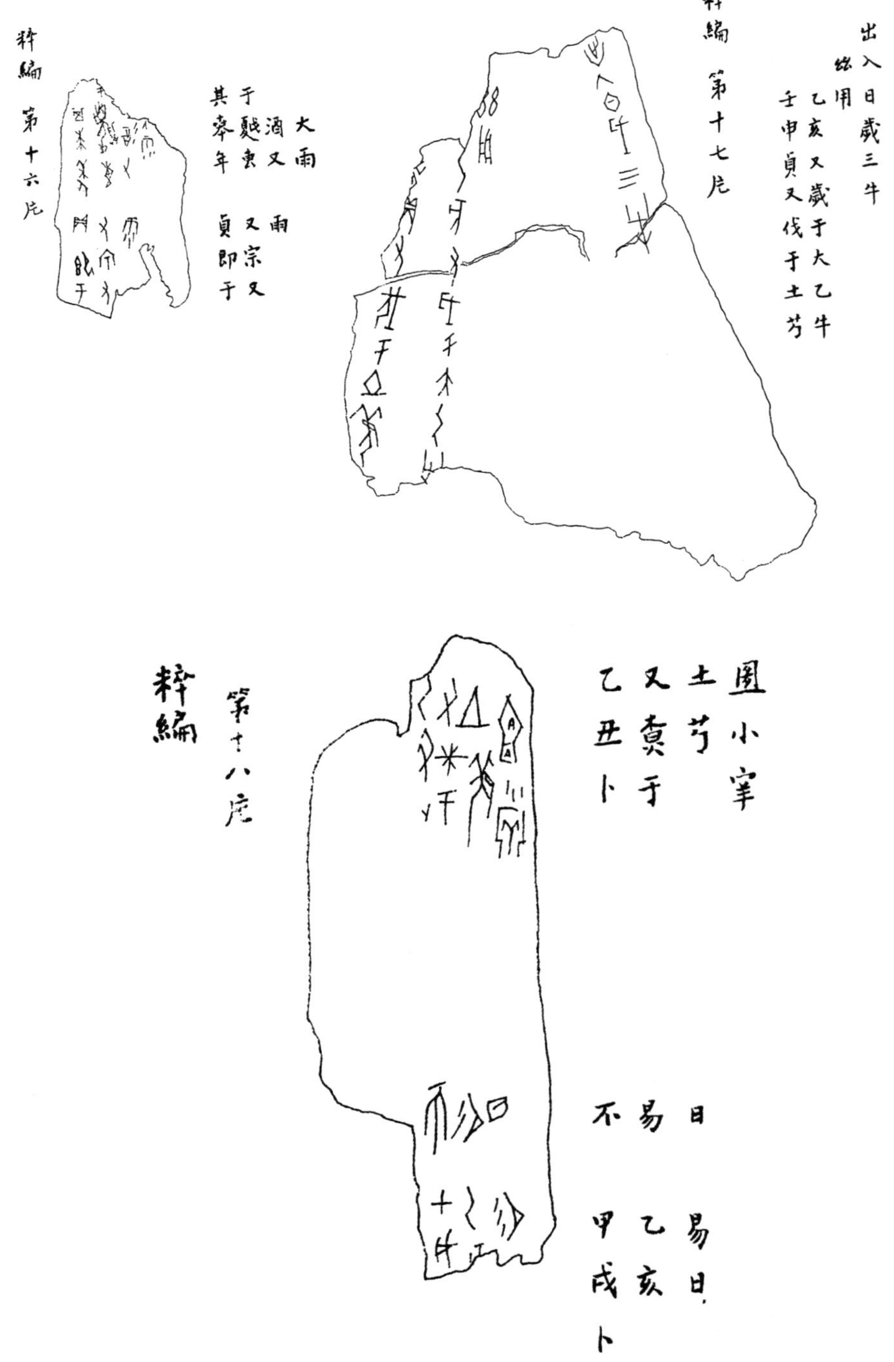
粹編 第十六片
大雨
酒又
于虩叀
其桒年
雨
又宗又
貞即于
粹編 第十七片
出入日歲三牛
丝用
乙亥又歲于大乙牛
壬申貞又伐于土芍
粹編 第十八片
圍小宰
土芍
又尞于
乙丑卜
日
易
不
易日
乙亥
甲戌卜

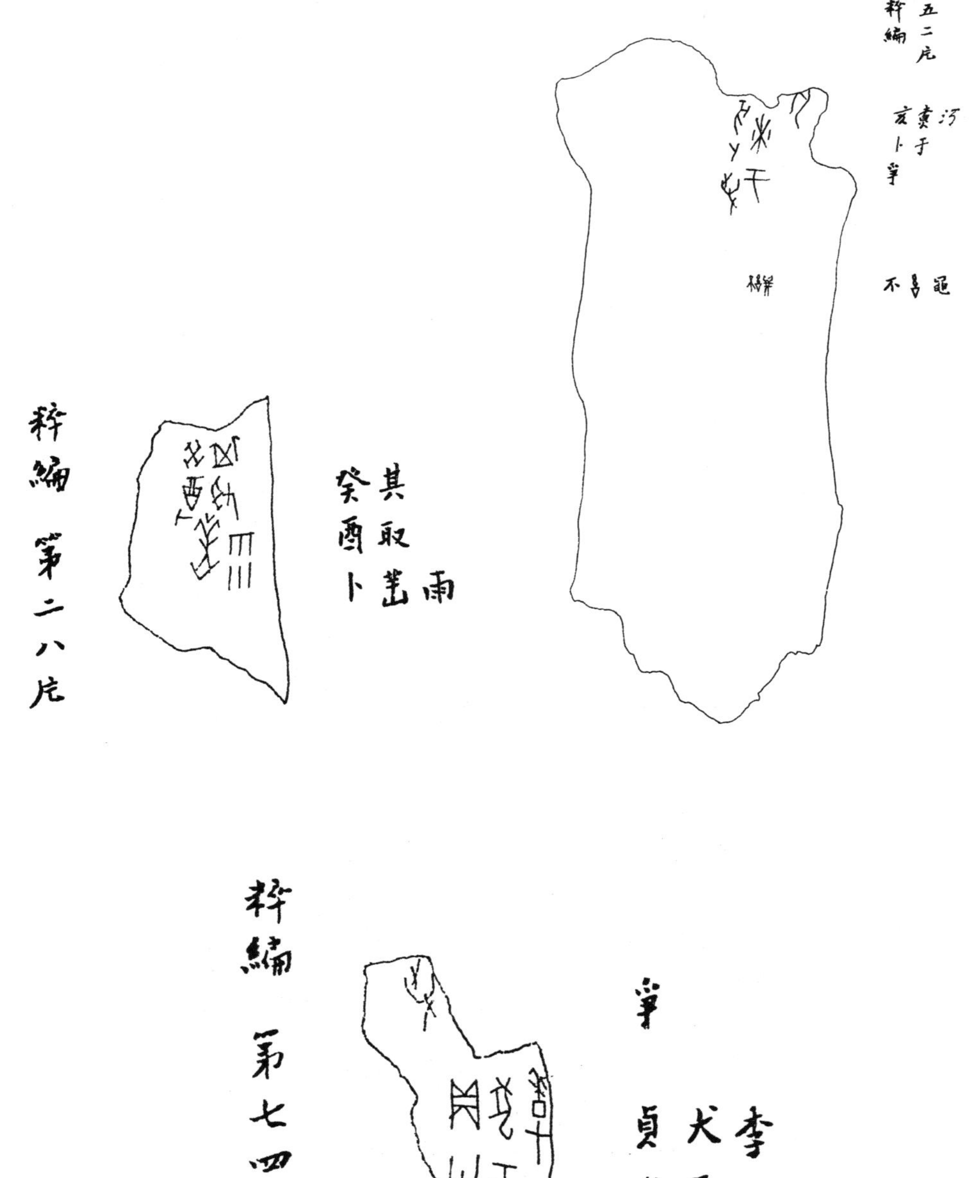

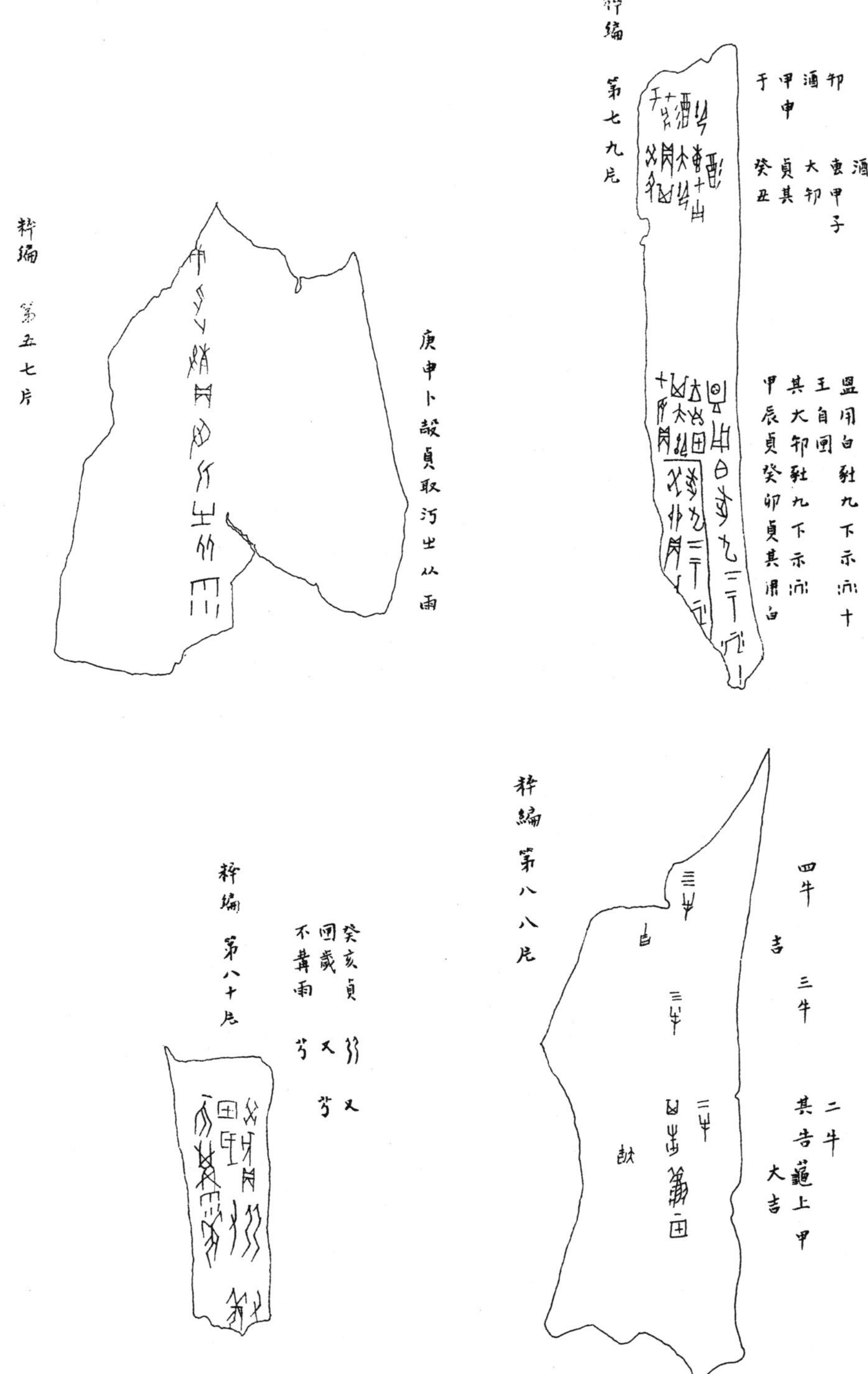
粹編 第七九片
酒于 甲申 叀甲子 大御 貞其 癸丑
盟用白豭九下示幾十 王自匣其大御豭九下示幾 甲辰貞癸卯貞其渭白
粹編 第五七片
庚申卜㱿貞取河㞢从雨
粹編 第八八片
四牛 吉 三牛 二牛 其吉 龜上甲 大吉
粹編 第八十片
癸亥貞 匣歲 不冓雨

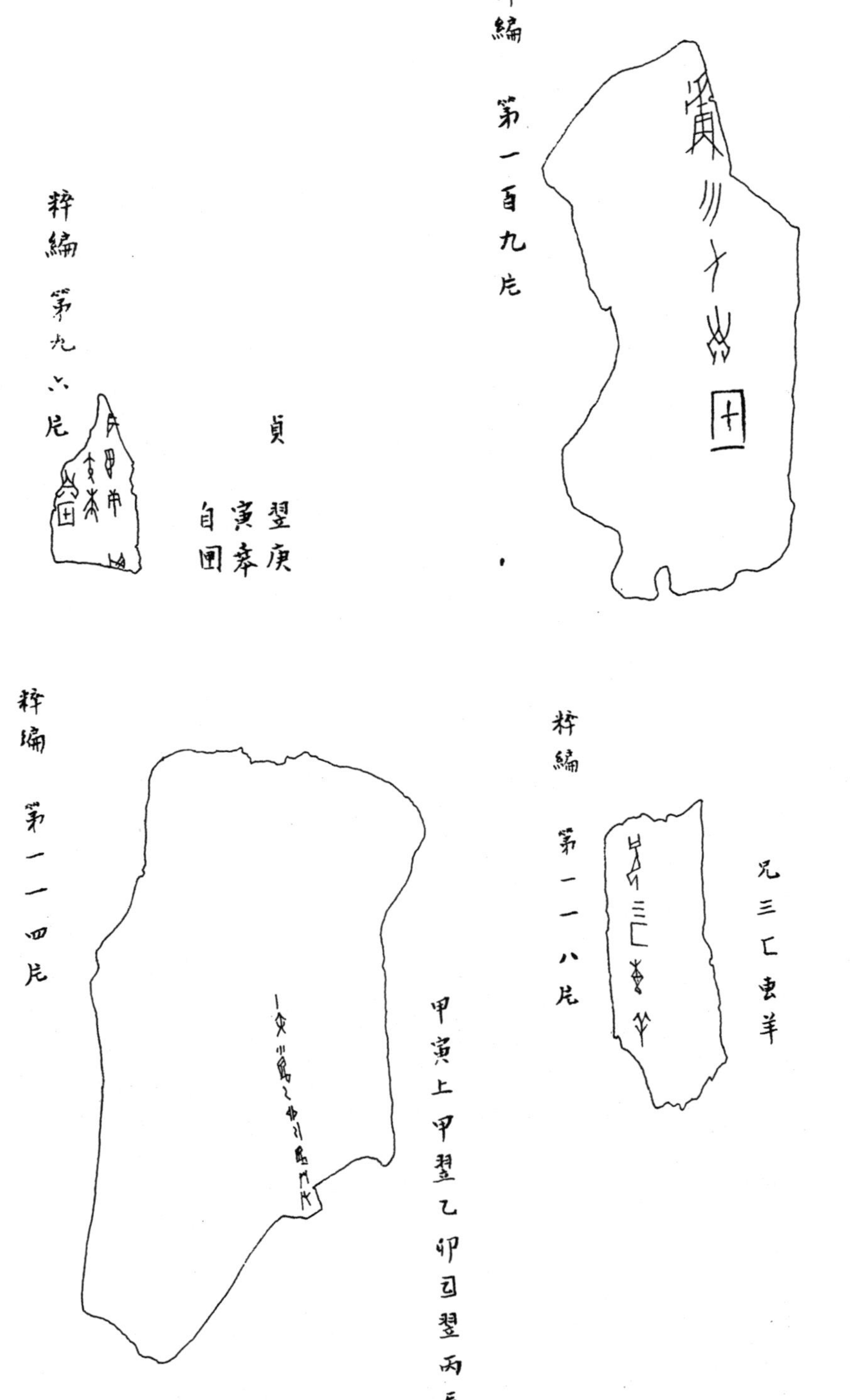
粹編 第一百九片
盧彡力自上甲
粹編 第九六片
貞 翌庚
寅奉
自圃
粹編 第一一四片
甲寅上甲翌乙卯囗翌丙辰
粹編 第一一八片
兄三匚叀羊

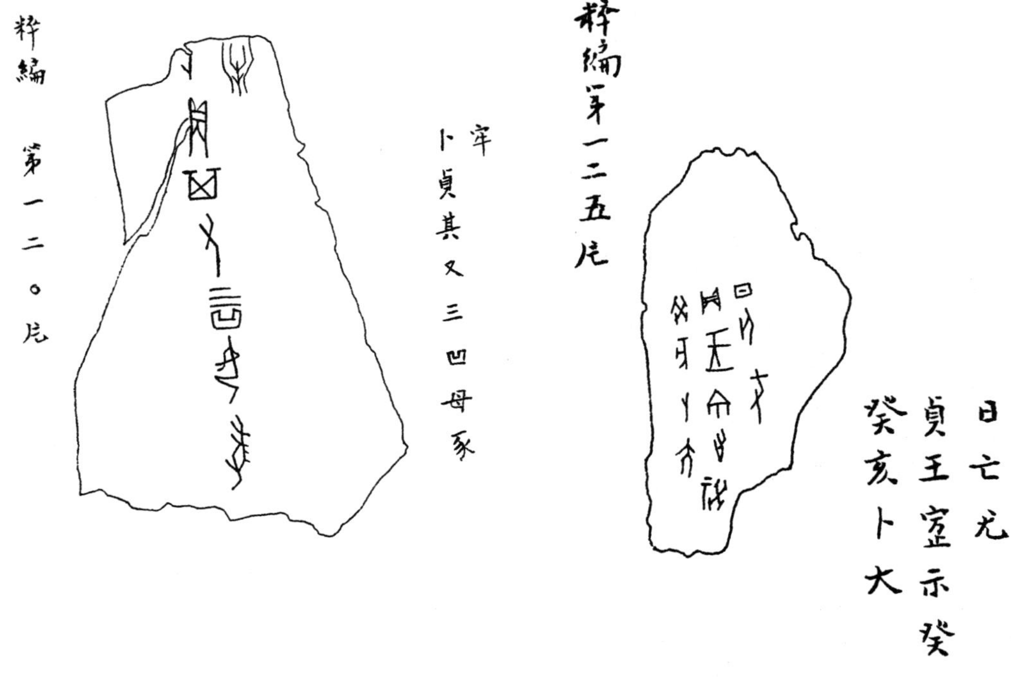
粹編第一二〇片
宰
卜貞其又三四母豕
粹編第一二五片
日亡尤
貞王賓示癸
癸亥卜大

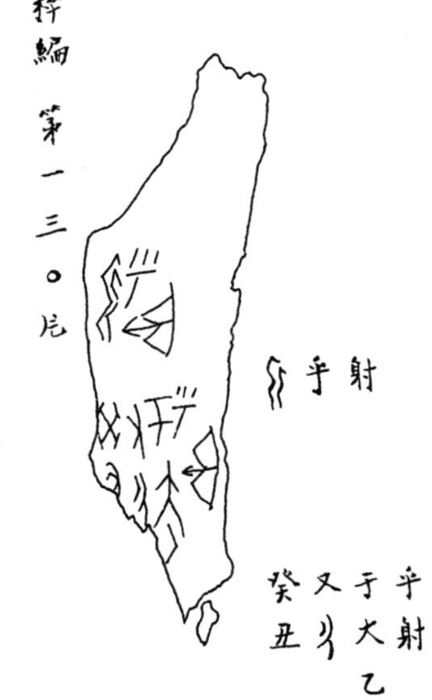
粹編第一三〇片
射
乎
乎射
于大乙
又
癸丑

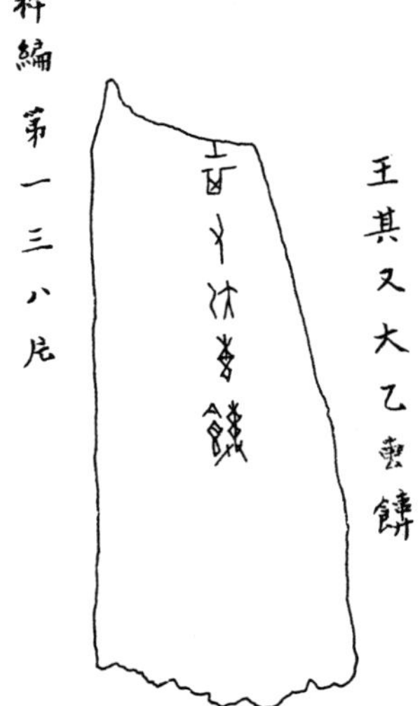
粹編第一三八片
王其又大乙叀餗

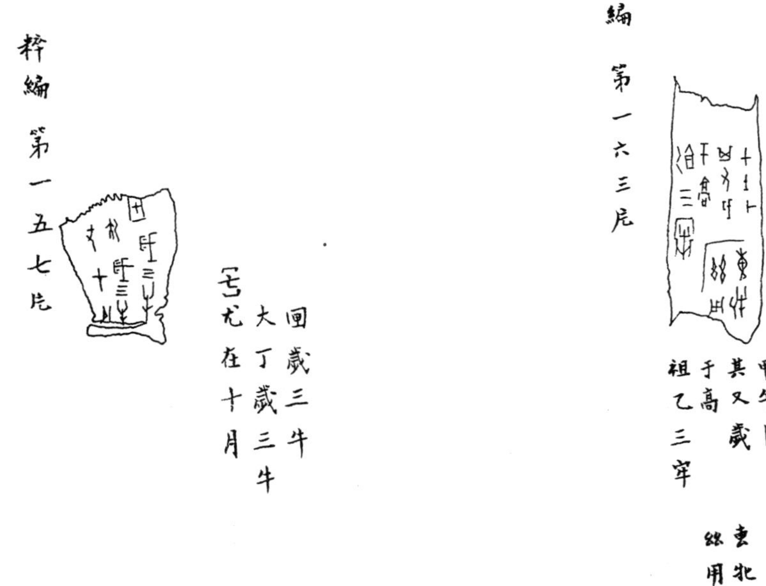

粹編第一五七片

叀歲三牛
大丁歲三牛
〔亡〕尤在十月

粹編第一六三片

甲午卜
其又歲
于高
祖乙三牢

叀牝
兹用

粹編第一八六片

辛丑卜
于來甲寅
㞢于大
甲四牢

粹編第一九三片

月在亘方

又甲大
𡆥
貞旬亡
癸酉卜

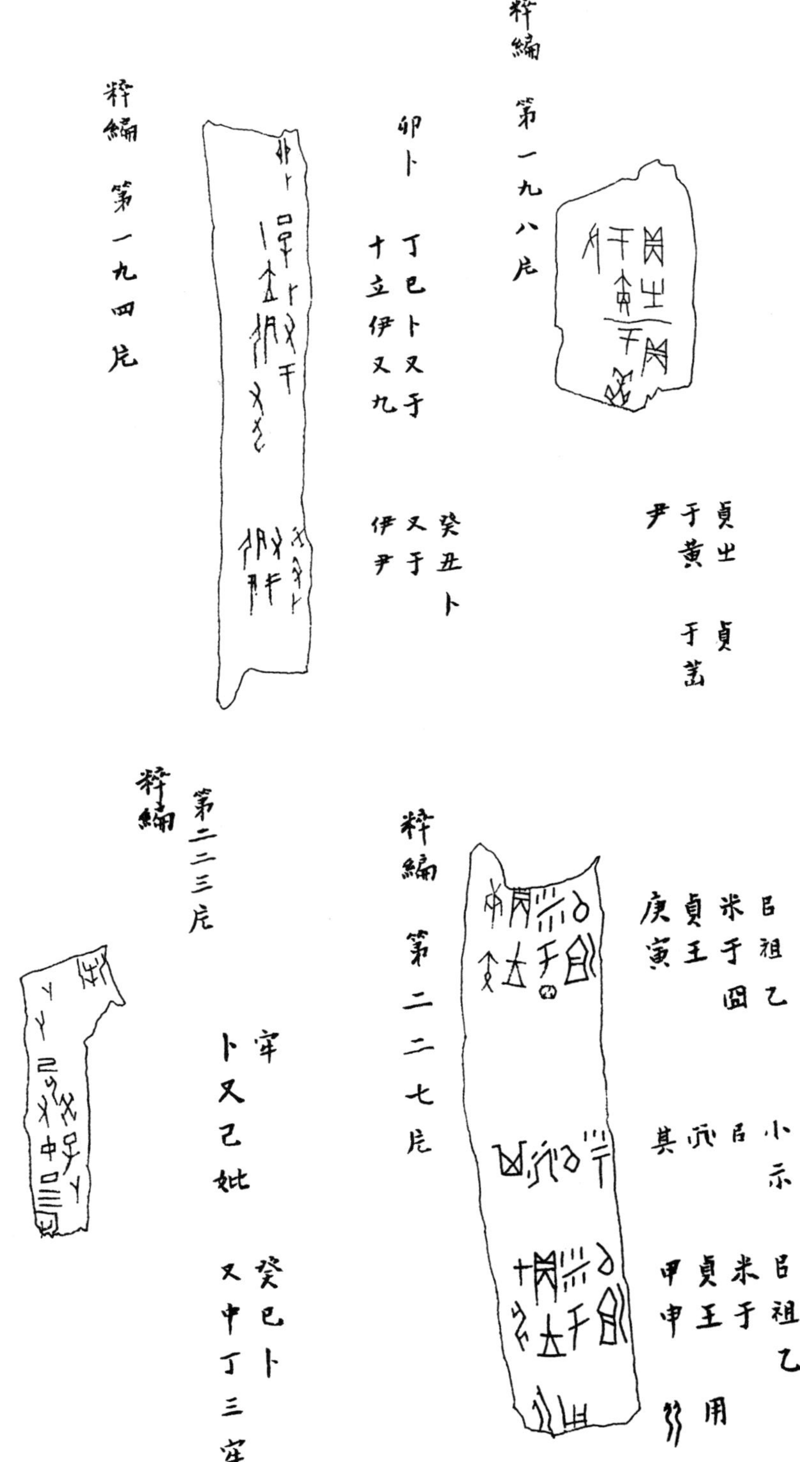
粹編第一九四片
卯卜
丁巳卜又于
十立伊又九
癸丑卜
又于
伊尹
粹編第一九八片
貞㞢
于黄
尹
貞
于𫑢
粹編第二二三片
卜又己妣
宰
癸巳卜
又中丁三
宰
粹編第二二七片
吕祖乙
米于
貞王
庚寅
小示
吕
其
吕祖乙
米于
貞王
甲申
用

粹編 第二三五片

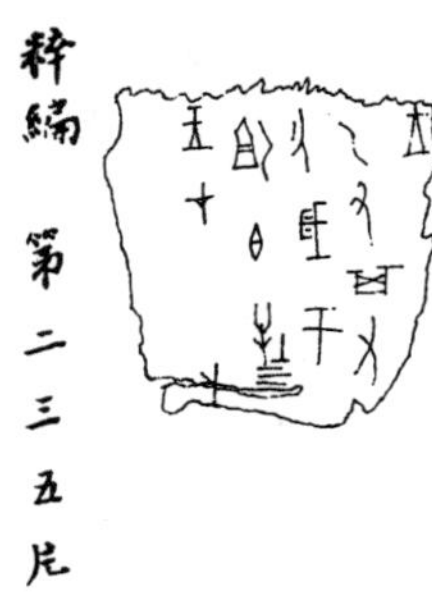

王
乙丑其又
刂歲于
祖乙白牡三
王在

粹編 第二四一片

三牛
王受又

二牛
王受
又

𢆶至
祖乙

粹編 第二四九片

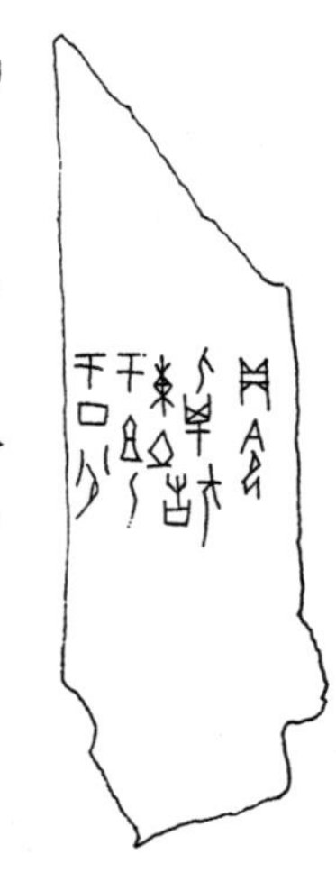

貞令
卓方
東土告
于祖乙
于丁八月

粹編 第二五六片

受又
其用
弜冊

王受又
冊至

王受又
至祖丁

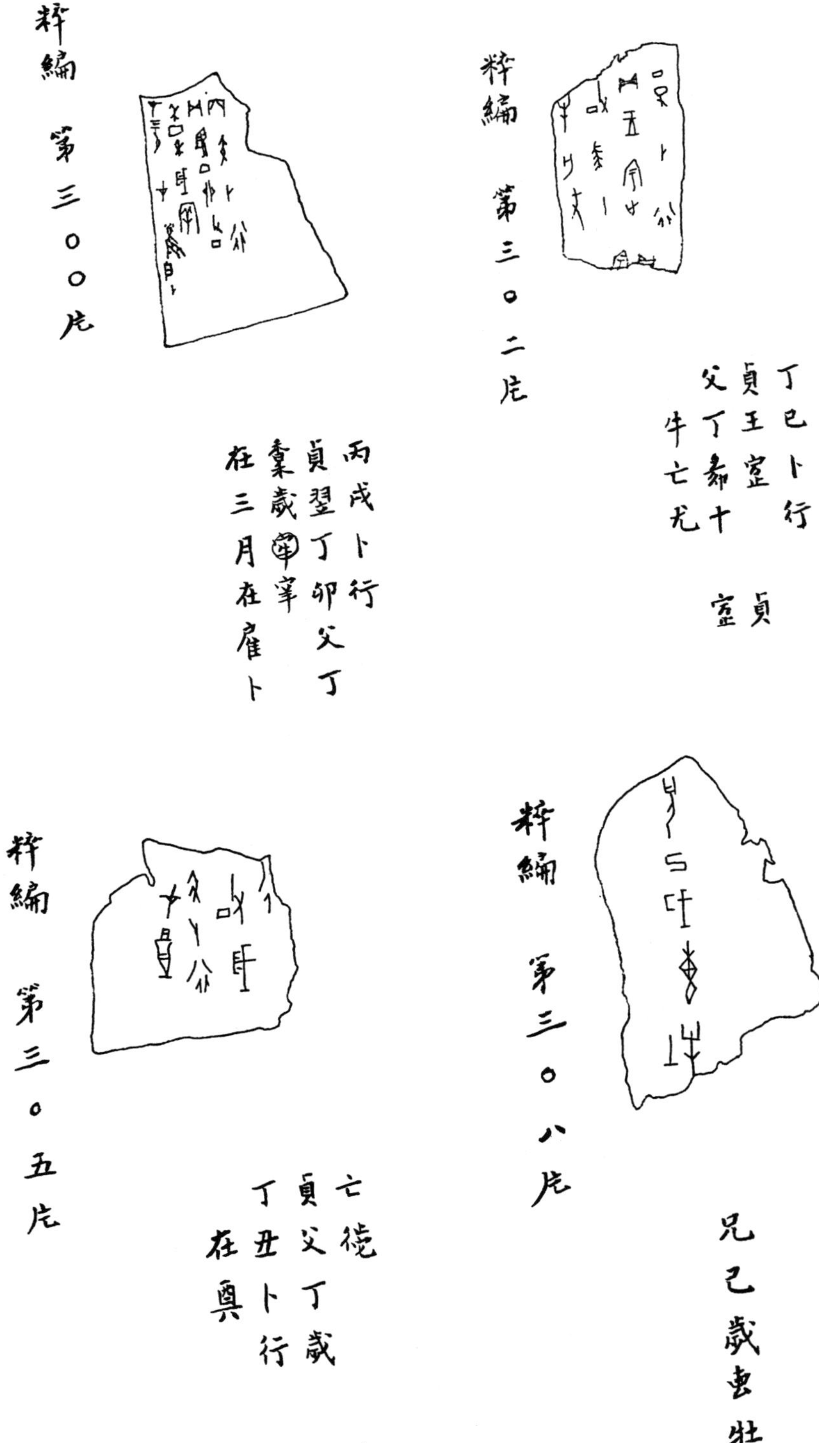
粹編第三〇〇片
丙戌卜行
貞翌丁卯父丁
𣏕歲𠦪宰
在三月在雇卜
粹編第三〇二片
丁巳卜行
貞王賓
父丁彡十
牛亡尤
貞
賓
粹編第三〇五片
亡徭
貞父丁歲
丁丑卜行
在㠱
粹編第三〇八片
兄己歲叀牡

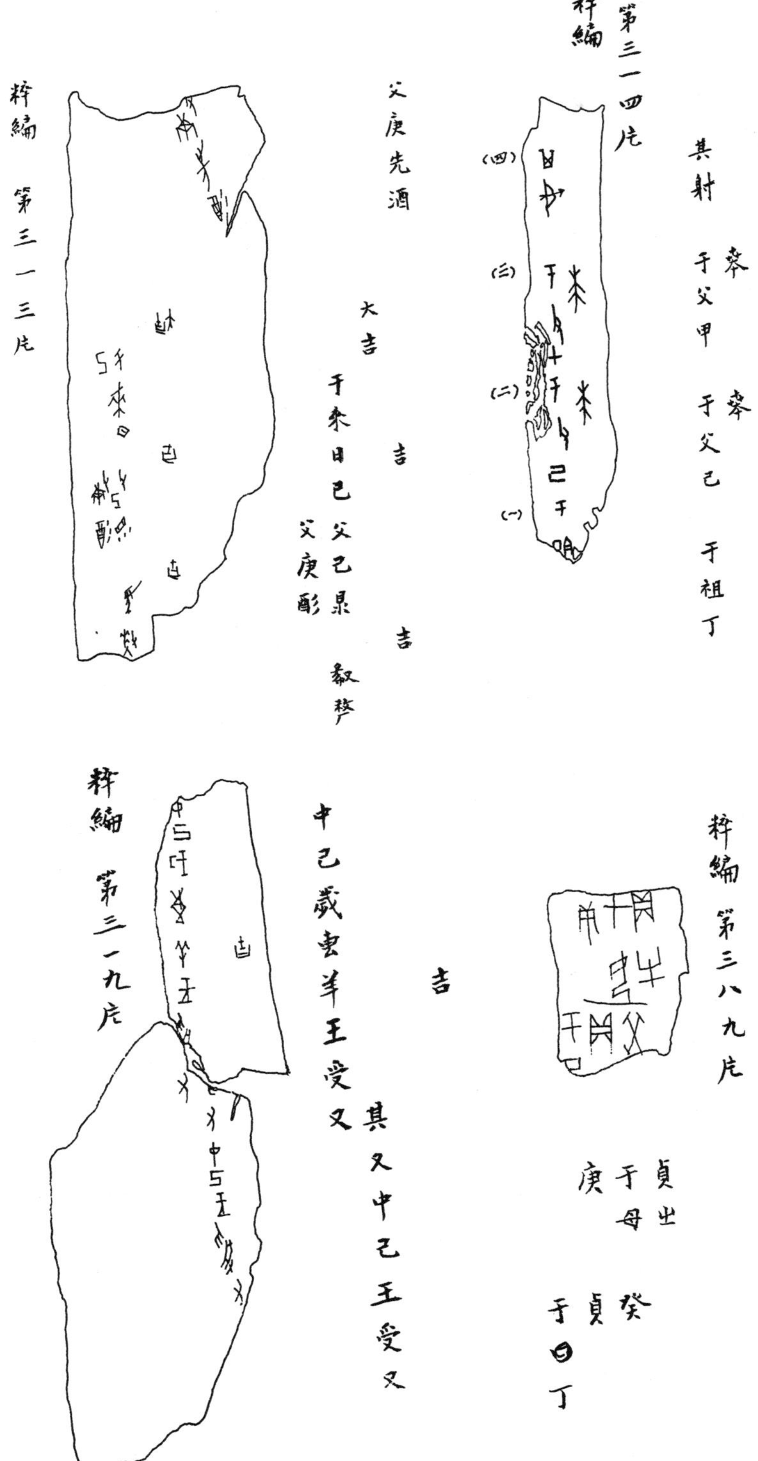

粹編第三一四片
其射
桒于父甲
桒于父己
于祖丁
粹編第三一三片
父庚先酒
大吉
于来日己父己鼎
吉
父庚彡
吉
粹編第三一九片
中己歲叀羊王受又
吉
其又中己王受又
粹編第三八九片
貞㞢于母庚
癸貞于日丁

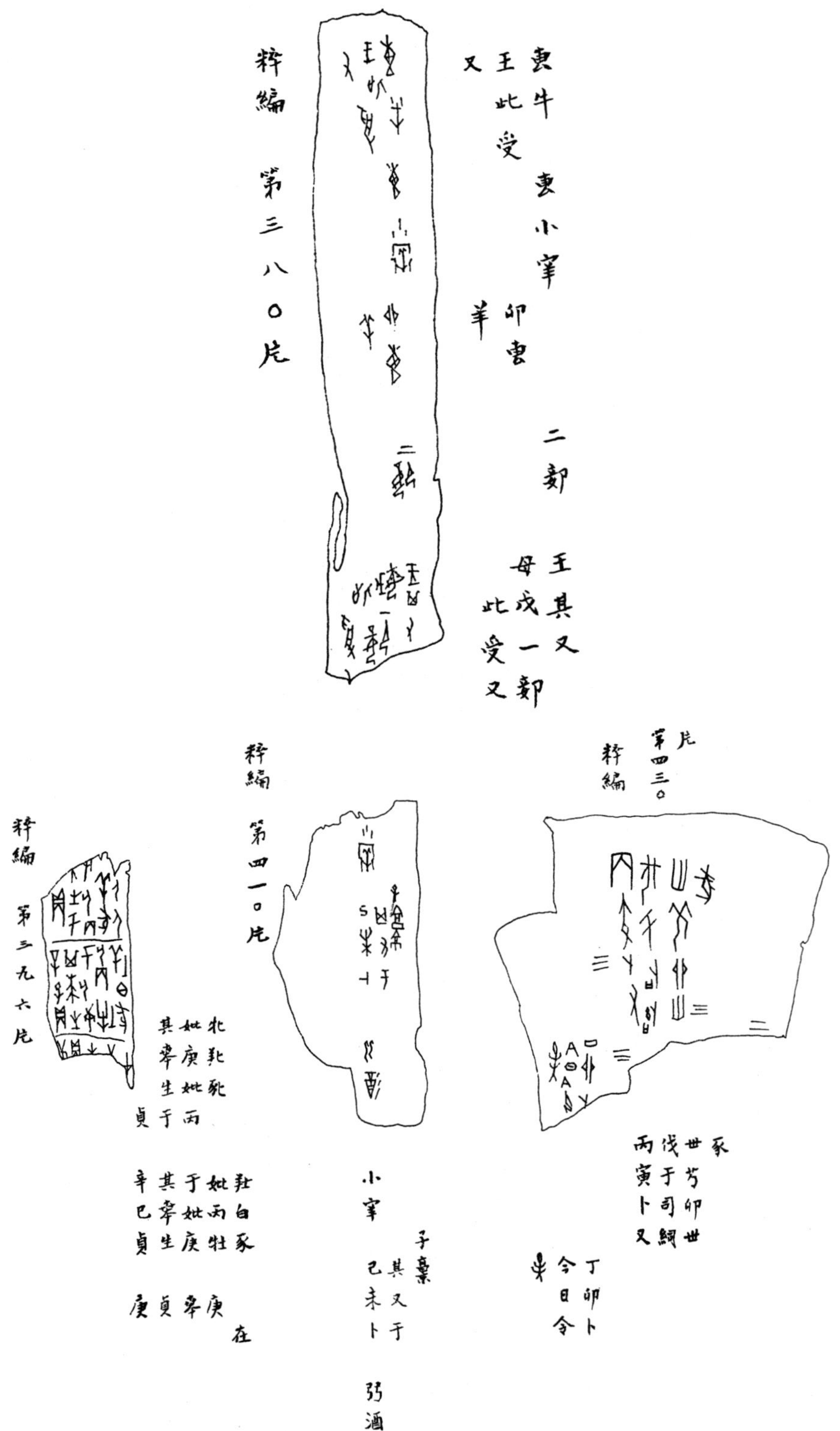

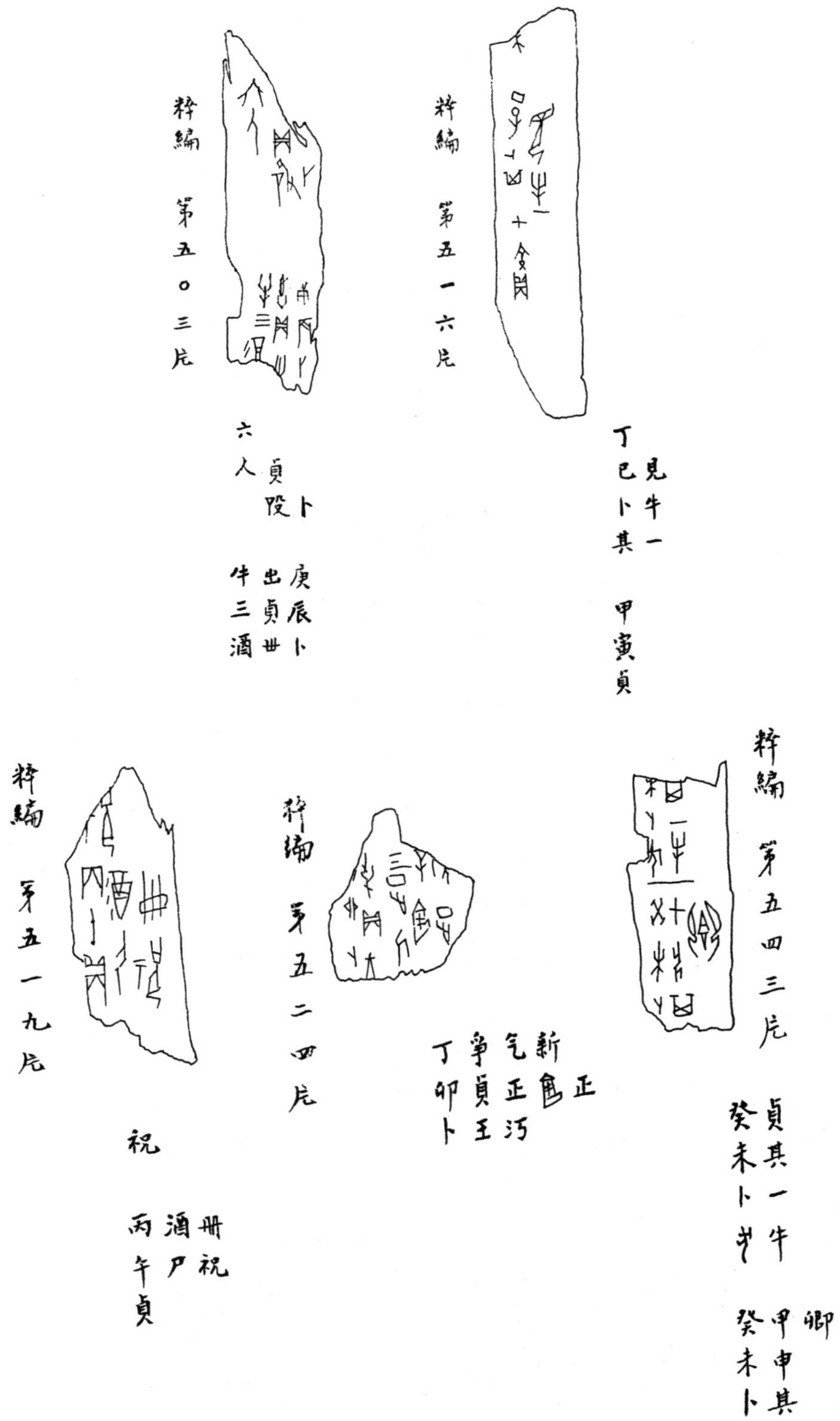

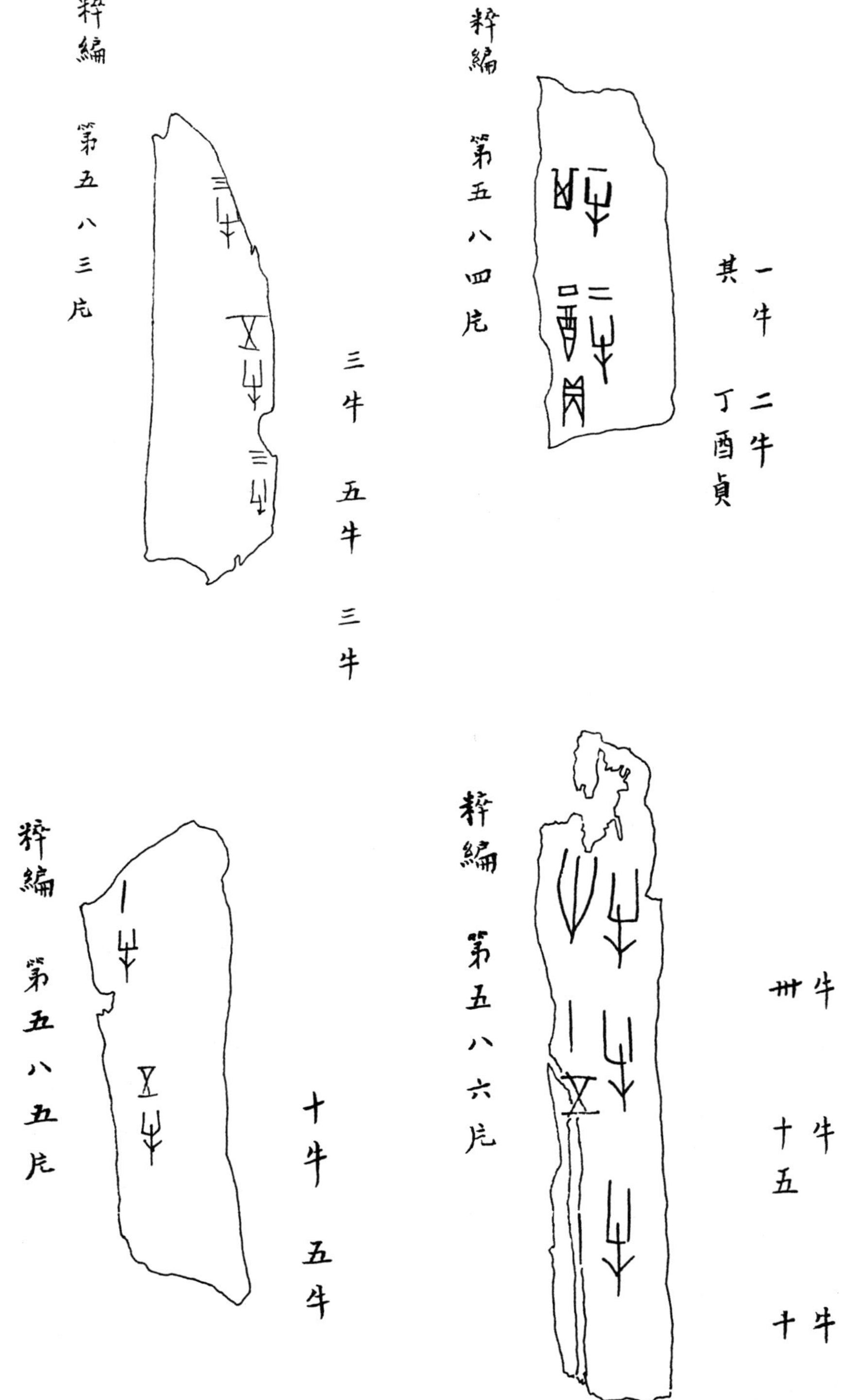
粹編 第五八三片
三牛
五牛
三牛
粹編 第五八四片
一牛 二牛
其 丁酉貞
粹編 第五八五片
十牛
五牛
粹編 第五八六片
卅牛
十五牛
十牛

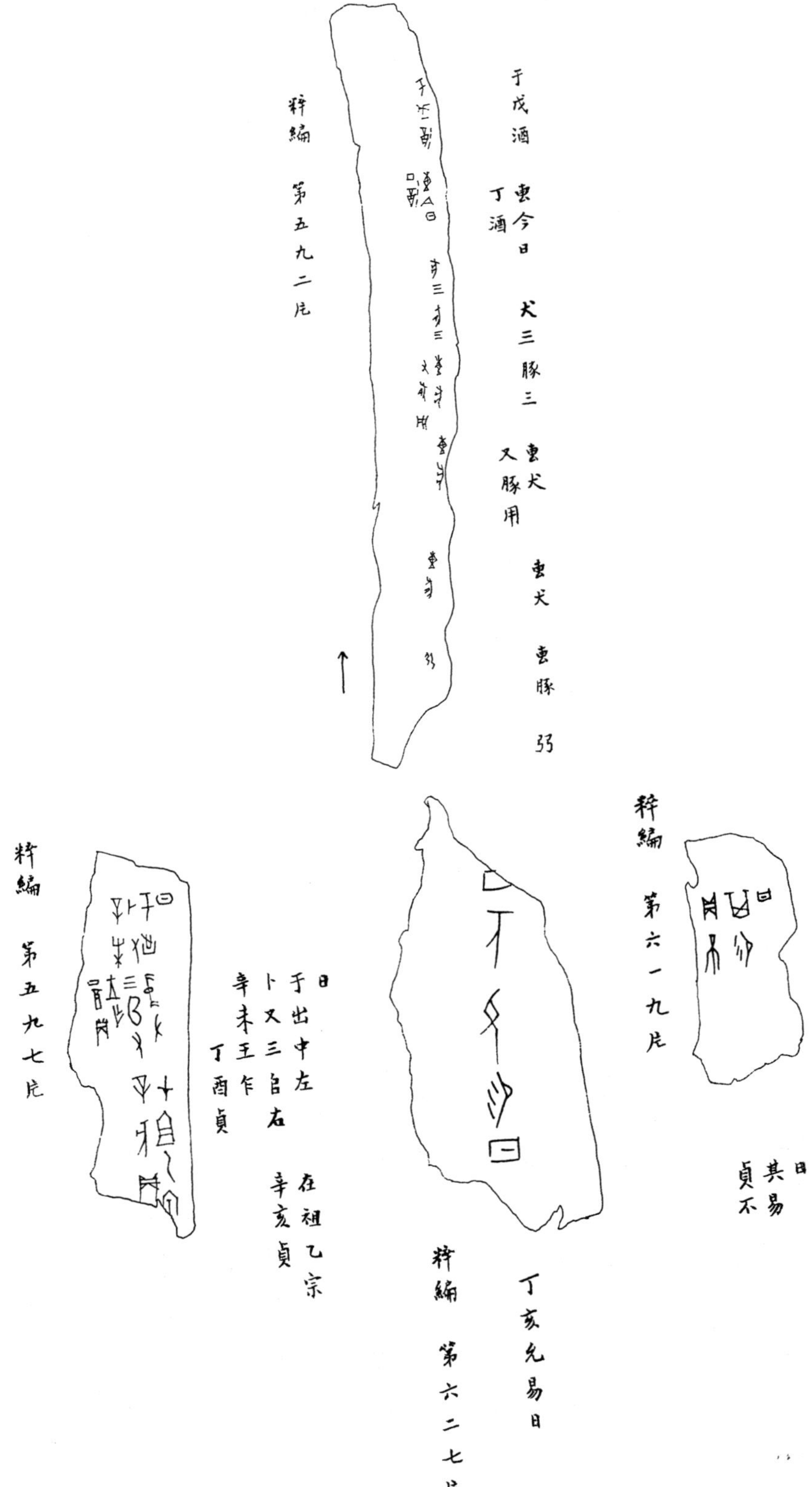
粹編第五九二片
于戊酒
叀今日
丁酒
犬三豚三
叀犬
又豚用
叀犬
叀豚
弜
粹編第五九七片
日
于出中左
卜又三自右
辛未王乍
丁酉貞
在祖乙宗
辛亥貞
粹編第六二七片
丁亥允易日
粹編第六一九片
日
其易
貞不

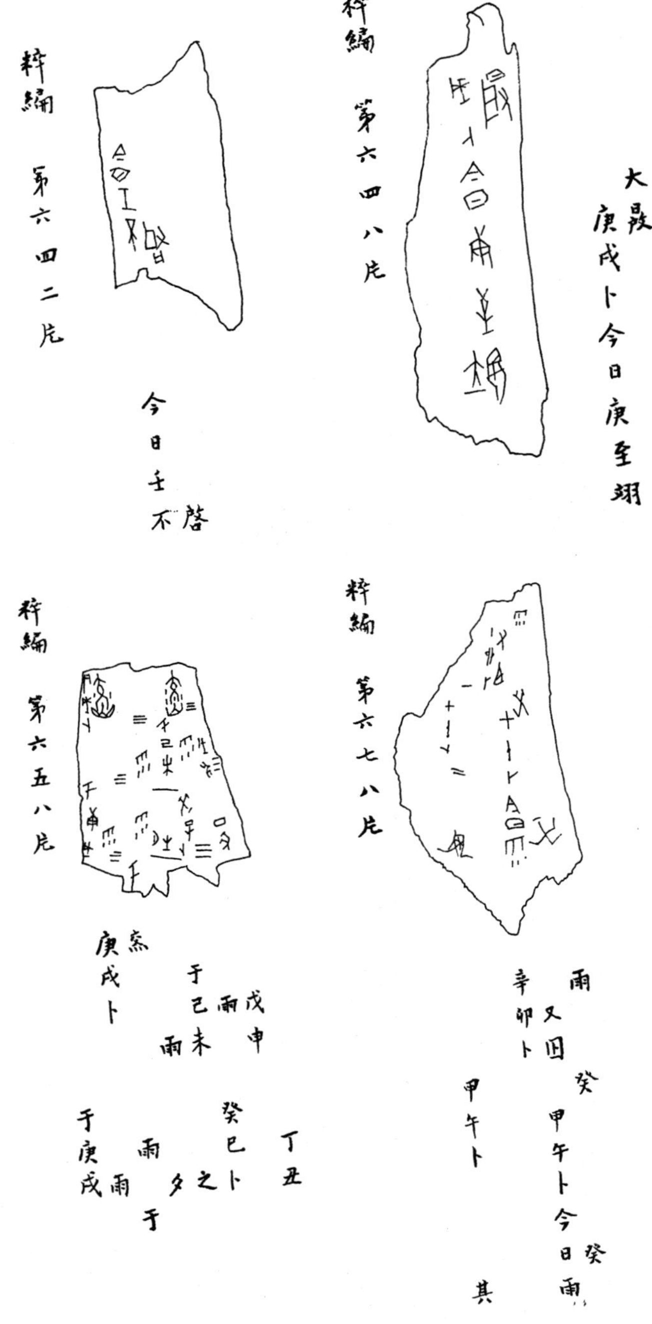
粹編 第六四二片
今日壬不啓
粹編 第六四八片
大𣪕 庚戌卜今日庚至翊
粹編 第六五八片
粹編 第六七八片

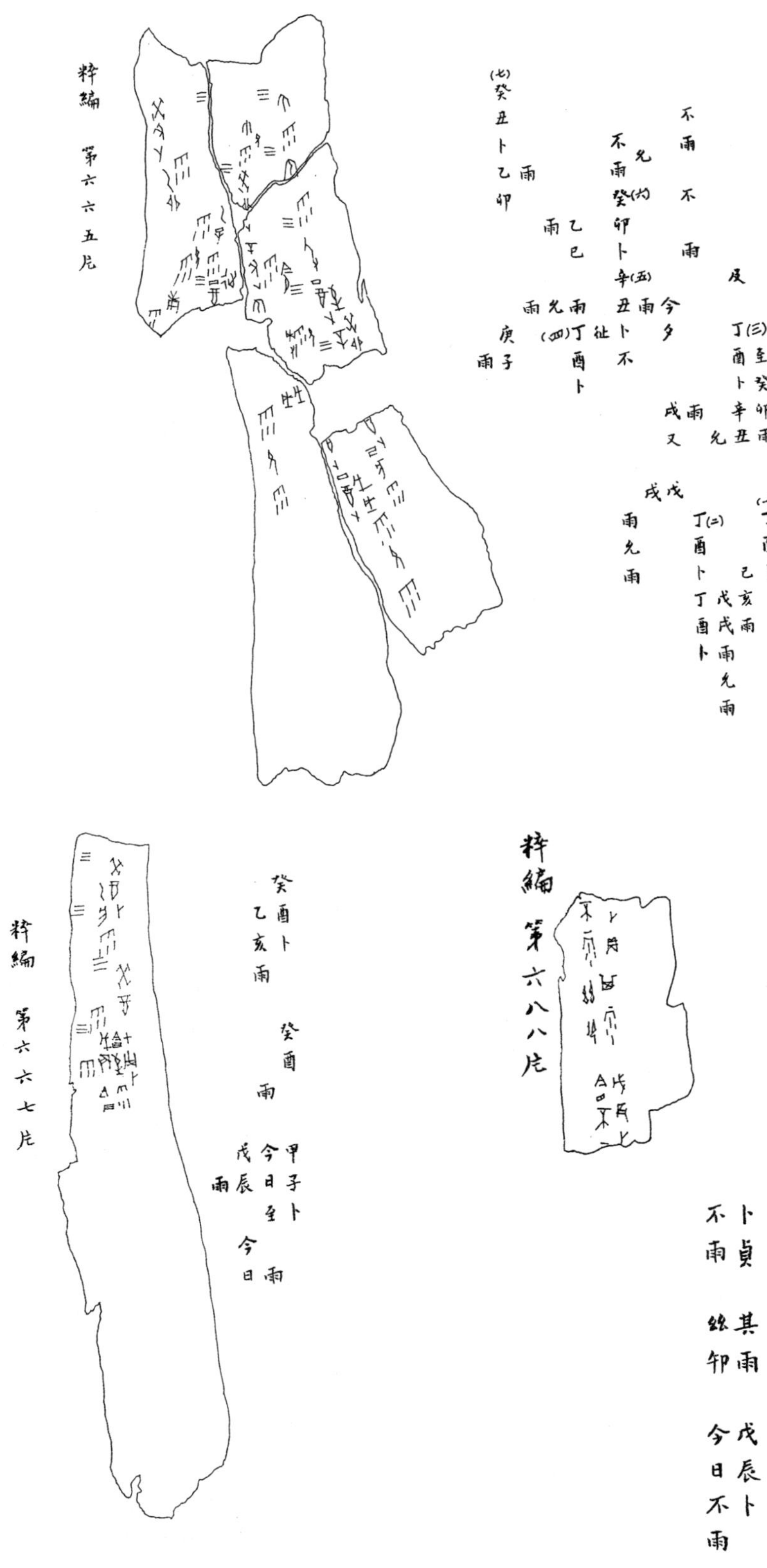
粹編第六六五片
粹編第六六七片
粹編第六八八片
卜貞
不雨
其雨
丝卬
戊辰卜
今日不雨

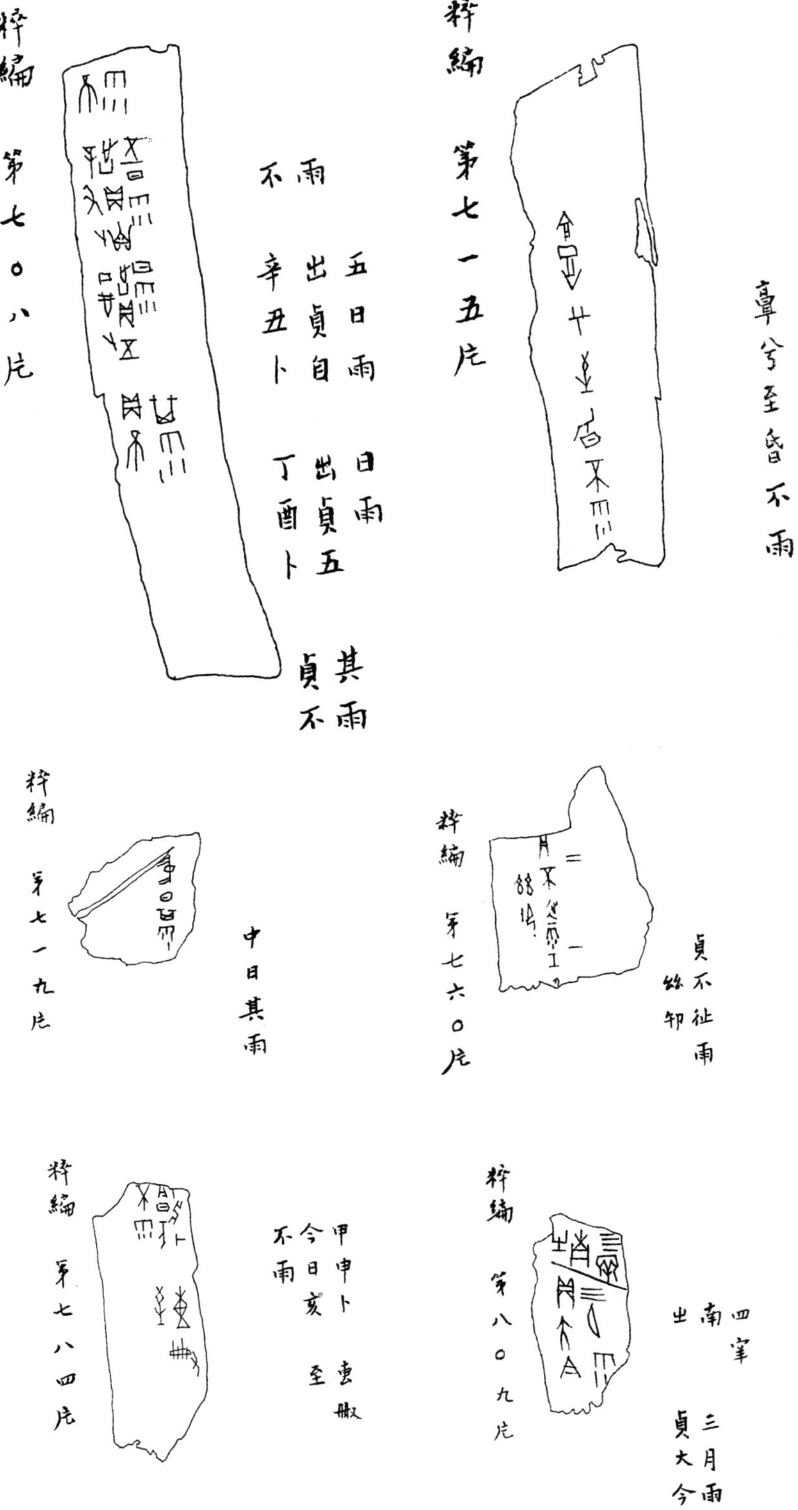

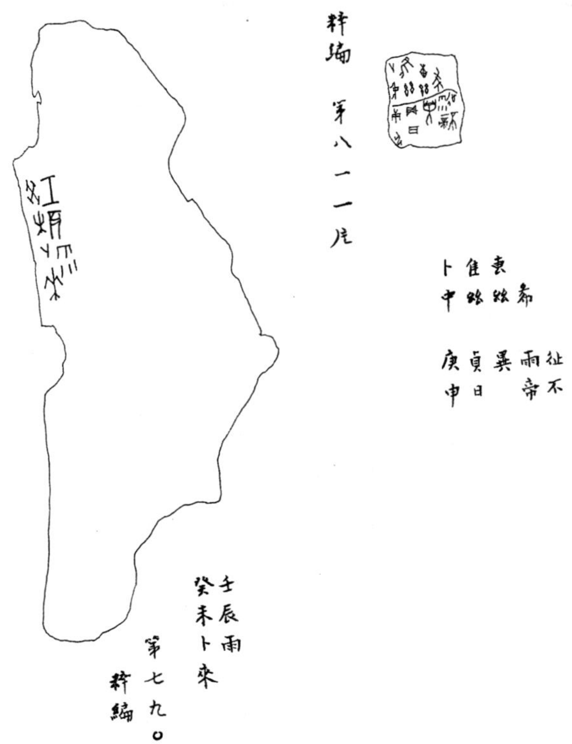
粹編第八一一片
粹編第七九〇

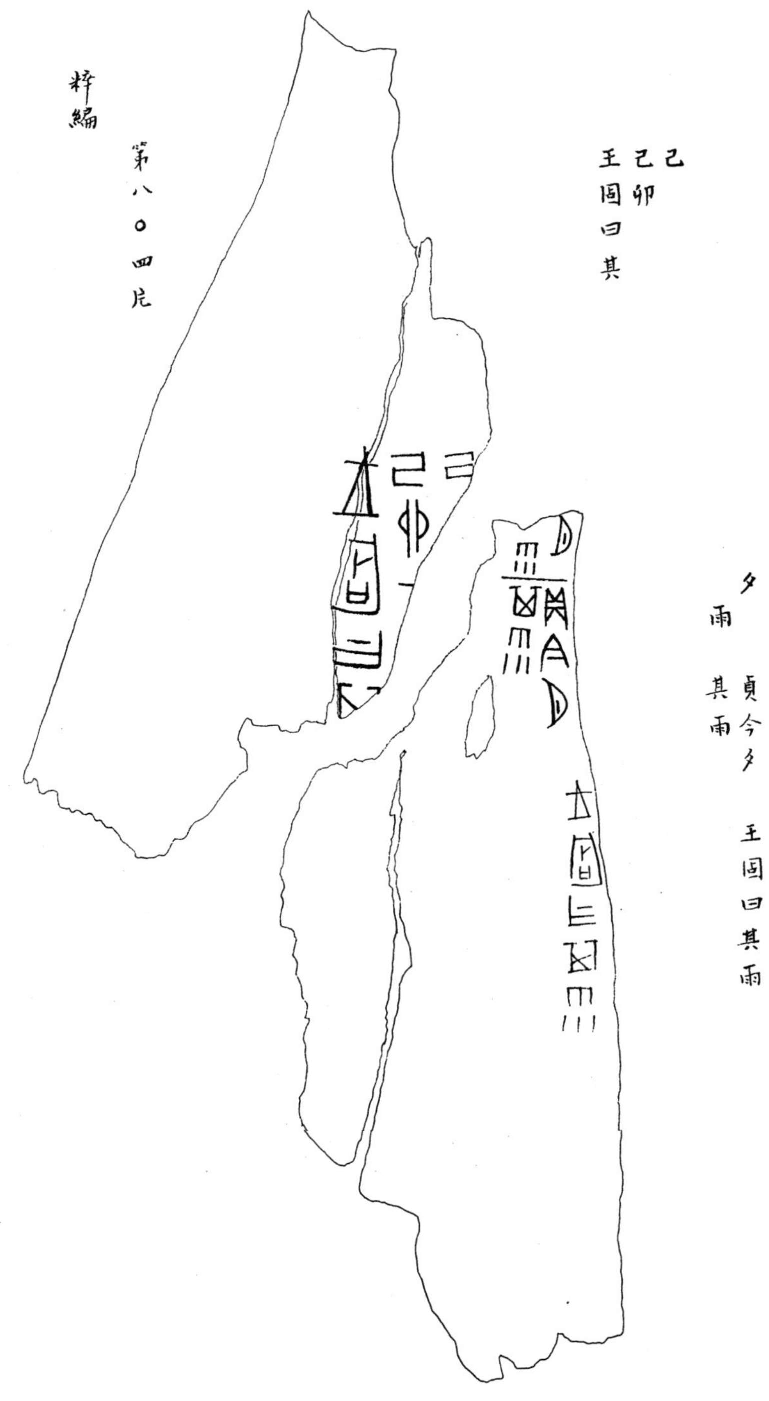

粹編
第八〇四片
己
己卯
王固曰其
夕
雨
貞今夕
其雨
王固曰其雨

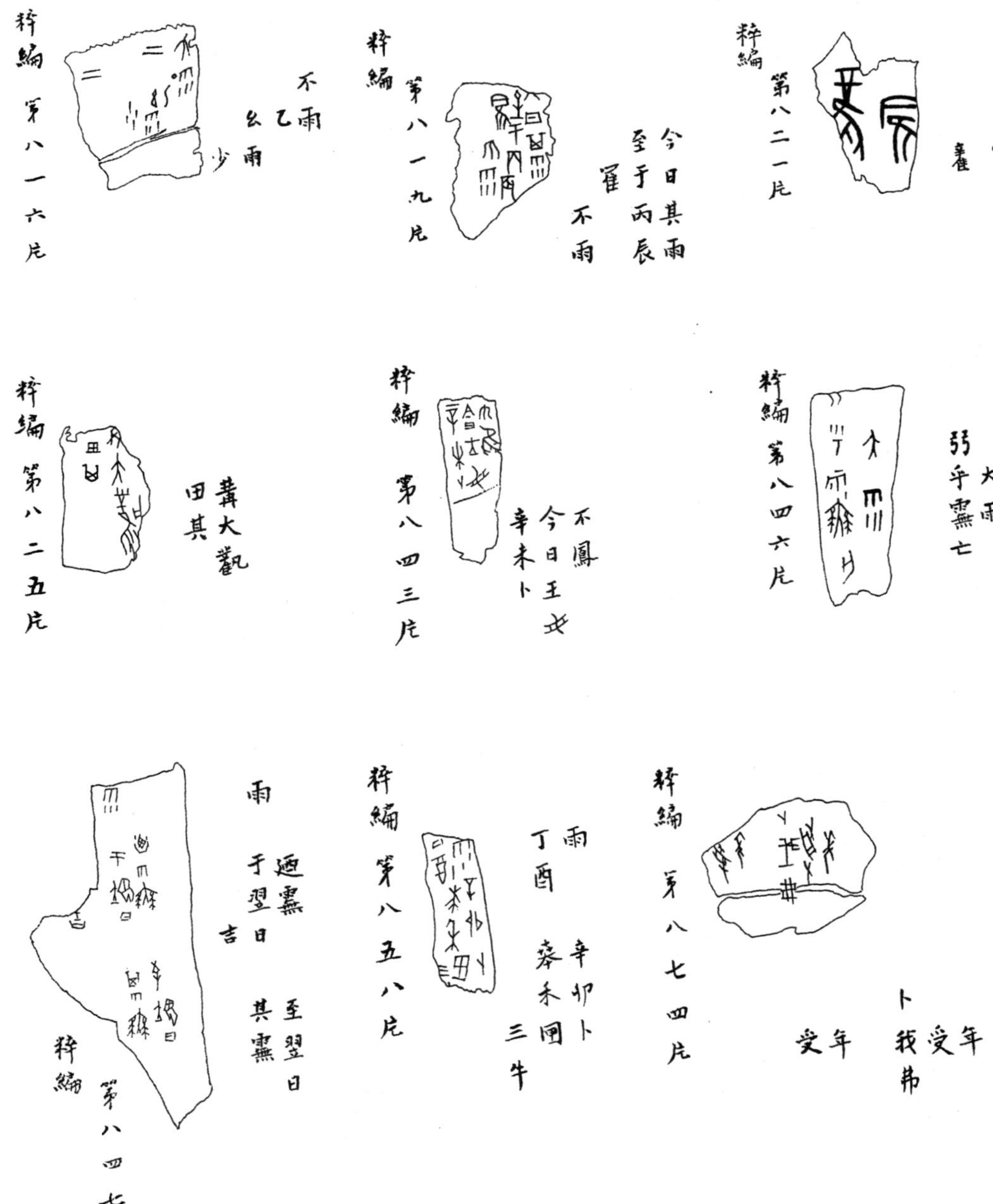
粹編第八一六片
不雨
乙
幺雨
少
粹編第八一九片
今日其雨
至于丙辰
翟
不雨
粹編第八二一片
翟
雚
粹編第八二五片
冓大觀
田其
粹編第八四三片
不鳳
今日王戈
辛未卜
粹編第八四六片
大雨
弜乎雩亡
粹編第八四七片
雨
迺雩
于翌日
吉
至翌日
其雩
粹編第八五八片
雨
丁酉
辛卯卜
奉禾囲
三牛
粹編第八七四片
卜
年受
我弗
年受

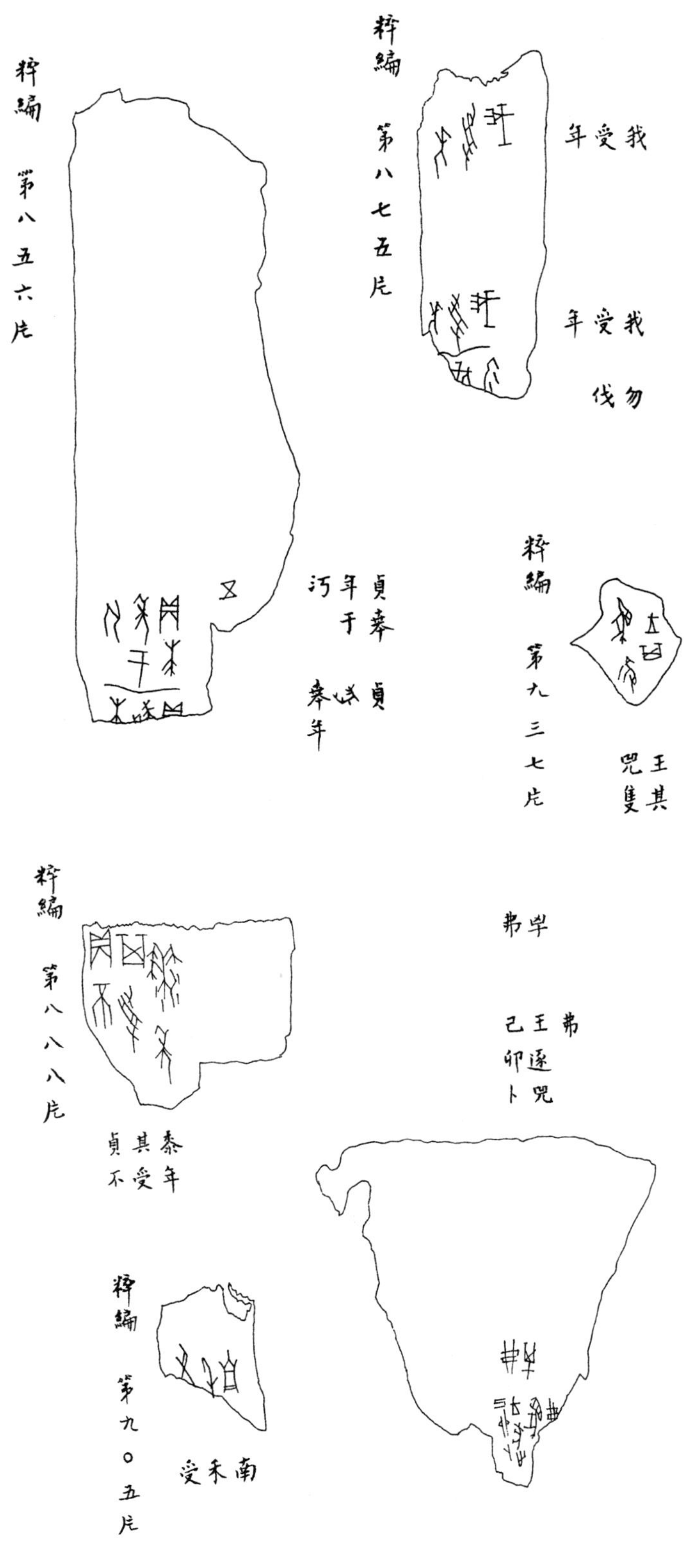
粹編 第八五六片
貞奉年于
河
貞奉年
粹編 第八七五片
我受年
我受年
勿伐
粹編 第九三七片
王其隻兕
粹編 第八八八片
黍年其受不貞
粹編 第九〇五片
南禾受
弗學
弗王逐兕己卯卜

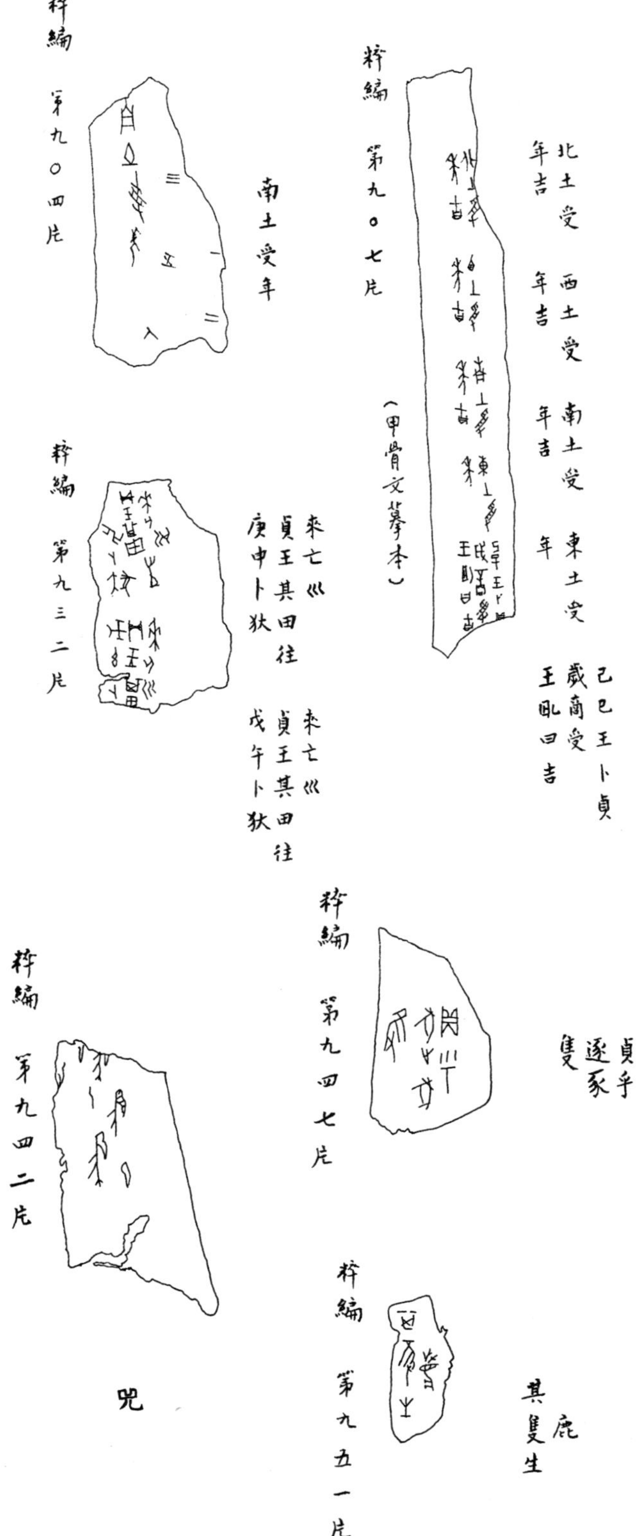
粹編第九〇四片
南土受年
粹編第九〇七片
（甲骨文摹本）
北土受
年吉
西土受
年吉
南土受
年吉
東土受
年
己巳王卜貞
歲商受
王占曰吉
粹編第九三二片
來亡巛
貞王其田往
庚申卜狄
來亡巛
貞王其田往
戊午卜狄
粹編第九四七片
貞乎
逐豕
隻
粹編第九四二片
兇
粹編第九五一片
鹿
其
隻生

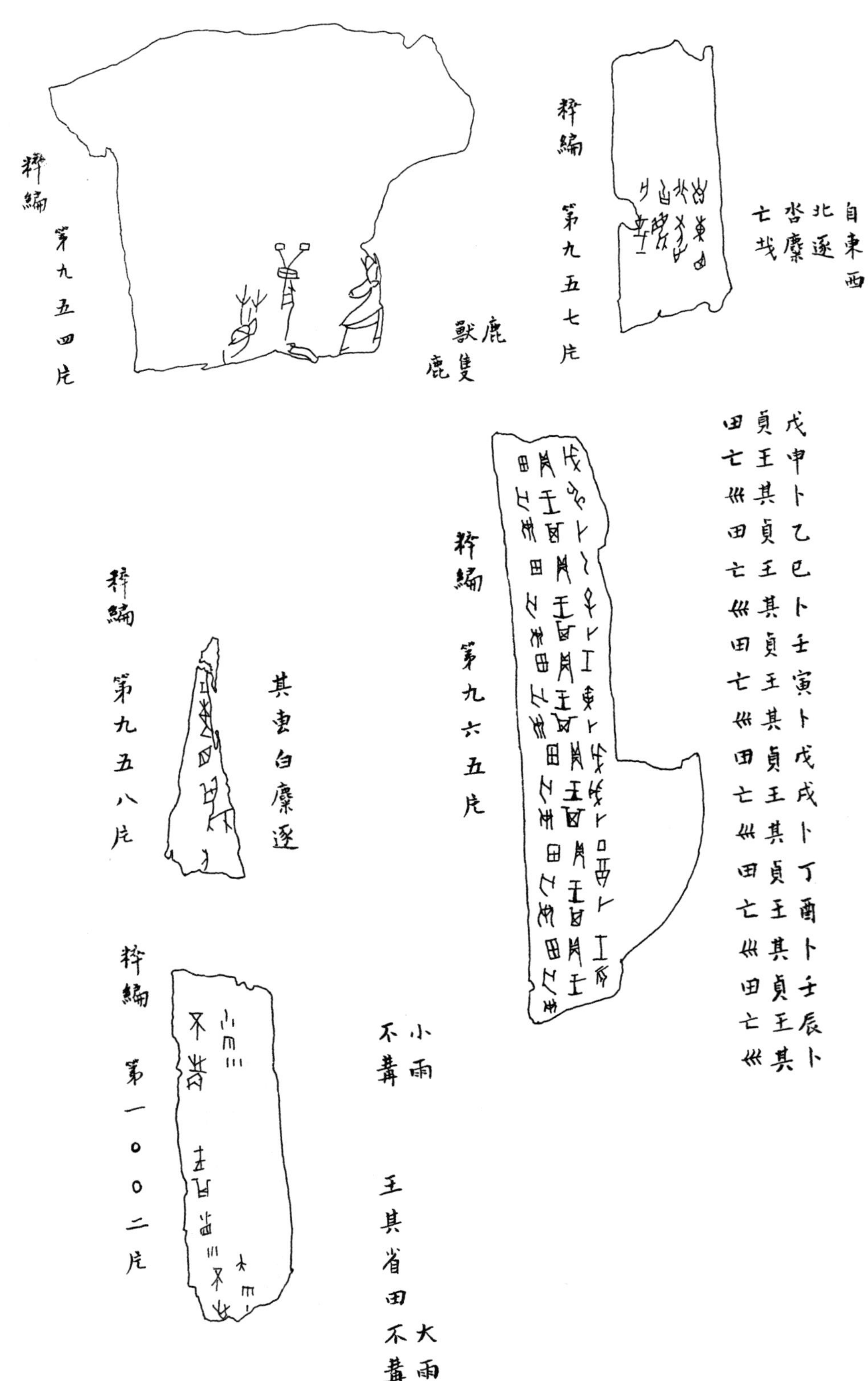
粹編第九五四片
鹿隻
獸鹿
粹編第九五七片
自東西
北逐
沓麋
亡戈
粹編第九六五片
戊申卜乙巳卜壬寅卜戊戌卜丁酉卜壬辰卜
貞王其貞王其貞王其貞王其貞王其貞王其
田亡巛田亡巛田亡巛田亡巛田亡巛田亡巛
粹編第九五八片
其叀白麋逐
粹編第一〇〇二片
小雨
不冓
王其省田不冓
大雨

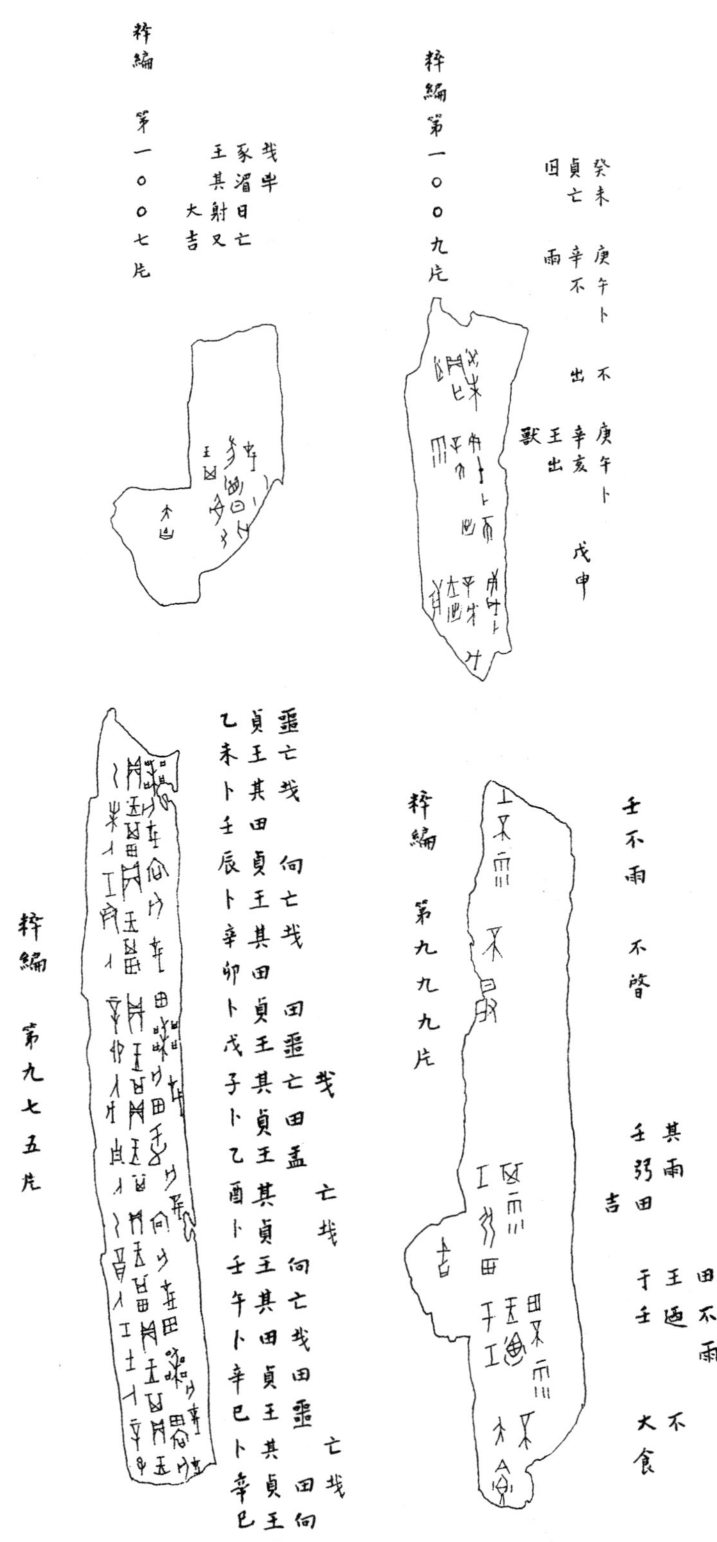

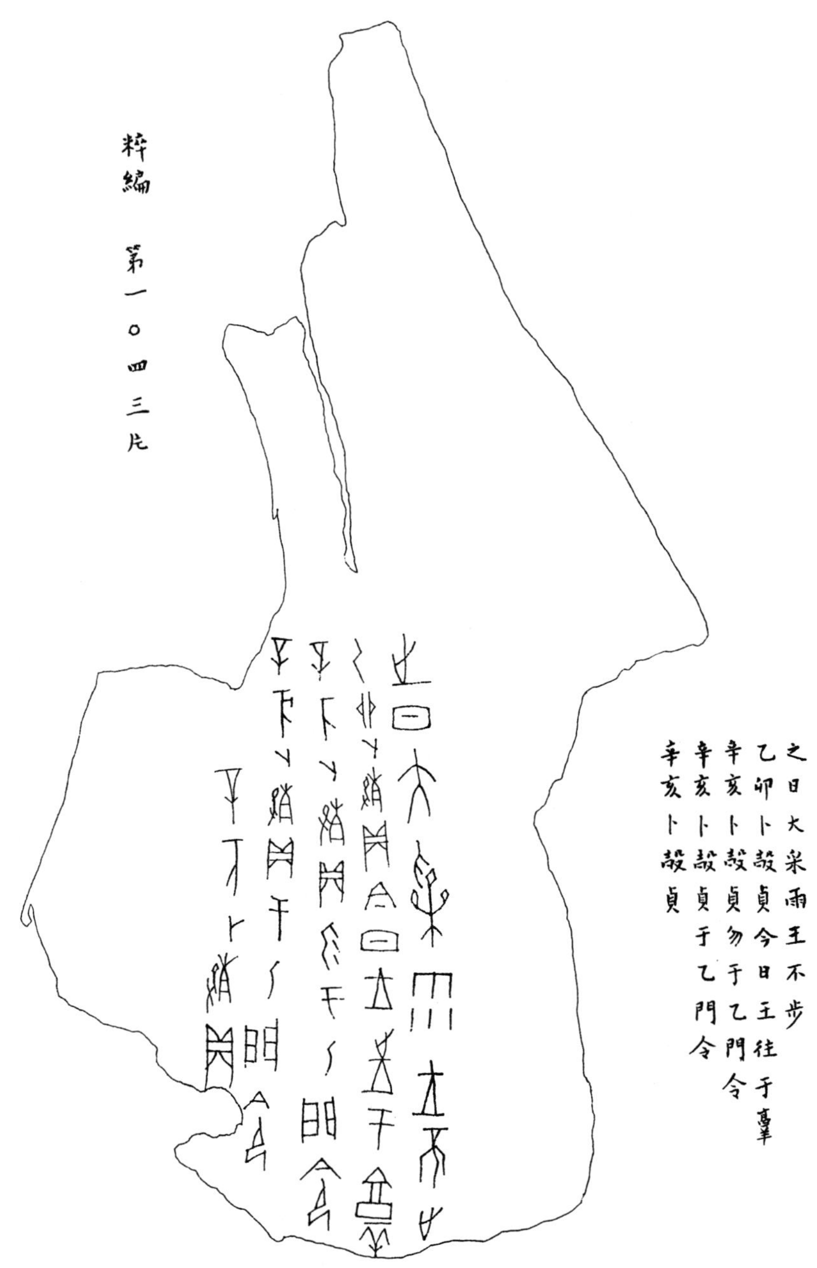
粹編第一〇四三片
之日大采雨王不步
乙卯卜㱿貞今日王往于𦎫
辛亥卜㱿貞勿于乙門令
辛亥卜㱿貞于乙門令
辛亥卜㱿貞

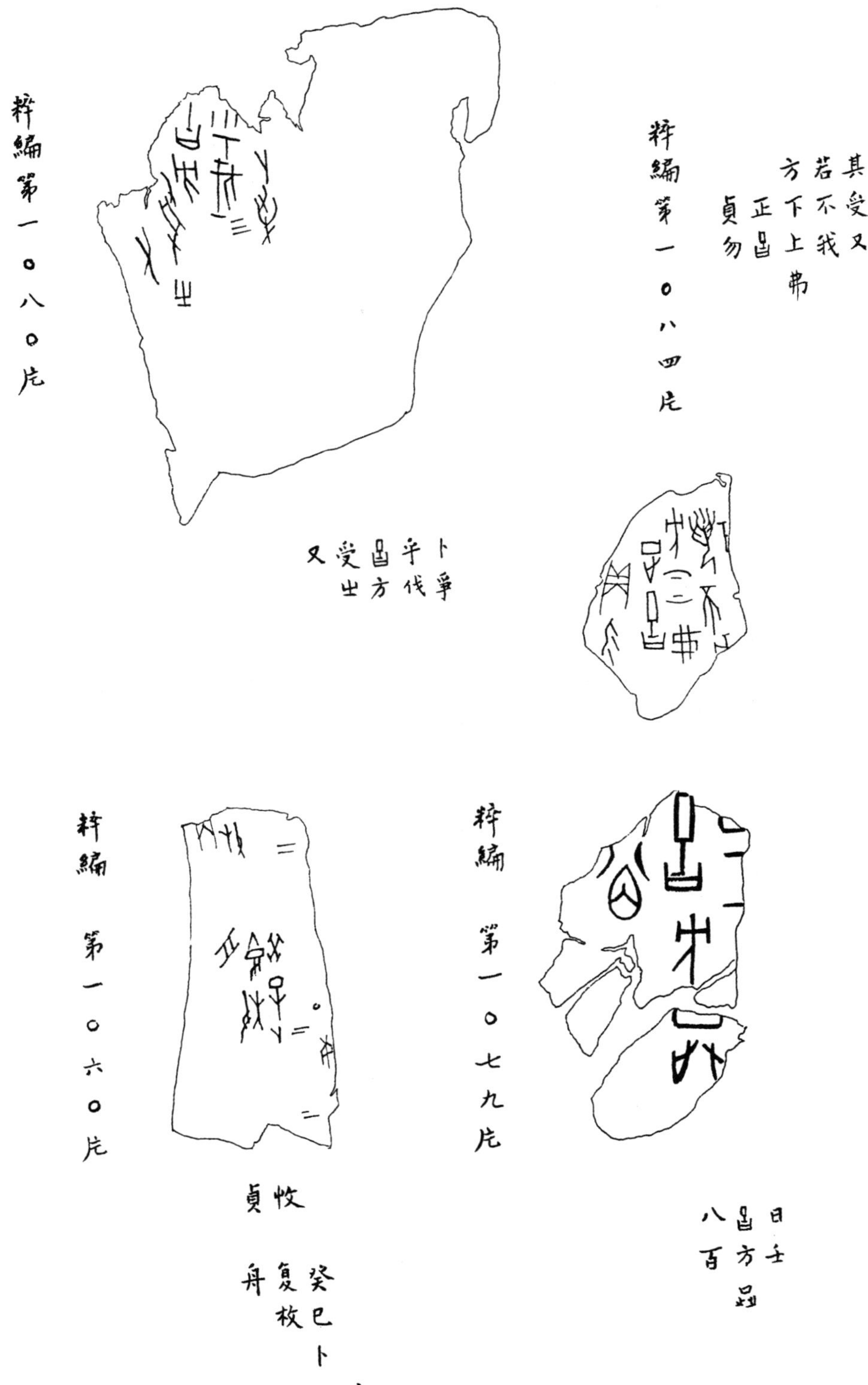
粹編第一〇八〇片
卜爭
乎伐
𢀛方
受㞢
又
粹編第一〇八四片
其受又
若不我
方下上弗
正𢀛
貞勿
粹編第一〇六〇片
庚寅
癸巳卜
牧
复枚
貞
舟
粹編第一〇七九片
日壬
𢀛方品
八百

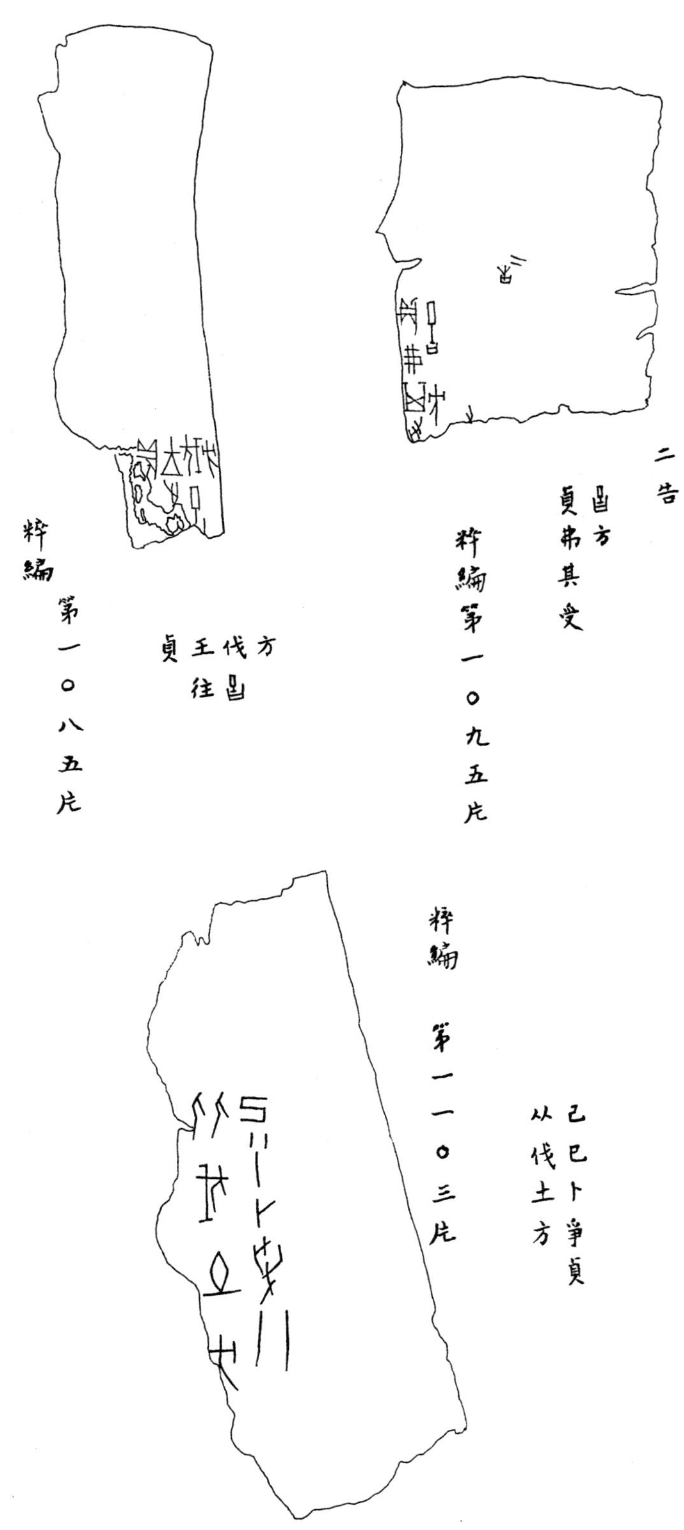
粹編第一〇八五片
方
伐𢀛
王往
貞
二告
𢀛方
貞弗其受
粹編第一〇九五片
粹編第一一〇三片
己巳卜爭貞
从伐土方

受 貞告 受
擊 土方 擊
于圃

粹編第一一〇七片

六
土方正
貞勿隹

粹編第一一〇六片

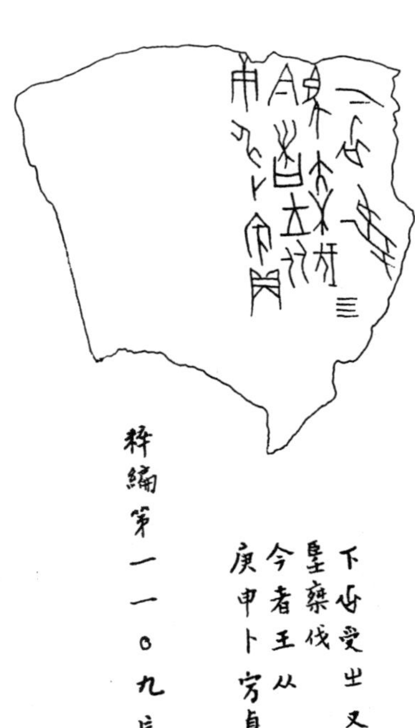

下危受㞢又
𦣠椉伐
今者王从
庚申卜穷貞

粹編第一一〇九片

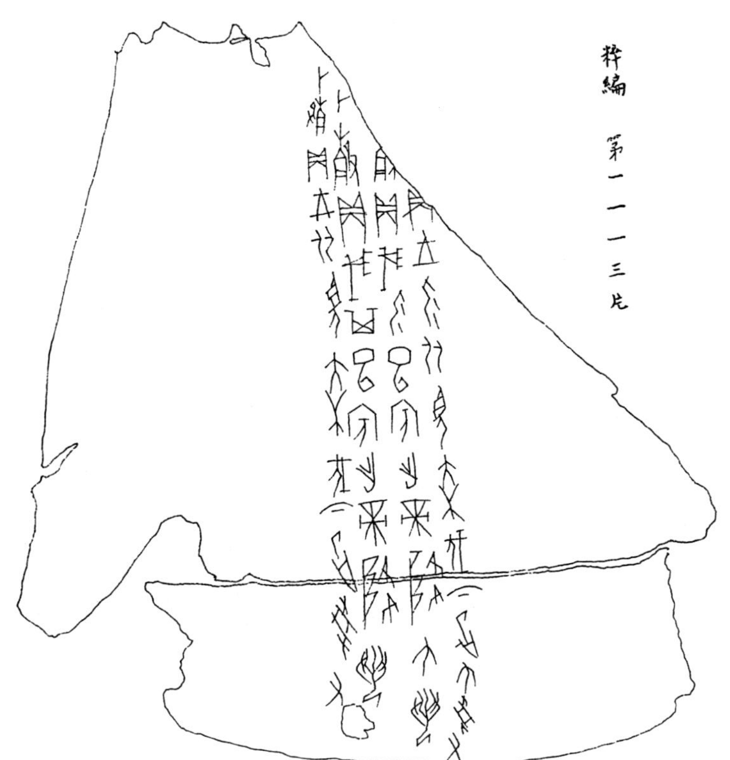

貞王勿从𦣞椉伐下𢀛不受又

㱿貞我勿巳穷乍帝降不若

卜㱿貞我其巳穷畀乍帝降若

卜㱿貞王从𦣞椉伐下𢀛受又

一二三小告
四五小告
壬申卜亘貞其㞢
嗇來
王固曰其㞢來鼓
粹編第一一三〇片

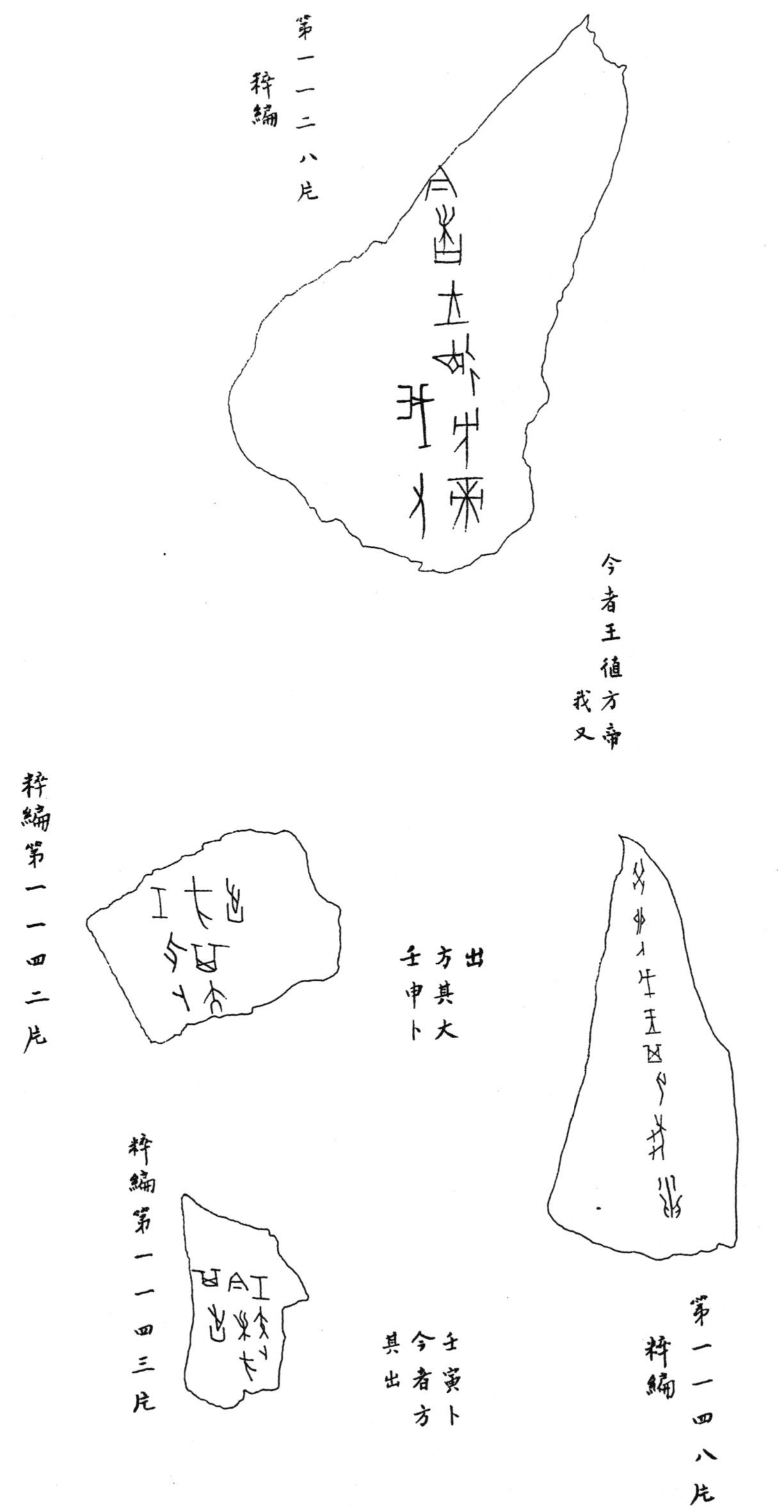
粹編第一一二八片
今者王循方帝
我又
粹編第一一四二片
出
方其大
壬申卜
癸卯卜戍王其人犬𡿧
粹編第一一四八片
粹編第一一四三片
壬寅卜
今者方
其出

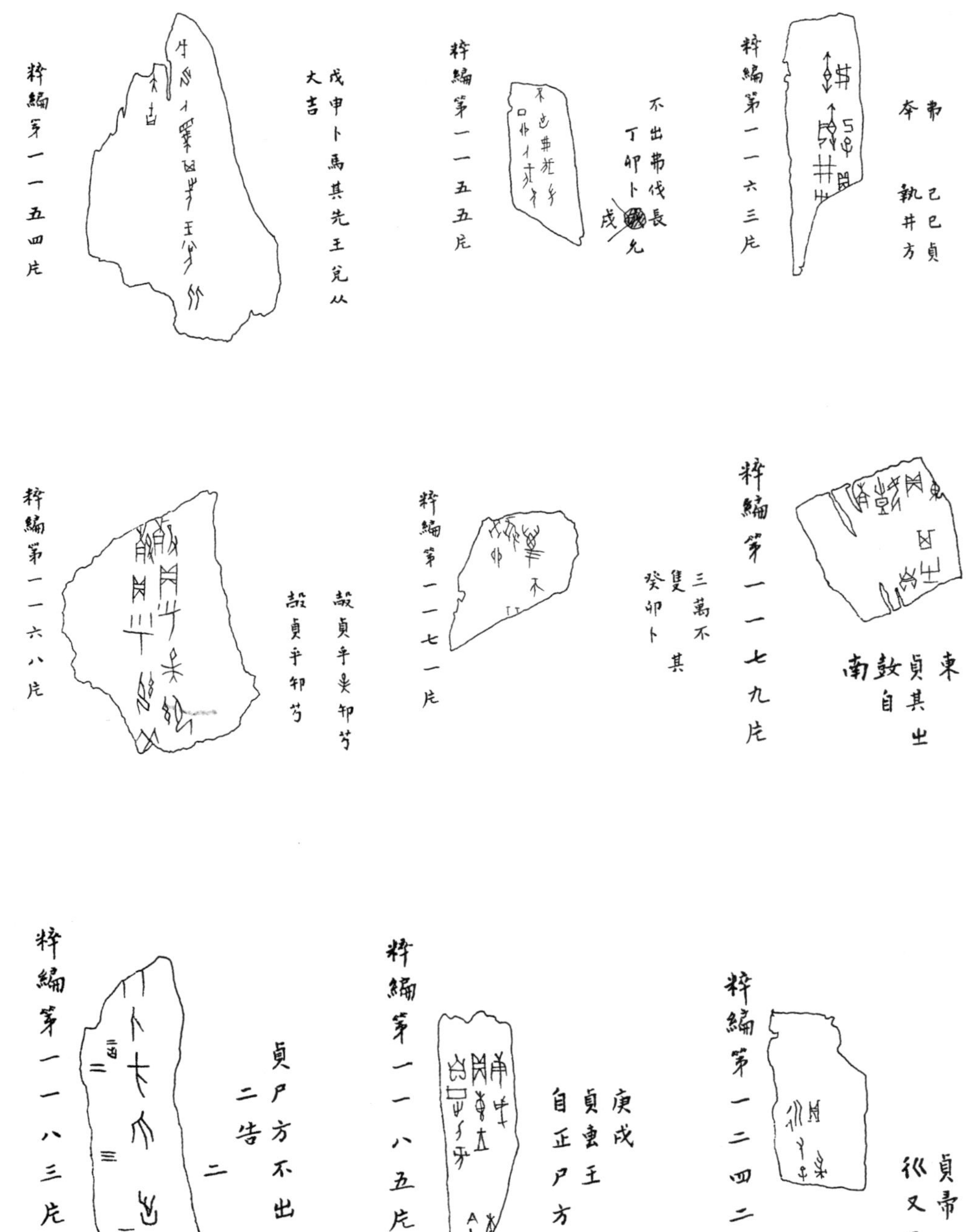
粹編第一一五四片
戊申卜馬其先王兌从
大吉
粹編第一一五五片
粹編第一一六三片
粹編第一一六八片
粹編第一一七一片
粹編第一一七九片
粹編第一一八三片
貞尸方不出
二告
粹編第一一八五片
庚戌
貞叀王
自正尸方
粹編第一二四二片

粹編第一一七二片

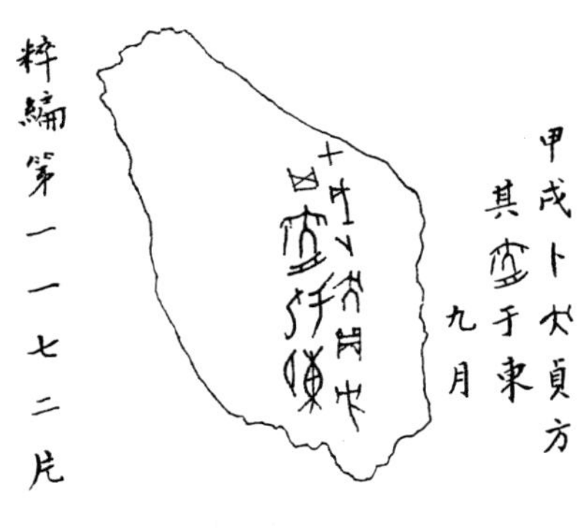

甲戌卜犬貞方
其𡆥于東
九月

粹編第一一七三片

庚亡
𡆥見
乙酉卜王

粹編第一一七七片

十二月王𢦔西帀十月

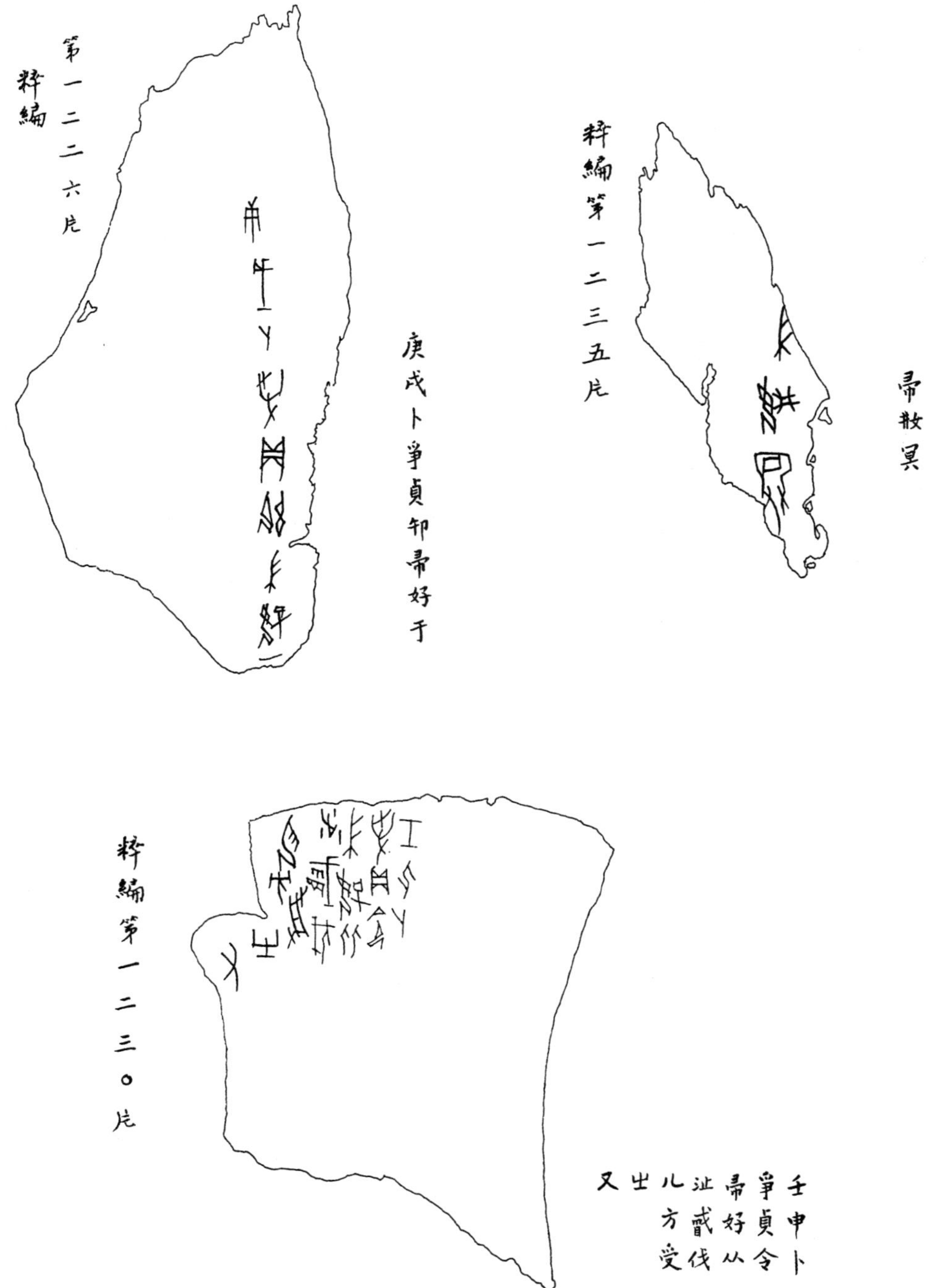

粹編第一二二六片
庚戌卜爭貞钔帚好于
粹編第一二三五片
帚散冥
粹編第一二三〇片
壬申卜爭貞令帚好从沚馘伐儿方受出又

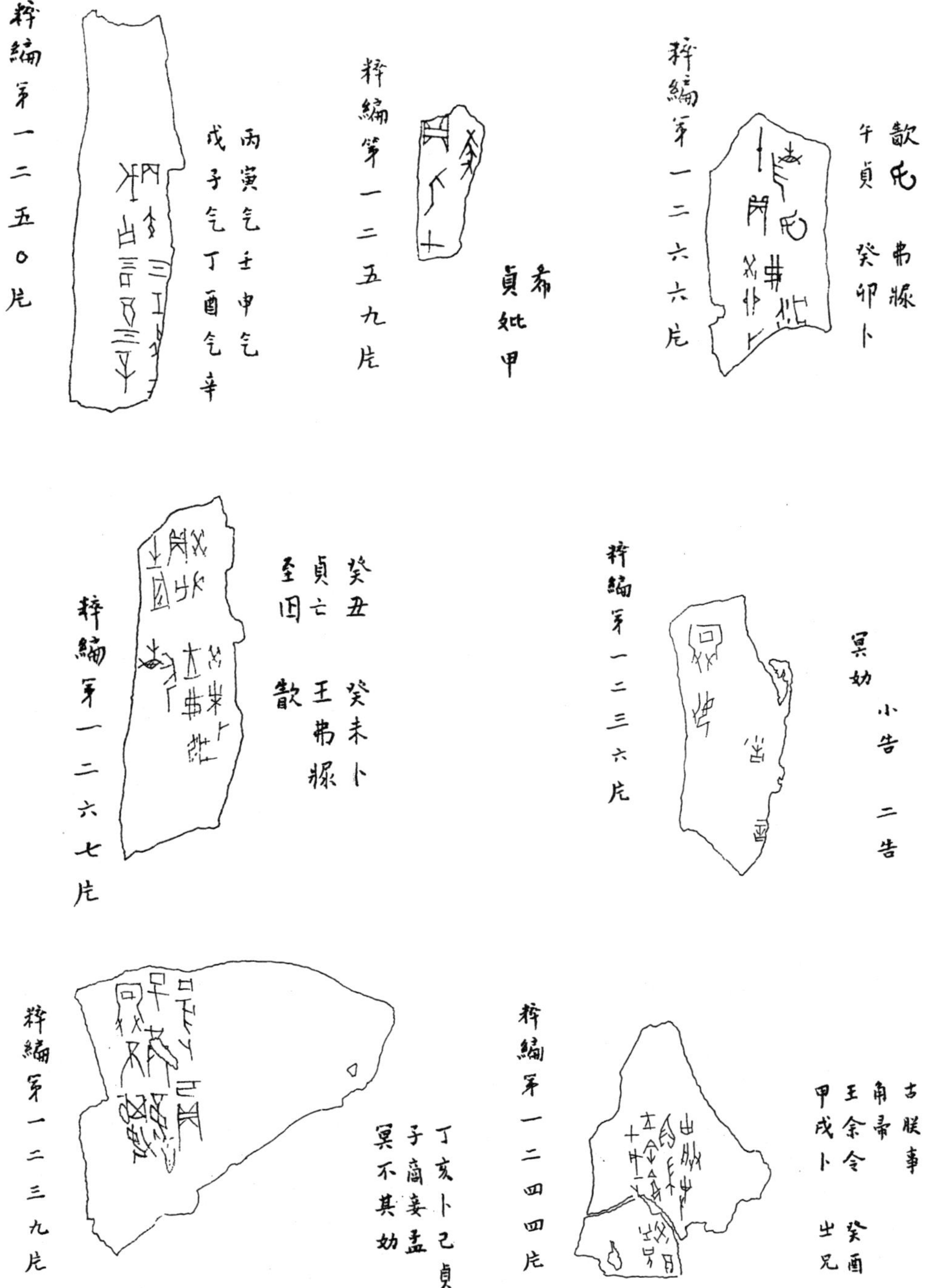
粹編第一二五〇片
丙寅乞壬申乞
戊子乞丁酉乞辛
粹編第一二五九片
希
貞妣甲
粹編第一二六六片
歃毛
弗脲
午貞
癸卯卜
粹編第一二六七片
癸丑
貞亡
至囚
癸未卜
王弗脲
歃
粹編第一二三六片
冥妫
小告
二告
粹編第一二三九片
丁亥卜己貞
子商妾盂
冥不其妫
粹編第一二四四片
古朕事
甬帚
王佘令
甲戌卜
癸酉
出兄

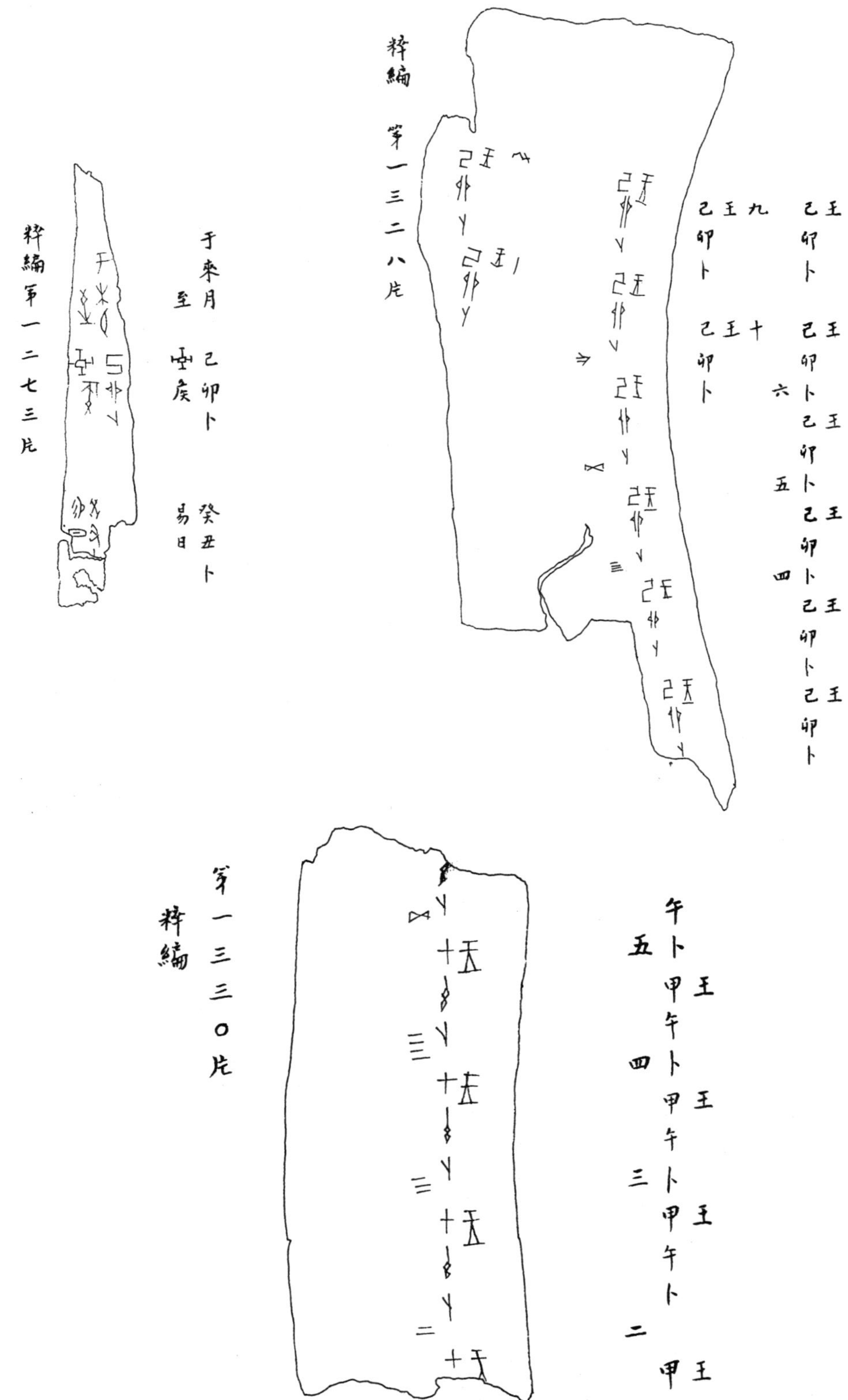
粹編第一三二八片
粹編第一二七三片
粹編第一三三〇片

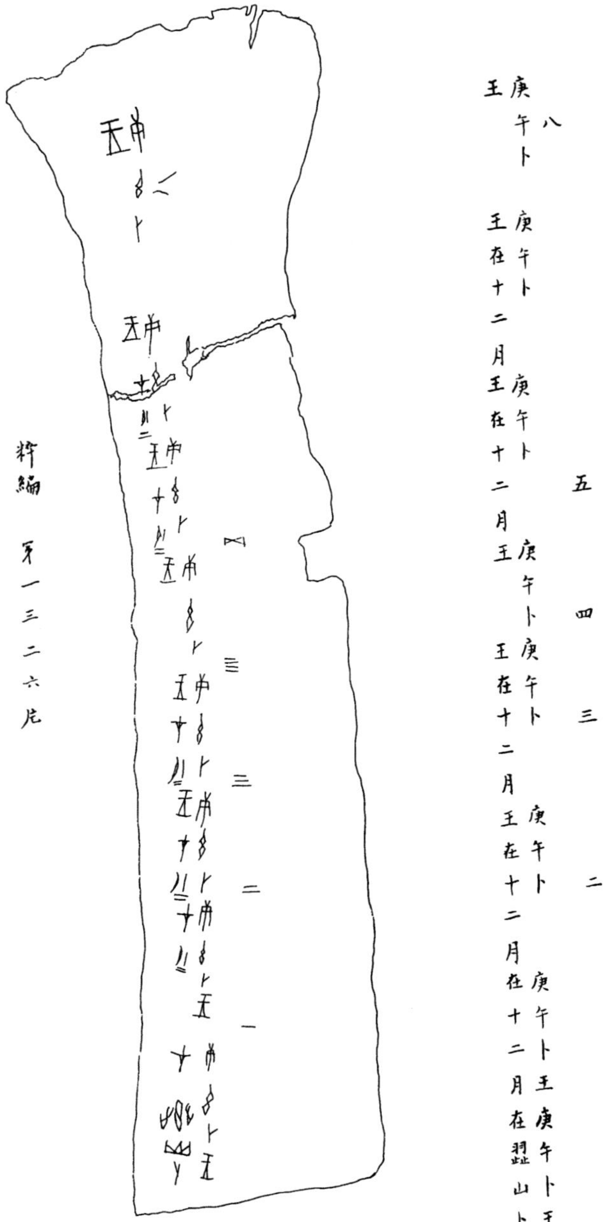
粹編第一三二六片

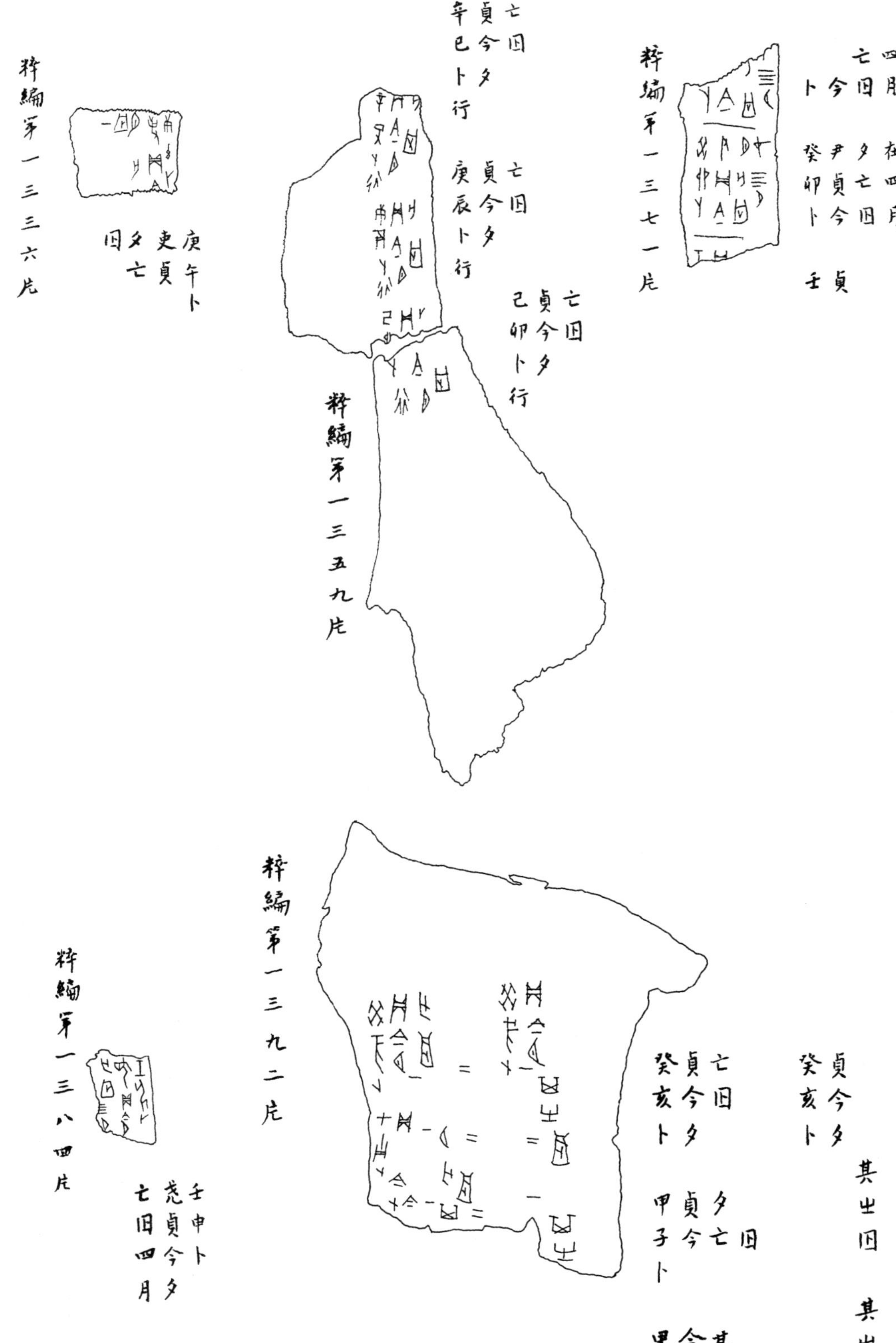
粹編第一三三六片
庚午卜
叀貞
夕亡
𡆥
粹編第一三五九片
亡𡆥
貞今夕
辛巳卜行
亡𡆥
貞今夕
庚辰卜行
亡𡆥
貞今夕
己卯卜行
粹編第一三七一片
四月
亡𡆥
卜今
在四月
夕亡𡆥
尹貞今
癸卯卜
壬貞
粹編第一三八四片
壬申卜
𢦏貞今夕
亡𡆥四月
粹編第一三九二片
亡𡆥
貞今夕
癸亥卜
貞今夕
癸亥卜
夕亡𡆥
貞今
甲子卜
甲今其
其㞢𡆥
其㞢

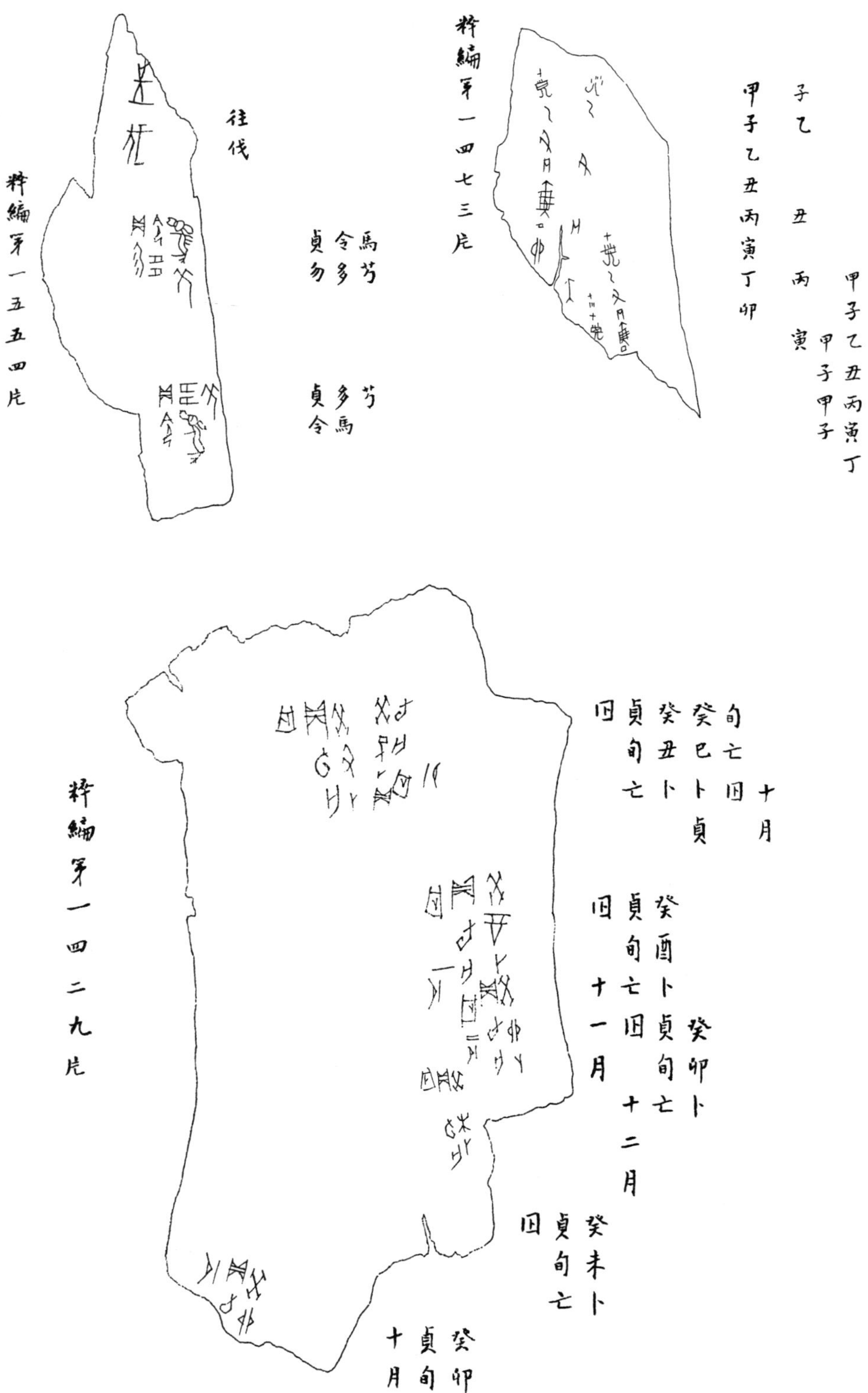

粹編第一五五四片
往伐
馬芍
令多
貞多
芍
多馬
貞令
粹編第一四七三片
子乙
丑
丙
寅
甲子乙丑丙寅丁卯
甲子乙丑丙寅丁
甲子
甲子
粹編第一四二九片
旬亡𡆥
十月
癸巳卜貞
癸丑卜
貞旬亡
𡆥
癸酉卜貞旬亡𡆥
十一月
癸卯卜
貞旬亡
十二月
癸未卜
貞旬亡
𡆥
癸卯
貞旬
十月

粹編第一四六二片

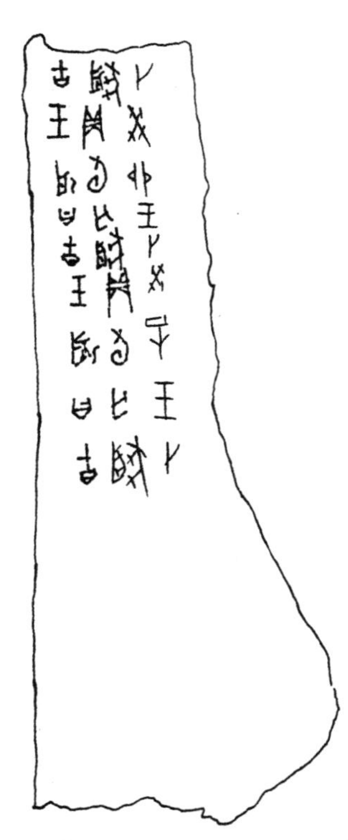

卜畎吉

癸卯王卜
貞旬亡畎
王占曰吉

癸巳王卜
貞旬亡畎
王占曰吉

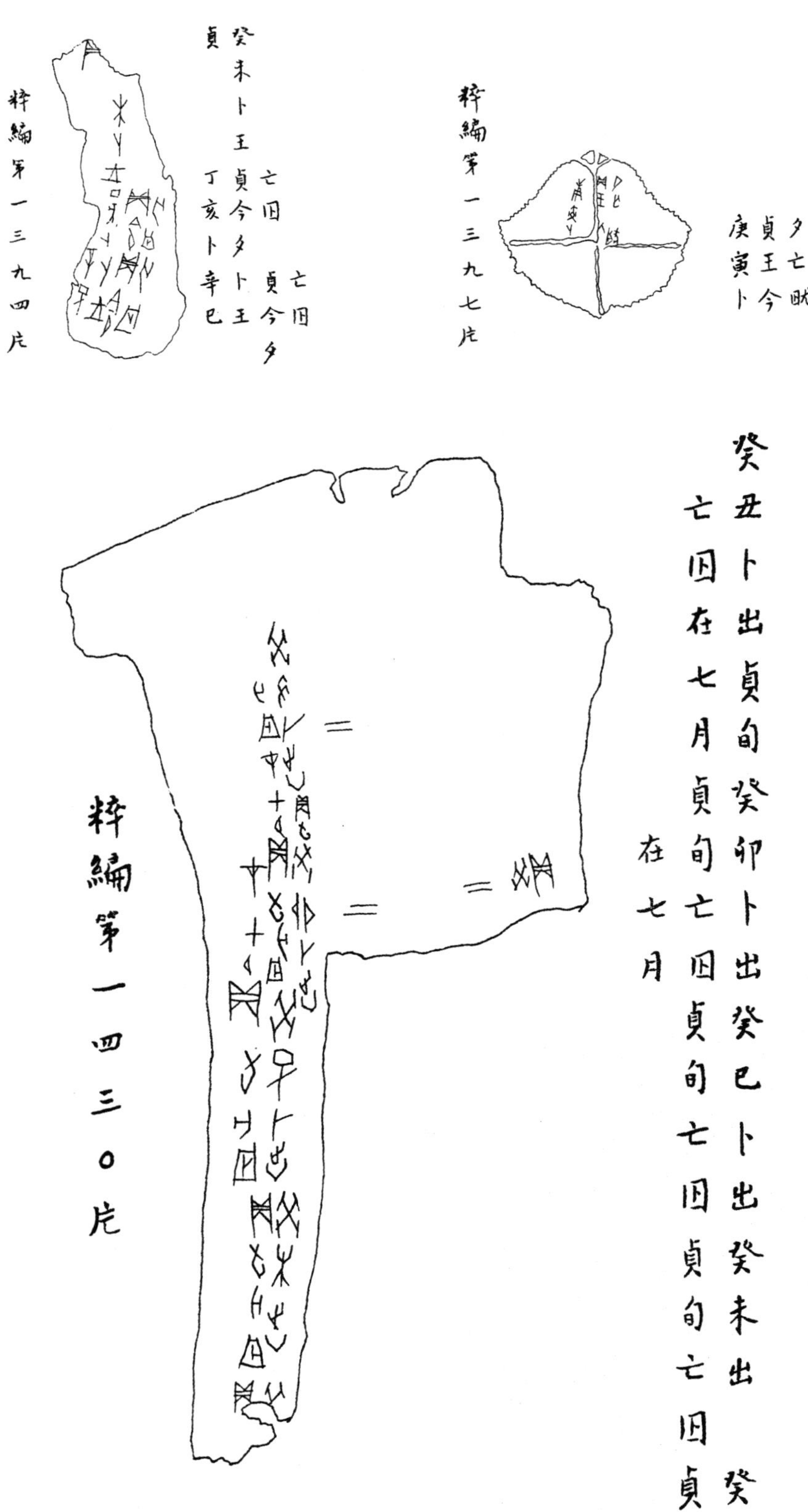

粹編第一三九四片
亡囚
亡囚 貞今夕
癸未卜王貞今夕卜王
貞 丁亥卜辛巳
粹編第一三九七片
夕亡眂
貞王今
庚寅卜
粹編第一四三〇片
癸丑卜出貞旬癸卯卜出癸巳卜出癸未出
癸
亡囚在七月貞旬亡囚貞旬亡囚貞旬亡囚貞
在七月

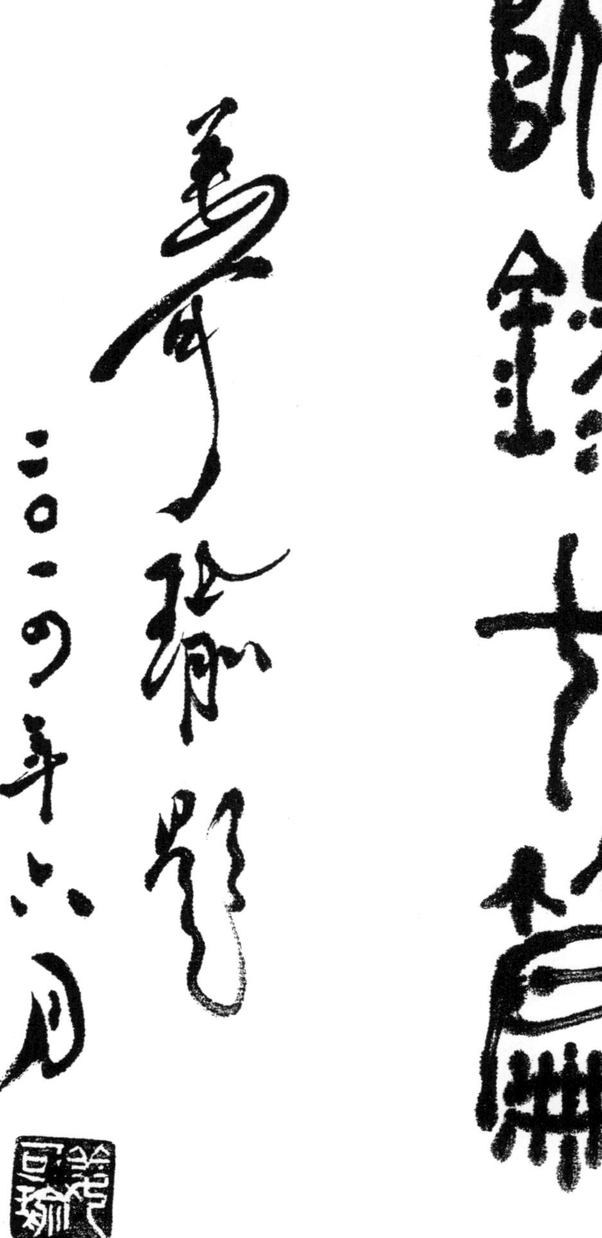

評郭沫若對“妣”字的解釋

姜可瑜

編者按：郭沫若於1929年寫了《釋祖妣》一文，説：

然則祖妣之朔爲何耶？曰祖妣者牡牝之初字也，卜辭牡牝字無定形，牛羊犬豕馬鹿均隨類賦形，而不能從牛作，其字之存者今表判之如次：

牡	牝	
	[illegible]	馬
[illegible]	[illegible]	牛
[illegible]	[illegible]	羊
	[illegible]	犬
[illegible]	[illegible]	豕
[illegible]		鹿

備考：鹿之牝爲麀，石鼓文丙鼓有此字作麀，亦從匕，乃僅存之古字而卜辭適缺，則所缺乏牡馬，牡犬字亦所應有者矣。

統觀上表所刊均從⊥匕象形。⊥匕爲何？⊥匕即祖妣之省也。

姜可瑜先生在本文中對“妣”字的解釋提出了不同的意見。

郭沫若在1929年所撰《釋祖妣》一文[①]，自發表以來，影響之鉅，猶如風之流行。

郭氏的論斷是：“祖妣者，牝牡之初字也。”

我認爲郭氏的意見只對了一半：對祖字的解釋是對的，對妣（匕）的理解則是錯的。

下面，擬從五個方面來展開我的論點，並希望獲得讀者的批評和指正。

① 該文收入1931年出版之《甲骨文字研究》一書中，1952年重印，仍收有此篇。

文字產生的背景

列寧説："物質生產力的狀况，是一切思想和各種趨向的根源。"[①]這話確有道理。因此，我們在考察人類的活動時，必須深入探究其所以會產生這些活動的原因，才能説明問題。

文字的出現，當然不會是由於某個領導人物偶然心血來潮，而是由於現實的迫切需求。西安半坡文化，可算作我國母系氏族公社鼎盛時期的代表，而它的"文字"却只不過是幾十個極爲簡單的筆畫而已。試看那半坡遺址：在這個大小跟今天的一個普通村莊差不多的居民聚居處，人們在與嚴酷的自然界進行鬥争時所使用的工具，僅只是陶刀、陶紡輪、石刀、石斧、石鋤、石鏟、石制磨器，以及較前進步了的幾件複合式工具如弓箭等而已。那些半地下室式和木架式的或圓或方的住房，一座群體活動的"大廳"，不算很大的陶窑，離住處不遠的公共墓地，以及也應分佈於就近的刀耕火種式的原始農業——這一切，幾乎就構成了半坡物質文明的全部内容。這種極爲簡陋的生產條件和生活條件，只能產生那極爲簡單的"思想動機"。所以，其所以會產生這種"半坡文字"——確切地説，與其稱作文字，倒不如説是一些標誌——就毫不足怪了。所以説，古文字往往也是珍貴的歷史，它往往可以形象地反映出社會生活之某一側面。

郭氏誤解殷周史實引致錯誤

郭氏認爲："母權與父權的交替即當在殷周之際。"這實是當時郭氏對殷周史的一種誤解。因此，他把妣（匕）字與母權之崇拜聯繫起來，得出了與歷史真實相左的結論。

現在，我們已可確知，中國歷史上的母權與父權之交替，遠在四千多年前的父系氏族公社時期即已開始，這一過程在殷商王朝建立之時早已完成。確鑿的地下考古資料告訴我們：代表這一時期文化特徵的、分布在黄河中下游廣大地區的龍山文化，是我國新石器晚期的一種文化遺存，是先於小屯文化（即殷文化）並與其有着密切關係的原始文化。[②]在龍山文化遺址裏，以及在同處於黄河流域的、被稱作"甘肅龍山文化"的齊家文化遺址裏[③]，由泥土燒成的陶祖（且）和雕刻的石祖（且），有頗多的發現。這些男性生殖器官的造像，表明了當時婦女地位之低微，爲祈求獲得生育能力而對男性生殖器官之崇拜。但却没有發現表示女性崇拜之生殖器官造像。可見，在我國的這個社會階段裏，並不存在着對母權之崇拜，而只通行着對"新權貴"——父權之崇拜。所以，郭氏此説，於實物——堅確的地下資料——爲失據，自然是不能成立的了。

從甲骨文看妣（匕）的形態

現存的大量的甲骨文字資料可向我們表明：殷商社會本身是一個男女地位不平等的社會，只通行着對男性之崇拜和對女性之貶抑。這裏不妨列舉幾個例子。

---

① 列寧：《卡爾·馬克思》。

② 尹達先生曾一再論述龍山文化與小屯文化之密切關係，見其所著《新石器時代》1978年第2版。

③ 夏鼐先生主此説，見其所著《碳—14測定年代和中國史前考古學》，收入《考古》1977年第4期。

（一）從王位繼承來看，殷商的男系家族嫡系制，顯然已經確立。郭沫若考察了先妣特祭這一現象之後，在《卜辭通纂·序》中説："殷代祀典雖先妣特祭……然僅祭其所出之妣，於非所自出之妣則不及，是其父權系統，固確已成立矣。"這一論斷，是無可移易的。

（二）雖然在祭祀時有"祭母"、"祭妣"、"祭高妣"、"告卜於母妣"等内容，但這並不能表明女性在家庭内地位之平等或崇高，而是"妻以夫貴"的一種表現。因爲，如妣甲、妣乙、妣庚、妣癸等之得受歆享只是由於她們具有祖丁配偶之身份。同樣，妣戊、妣辛等之得祀是由於武丁，妣庚等之得祀乃由於祖辛。

（三）商王是實行多妻制的，據顧頡剛先生考證，第廿三帝武丁的夫人竟然有五十八個之多，這當然不可能有什麼男女平等可言[①]。

（四）卜冥（娩）之辭頗不乏見重男輕女的思想意識，如下一則：

王固曰：其隹戊冥（娩），不（妫，隹）女。（山東大學歷史系藏片）

（五）跟女性有關的一批字，如女、娶、婦、妾、母等，均作長跪屈曲或跪坐之形：

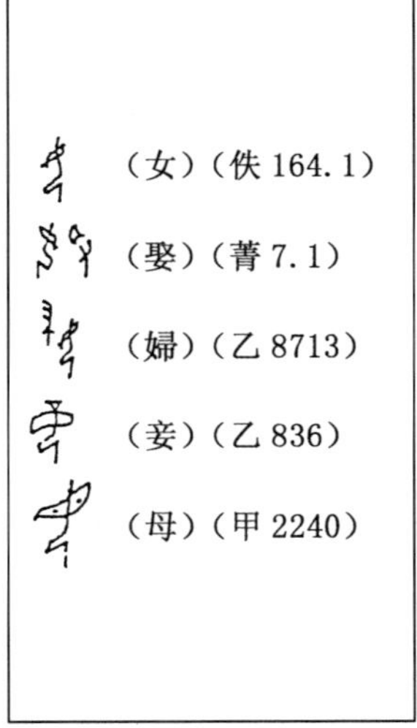

甲骨文"匕"與"人"比較

妣（匕）在甲骨文中基本有兩種形態。其一，與一般的"人"字相同。現對照如下：

① 顧頡剛：《周室的封建及其屬邦》，見 1947 年 6 月香港版《文史雜誌》第 1 卷，第 6 期。

匕：	人：
（甲 460）	（前 2.15.3）
（甲 2647）	（林 1.9.12）
（佚 76）	（戩 41.6）
	（甲 854）
	（甲 2940）
（鐵 199.1）	（燕 4）
（乙 3729）	
（福 4）	
（卜辭通纂别録，日本田中氏所藏甲骨第十二片）	

其二，與一般的“人”字稍异，呈躺卧屈肢之形：

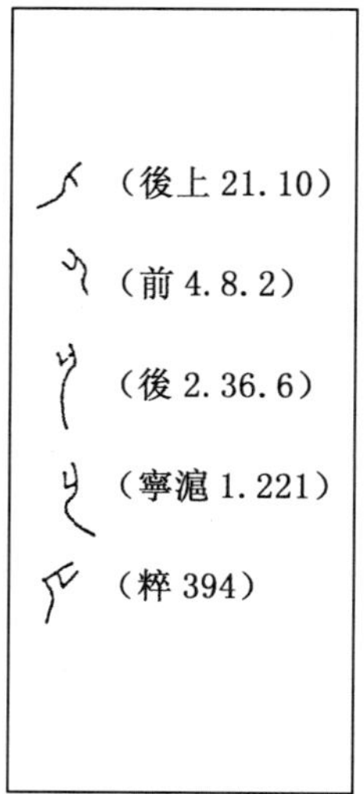

這種形狀像什麽？一方面是人，另外又不是一般的人。我認爲這恰像那父權制時代夫妻合葬墓中女子依附於男子、側身拱向男子的屈曲的身形，亦即《説文解字》所説“妣，殁母也”的葬姿的輪廓。請看圖一、圖二兩幀照片及其説明。

我認爲，人們把生前既已降爲男子附庸、死後仍須作爲附庸的“殁母”的輪廓勾勒出來，這正是妣（匕）的字形的根據。同時，這也正是它的意義之所在：那死去的祖（且）是統治者和主人，而跟這祖（且）結爲配偶的妣（匕），死後雖然同居一抔黄土之中，但她仍然是他的附屬物和私有品，她的價值仍是依賴於祖（且）的。

至於前面提到的那種跟“人”字寫法相同的妣（匕），應是這種較正規的妣（匕）字的省略。

結論:妣(匕)字形即為“殁母”

妣(匕)字字形即是“殁母”之形,已如上述。但商代這種屈曲四肢的身形和跪姿,並不是只施之於女性或只形之於與女性有關的一批字如“娶”、“妾”、“婦”等,而應是商人的一種更廣泛的觀念的體現,即:對天或神的祭祀或祈福,奴僕臣妾的事奉長上,都取此姿態。這應是有代表性的卑賤者的形體動作。

圖三、圖四、圖五三幅圖①,可以作爲我的主要論點——妣(匕)是殁母之形——的旁证。

圖三是河南安陽後岡商代後期墓 M16 平面圖及受刖刑的奴隸殉葬者的示意圖。這個墓主人,應是個小奴隸主,其墓底腰坑殉狗一隻,其器物有陶鬲、銅觚、銅爵、銅戈、石飾等,但最引人注意的是這個受過刖刑的殉葬人,他的葬式是側身屈脚並面向主人。

圖四是河南鄭州二里岡商代前期灰坑中的人獸埋葬(CIMI)示意圖。此應爲居住址中的人祭遺迹。把牲畜和奴隸按照一定的迷信儀式埋在一起。請注意:此祭人的四肢屈曲之狀正與妣(匕)相同。

圖五爲山東益都蘇埠屯商代後期甲種 1 式大型墓 M1 奠基坑中殉人。請注意:此殉人爲跪葬式。

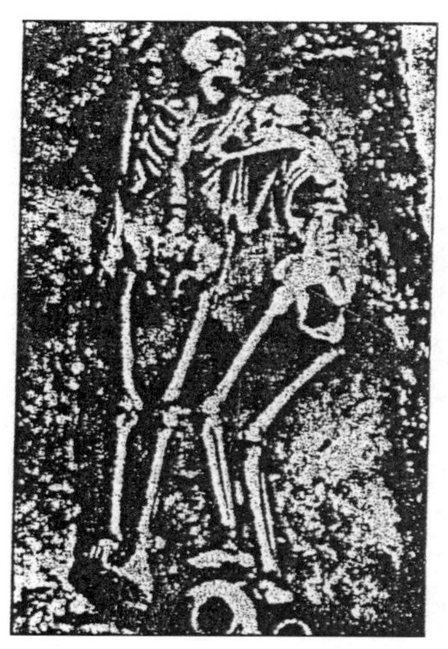

圖一　此為齊家文化的一男一女合葬墓,發現於甘肅省臨夏縣秦魏家。男子仰卧直肢,女子側卧,四肢屈曲伏向男子,呈匕形。一次性埋入。

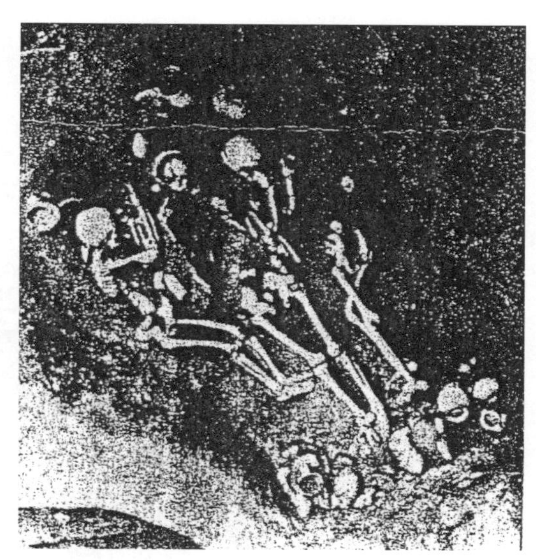

圖二　此為齊家文化罕見的一男二女合葬墓。男子居中仰卧,二女分列兩旁側卧,四肢屈曲面向男子,呈匕和匕形。此墓發現於甘肅省武威縣皇娘娘臺。為一次性埋入。

① 三幅圖像皆取自北大歷史系考古考古室商周組編著之《商周考古》。

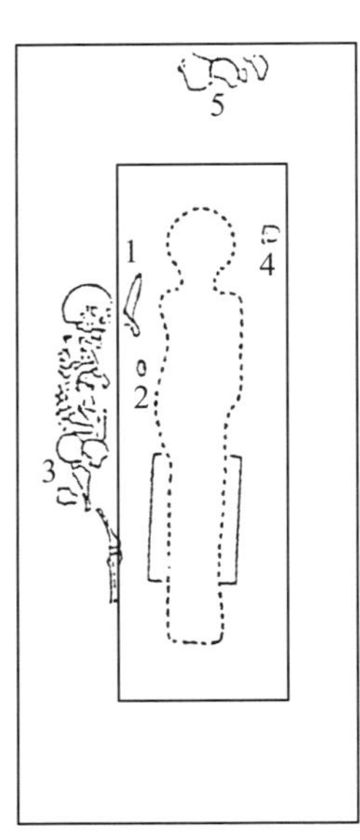

圖三　河南安陽後岡商代後期墓 M16 平面圖及奴隸殉葬示意圖

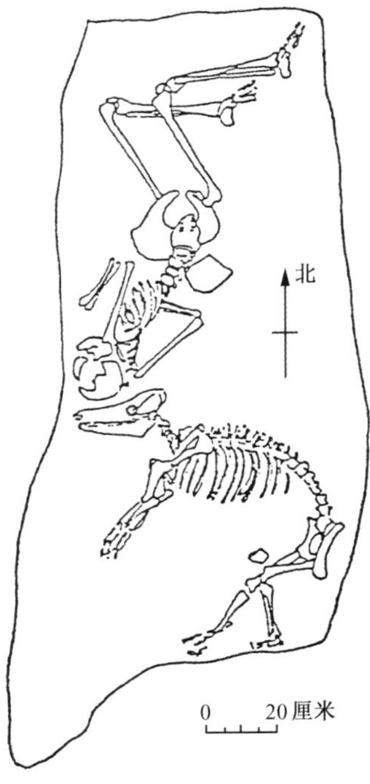

圖四　河南鄭州二里岡商代前期的人獸合葬示意圖

圖五　山東益都蘇埠屯商代後朞墓坑中殉人

（原載《明報月刊》1990 年 12 月號）

利簋銘文“歲貞克聞”解

姜可瑜

利簋銘文　共四行三十二字

器為方座深腹，雙耳有珥，通高二十八厘米，口徑二十二厘米。一九七六年三月，出土于陝西省臨潼縣零口公社。

（姜可瑜摹本）

一九七六年的三月上旬，在陝西省臨潼縣零口公社西段大隊的一處周代遺址裏，發現了一件使文字學界、考古學界、歷史學界都很感興趣的銅器——利簋。一些前輩學者對此發表了很好的意見，並進行了辯難。但值得商榷之處仍復不少。現在，我想就幾個問題提出個人的一些看法，以就正於各位前輩老師和熱心於此道的同志們。

利簋銘文的全部釋文是："珷征商隹甲子朝歲貞克聞夙又商辛未王才𪊨自易又事利金用乍旝公寶隣彝。"

其關鍵詞語爲四個字："歲貞克聞"。

歲貞，即向歲星進行貞問。

于省吾先生認爲：歲，指一歲言之；歲貞，指貞問一歲之大事爲言。① 但我僅同意于老以"歲貞"是對"歲"進行貞問的這種語法結構的理解，而在詞義的訓釋上，我則認爲貞問的對象是歲星而非年歲。

古人在戰争期間，會按傳統習慣動輒進行占卜的。例如《説苑・奉使》所述：

> 秦楚轂兵。秦王使人使楚。楚王使人戲之曰："子來亦卜之乎？"對曰："然。"、"卜之若何？"對曰："吉。"楚人曰："噫！甚矣，子之國無良龜也！王方殺子以釁鐘，其吉如何？"

而托名太公望、實爲戰國時代作品的《六韜》，則明確地説出姬周伐殷之時曾有過占卜活動：

> 卜戰，龜兆焦；筮，又不吉。

應該説，古人的占卜活動，是源遠流長的。武王伐紂，當然是姬周的頭等大事，這除了需要有多年的物質準備而外，還需要有相當充分的思想醖釀和精神武裝。而這又必然地會求之於卜筮乃至夢幻之幫助。後世典籍所叙述的"朕夢協朕卜，襲于休祥，戎商必克"，（《書・泰誓中》）就是指的這種準備活動。而"癸亥，陳于商郊，俟天休命"（《書・武成》），就更是清晰地畫出了在癸亥——發動進攻的前一天，列好陣勢等待上天降福的真實情景。在"甲子朝"這個開戰的關鍵時刻所進行的貞問，乃是姬周統治集團中的高級决策人物或智囊集團爲了振奮軍心而做的最後一次宣傳鼓動工作。甲子朝，應是武王與紂王决戰的準確時間。既已布陣於癸亥之夜②，而"甲子昧爽，王朝至于商郊牧野乃誓"（《書・牧誓》）③。試想：在這種兩軍對壘、即將擊鼓馳驅的一發千鈞的緊張時刻，不來貞問戰争之成敗，却反而去貞問一歲之中的大事，這不是太有些迂曲和悖於情理了嗎？所以，我認爲，這時只有向關乎戰争勝負和人世吉凶禍福的歲星進行貞問，才有道理；也只有用所謂"得歲"即得到歲星福佑的辦法來鼓舞士氣，才是合乎邏輯和順理成章的。

歲之本義，由字形覘之，應爲戉字。金文之歲作𢦏（見《金文編》第 0166 號《子禾子

---

① 于省吾：《利簋銘文考釋》，《文物》1977 年第 8 期。

② 《國語・周語下》："王以二月癸亥夜陳，未畢而雨。"

③ 《史記・周本紀》的記載，幾乎與此全同，顯系沿襲《牧誓》。其他古籍，也有指明爲"甲子朝"且可與《利簋》互相印证者，如《書・武成》"甲子昧爽，受率其旅若林，會於牧野"。《逸周書・世俘解》："越五日甲子，朝至，接於商，則咸劉商王紂、執矢惡臣百人。"

釜》)[①],甲文之歲作等形(見《甲骨文編》第 0161 號所收)。歲之字形,可能由持斧割禾之動作而來(兩脚一先一後,兩點亦可視爲兩足形之省略)。禾之收穫有定時,而木星的運行規律是每年移動一次,十二次一周天(這是約數,實際的木星週期是 11.8622 年),故名木星爲歲星。而歲本爲殺伐之器,古人敬畏天象,遂以歲星之運行及其所處星次爲關乎人世之生殺成敗和吉凶禍福。甲骨文中不僅有祭祀歲星之記録,且歲字亦常用爲殺牲之一法。這雖然都是古人的迷信活動,但也可見古人對歲星之尊崇及敬畏之心理。

較早之典籍,如《荀子》、《左傳》、《國語》、《爾雅》、《史記》、《淮南子》、《漢書》等[②],都不乏對歲星或太歲[③]的活動的記載和描繪。國祚存亡、軍事勝敗,乃至水旱豐歉,都跟這些星體的明暗浮沉和運行軌迹息息相關。而《左》、《國》兩書,尚保存着有年可考之歲星紀年[④]。如:

君之行也,歲在大火。(《國語·晉語四》。按:其時相當於公元前 685 年。)

吴伐越。史墨曰:"越得歲,而吴伐之,必受其凶。"(《左傳·昭公三十二年》。按:其時爲公元前 510 年。)

直接提到武王伐紂與歲星的關聯的典籍,較早的見《國語·周語下》:

昔武王伐殷,歲在鶉火。韋注:"歲,歲星也。鶉火,次名,周分野也。"歲之所在,則我有周之分野也。韋注:"歲星所在,利以伐人。"[⑤]

而與太歲直接聯繫起來的,較早的見於《荀子·儒效篇》[⑥]:

武王之誅紂也,行之日以兵忌,東面而迎太歲。至氾而泛,至懷而壞,至共頭而山隧。霍叔懼曰:"出三日而五災至,無乃不可乎?"周公曰:"刳比干而囚箕子,飛廉、惡來知政,夫又惡有不可焉!"遂選馬而進。朝宿於戚,暮宿於百泉,旦厭於牧之野。鼓之而紂卒易鄉,遂乘殷人而誅紂。

---

① 容庚先生在《甲骨文之發現及其考釋》(1924 年 3 月北大《國學季刊》第 1 卷第 4 期)中説:"子禾子釜字當釋爲歲,卜辭正同。"于省吾先生也同意容老這一觀點,而他在 1979 年出版的《甲骨文字釋林》中,對該字形中兩小點又有新的解釋:"近年來出土之商器斧鉞(例如《古銅器菁華》七册九六頁)屢見,其闊刃處作弧形,有類於近世武術家所用月牙之斧,其上下刃尾卷曲回抱。由是可知,字上下二點,即表示斧刃上下尾端迴曲中之透空處,其無點者,乃省文也。"

② 可參見:《荀子·儒效篇》;《左傳》昭公八年、十一年、三十二年,襄公二十八年、三十年;《國語》周語下、晉語四;《爾雅·釋天》;《史記·天官書》;《淮南子》兵略訓、天文訓;《漢書》律歷志、天文志;《三國志·魏志·文帝紀》注;楊倞注《荀子·儒效篇》引《尸子》。

③ 太歲即所謂"假歲星"。歲星的運行方向是由西而東,所謂十二次一周天。而太歲則假想爲由東而西地運行,與十二辰相符。太歲在《漢書·天文志》裏稱作太歲,在《史記·天官書》叫歲陰,在《淮南子·天文訓》叫太陰。雖然太歲是人們爲了在實際生活中應用的方便而設想出來的假歲星,但它的物質基礎仍然是真歲星。

④ 陳夢家先生在《上古天文材料》(1947 年《學原》第 1 卷第 6 期)中認爲:"歲星紀年只見於左、國,此二書大約爲晚周三晉人所作,因此可以假定歲星紀年法只有一個短期行於三晉,以其與天象不合,遂不再行用。"劉坦先生説:"國語所載武王伐殷之星歲紀年,因武王伐紂之史家紀年並無足征,共是非似難確定。"(見《中國古代之星歲紀年》,科學出版社 1957 年 12 月出版)。又説:"《國語》、《左傳》所載見之歲星星次,本系劉歆僞託。"(同上)我認爲,即使《左傳》、《國語》的歲星記録有爲劉歆所羼入者或竟全部爲劉歆所僞託,也仍有一定的史料價值,並仍可反映出古人對歲星的敬畏和迷信心理。

⑤ 《魏志·文帝紀》注亦有此説:"夫得歲星者道始興。昔武王伐殷,歲在鶉火,有周之分野也。高祖入秦,五星聚東井,有漢之分野也。"

⑥ 楊倞注《荀子·儒效篇》曾引《尸子》之説:"武王伐紂,魚辛諫曰:'歲在北方,不北征。'武王不從。"

又如《淮南子・兵略訓》：

武王伐紂，東面而迎歲。……當戰之時，十日亂於上，風雨擊於中。然而前無蹈難之賞，而後無遁北之刑，白刃不畢拔，而天下得矣。

上面的兩種説法，表面上看是不同的：前一説，吉；後一説，凶。前一説，得歲；後一説，失歲。前一説，得天助；後一説，得人助。但在實質上，二者是相同的，都是肯定了"姬周當興"這個已被歷史證明了的真理，只不過後者對人民群衆的作用有較清醒的認識和表現了作者的進步的歷史觀罷了。[①] 另外，從二説的不一致甚至相反來看，當然也可以這樣判斷：我國星歲紀年的科學水平，在上古時代，仍然處於比較幼稚的階段。[②]

歲貞，不得釋爲歲鼎。

静態地看，鼎跟丁既雙聲又叠韻，"丁，當也"（見《爾雅義疏・釋詁下》），"鼎猶言當也"（《漢書・匡衡傳》服虔注），鼎可借爲當，丁亦可借爲當（均見《説文通訓定聲・鼎部》），這都是釋鼎爲當之证。但問題是在於：在上古漢語中，作"當"解之"鼎"不能作謂語。這不論是"天子春秋鼎盛"（《漢書・賈誼傳》）的鼎，還是"無説詩，匡鼎來"（《漢書・匡衡傳》）的鼎，還是"高門鼎貴"（《吴都賦》）的鼎，都是如此。這就從語法規律上否定了作"歲當"解的"歲鼎"這個句子的合理性。張政烺先生説："歲鼎意謂歲星正當其位，宜於征伐商國。"[③]這種説法，顯然是值得商榷的了。

歲貞，亦不得釋爲越鼎。

因爲：第一，歲雖是斧鉞之形，但作爲詞匯意義的歲字來説，歲不是越。唐蘭先生所説的"凡從金的字，古文字常從〓，所以戉就是鉞字。歲從戉聲（《説文》從戌誤），甲骨常用戉或鉞代表歲字，金文用戉代表越國的越"[④]並進一步釋越爲具有"奪得"的意義。但唐蘭先生並没有舉出什麽具體的例证，這就不足以使人信服。第二，退一步説，即使越鼎之説得以成立，那麽，"越鼎"之後，緊接着就是"克昏"（如唐先生所釋），再緊接着就是"夙有商"。三個相連的詞語都表示同樣一種意思，這種架床叠屋式的"句子"，可以説，簡直不成其爲文辭。第三，鼎，確實是國家重器，《左傳・宣公三年》也確實記有所謂"問鼎"的僭越行爲和"桀有昏德，鼎遷于商……商紂暴虐，鼎遷于周"的話；但把"越鼎"這兩個字，從詞義的訓釋上，當作一個結構較穩固的熟語來理解——"奪得了鼎"，亦即奪取了政權，那同樣也是缺乏根據的。

貞，亦不得釋爲鼎；鼎，更不得釋爲則。

在甲金文中，有些鼎字與貞字同形，或有些貞字與鼎字同形，這是有堅確的證據的。如《[illegible]鼎》的[illegible]（鼎）、《邾伯御戎鼎》的[illegible]（鼎）和《季貞鬲》的[illegible]（貞），如《前編》卷五第三頁的[illegible]

① 《淮南子・兵略訓》對此還有進一步的發揮："紂之卒，百萬之心。武王之卒，三千人皆專而一。故千人同心，則得千人力。萬人异心，則無一人之用。"這種論點，又如《六韜・武韜》所述："文王在岐周，召太公曰：'争權於天下者，何先？'太公曰：'先人。'"

② 參見劉坦：《論星歲紀年》，科學出版社 1955 年版。

③ 張政烺：《利簋釋文》，《考古》1978 年第 1 期。

④ 唐蘭：《西周時代最早的一件銅器利簋銘文解釋》，《文物》1977 年第 8 期。

(鼎)和卷七第三十九頁的𡿺(貞)等都是。王國維在《史籀篇疏证》裏説:“蓋貞鼎二字,形既相似,聲又全同,故自古通用。”商師承祚也説:“古金文中,貞鼎二字多不别,無鼎鼎字作𣎳,舊輔甗貞字作𣎵。”[①]這些結論,都是無可動摇的。而從利簋這件銅器的具體銘文來看,歲字既不得釋爲越字(理由已見上),而歲鼎又不可通(所謂“不辭”),在没有其他的過硬的例证作根據的情况下,這個“歲”後面的字,自然只能以“貞”釋之——非“鼎”即“貞”,二者必居其一。

徐中舒先生在《關於利簋銘文考釋的討論》[②]中認爲,貞字不僅應釋爲鼎,而且這個鼎字當“讀爲则”。他所依據的是郭忠恕《佩觿》中的一句話:“籀文以鼎爲則。”徐先生説:“後周時代郭忠恕所見籀文尚有以鼎爲則者。鼎、則古常通用。”我想,這種理解可能是徐老的偶然疏忽。因爲,活躍在公元十世紀的後周時代的郭忠恕(933～1000 年),如果見到的籀文確有以鼎爲則者,那麽,活躍在公元一世紀的東漢時代的、時人譽爲“五經無雙許叔重”的許慎,爲什麽反而未見着?而從《金文編》著録的則字來看,全部十六個則字,僅只是它們的偏旁都從鼎,而没有一個則字即鼎字者。這種情况恰恰足以表明,郭忠恕的説法是不可靠的。我們不應該拿公元十世紀的地上的即紙面上的材料作標準,去論定比這材料的歷史久遠得多(遠到一千年、兩千年,甚至更遠)和可靠得多的地下的實物材料。[③]

克聞,不是克昏。

我很贊成于老的見解,克聞即“冒聞於上帝”(《書·康誥》)之意。[④] 但我的理由和論证如下:

第一,𦕼之形爲聞。拿來跟《金文編》所收之聞——𦖞(《盂鼎》:“我聞殷墜命”)和更早的甲骨文的聞——𦔻(《前編》七·三一·二)相比照,遞嬗之迹非常明顯,毫無可疑。至於它的詞彙意義是什麽,董作賓先生曾對此有過考證。他説:“聞原爲報告奏事之專字,以𦣻或𦣻爲耳字,從𠨍爲報告跽而以手掩口之狀。從,'象口中液,或省之。掩口者,恐口液噴出侮慢尊長所以示敬也。金文分耳伸足縮手,加重口液置首上,去古誼已遠。……聞之義,一爲聞知,一爲達聞,此二義殷代已兼用之。”[⑤]

克聞即得聞於上帝,其潜臺詞是自己的好心已得到神祇的接受,上帝將予賜福。克的用法,在這裏是作助動詞用,相當於現代漢語的“能不能”的“能”。金文中的“肆克龏保乒辟龏王”(《大克鼎》)的克,《書·泰誓中》“有夏桀,弗克若天”的克,《詩·大雅·文王》“克配上帝”的克,都是這種用法。克與聞相結合——助動詞克和動詞聞相結合,釋爲“得以達聞”或“得以奏報上達”,正是文從字順,了無扞格罣礙之處。《書·康誥》説:“小子封,惟乃丕顯考文王,克明德慎罰……以修我西土。惟時怙,冒聞于上帝。帝休,天乃大命文王殪

---

① 商承祚:《殷虚文字類編》。

② 見《文物》1978 年第 6 期。

③ 清人沈濤在他的《説文古本考》第十四卷中説:“案小徐本作‘古文以貞爲鼎,籀文以鼎爲貞’。郭忠恕《佩觿》雲:‘古文以貞爲鼎,籀文以鼎爲則。’皆與大徐本不同。《佩觿》則字當是貞字傳寫之誤。”沈濤的這個按斷,雖然不是據甲金文的材料而得出的,但却是很正確的。

④ 于省吾:《利簋銘文考釋》,《文物》1977 年第 8 期。

⑤ 見周法高先生主编之《金文詁林》第 6692 頁所引。

戎殷。"《書·酒誥》説:"腥聞在上,故天降喪于殷,罔愛于殷。"這都是明言上天知曉文王之美與殷紂之惡,遂行天之罰,以周革殷。而且,上帝並不是以人們的祭祀獻享的豐盛與否而動摇其公正與神聖的原則的,僅只降福給那些有德之人,"皇天無親,惟德是輔"(《書·蔡仲之命》)、"黍稷非馨,明德惟馨"(《書·君陳》)、"人不易物,惟德其物"(《書·旅獒》)、"鬼神非人實親,惟德是依"(《左傳·僖公五年》)都是講的這番意思。

先行貞問,接着就是克聞,這中間必定會有一種享神的儀式。惠棟認爲:"古者卜筮,先用精鑿之米以享神,謂之糈。"(《詩古義》)《離騷》有"巫咸將夕降兮,懷椒糈而要之"的話,王逸注曰:"椒,香物,所以降神;糈,精米,所以享神。"《山海經》之享神,用糈之例頗多,該書之《南山經》、《西山經》、《北山經》、《中山經》等,均有此記載。[①] 利簋此銘,雖無享神之字樣,但歲貞之後,緊接着就是克聞,不容我們不去根據上古時代的祭享風習而作此揣擬。

第二,唐蘭先生認爲,此聞字即昏字,昏即批紂,克昏即克紂。他引用了《書·立政》的一句話:"嗚呼!其在受德,暋。"又引《牧誓》篇之説:"今有商王紂惟婦言是用,昏棄厥肆祀弗答,昏棄厥遺王父母弟不迪。"既然受(紂)之德爲昏,那麼,昏就可以作爲紂的同義語,克昏即是克紂。[②]

我認爲,唐先生此説,亦不得成立。首先,聞之古文從昏(見《説文》),而聞、昏古音接近,金文中有假聞爲昏之例(如《毛公鼎》"余非庸又昏"之昏),又有假聞爲婚之例(如《克盨》"朋友婚進遘"之婚),這是事實;但是,利簋銘文中之"聞",已經文從字順,何以非用它的假借義不可,又爲什麼非要假聞爲昏呢?其次,克昏之説若得成立,還必須能够證明,昏這個形容詞在西周初年或其前後可以用作賓語,并且在修辭的意義上可以用來作爲紂的同義語才行。而據我的初步觀察,作"克紂"解的"克昏"這個有特定涵義的動賓詞組是没有的。以銅器銘文爲例,涵有此種意義的詞語是"克衣"(《沈子它簋》)、"克商"(《小臣單觶》)、"征商"(《利簋》)等形式。從較早的典籍來看,有"伐殷"(《書·泰誓上》)、"克商"(《左傳·成公十一年》)、"伐大商"(《詩·大明》)、"革殷"(《逸周書·克殷解》)、"克殷"(同上)、"勝殷"(《書·洪範》、《六韜·虎韜》)、"克紂"(《禮記·坊記》引《太誓》)、"伐紂"(《史記·周本紀》)、"戎商"(《書·泰誓中》)等形式。但没有"克昏"這種形式。而且,這些動賓結構的詞語有個共同的特點,即:處於賓位的詞,不論是"衣"、"商"或"殷"、"紂"、"大商",都是實實在在的名詞或專有名詞,而不是形容詞,更不是有特定涵義的、可以代紂之德的昏字。

聞,既不得爲昏,亦不得從斷句上以昏字下屬而以"昏夙"爲一詞,並進而釋爲:"昏夙是從初昏到黎明前,指一個夜晚,猶旦暮指一個白天。"[③]

我的理由是:其一,如果昏夙是指一夜之間,"昏夙有商"是説一夜之間占有商國,則與傳世典籍之説多不符。其二,這種解釋與利簋銘文本身顯然矛盾:前面剛提到"甲子朝",

① 《南山經》如:"其神狀皆龍身而鳥首……糈用稌。"《北山經》如:"大凡四十四神,皆用稌米祠之,此皆不火食。"
② 唐蘭:《西周時代最早的一件銅器利簋銘文解釋》,《文物》1977 年第 8 期。
③ 張政烺:《利簋釋文》,見《考古》1978 年第 1 期。

但却奇怪地空過一個白天，忽然成了從初昏到黎明前占有商國，這在内容上無法通貫下來。其三，從傳世的一些銅器銘文來看，此類詞語，有“夙夕”(《伯囧敦》)、“宿夜”(《豐姞敦》)、“嬰夕”(《芇伯毁》)、“舛夜”(《師嫠毁》)、“娥夕”(《毛公鼎》)等形式，而没有“昏夙”這一形式。所以，昏夙之説也是不能成立的。

最後，我認爲對利簋整個銘文的詮釋應是這樣的：

珷，是用形聲的造字方法爲周武王所造的專用字，從王、武聲。此字並非“武”與“王”的合文，《大盂鼎》有“珷王”一詞，可证。珷征商，即周武征伐商紂。隹，虚詞，常用在表時間的詞語之前。隹甲子朝，即在甲子那天的早上。歲貞，即向歲星進行貞問。克聞，指自己的心意已被歲星之神理解並獲其福佑。又，即“有”。娥又商，即娥有商，即得以迅速地占有商朝。辛未，應爲甲子之後的第七天。才，即“在”。王才膏自，即王在膏自。膏自，是地名。王在膏自，與“才成自”(《小臣單觶》)、“在噩自”(《中甗》)、“才牧自”(《谏毁》)、“才盩自”(《旅鼎》)、“才古自”(《遇甗》)爲同例。易，即“賜”。又事，即“有司”。此爲參與征商之官吏之自稱。利，是人名，此器之作者。金，指銅。用，於是、就。乍，即“作”。旜公，應是利的先人。[①] 隮，即“尊”。隮彝，指祭享之器。寶隮彝，即珍貴的禮器。

① 銅器銘文中，常有在爲誰而作器之人名之前指明其輩分者，如“文考簷伯”(《康鼎》)、“穆考後仲”(《伯克壺》)、“皇祖簷季”(《無㠱毁》)，而此銘“旜公”之前無任何稱謂。按通常的情況，應是利的先人。

一種新的古文字字群
——關於丁公龍山陶文

姜可瑜

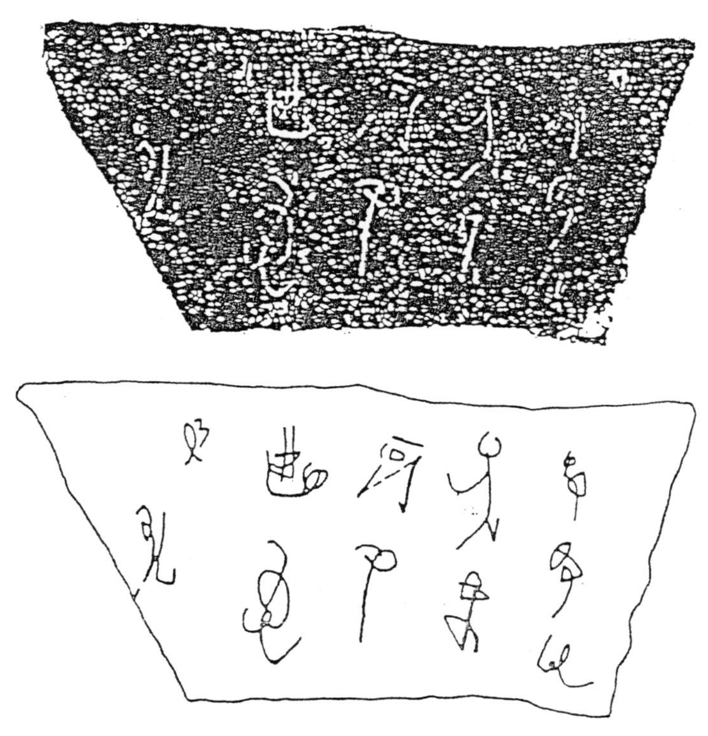

山東鄒平丁公龍山文化陶文拓片(上)摹片(下)

1992年初,在山東鄒平丁公遺址發現的成組龍山陶文,應是古文字學界、考古學界乃至整個文化界的一件大事。

文化上的新發現,每會引起學術上的新動蕩和一系列的連鎖反應。這包括人們原有的一些觀點、觀念乃至思維方式,也將重新進行檢驗和篩選,並進行新的組合。

人們本來對龍山文化的認識是:占卜已成風習,是人們生活方式的重要構成部分,卜骨已普遍使用;但當時人們似乎並没有刻字於其上的習慣。所以,學者們普遍認爲,此時是一個無字的時代。但現在突爆冷門;一下子發現了排成五行的錯落有致的十一個字的陶片。

問題已不限於這十一個字本身,人們會問:什麽樣的社會背景需要此種字群?當時人們的物質生産方式和生活方式是怎樣的?城市是否已經崛起?國家是否出現?寫這種字或認這種字的人是否屬於腦力勞動者並已從農業、手工業或漁獵中分離出來了?等等。

對這一問題,1992 年底我在山東大學和山東省文物局聯合舉行的新聞發佈會上已談了幾點看法,現再稍加整理表述如下:

一、目前,這種文字——包括其中的每一個“字”——屬首次發現,還只是停留在孤证的階段,所以,它們是否是用來記録語言即“思維的物質外殼”的書寫形式,是否每一個“字”都是形、音、義的結合體,均不得知。而對這組文字所表達的内容,更是無從談起了,這不像大汶口時期的那個圖象文字“”似的,最早發現於莒縣陵陽河,而隨後又見於諸城前寨等,這就有可能使人們把它拉進“字”這個範疇中來了。而目前的丁公陶文廬山之真面目之揭開,亦必有待於他日新的地下發現。

我想只要這種字的書寫不是屬於“小集團”式的反常行爲——事實表明,在我國,不僅存在着“小集團”式的黑話,也存在着“小集團”式的黑字——則總还會在廣袤的山東龍山文化地域發現它的踪迹的。而如果目前就下結論,則未免爲時過早。

二、從遠古漢字發展的歷史條貫來看,丁公陶文似不能屬於這個漢字體系,現試排出如下序列:

①仰韶文化之“陶文”(刻劃於陶罐之上)示意圖:

②大汶口文化之“陶文”(亦刻劃於陶器上)示意圖:

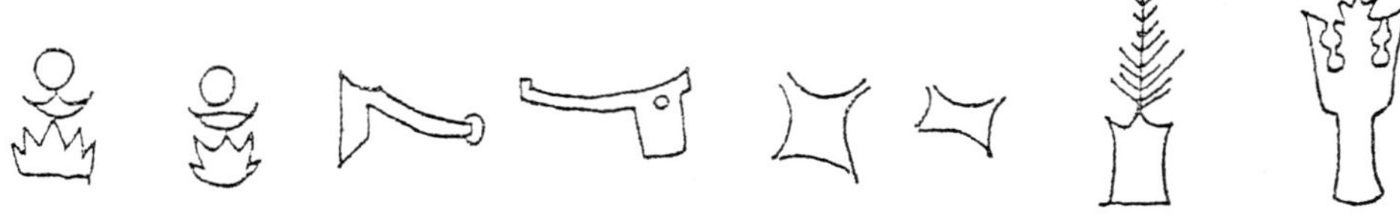

③龍山文化之“陶文”——“丁公陶文”：

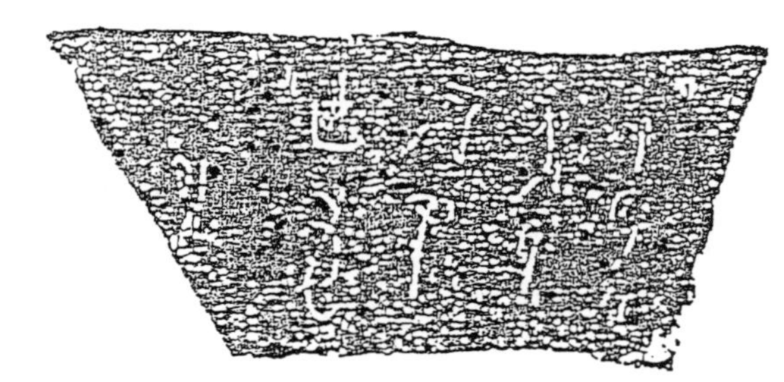

拓本（原大）

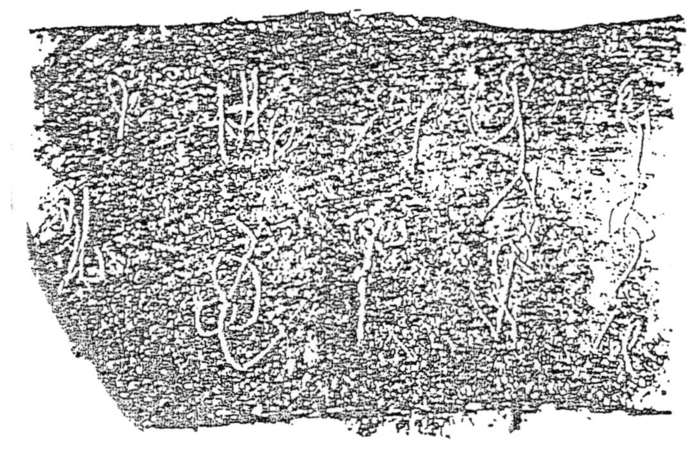

照片（放大）

④二里頭文化“陶文”(刻劃在陶器之上)示意圖：

⑤商代前、中期文化之“陶文”(主要指河北藁城臺西遺址發現之文字，有乙、臣、止、丁、大、刀、矢、戈等，字形與甲骨文相同。不列圖)。

⑥甲骨文之刻劃符號與圖畫符號示意圖：

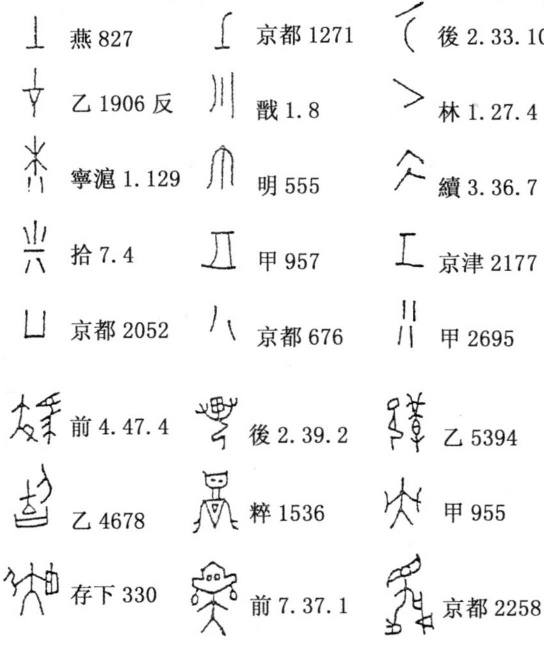

⑦金文之刻劃符號與圖畫符號示意圖：

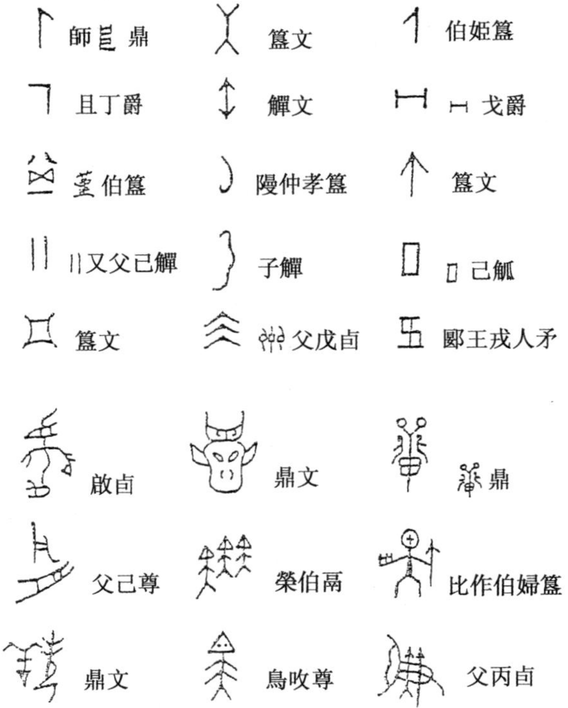

讓我們拿以上幾組“文字”互相比照，可以感覺到：除了丁公陶文之外，其餘的幾組倒是一脈相承的；而丁公陶文與“大家”却有很大的不同，其主要區别有四：

(甲金文等)	(丁公陶文)
A. 橫平竪直有嚴整感	左右歪斜不正
B. 字形綫條疏密勻稱	大疏大密
C. 筆畫橫竪點撇捺分明	常連續不斷而不清
D. 筆順明確易知	常凌亂而不明

但也有共同的地方,即:都是方塊字,都有象形字。而這一共同點,從世界範圍來看,也常是經歷過圖畫符號階段的文字所共同具有過的。所以,這個"共同"對丁公陶文來説,已不具備很重要的意義了。

因此,我認爲,丁公陶文與傳統的漢字,不是一個體系。

三、關於丁公陶片自身的問題

從放大了的照片來看,陶片上的輪旋紋是非常清楚的,而從輪紋的弧度,可使我們推測這組文字的四周,仍有相當的空間可容刻劃。尤其是第 13 字緊靠碎片邊緣,有一筆道不與本字相連却向下劃去,可能下面還有字。

而仔細觀察陶片,可以發現:10 之左側,7,8,9 之間,5,7 之間,似曾各刻過一字,但却都被輪旋紋淹没了。其中第一字最清楚,可以較好地勾勒其輪廓,第二字似即陶文之第 8 字,第三字似即陶文之第 5 字。估計這些字是先刻在軟坯上,可能是由於作者不滿意,就抹掉了重刻,但又未完全把原字打磨掉。現我把這三個"字"與本來的陶文,用較大的筆觸臨摹下來,以供大家參考:

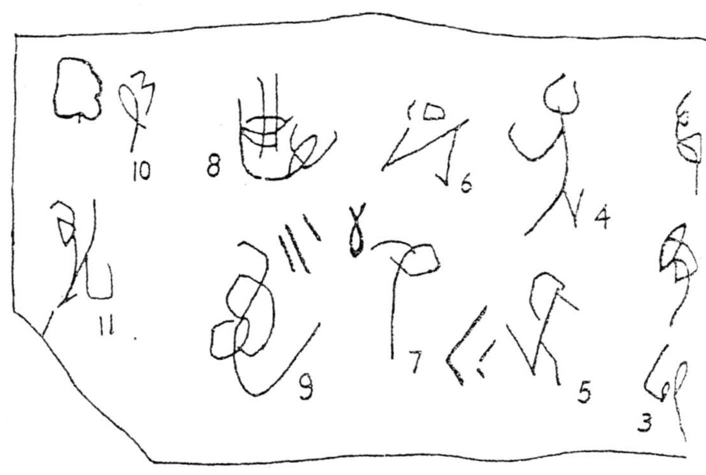

以上所談,僅是初步想到的,不當之處,敬希同志們批評指正。

殷墟文字形成假説

姜可瑜

我想從以下四個方面來論证殷墟文字是在短期内形成於少數人之手這一命題：

一、根據現有的材料，可以確知，距今約 3500 年的殷墟甲骨文，已是達到相當成熟階段的文字字群：

1. 已經形成了一個體系——以象形爲基礎的方塊漢字的表意體系。若用後世（東漢）的“六書説”以分析之，基本上可以得到解釋。就行文看，不僅是象形字，而會意字、形聲字亦頗不少見。假借用法亦頗多。

2. 文字數量已近 5000 個，可識者已近 1000 個（常用詞基本已包括在内），而詞類和句法亦自有其規範，基本與後世相同。

3. 該種文字已可記述相當繁複之社會生活内容，如祭祀、世系、告享、行止、禍福、漁獵、征伐、日月、風雨陰晴、豐歉、疾病等。

二、在殷墟文字之前，漢字究竟經歷了多長的路程？

大多數學者認爲，這至少需要幾千年的演進；也有的認爲，這需要 8000 年到 10000 年的時間。

當然，真正地找到那失去的鏈條，只有依靠地下發掘的實物才行。而這些鏈條應該是：

1. 仰韶文化：約公元前 5000 年～前 3000 年。

2. 大汶口文化：約公元前 4300 年～前 2500 年。

3. A. 山東龍山文化：約公元前 2500 年～前 2000 年。
   B. 廟底溝二期文化：約公元前 2900 年～前 2800 年。
   C. 河南龍山文化：約公元前 2600 年～前 2000 年。
   D. 陝西龍山文化：約公元前 2300 年～前 2000 年。
   E. 龍山文化陶寺型：約公元前 2500 年～前 1900 年。

4.“夏”文化或二里頭文化：約公元前 2100 年～前 1700 年。

5. 商代前、中期文化：約公元前 1600 年～前 1400 年。

三、我們從這些鏈條上找到了什麽呢？

1. 仰韶文化，可以半坡遺址（陝西西安）和姜寨遺址（陝西臨潼）爲代表。這是些保存得非常完好而開挖面積很大的文化遺址，發現了大量遺物；但衆所周知，只是在部分陶罐上找到 50 多個（重複者不計）刻劃符號而已。

2. 大汶口文化,可以大汶口遺址(山東泰安)、王因遺址(山東兖州)、大墩子遺址(江蘇邳縣)、陵陽河遺址(山東莒縣)爲代表。應指出的是:該期文化中,制陶工藝和骨料透雕技術及鑲嵌技術,均已達到當時的最高水平;但求之於文字,也只是在一些陶器上發現了幾個較仰韶文化複雜的"文字"符號罷了。(按:該期文化墓葬中,也發現有龜甲隨葬,但用途不詳。)

3. 龍山文化的特點是較普遍地發現卜骨。看來,占卜應是"龍山人"流行的習俗。這些卜骨,多是用牛、羊或鹿、豬等獸類的肩胛骨做成的。有的毫不修治,或只有簡單的刮制加工,表面相當粗澀。較多的是帶有灼痕,有的還有鑽痕,但鑽痕之大小、深淺,也很不規則,與殷墟的甲骨比較,説明這時還處於相當幼稚的階段。另外,應着重指出的是:當時雖用骨來占卜(這點與殷墟文化相同),但並無刻"字"於其上的習慣。

4."夏"文化或二里頭文化。從 50 年代起,根據古籍文獻提供的綫索,在河南、山西等有可能屬於"夏墟"的廣大地區,進行了大規模的調查與發掘工作,而其結果是發現了一大批年代比商代略早的二里頭文化遺址以及河南龍山文化遺址、陶寺遺址。該文化的特點是卜骨較多,有的有灼痕,并發現數片有文字的卜骨,刀法同於殷墟甲骨文。但最多的是陶器,上面的刻劃符號,也只有 20 多個。

5. 商代前、中期文化。一般的是發現有卜骨或卜甲,但有鑽灼痕而無鑿痕,無刻辭。仍是陶器居多,有些陶器上有刻劃符號,或不能識,或發現有與殷墟文字相同的字,如臺西遺址(河北省藁城)發現的臣、止、乙、丁、大、刀、矢、戈等。但這或有可能屬於商代晚期文化,即與殷墟爲同時了。

——總之,我們粗略地檢閱了從仰韶文化直到商代後期文化即殷墟文化相連接的這期間的許多環節之後,可以得出一個初步的結論,那就是:除了找到一些零星、幼稚的、簡單的、原始的刻劃符號或"文字"外,根本找不着可與洋洋大觀的殷墟文字相比次的鏈條!

我認爲:實際上並不存在着這個鏈條。

四、奴隸主階級的知識分子或"少數特權分子"是殷墟文字的真正的創造者和使用者。

1. 文字是一種精神産品,是腦力勞動的一種成果,是抽象思維的一種表現形式,它只有當社會生産力發展到允許少數人可以從體力勞動中脱離出來的水平之後,由於社會的需要,才有可能産生該種精神産品。恩格斯説得好:

> 生産力的提高、交换的擴大、國家和法律的發展、藝術和科學的創立,都只有通過更大的分工才有可能,這種分工的基礎是,從事單純體力勞動的群衆同管理勞動、經營商業和掌管國事以及後來從事藝術和科學的少數特權分子之間的大分工。這種分工的最簡單的完全自發的形式,正是奴隸制。(《反杜林論》)

是的,正是奴隸制才有可能提供此種"少數特權分子"去創造文字,把語言記録下來,使統治者的意志得以上通下達,來"管理勞動"、"掌管國事",亦即爲奴隸主的國家機器和强權統治服務。

在《家庭、私有制和國家的起源》一文中,恩格斯還專門提到文字與奴隸制社會的關繫。他説:古代西方如希臘、羅馬等國家,一般是"從鐵礦的冶煉開始,並由於文字的發明及其應用而過渡到文明時代"。

所以説,欲尋求文字形成的軌迹,只應着眼於奴隸制社會這一特定的歷史範疇,正如尋覓魚群不能離開江河湖海、不能緣木求魚一樣。

2. 殷墟甲骨文所反映出來的“貞人集團”或“智囊集團”,他們也應該就是創造該種文字的人。因爲,這些貞人,不僅是問卜者,而且大部分還是史官,所記的占卜之辭或記事之辭都是他們自己刻的或先寫後刻的。他們所從事的工作的專業性質和特權地位——當時唯有他們會認字,會寫字,會刻字,這也就决定了他們是唯一的有可能、有能力去創造該種文字的人!

殷墟甲骨文十幾萬片,時間跨度達二三百年,所發現的貞人超過百人,公私兩方面的大量的王室活動均在甲骨文中有所體現,這已足可使我們把貞人與恩格斯所説的“少數特權分子”掛起鈎來了!

在中國的古籍中,對所謂的造字之祖的倉頡,每有稱之爲聖、爲帝、爲神的傳述,如:

昔者倉頡作書而天雨粟,鬼夜哭。(《淮南子·本經訓》)

黄帝之史倉頡,見鳥獸蹏迒之迹,知分理之可相别異也,初造書契。(《説文解字·叙》)

倉頡爲帝,南巡狩,登陽虚之山,臨於邑洛汭之水,靈龜負書,丹甲青文以授之。(《河圖玉版》)

天生德於大聖,四目重光,爲百王作憲。(《熹平六年倉頡碑》)

應該説,這些描述,我們都不應簡單地以荒誕目之,我們是應該從中聞到一股濃濃的階級壓迫的森嚴之氣的!

3. 文字的授受和傳遞,也應該是在這些“少數特權分子”間進行的。從已發現的西周甲骨文來看,大部分與殷墟甲骨文相同,即是鐵证。《史記·殷本紀》告訴我們:“殷之太師、少師乃持其祭器奔周。”這也必然會帶走一批識字的人。《周本紀》曾記述武王伐紂時的情景:“紂兵皆崩,叛紂”,紂“自燔于火而死”,“武王至商國,商國百姓,咸待于郊”,“其明日,除道,修社,及商紂宫”。可説是一片和平接收景象。因此,周之甲骨文同於殷墟甲骨文,也是完全可以理解的了。

揆之秦、漢兩朝,情況也是一樣。秦朝的李斯作《倉頡篇》,趙高作《爰歷篇》,胡毋敬作《博學篇》。此三人之作,“文字多取《史籀篇》”,“《史籀篇》者,周時史官教學童書也”(《漢書·藝文志》)。“周王太史籀著大篆十五篇”(《説文解字·叙》),可見是承周而來。漢朝的司馬相如作《凡將篇》,史游作《急就篇》,李長作《元尚篇》,“皆《倉頡》中正字也”(《漢書·藝文志》)。揚雄作《訓纂篇》,也是“順續《倉頡》,又易《倉頡》中重複之字”(《漢書·藝文志》)。可見也是“彼此彼此”的。

4. 殷墟文字乃商代晚期之遺物,那麽,早商時期爲何不容易找到甲骨文呢? 郭沫若曾談到早商的情況:

商民族在盤庚以前都還是遷移無定的遊牧民族,到盤庚時代才漸漸有定居的傾向……由牧畜時代漸漸轉入農業時代。(《中國古代社會研究》)

我認爲,郭老此説是比較可信的。《竹書紀年》告訴我們,僅從湯至盤庚期間,就有“居亳”、“居囂”、“遷于相”、“居庇”、“遷于奄”等多次遷都。另,大家公認爲比較可信的《商書·盤庚篇》也記述了盤庚遷殷後告誡臣民要改變先王不斷遷徙的習慣,而應該安心在此定居並努力從事農業勞動的話:

茲猶不常寧，不常厥邑，於今五邦。

若農服田力穡，乃亦有秋。

惰農自安，不昏作勞，越其罔有黍稷。

而自盤庚遷殷之後，直至紂之滅亡，則未再徙都。

頻繁的遷徙與穩固的定居之不同，遊牧民族與農業民族之不同，肯定對文字之需求不可能同步。盤庚至殷而不再遷徙，意味着農業經濟之發達，生産力之進步，奴隸制逐步進入鼎盛時期，所以，甲骨文主要是由於管理與統治的需要而大量産生出來的。

5. 活着的巫跟死去的巫的啓迪——貞人即巫。

現在我國川西南大渡河南北兩岸有一個少數民族——耳蘇人。在他們那裏，仍然活躍着受人尊敬的巫，而只有這種巫才認識他們的"文字"並負責保藏這種"文字"。

這使我們想到古代的巫。《周書・君奭篇》提到殷商時代的兩位神巫："在太戊……巫咸乂王家；在祖乙，時則有若巫賢。"《史記・殷本紀》也清楚地提到此位中宗時代的神巫巫咸，並説他"治王家有成"。這個巫咸，屈原也對之尊若神明："巫咸將夕降兮，懷椒糈而要之。"（《離騷》）而《歸藏》又尊之爲黄帝時之神巫，在與炎帝决戰之前，黄帝親自向其請教："將戰，筮於巫咸。"

巫與王的關係是非常密切的，所謂"王前巫而後史，卜筮瞽侑，皆在左右"（《禮記・禮運》）。

巫究竟是什麽？恐怕春秋時代楚國大夫觀射父對楚昭王説的一段話是最詳盡而又概括的了：

古者民神不雜，民之精爽不携貳者，而又能齊肅衷正，其智能上下比義，其聖能光遠宣朗，其明能光照之，其聰能聽徹之，如是則明神降之，在男曰覡，在女曰巫。（《國語・楚語下》，據天聖明道本）

總之，有超乎常人之德，有輔佐王家之才，最後能達到"明神降之"，使得時王與"天意"溝通者，即爲巫（覡）也。所以，對照着去看那大量的殷墟甲骨片子所體現出來的通過占卜以使"天帝"、"先公"、"先王"之神與時王相通之貞人，也應是彼時的巫（覡）了！

6. 殷墟文字的創造者們，他們的創造力當然也不是頭腦裏固有的或是從天上掉下來的，他們也是活生生的現實生活裏的人；所以，他們的頭腦也必然會受着現實的和傳統的"造字"方法的影響。這種影響，大致有二：

A. 刻劃符號。這是從仰韶文化時期就有的，半坡遺址和姜寨遺址的陶器上的發現即是證明。從目前見到的甲骨文和金文的資料來看，仍可從中找到與之十分相似或相同的"字"。這些"字"，在甲骨文和金文的龐大的字群裏，可算是最低級、最簡單的一批"細胞"了。此類刻劃符號，應是與"六書"中的"指事"字有着密切的關係的。

B. 圖畫符號。從我國的實際情况——國外有些地方從遠古時代就盛行着所謂"畫書"，而在我國則極爲罕見——來看，我們可從族徽、國名、人名、地名或實物特徵象形中得其端倪。這種符號，其淵源當必亦十分久遠，應是與"六書"中的"象形"字有着密切的關繫的。

我認爲，由於刻劃符號與圖畫符號的自相爲用或交相爲用，遂使文字的數量大大地增加和繁衍起來，"六書"中占比例較大的"會意"字、"形聲"字，正是這種作用的結果。

另,有所謂結繩記事的説法。揆之我國古籍,記載頗多,例如《易·繫辭》所記“上古結繩而治”,《老子·第八十章》所説“使民復結繩而用之”,《莊子·胠篋》所説“民結繩而用之”,《説文解字·叙》所説“神農氏結繩爲治”,等;再從我國某些少數民族來考察,如苗族、高山族、傈僳族、獨龍族等,確有結繩記事的習俗;再從國外的某些少數民族的情况來看,如琉球、秘魯、北美洲、澳洲、西非洲等地,亦有結繩之習俗;再從我國古文字中找證據,如金文的十、二十、三十作丨、∪、⋓,正像一根或幾根打結之繩,而甲骨文由於刻點不便而省點作丨、∪、⋓。

所以,上古的結繩記事是可信的。但,它畢竟不是文字。如果説它對文字的産生有什麽影響的話,那麽,這影響也是通過刻劃符號和圖畫符號的途徑來發揮作用的。

另,還有所謂契刻記事。如獨龍族、西藏僜人的債務借出,西雙版納巴基諾族的記賬,紅河哈尼族的向地主繳租,都是采用契刻記事的方式的。我國先秦古籍《戰國策》也清楚地記載着孟嘗君的門客馮諼“約車治裝,載券契而行”的事情。此類契刻,在我國亦有實物之發現。

另,還有所謂物件記事。地下發掘告訴我們:原始社會的人們,就有獵獸留頭或留取某一部分的習俗。現今我國西南少數民族的獵人,仍襲用此一習慣,而西雙版納的巴基諾族還有留取松鼠和竹鼠之尾的風習,等。

但是,不論是契刻記事還是物件記事,它們也跟結繩記事一樣,也是通過刻劃符號或圖畫符號的渠道,才對文字的産生發揮作用的。

總之,我的意見可概括爲三條:

第一,漢字的産生不是等距離地、比肩式地、穩步漸進地運動的過程,而是在一個短時期内急遽地、大量地産生出來的。這個時期就是殷墟時期,亦即商代後期。

第二,殷墟文字的創造者是貞人集團。他們亦巫亦史,他們是脱離了體力勞動的“少數特權分子”和腦力勞動者,他們是受奴隸主階級豢養並爲其服務的當時的知識分子。

第三,殷墟文字産生的背景,是由於國家機器之需要,即階級統治之需要。它不僅爲統治階級服務,而且也壟斷於統治階級之手,這一點,與後世的情况,尤其是與近、現代的情况是不是同的。

(原載《文史哲》1992年第2期)

悼念島邦男博士

[日]赤塚忠

昭和二十五年(一九五〇年),在京都大學召開的日本中國學會大會上,有人發表了一篇關於甲骨文所見的祖先祭祀的論文。發表這篇論文的作者就是島邦男博士。當初,我剛着手研究甲骨文,聽到這樣一篇論文真感到驚嘆不已,甲骨文研究竟如此深奥。

島氏畢業於東京大學,在日本他是研究甲骨的先驅者之一。自昭和八年(一九三三年)畢業後,他一直從事於甲骨研究,當時我還不知。他還經常携帶照相機,從岩手縣盛岡遠道而來京都大學人文科學研究所搜集甲骨文資料。島氏在平岡研究室(即人文科學研究所)搜集資料,而我在東洋史研究室工作,因此,我們兩人未有晤面的機會。我和島氏第一次見面是昭和二十六年(一九五一年)夏天,即日本中國學會大會召開後的第二年。一天,島氏來到東洋史研究室,我正在摹寫甲骨拓片,他見説:"多認真啊,我再不能無所用心了。"

不久,島氏於昭和二十八年(一九五三年)自費出版了《祭祀卜辭之研究》(甲骨卜辭研究第一部)。這是一册油印本,全書共三三〇頁,書中許多甲骨描片都是島氏一人摹寫的。《祭祀卜辭之研究》主要是論证殷先王、先妣的周祭,其中周祭祭儀闡明之詳爲董作賓所未及。書中整理出的五種祀典與董説不謀而合,董氏見之亦驚喜無比。此外,該書又對外祭中的自然神、高祖神、先臣神等祭祀也作了論述。

專著《祭祀卜辭之研究》刊出後,博得了學者專家們的贊賞。在陳夢家的《殷墟卜辭綜述》(一九五六年版)問世前,該書除找出了祖先周祭的五祀外,又能使人通曉殷代祭祀之全貌。尤其是作者爲了立論,而涉獵了當時能找及的甲骨著録書、研究文獻,勤奮的工作真令人敬佩。盡管論证的主題及方法不同,但收於該書中的資料有一大半與我所辛苦收集的資料相同,我感到自己的工作化爲烏有了。

後來,島氏又吸取了董作賓、陳夢家及其他諸學者的研究成果,對《祭祀卜辭之研究》作了修正、補充,並增加了"禘祀"、"殷社會"(殷區域、殷封建、殷曆法等)兩個章節,於昭和三十三年(一九五八年)發表了《殷墟卜辭研究》。並以此書作爲博士論文向東京大學提出了學位申請。

《殷墟卜辭研究》共五百五十頁,該書中的字幾乎全由島氏一人手寫而成。迄今爲止,在日本以研究甲骨而獲得學位者蓋僅島氏一人。島氏的研究有其特色:他資料收集齊全,分類整理,嚴密考證,結論一致。目前亦有二、三位學者運用島氏研究法,我認爲他們的研究方法還有待進一步提高。

記得島氏新寓蓋成後不久,我拜訪了島氏新寓,並在那裏留宿。庭園中除了幾間寬大的住房外,還有一處蘋果園,顯得格外恬静幽雅。在這環境中,島氏能專心致志地從事甲骨研究,真令人十分羡慕。第二天早上,我見到了島氏工作的情景,這與他在弘前大學狹小的研究室内搭棚叠箱,進行描片分類、索引編排的環境相比,簡直是天差地别,且島氏的研究也有了相當進展。當時我在進行《小屯・乙編》的釋文工作,并且正在進行甲骨文分類索引,看到島邦男氏已經從事這項工作,爲了免於重複,我放棄了索引這項規劃。島氏每天都有一定的工作量,雷打不動,那天上午,他首先進行分類工作,然後才陪我去弘前市。途中,我們未談及甲骨學和其他事,散步是愉快的。

幾年後,在札幌市召開日本中國學會大會時,我又偶然與島氏相會,於是两人一起觀賞了藻岩山。這次見面,島氏無意中露出了一句話:"你的生活比我安樂,我可受够了苦。"這大概是回想他幾經周折的工作、生活吧。島氏先在札幌市一中執教,後轉至愛知縣一中、岩手縣師範學校、新京師範學校等處。也可能是回顧他在弘前缺少助手,研究成效不大,又不能帶學生。我雖未追問他這句話的究竟,但却看到了我所未了解他的内涵的一側。島氏性格既豪放磊落,又仔細和順,他以堅忍不拔的精神,刻苦地從事甲骨研究,從而在甲骨研究上獲得了豐碩成果。

尤其在昭和四十二年(一九六六年)秋完成的《殷墟卜辭綜類》是一部巨著,這一偉大的事業也只有島氏才能完成。正如島氏所説爲已"傾盡精魂"。十餘年來,他一直一人工作,所付出的勞動代價是可想而知的。聽説島氏臨終前留下一句遺言:"將三部著作與董作賓著作一並供於靈前。"島氏功績令人鼓舞。在島氏著作已成爲甲骨學者及中國古代史研究者所必備工具書之際,應首先感謝島氏所作出的貢獻。

之後,島氏又發表了《五行思想與〈禮記・月令〉之研究》(昭和四十六年,即一九七一年)、《老子校正》(昭和四十八年,即一九七三年)。我意識到島氏又在準備新的甲骨研究課題。島氏從弘前大學退職後的第二年就患病,我知道這消息時他已出院,後來傳來了他的噩耗,我心情是沉重的。他的葬儀,我未能去成。聽説他患了不治之症,但在與疾病作鬥争時,他非常樂觀,且在安祥中與世長逝。島氏曾説《綜類》的完成使"甲骨學研究有了共同的基礎",並爲甲骨學研究有了新的開端而自慰。但島氏本人却未踏上新的開端而與世長逝。

島邦男博士於明治四十一年(一九〇八年)十二月二日生於青森市,於昭和五十二年(一九七七年)六月十三日卒於青森縣弘前市,享年六十九歲。

我所尊敬的島邦男博士,贊頌他的崇高刻苦的一生,對他的逝世表示深切哀悼。拙文未能對島邦男博士的功績一一詳叙,敬請諸位諒解。

(原載《甲骨學》第 12 號,日本甲骨學會 1980 年)

殷墟卜辭綜類·序

[日]島邦男

自劉鶚的《鐵雲藏龜》聞世以來,至今已有六十餘年。在這半個多世紀裏,相繼刊出了一百八十餘部甲骨文專著、九百七十餘篇論文。諸學者通過甲骨卜辭的研究,或對《説文》、經學、史書中的錯誤作了更正;或以此闡明古代社會制度、祭祀禮制、曆法;或進行嚴密的字釋研究,内容絢麗多彩。但是,我每每讀到這些論著時,總感到還有隔靴搔癢之處,真假相伴。我反復思慮:甲骨學研究難道如此了了嗎?十年前,我就下决心從事甲骨學的基礎工作,深深地感到要真正在甲骨學中做學問,必須正確地掌握全部資料,而單靠卜辭綜覽是毫無意義的,必須一字一字全面地收集資料,這項工作並非輕而易舉的。收集工作開始後,新的資料又絡續發表,爲了補充這些新資料,不得不重新搞起。此稿經三次改動,至今才完成,每想到甲骨學研究的基礎工作已完成,漫長的十年辛苦瞬時遺消,在新的起點上,又增添了百倍信心。此書脱稿,已精疲力竭,本想免去序文,但無序之書猶如無頭魚,還是在此簡言幾筆,略告讀者本書始末。

一九六七年九月

殷代非奴隸社會之一证

[日]島邦男

郭沫若謂:"大抵殷人産業以農藝牧畜爲主,且已驅使奴隸以從事於此等生産事項。"(《通纂》考釋一〇三頁)郭沫若舉如下卜辭爲证:

王大令衆人曰協田,其受年(《殷契粹編》八六六片)

王往以衆黍于冏(《卜辭通纂》四七三片)

貞維小臣令衆黍(《卜辭通纂》四七二片)

謂:"衆、衆人是從事農耕生産的奴隸"(《奴隸制時代》九頁、八一頁),"小臣即是奴隸,小臣所命令之'衆'亦爲奴隸無疑"(《中國古代社會研究》二六八頁),"小臣"、"衆"確是奴隸嗎?

上卜辭的黍字作"[illegible]",黍字亦用爲動詞,如"王勿黍"(《續》一・五三・三)。卜辭"貞乎黍于北受年"(《續》二・三〇・三)、"貞乎黍受年"(《前》三・二九・七)中的黍,很明確是求年穀豐穰的行爲。胡厚宣先生謂黍爲動詞,作"種黍"解(《殷代之農業》三三頁)。查卜辭凡有黍之行爲者:王、帚妝及小臣等如下:

王黍在畝受年(《P》六,《續》一・五三・三、五・九・三,《小乙》六九六四,《前》五・二〇・二,《卜》一三三,《續》四・二七・三,《卜》七四〇,《鐵》七二・二,《小乙》七七五〇、二二一七、三一五二、三二七四、三三二三、三三四一、四〇五五等)

帚妝乎黍于商(參閲《續》四・二六・一,《續》四・二七・四、四・二五・三,《金》六四五,《誠》六,《鐵》二一九・一,《續》四・二七・六,《京》五六三,《南坊》三・一七,《後》下四〇・一五、下六・九等)

叀小臣令衆黍一月(《前》四・三〇・二,僅一例)

在帚妝的用例中有"勿令帚妝黍"(《續》四・二七・六)辭,王命令帚姘黍;小臣的用例中亦同樣有類似辭,説明"黍"由王親自主宰。

下諸"黍"辭中又同時記有祭祀,如互補下三版卜辭:

貞王勿往省黍……(《卜》四九二)〔圖一〕

……往省黍祀若(《小乙》五五三五)〔圖二〕

……黍祀弗若(《小乙》五八三四)〔圖三〕[1]

① A與B當綴,今據《合集》九六一三甲實景之。——譯者注

則爲“貞王勿往省黍祀（弗）若”，即“王往省黍之祀”意，對“黍”舉行祭祀。如下：

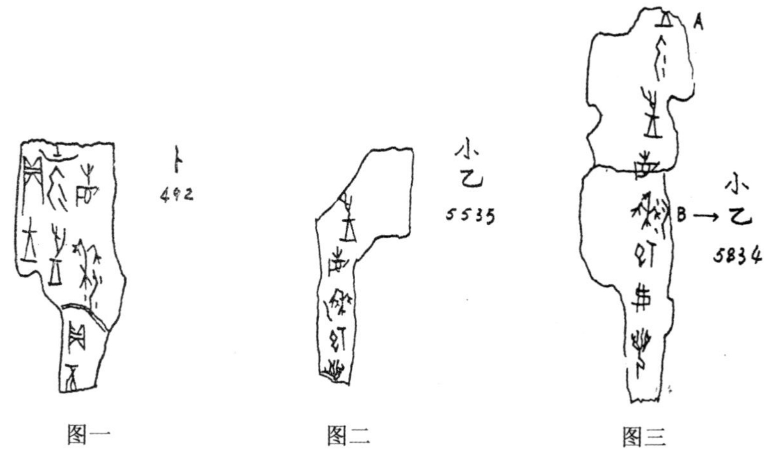

图一　　图二　　图三

於卜辭最常見的是“□敉黍不其□”（《後》下四〇・一五、《後》下六・九、《續》四・二五・四、《小甲》三〇〇一）辭，如分析諸辭中□的用法，其意義是很明確的。

□，郭沫若作“禍”解（《通纂》四四七片考釋），後又釋爲“觀”（《中國古代社會研究》二三四頁）。胡厚宣釋“萑”，解釋爲“茂盛”（《殷代之農業》八三頁）。卜辭中有用作“王□”（《後》下二八・一六、《南師》一・六三、《京》一五五七、《文》三六六），或用作“王勿□”（《庫》一六八五）者，如下：

貞方出王□五月（《南師》一・六二）

貞王其□□叀往十二月（《後》下二八・一六。□□之例亦見於《前》六・一七・六、《小甲》三四二〇、一三六九）

其祈年于河叀□□用（參閱《南明》四五四、《南明》四八四）

□井□□（《後》下六・九）

□用於□方來寇、□、祈祀以及黍等辭中。“□□”又作“□□”（《京》三九〇、《南明》四三三）、“□□”（《後》下三四・八）、“□□”（《小甲》五三六、《文》五三九、《粹》五一七、《南明》六二三），可知□、□通用。又“□□”作“□□”（《後》下三三・一）、“□其□”（《京》四八五二），故□、□、□、□、□通用。□即䀠，《説文》：“䀠，告也。”□與䀠告並舉。因此，□非胡氏所説爲“茂盛”意，而應與䀠相同，屬祭儀。□、□通用，例如：

王其至于□□亡戈（《前》二・一六・四、一二・一六・三）

其至于□□祖乙師往來亡戈（《庫》一六七二）

甲子□其□（《京》四八五二））

工□其□（《前》四・四三・四）

“□□”（《小甲》二三八六、《南輔》七二）作“□□”（《佚》二二九、《後》下六・八、《寧》一二八六）、“菁□”（《南輔》七二），又作“遘□”（《後》下六・七）、“王其□”（《後》下二八・一六），又作“王其□”（《後》下六・六），故□、□即雚字，祭儀之灌，亦即祼之意。

辭“其祈年于河叀灌䀠用”，是向河神祈年，屆時用祼䀠意。同樣，“□方出王灌”，他辭有“祈□方于岳”（《續》一・四九・一）、“告□方于上甲”（《簠帝》九），是卜當□方來寇時，王祼鬯，降鬼神，舉行祈告事。“桒萑”是在桒祀中舉行祼事。“王其萑□”，是王親自舉行祼儀、□事。

□又是“桒”之行事，除作“□桒”(旅順博物館)外，又有作：

從□桒萑其受又年(《小甲》一三六九)

□字習見於卜年諸辭(如《前》七·一五·三，《小甲》一三六九，《小乙》三一五五、三一五四、四〇五七、三二九〇、三二一二、四三〇六)，可見其意與“桒”同，是祈求年穀豐穰。

□與《令鼎》(成王時器)的“王大□農于諆田陽”之□爲一字，“耤”爲本字，諸家説均同(陳邦懷《殷契拾遺》四頁、余永梁《新獲卜辭寫本後記跋》、徐中舒《耒耜考》、郭沫若《甲骨文字研究·釋耤》、葉玉森《殷墟書契前編集釋》六·一八、胡厚宣《殷代之農業》三四頁)。

如上述，“桒”舉行“耤”及“萑”，這正是上卜辭所載的王親自祈求主宰豐穰事。桒，由王率衆親臨，見下卜辭可明：

貞王往以衆桒于冏(《前》五·二〇·二)(圖四)

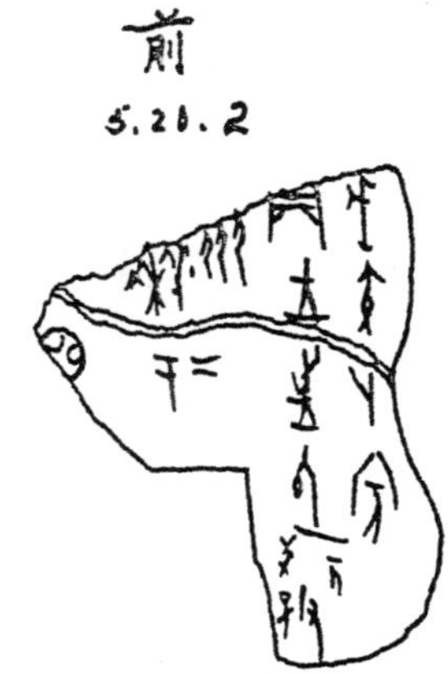

此習見於後世佚，後世只有耤田，《國語·周語上》所載耤田日之禮如下：

及期，鬱人薦鬯，犧人薦醴，王祼鬯，饗醴及行，百吏庶民畢從。及藉，后稷監之，膳夫、農正陳藉禮，太史贊王，王敬從之。王耕一墢，班三之，庶民終於千畝。

其中“王祼鬯”即卜辭的“王萑”，“王耕”即卜辭的“王其萑耤”、“王往萑耤”，“百吏庶民畢從”即卜辭的“王往以衆桒”。凡此三事爲耤田禮的核心，此三事亦見於其他文獻。如，耤田的祭祀見於《詩·瞻卬》毛傳“以事天地山川社稷先古”，王耕見於《吕氏春秋》“躬耕帝耤田”、《禮記》“躬秉耒”，率衆見於《吕氏春秋·孟春紀》“率三公九卿諸侯大夫”。其表現雖不同，但耤田由王祼、王耕、率衆三事構成，與卜辭的桒由王□、王□、率衆構成完全一致。可知“桒”即後世“耤田”。

如判斷無誤，那麼，“王往以衆于冏”的“率衆”即《國語》所載的“百吏庶民畢從”，《吕覽》所載的“率三公九卿諸侯大夫”，並非郭氏所説的奴隸。又如下二辭：

大令衆人曰協田其受年十一月(《續》二·二八·五)〔圖五〕

貞叀小臣令衆一月(《前》四·三〇·二)〔圖六〕

“令衆人協田”、“令衆桒”即《國語》的“王耕一墢，班三之，庶民終於千畝”、《周禮·甸師》的“帥其屬而耕耨王藉”。卜辭衆字亦不是郭氏所謂的奴隸。如：

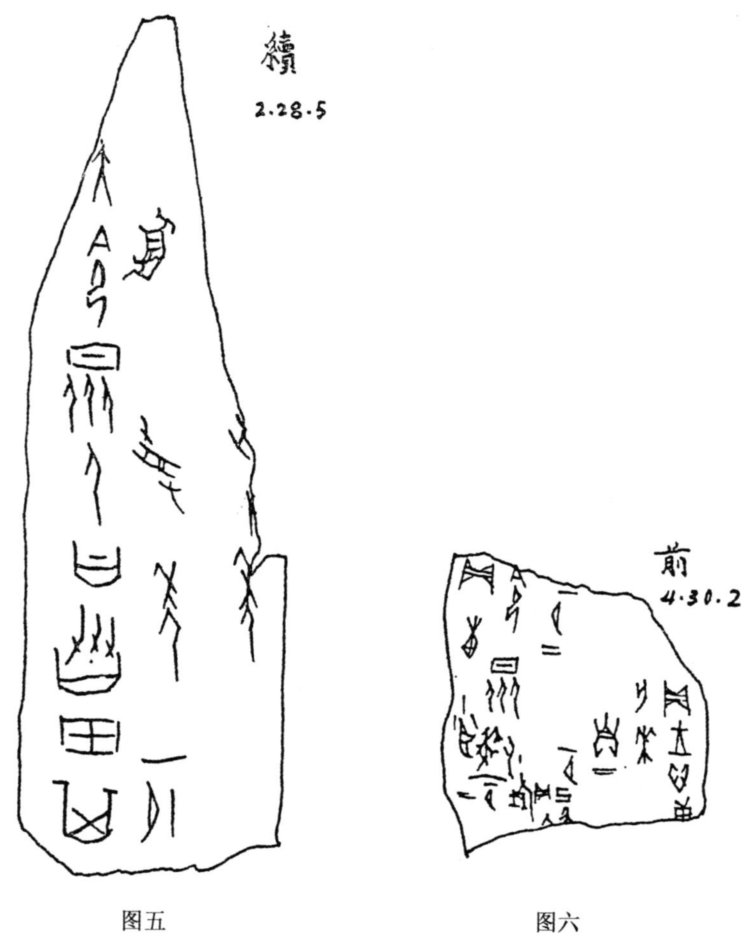

图五　　图六

如果一定要説卜辭“衆”在殷代爲奴隸，至周代成爲庶民百吏，那也没有必要多争論了。

《甲骨學》(十二號)編輯後記：

在一、二年前整理本會辦公室時，從古書類中發現本稿。就内容分析，可知本稿是寫於島氏的《殷墟卜辭研究·殷社會》(一九五八年)一章節之前，且本文所引用的甲骨資料，以胡厚宣的《戰後京津新獲甲骨集》(一九五四年)爲最新，估計本稿在這期間執筆而成，並交本編輯部。當時之所未予刊用，詳細情況不明(當時，凡島氏論文編輯部每號都收，可能在待刊過程中，島氏的《殷墟卜辭研究》刊行，而失去發表的機會的緣故)。爲了悼念島邦男博士，本編輯部特編島氏追悼號專輯，並刊載島氏遺稿。

(原載《甲骨學》第 12 號，日本甲骨學會 1980 年)

《初學編》整理後記

初識姜可瑜老師，是在2013年孟秋山東大學京劇愛好者協會的一次活動中。當時我還在興隆山校區學習，姜老師居住的小區正在學校邊上，因此我們幾位興隆山的同學便成了姜老師家裡的常客。2014年9月，我由法學院轉入尼山學堂古典實驗班學習，搬離了興隆山。是年冬，我與幾位同學一起回到興隆山校區看望先生，并向先生匯報在尼山學堂學習的情況。先生很高興地告訴我們，他三十多年前編成的《初學編》，學校決定給予資助并在山東大學出版社出版。先生那日談興很濃，除了給我們講述了在中山大學學習期間所見容庚、商承祚二位先生的軼事外，還給我們看了此書的手稿以及當時所摹錄的甲骨。先生說："這本書來年五月份就能出版了，到時候會請你們都來，咱們辦個活動。"我們也開玩笑說到時候一定要請先生簽名賜書。誰料不過幾日，先生竟至於一病不起了。

先生的病，起初是連我們幾位常去的同學也不知道的，只是奇怪從2014年秋天開始，先生發來的短信中為何常常說自己在外地，請我們不要前往家中。後來我們才知道，是先生需定期去醫院治療，不想讓我們知道此事，因此才總稱自己在外地。臨近春節，我們都知道了先生住院的消息。

春節之前，我在家中接到先生的電話，說春节期間會出院回家，請我年後到家裡去幫忙整理一些材料。等轉過年来，我正欲回濟去見先生，卻接到了師母發來先生又住院的消息。三月底，我接到過一次先生的電話，命我送一些材料到醫院。然而當我整理好材料準備前往時，先生的電話已經打不通了。等到我們真正知道先生的病是何等情況，已是四月份的事情了。

2015年4月22日，先生走了。師母說，先生去世前，還一直牽掛着學生們，一直牽掛着未出版的書。次日即舉行告別儀式，並未通知學校、老師及同學們，也沒有花圈和挽幛。師母說，先生生前囑咐如此。先生覺得當年同事年事已高，同學們又課業繁忙，都有自己的事情，因此不希望別人因為自己再跑一趟。先生連身後事都會周到地為別人考慮！先生一生，總是為他人考慮，總是為學生着想，斯人雖去，諸事歷歷，每一念之，胡可勝言！

先生去世之後，因我手中尚有幾封之前替先生在中心校區取的書信，便藉送信的機會回到興隆山看望師母。說起姜老師的遺稿，因山大出版社正在我所在中心校區南門對面，師母便命我去出版社看一看此書整理的進度。當時我正對古文字學有着濃厚的興趣，蒙師母與出版社尹鳳桐編輯、劉森文編輯之信任，我得以承擔此書校對的工作。

2015年6月，我拿到了第一版清樣，那是一個簡體字的本子。當時將進行期末考試，因此并沒有馬上開始校對。在放暑假之後，我留校十天，就住在教室裡，每天夜以繼日地尋找每篇文章的出處進行校對。其中有一些原出處很難找，又沒有什麼大的問題的，就直接用先生抄出的書稿進行校對。開學之後，我與教授我文字學課程的劉心明教授商議，認為此書還是出繁體字的本子比較好。因而又聯繫出版社，在第一遍校對基礎上出了一個繁體字的本子。這個繁體字的本子是直接通過電腦由簡轉繁的，錯誤之多，自不待言。2015 年 9 月底，我開始校對。因為，我每天還要上課，能花在校對此書上的精力有限，所以這一遍對着先生抄稿"死校"式的校對拖到 11 月初才完成。2016 年 1 月，我拿到了第三遍清樣，但因寒假當中參加由杜澤遜教授領導的"《清史·藝文志》覆校項目"，第三遍校對一直拖到三月份開學以後才開始進行。本來劉森文編輯告訴我，第三遍核對一下第二遍改動的地方即可。但我看了第三遍清樣之後，發現由於當時的疏漏，仍然存在着較多的錯誤，因此第三遍工作除了核對第二遍的改動之外，還將全書仔細地通讀了一遍，改正了為數不少的錯訛。

在校對整理此書的過程中，工作條例如下：

(1)因《甲金文論著選讀》部分所收文章時代來源不一，因此對於其中的異體字不做人為的統一。除了個別今已很少用的異體字出於讀者閱讀方便考慮做了徑改之外，剩下的一律依姜可瑜教授原稿錄入。

(2)對於底稿中明顯錯訛的字，徑改不出校。

(3)對於原稿中沒有標點的或只有斷句的文章，一律施以現在通行之標點。對於原有標點而不符合現在標點符號使用規範的，也都進行了修改。

本無標點而由我進行標點之篇目如下：

王國維：《肅霜滌場說》

王國維：《釋旬》

王國維：《釋牡》

王國維：《殷卜辭中所見先公先王考》(節錄)

王國維：《殷卜辭中所見先公先王續考》(節錄)

孫海波：《甲骨叕存·序》

曾毅公：《甲骨叕存·自序》

羅振玉：《鐵雲藏龜之餘·序》

唐蘭：《兩周金文辭大系圖錄·序》

(清)阮元：《商周銅器說》下篇

王國維：《毛公鼎釋文序》

王國維：《殷虛文字類編·序》

商承祚：《殷虛文字類編·自序》

商承祚：《殷虛文字類編》(摘錄)

需要向讀者說明的是，《甲骨選片》這一部分，全部選錄自郭沫若《卜辭通纂》和《殷契粹編》兩書。兩書是郭氏甲骨學之力作，自不待言。這一部分選片也是姜可瑜教授在中山大學隨容、商二老治古文字時摹寫的。我曾看過這部分先生摹寫的原件，精美準確，可以想見先生一絲不苟的態度。這部分雖屬摹錄，但亦經過先生精心的選擇，我便親見先生摹錄的甲骨片中有單獨存放的一摞，是未收入此書的部分，其中間有挖走的選片。2014 年秋，先生又命我複印《殷契粹編》一書，足見對於這部分內容先生是經過認真的思考和遴選的。既名《初學編》，相信先生在選擇時當是選擇的二書收錄甲骨中的重要部分。先生嘉惠後學美意，讀者當能會之。

在本書的校對過程中，許多師友提供了無私的支持和幫助，謹向他們表示感謝！感謝學校社科院邢占軍院長與張榮林副院長為我批下了校對費，使在課業間隙校書的我深受鼓舞；感謝山東大學出版社尹鳳桐編輯和劉森文編輯，一次又一次允許我拖後交稿的日子，不厭其煩地為不懂編輯工作的我講解各種校勘符號的使用方法；感謝長江學者杜澤遜教授在聽說我在進行這項工作的時候，主動向學校匯報此事并為我申請了校對的酬勞，關愛學生之心無以為報。特別需要說明的是，劉心明教授在本書的整理過程中提出了很多修改意見，并給予很多具體的指導。以上種種，學生識而不敢忘。

日居月諸，不能聆聽先生教誨已經快一年了。近一年以來，除完成課業，剩餘精力，幾盡於此。唯課業繁重，不免拖沓，希望先生寬宥于九原。學生識見淺薄，又缺乏校對工作經驗，雖經手校三過，但一定還存在着許多錯誤，還望讀者批評指正。

張鴻鳴

2016 年 3 月 17 日于尼山學堂

圖書在版編目(CIP)數據

初學編:甲金文論著選讀、甲骨選片/姜可瑜編著.—濟南:山東大學出版社,2016.5
ISBN 978-7-5607-5532-8

Ⅰ.①初… Ⅱ.①姜… Ⅲ.①甲骨文—基本知識②金文—基本知識
Ⅳ.①K877

中國版本圖書館 CIP 數據核字(2016)第 087770 號

責任策劃:尹鳳桐
責任編輯:劉森文
封面設計:張 荔

出版發行:山東大學出版社
社 址 山東省濟南市山大南路 20 號
郵 編 250100
電 話 市場部(0531)88364466
經 銷:山東省新華書店
印 刷:濟南新科印務有限公司
規 格:787 毫米×1092 毫米 1/16
19 印張 8 插頁 388 千字
版 次:2016 年 5 月第 1 版
印 次:2016 年 5 月第 1 次印刷
定 價:56.00 元